普通高等教育汽车类系列教材

汽车事故鉴定学

第2版

主　编　鲁植雄
副主编　迟英姿　岳永恒　余晨光　张凤娇
参　编　张继元　张　蓉　唐徐平　王源绍
　　　　许　凌　严　斯　鲁　杨　冒小文
主　审　陈　南

机械工业出版社

本书全面系统地论述了汽车事故鉴定的基本内容和方法。全书共八章，分别是汽车事故鉴定基础、交通事故力学基础理论、汽车事故现场勘查、汽车事故物证的鉴别、汽车碰撞损伤的鉴定、汽车碰撞速度计算、汽车事故再现和汽车火灾与水灾的鉴定。每章都备有教学提示、教学要求和复习思考题。

本书是普通高校汽车类专业的系列教材，除可作为汽车类本科生教材外，还可供道路交通管理人员、事故处理技术人员、汽车驾驶员以及从事汽车事故定损和保险理赔业务的人员学习参考。

图书在版编目（CIP）数据

汽车事故鉴定学/鲁植雄主编. —2版. —北京：机械工业出版社，2018.11（2024.2重印）

普通高等教育汽车类系列教材

ISBN 978-7-111-61089-2

Ⅰ.①汽⋯ Ⅱ.①鲁⋯ Ⅲ.①汽车-交通运输事故-鉴定-高等学校-教材 Ⅳ.①U491.31

中国版本图书馆 CIP 数据核字（2018）第 230851 号

机械工业出版社（北京市百万庄大街22号　邮政编码100037）
策划编辑：段晓雅　责任编辑：段晓雅　王保家
责任校对：郑　婕　封面设计：张　静
责任印制：张　博
北京雁林吉兆印刷有限公司印刷
2024年2月第2版第6次印刷
184mm×260mm・18.75印张・460千字
标准书号：ISBN 978-7-111-61089-2
定价：46.00元

电话服务　　　　　　　　网络服务
客服电话：010-88361066　机　工　官　网：www.cmpbook.com
　　　　　010-88379833　机　工　官　博：weibo.com/cmp1952
　　　　　010-68326294　金　　书　　网：www.golden-book.com
封底无防伪标均为盗版　　机工教育服务网：www.cmpedu.com

第2版前言
Preface

本书是根据中国机械工业教育协会汽车服务工程学科教学委员会确定的系列教材编写的。

党的二十大报告提出，坚持把发展经济的着力点放在实体经济上，推进新型工业化，加快建设制造强国、质量强国、航天强国、交通强国、网络强国、数字中国。建设交通强国，是党中央立足现实、直面变局、着眼长远，深刻把握我国和世界经济、科技、社会发展规律的基础上，提出的重大发展战略。安全是交通强国建设的基本前提。随着我国汽车工业的高速发展，截至2022年底，我国汽车保有量已达到3.19亿辆，交通事故已经成为对人民生命财产安全最具伤害力的因素之一，并且汽车交通事故发生率以及事故伤亡率较高。因此，提高交通安全意识，预防和减少道路交通事故非常重要。

自2013年6月本书第1版出版以来，汽车事故鉴定行业迅速发展，出现了许多新方法、新技术和新理论。同时经过多轮教学应用，许多教师和同学对本书提出了宝贵建议；通过"汽车事故鉴定学"精品课程的教学实践与改革，我们对本书的内容也有了一些新的认识和看法。因此，为了适应汽车事故鉴定的技术发展要求，跟踪领域动向，并适应汽车事故鉴定行业对于人才的需求，满足高等院校对"汽车事故鉴定学"课程改革的要求，我们对本书第1版进行了修订，增加了汽车碰撞速度计算，删除了汽车人机工程学概论这一章，增加了事故案例分析等内容。

本书全面、系统地论述了汽车事故鉴定的基本内容和方法，全书共八章，分别是汽车事故鉴定基础、交通事故力学基础理论、汽车事故现场勘查、汽车事故物证的鉴别、汽车碰撞损伤的鉴定、汽车碰撞速度计算、汽车事故再现和汽车火灾与水灾的鉴定。每章都备有教学提示、教学要求和复习思考题。

本书由南京农业大学鲁植雄担任主编，南京工业大学浦江学院迟英姿、东北林业大学岳永恒、武汉理工大学余晨光、常州机电职业技术学院张凤娇任副主编。本书的编写分工为：南京农业大学鲁植雄编写第一章和第三章；东北林业大学岳永恒编写第二章；常州机电职业技术学院张凤娇编写第四章和第八章；南京工业大学浦江学院迟英姿编写第五章和第六章；武汉理工大学余晨光编写第七章。全书由鲁植雄负责统稿。东南大学陈南教授负责主审。参加本书编写工作的还有张继元、张蓉、唐徐平、王源绍、许凌、严斯、鲁杨、冒小文等。

本书是普通高校汽车类专业的系列教材，除作为汽车类本科生教材外，还可供道路交通管理人员、事故处理技术人员、汽车驾驶员，以及从事汽车事故定损和保险理赔业务的人员学习参考。

本书的编写得到了江苏省汽车工程学会，以及许多汽车保险公司、事故鉴定机构的大力支持，并参阅了大量相关图书和文献资料。在此，编者向这些部门和有关文献的作者表示衷心的感谢。

为了方便教师授课，编者制作了本书的电子课件和复习思考题答案，有需要的教师可登录机械工业出版社教育服务网 www.cmpedu.com 注册后下载。

由于编者水平有限，加之经验不足，书中难免还有错误和疏漏之处，恳请广大读者批评指正，并请致信于编者邮箱（luzx@njau.edu.cn），编者将认真对待，加以完善。

编 者

第1版前言
Preface

据公安部的最新统计显示，截至2012年年底，全国机动车保有量为2.4亿辆，其中汽车1.2亿辆；全国机动车驾驶人为2.6亿人。汽车保有量仅次于拥有约2.5亿辆的美国，成为全球汽车保有量第二大国。

汽车事故是和汽车相伴而生并发展的副产物。交通安全与交通事故是当今世界所共同面对的一个重大社会问题，对于正处于快速发展过程中的我国来讲，形势则更加严峻。

百余年来，全世界死于车祸的人数已达4000多万人，而且每年仍在以超过40万人的速度递增。2011年，我国共发生道路交通事故21.1万起，造成62387人死亡，尤其是重大事故的发生，让交通安全成为全社会关注的焦点。因此，在处理交通事故善后工作时，为分清责任和了解事故真相，进行科学鉴定的必要性显得越来越重要。另外，交通肇事逃逸也给事故受害者、保险公司和道路交通等造成进一步损失，交通肇事逃逸案件具有极大的社会危害性，因此，研究交通肇事逃逸案件产生的原因、特点及规律性就更加迫切。

因此，为了适应我国汽车发展的需要及汽车类专业的教学要求，特编写本书。本书全面、系统地论述了汽车事故鉴定的基本内容和方法，全书共分为九章，分别是汽车事故鉴定基础、交通事故力学基础理论、汽车事故现场勘查、汽车事故物证的鉴别、汽车碰撞损伤的鉴定、汽车火灾与水灾的鉴定、汽车人机工程学概论、汽车事故再现、典型案例分析。每章都备有教学提示、教学要求和复习思考题。

本书由南京农业大学鲁植雄、东北林业大学杨瑞担任主编，八一农垦大学朱奎林、武汉理工大学杨万福任副主编。本书的编写分工为：东北林业大学杨瑞编写第一章、第二章的第一节和第二节；东北林业大学岳永恒编写第二章的第三节至第十一节；南京农业大学鲁植雄编写第三章、第五章和第六章；八一农垦大学朱奎林编写第四章；东北林业大学杨永海编写第七章；武汉理工大学余晨光编写第八章；武汉理工大学杨万福编写第九章。全书由鲁植雄负责统稿。东南大学陈南教授负责主审。

本书是普通高校汽车类专业的系列教材，除作为汽车类本科生教材外，还可供道路交通管理人员、事故处理技术人员、汽车驾驶员，以及从事汽车维修保养和保险业务的人员学习参考。

本书的编写得到了许多汽车保险公司、事故鉴定机构的大力支持，参阅了他们提供的大量相关图书和文献资料。在此，编者向这些部门和有关文献的作者表示衷心的感谢。

为了方便教师授课，编者提供了本书的多媒体课件，有需要的教师可登录机械工业出版社教材服务网 www.cmpedu.com 注册后下载，或致信于编者邮箱：luzx@ njau.edu.cn索取。

由于编者水平有限，加之经验不足，书中难免还有错误和疏漏之处，恳请广大读者批评指正，并请致信于编者邮箱，编者将认真对待，加以完善。

编　者

目 录
Contents

第 2 版前言
第 1 版前言

第一章　汽车事故鉴定基础 ······················ 1
 第一节　交通事故的分类与形态 ················ 2
 第二节　汽车事故鉴定的基本内容与项目 ········ 10
 第三节　汽车事故鉴定的相关知识 ·············· 14
 复习思考题 ···································· 23

第二章　交通事故力学基础理论 ·················· 24
 第一节　交通事故力学的基本概念 ·············· 25
 第二节　交通事故力学中的运动学基础 ·········· 30
 第三节　动力学基本原理 ······················ 37
 第四节　汽车的动力学分析 ···················· 46
 第五节　汽车行驶时的力学特性 ················ 49
 第六节　汽车制动性能的分析 ·················· 51
 第七节　非同步制动时的等效附着系数 ·········· 56
 第八节　根据制动拖印痕的长度计算制动初速度 ·· 58
 第九节　摩托车的制动 ························ 61
 第十节　汽车弯道行驶时的侧向稳定性 ·········· 62
 复习思考题 ···································· 70

第三章　汽车事故现场勘查 ······················ 71
 第一节　交通事故现场 ························ 72
 第二节　现场勘查的内容与方法 ················ 75
 第三节　现场图测绘 ·························· 83
 第四节　现场拍摄 ···························· 100
 复习思考题 ···································· 111

第四章　汽车事故物证的鉴别 ···················· 113
 第一节　概述 ································ 114
 第二节　地面物证的鉴别 ······················ 118

第三节　车体痕迹的鉴别 ··· 125
　第四节　人体痕迹的鉴别 ··· 133
　第五节　其他物证的鉴定 ··· 139
　第六节　酒精含量的检测 ··· 144
　复习思考题 ··· 153

第五章　汽车碰撞损伤的鉴定 ··· 154
　第一节　汽车碰撞损伤的分类 ··· 155
　第二节　碰撞力对汽车损伤的影响 ··· 157
　第三节　车身的损伤分析 ··· 163
　第四节　发动机与底盘部件的损伤分析 ··· 176
　第五节　碰撞分区与损伤鉴定 ··· 191
　复习思考题 ··· 199

第六章　汽车碰撞速度计算 ··· 200
　第一节　汽车碰撞的基本理论 ··· 201
　第二节　汽车一维碰撞速度计算 ··· 206
　第三节　汽车二维碰撞速度计算 ··· 214
　第四节　汽车碰撞事故案例分析 ··· 220
　复习思考题 ··· 234

第七章　汽车事故再现 ··· 235
　第一节　概述 ··· 236
　第二节　汽车碰撞试验 ··· 238
　第三节　典型汽车碰撞事故再现分析 ··· 246
　第四节　不确定性汽车事故再现的方法 ··· 255
　复习思考题 ··· 261

第八章　汽车火灾与水灾的鉴定 ··· 262
　第一节　汽车火灾的鉴定 ··· 263
　第二节　汽车水灾的鉴定 ··· 272
　复习思考题 ··· 279

附录　GA/T 643—2006《典型交通事故形态车辆行驶速度技术鉴定》 ··· 281
　附录A　交通事故车辆行驶速度技术鉴定常用基础公式速查表 ··· 286
　附录B　典型交通事故形态车辆事故前瞬时速度计算方法 ··· 287

参考文献 ··· 293

第一章 / **Chapter 1**

汽车事故鉴定基础

教学提示：

本章主要内容以讲授为主，以启发和现场教学相结合的形式进行辅助教学。

本章重点是汽车事故鉴定的一些基本概念、汽车事故鉴定中需要掌握的汽车的基本结构。

本章难点是汽车事故鉴定中所涉及的汽车外部和内部结构。

教学要求：

掌握汽车事故鉴定的一些基本概念。

理解道路交通事故的类型、性质和形态。

理解汽车事故鉴定中所涉及的汽车外部和内部结构。

第一节 交通事故的分类与形态

一、汽车交通事故的现状

汽车的出现，使人类生活方式发生很大的变化。汽车行业的不断发展，为人类社会进步提供了基本保障。在当今社会中，汽车涉及人类日常生活的许多方面，在整个国民经济建设中占有非常重要的地位。然而，随着汽车保有量的急剧增加，交通流量的不断扩大，引起汽车与道路比例严重失调，同时加上交通管理不善等因素，使得汽车事故频繁发生，伤亡人数不断增多。汽车交通事故不仅威胁着人们的生命安全，也造成了巨大的经济损失，已成为严重威胁人们生命财产安全的社会问题。

国际上公认的第一起机动车撞死行人事件，发生在1899年的纽约，一辆福特汽车撞死了一位名叫玛丽的年轻妇女。从那时到现在，全世界死于交通事故的人数超过了2000万人，相当于发生了一次世界大战。战争是分清敌友的，而交通事故则不分时间、地点，不分敌友，比战争显得更残酷、更有毁灭性。汽车交通事故已成为"现代社会的第一公害"。

据世界卫生组织提供的数据显示，全世界每年因道路交通事故死亡人数约有125万，相当于全球每天有3500人因交通事故死亡。数据显示，每年还有几千万人因此而受伤或致残。其中，交通事故是15~29岁年轻人的首要死亡原因。

我国是世界上汽车事故发生最多的大国之一，2000~2016年全国道路交通事故统计结果见表1-1和图1-1。从图1-1中可以看出，近年来我国的交通事故发生次数和死亡人数已呈下降趋势，但绝对数量仍然较大。

表1-1 2000~2016年全国道路交通事故统计结果

年份	事故次数/起	死亡人数 a/人	受伤人数 b/人	直接经济损失/亿元	致死率 $\left(\dfrac{a}{a+b}\right)$（%）
2000	616971	93853	418721	26.3	18.31
2001	754919	105930	546485	30.9	16.23
2002	773137	109381	562074	33.2	16.28
2003	667507	104327	494174	33.7	17.43

（续）

年份	事故次数/起	死亡人数 a/人	受伤人数 b/人	直接经济损失/亿元	致死率$\left(\frac{a}{a+b}\right)$（%）
2004	567753	107137	480864	23.1	18.22
2005	450254	98738	469911	18.8	17.36
2006	378781	89455	431139	14.9	17.18
2007	327209	81649	380442	12.0	17.67
2008	265204	73484	304919	10.0	19.42
2009	238351	67759	275125	9.1	19.76
2010	219521	65225	254075	9.3	20.43
2011	210812	62387	237421	10.8	20.81
2012	204196	59997	224327	11.7	20.98
2013	198394	58539	213724	10.4	21.10
2014	196812	58523	211882	10.8	21.64
2015	187781	58022	199880	10.4	22.49
2016	212846	63093	226430	12.1	21.79

二、道路交通事故的定义

交通泛指航空、水路、铁路、道路、邮电、通信、管道运输等多种方式。道路是指公路、城乡街道、胡同、广场和车马以及人员通行的地方。道路交通事故是指车辆驾驶人员、行人、乘车人以及其他在道路上进行与交通有关活动的人员，因违反《中华人民共和国道路交通安全法》以及其他交通管理法规、规章的行为，过失造成人身伤亡或者财产损失的事件。

构成道路交通事故需要具备以下八个基本要素：

1. 车辆

道路交通事故中的车辆是指在道路上行驶的各种机动车和非机动车，这是交通事故的前提条件，即当事人各方中至少有一方使用车辆，如无车辆则不能认为是交通事故。例如，行人之间发生挤、摔、碰撞等造成损害后果的事故，不属于道路交通事故。

2. 人员

人员是指参与交通的自然人，即指车辆驾驶人员、行人、乘车人以及其他在道路上进行与交通有关活动的人员。事故当事人中应至少有一方是车辆驾驶人员。

3. 道路

道路是指交通事故发生的空间，即处在国家交通法规明确规定的"公路、城镇街道和胡同（里巷），以及公共广场、公共停车场等供车辆、行人通行的地方"。

道路交通事故中的道路是指具有公用性质的道路，公用道路的特征是通行社会车辆。公安部交通管理局将通行社会车辆的港口道路、民用机场（不含机场控制区）道路和林业季节性运材道路均纳入道路交通管理的范畴，适用于统一的道路交通管理法规。

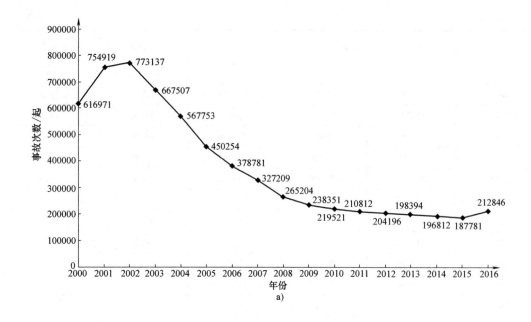

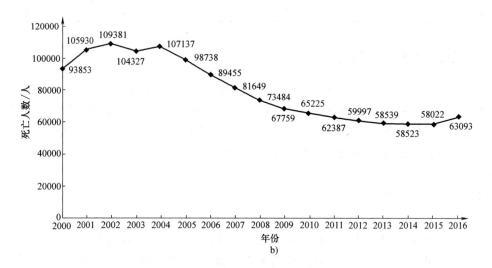

图 1-1　2000~2016 年全国道路交通事故次数和死亡人数
a）事故次数　b）死亡人数

在非公用性质的道路上和其他地点发生的事故不属于道路交通事故，这样的道路和地点包括：厂矿、油田、农场、林场自建的不通行社会车辆的专用道路；用于田间耕作，供农机具行走的机耕道路；机关、学校、单位大院内、火车站、汽车总站、货场、渡口内道路等。此外，在铁路道口与火车发生的事故也不属于道路交通事故。

4．道路交通活动

道路交通活动是指在道路上进行的人和物的空间位置移动。在道路上进行的主要是交通活动，但是也存在非交通性质的活动。在非交通性质的活动中发生的事故不属于道路交通事故，如参加军事演习、体育竞赛、断路施工的车辆自身发生的事故不属于道路交通事故。

5. 行驶中

车辆不是静止，而是在行驶中。确切地讲，至少有一方车辆与交通事故有关的因素处于交通单元间相对运动的状态，如车与路、车与人、车与车的相对运动。因此，如果乘车人在车辆运动状态下从车上跳下，造成的事故属于交通事故。在车辆停稳后，乘车人从车上跳下发生的事故则不属于交通事故。停在路边的车，或站或坐在路边的人被过往车辆所撞，由于过往车辆在行驶中，属于道路交通事故。

6. 具有违法性质

当事人的行为具有违反《中华人民共和国道路交通安全法》以及其他交通管理法规、规章的性质。此外，也包括没有主观过错，但按照法律规定应该承担责任的行为，例如《民法通则》中无过错赔偿原则所列举的情况。

由自然灾害（地震、台风、山洪、洪水、雪崩、泥石流等）所造成的车辆发生碰撞、碾轧、翻车、坠车、爆炸、失火等其中一种或一种以上的事件，也属于道路交通事故。但自杀或利用交通工具进行其他犯罪，以及精神病患者在发作期内行为不能自控而发生的事故，均不属于道路交通事故。

7. 过失

过失是指应当预见自己的行为可能发生危害社会的结果，因为疏忽大意而没有预见，或者已经预见而轻信能够避免，以致不好的结果。过失分为两类：一类是疏忽大意；另一类是过于自信。事故当事人的主观心理状态过失是道路交通事故的重要特征。交通肇事罪属于过失犯罪，最多判处7年有期徒刑。

此外，机动车驾驶人的紧急避险行为不属于违法行为。紧急避险是指为了使公共利益、本人或他人的人身和其他权利免受正在发生的危险的侵害，不得已采取损害另一较小合法权益的行为。我国法律规定，紧急避险行为是合法行为。但是，避险过当应负法律责任。

8. 造成损害后果

道路交通事故既要满足以上特定条件，还要具备造成人、畜伤亡或车、物损失后果这一要素。

既无人员伤亡也无财产损失的，不属于道路交通事故。但故意用车撞人制造车祸，不能作为交通事故处理，属于故意犯罪行为。

以上八种要素，可以作为鉴别道路交通事故的必要条件和依据，在实际工作中加以应用。

三、道路交通事故的性质

通过分析道路交通事故的性质，我们可以更深刻地理解和认识道路交通事故的本质，寻求研究道路交通事故规律性的方法，制订预防道路交通事故的有效措施。道路交通事故通常有以下几种性质。

1. 因果性

在许多自然和社会现象中，现象之间是存在相互联系的，一个现象出现，必然引起另一个现象的出现，则前一个现象叫作原因，后一个现象叫作结果，这种关系称为因果关系。道路交通事故中，违法行为是原因，导致道路交通事故发生是结果。这种道路交通事故原因与结果之间的必然联系就叫作道路交通事故的因果性。

道路交通事故与事故原因之间的联系形式是多种多样的，导致事故发生的原因往往也是多方面的。通过寻找和分析产生事故的原因并采取相应措施，消除和预防引发事故的原因，进而可以有效防止道路交通事故的发生。

2. 随机性

随机性是相对于确定性而言的，确定性是指事件内部各因素之间的关系是确定的，随机性是指事件内部各因素之间的关系是不确定的。道路交通事故的随机性主要是由交通参与者行为及心理的随机性和道路交通事故发生的环境条件的随机性决定的。

事故发生的环境条件包括车辆运行的道路环境和交通环境。车辆运行的道路环境是指道路类型（城市道路、公路、山区道路、平原道路、汽车专用道路等）、道路等级（高速公路、四级公路、快速路、主干路、支路等）、路面结构（路面材料、路面摩擦系数、道路宽度、道路横断面结构等）、道路线形（弯道、上坡、下坡、直线）等情况。车辆运行的交通环境是指车辆运行时，在道路上运行的其他机动车、非机动车和行人的情况。此外，气候条件、交通流量、道路条件等与道路交通事故之间的关系也是随机的，而且是难以再现的。心理学研究表明，人的行为过程是一个感知、判断、动作的心理过程。动作的幅度、速度、力量和准确性受到大脑的觉醒程度、输入输出神经的传输速度、肌肉的疲劳程度、个性心理特征等因素的影响。在人们不断变化的自身状态的影响下，这些因素随时可能改变。人类行为的差异性决定了人类行为的随机性。

道路交通事故发生的环境条件的随机性和人类行为的随机性，决定了道路交通事故的性质是随机的。道路交通事故的随机性决定了其规律性属于统计规律。所谓统计规律是指从大量的同类现象中总结出来的，反映总体性质的规律性。因此，研究道路交通事故的规律性应使用数理统计方法、灰色系统方法等。

3. 违法性

违法是指一切违反法律、法规的规定，造成某种危害社会的过错行为。广义的违法包括刑事违法、民事违法和行政违法等一切违法行为。刑事违法即犯罪，是指一切触犯刑律应受刑事处罚的行为。民事违法是指违反民事法律、法规的行为。行政违法是指违反行政管理法规的行为。

在道路交通事故中，肇事者的交通行为违反了《中华人民共和国道路交通安全法》和其他交通管理法规，造成了人员伤亡和财产损失，破坏了正常的道路交通秩序，因此道路交通事故具有违法性。

4. 过失性

在道路交通事故中，过失性是相对于故意性和意外性而言的，是指道路交通事故肇事者的主观心理状态是过失。肇事驾驶人实施违法行为时，主观上并不希望发生道路交通事故。虽然驾驶人的违法行为可能是明知故犯，但是驾驶人对于损害后果并非是有意追求。

故意是指行为人明知自己的行为会产生危害社会的后果，但是希望或者放任这种后果产生。在道路交通环境中，利用交通工具故意伤害他人属于故意犯罪，不属于道路交通事故。故意和过失的根本区别在于行为人在主观上对损害后果是否是有意追求。故意犯罪在行为人主观愿望与损害后果之间是一致的。

意外是指行为在客观上虽然造成了损害后果，但不是出于故意或者过失，而是由不能抗拒或者不能预见的原因所引起的。行人利用交通工具自杀是驾驶人不能预见的，因此属于意外事件。由地震、台风、山洪、雷击等不可抗拒的自然灾害造成的车辆事故也属于意外事件。

过失分为两类：一类是疏忽大意，另一类是过于自信。在道路交通环境中，只有过失肇事属于道路交通事故，故意和意外事件都不是道路交通事故。在处理交通肇事逃逸案时，应按肇事逃逸驾驶人的肇事行为和逃逸行为分别定性，肇事行为属于过失行为，逃逸行为属于故意行为。

四、道路交通事故的分类

在分析研究和处理道路交通事故时，对道路交通事故进行分类是十分重要的，其目的主要是方便道路交通事故的统计和处理工作。概括起来，道路交通事故主要有以下三种分类方法。

1. 按事故损害后果分类

根据交通事故中财产损失或者人身伤亡的数额或程度不同，交通事故可分为特大事故、重大事故、一般事故和轻微事故四类（表1-2）。

表1-2 交通事故的类别

事故类别	事故损害后果
轻微事故	一次造成轻伤1至2人的事故； 或者财产损失机动车事故不足1000元，非机动车事故不足200元的事故
一般事故	一次造成重伤1至2人的事故； 或者轻伤3人以上的事故； 或者财产损失不足3万元的事故
重大事故	一次造成死亡1至2人的事故； 或者重伤3人以上10人以下的事故； 或者财产损失3万元以上不足6万元的事故
特大事故	一次造成死亡3人以上，或者重伤11人以上的事故； 或者死亡1人，同时重伤8人以上的事故； 或者死亡2人，同时重伤5人以上的事故； 或者财产损失6万元以上的事故

在我国的事故统计中，死亡以事故发生后7天内死亡的为限；重伤、轻伤按司法部、最高人民法院、最高人民检察院、公安部发布的《人体重伤鉴定标准》和《人体轻伤鉴定标准（试行）》执行；财产损失是指道路交通事故造成的车辆、财产直接损失折款，不含现场抢救（险）、人身伤亡善后处理的费用，也不含停工、停产、停业等所造成的财产间接损失。

2. 按事故原因分类

事故原因可分为主观原因和客观原因两类。

（1）主观原因　主观原因是指造成道路交通事故的当事人本身内在的因素，即主观故意或过失，可分为违反规定、疏忽大意、操作不当三种。

1) 违反规定是指当事人出于思想方面的原因，不按交通法规和其他交通安全规定行驶或行走，破坏正常的道路交通秩序，发生事故。如酒后开车、非驾驶人开车、倒向行驶、争道抢行、故意不让、违章超车、违章装载、非机动车走快车道、行人不走人行道等原因造成的交通事故。

2) 疏忽大意是指当事人由于心理或生理方面的原因，没有正确地观察和判断外界事物而造成的失误。如心理烦恼、情绪急躁、身体疲劳都可能造成精力分散，反应迟钝，表现出考虑不周、措施不及时或措施不当；也有一些当事人凭主观想象判断事物，或过高地估计自己的技术，过分自信，行为不当而造成事故。

3) 操作不当是指驾驶车辆的人员技术生疏，经验不足，对车辆、道路路况不熟悉，遇到突发情况惊慌失措，发生操作错误。如有些机动车驾驶人制动时误踩加速踏板以及有些骑自行车人遇到紧急情况不能停车而造成的事故。

从道路交通事故发生的具体情况看，一般来说，事故原因往往不是单一的，而是有多个，其中绝大部分都是主观原因。

(2) 客观原因 客观原因是指不利于车辆行驶的道路条件、环境以及车辆故障等因素。不利于车辆行驶的道路条件、环境包括风、雨、雾天或阴天视线不清，道路狭窄，影响视线的弯道，施工堆放物，路面积水、积冰雪，路面凸凹不平，路边土质松散，转弯半径小，道路坡度大等。车辆故障包括制动不灵、转向故障、爆胎、车轴折断、汽车熄火、灯光失灵等。

虽然由客观原因造成的事故发生的比例相对于由驾驶人主观原因造成的事故较小，但目前对客观条件和因素分析测试的手段不齐全，因此在事故处理分析中，这类事故往往容易被事故处理部门和人员忽视。

3. 按事故主要责任对象分类

按照事故主要责任对象不同，道路交通事故可分为机动车事故、非机动车事故、行人事故、乘车人事故四类。如果双方负同等责任，则按相对交通强者一方定事故。

(1) 机动车事故 机动车事故又可分为汽车事故、摩托车事故、电车事故、拖拉机事故、汽车列车事故、专用机械事故、农用运输车事故等，是指在事故中，当事方为机动车负主要责任的事故。但在机动车与非机动车对行人发生的事故中，机动车负同等责任的，也应视为机动车事故，因为在道路上行驶，机动车相对于非机动车和行人而言被视为强者。

(2) 非机动车事故 非机动车事故又可分为人力车事故、畜力车事故、自行车事故等，是指在事故中，当事方为非机动车负主要责任的事故。在非机动车与行人发生的事故中，非机动车负同等责任的，应视为非机动车事故，因为在道路上行驶，非机动车相对于行人而言被视为强者。

(3) 行人事故 行人事故是指行人负主要责任的事故。

(4) 乘车人事故 乘车人事故是指乘车人负主要责任的事故。

五、汽车事故的形态

汽车事故的形态是道路交通事故的外部表现形式之一，即汽车事故参与者之间发生冲突或自身失控肇事所表现出来的具体事态。它基本上可以分为碰撞、刮擦、碾轧、翻车、坠车、爆炸和失火等。

1. 碰撞

碰撞是指交通强者（相对而言）的正面部分与他方相互接触的汽车事故形态。根据碰撞时的运动形态，通常可以将碰撞分为正面相撞、侧面相撞和尾随相撞。正面相撞是指相向行驶的汽车正前部（包括汽车左、右两角）发生碰撞。侧面相撞是指汽车与汽车间的接触部分有一方是汽车侧面的碰撞。尾随相撞是指同方向、同车道行驶的两辆汽车，尾随汽车的前部与前车的尾部发生碰撞。碰撞主要发生在机动车之间、机动车和非机动车之间、非机动车之间、机动车与行人之间、非机动车与行人之间、汽车与其他物体之间。

2. 碾轧

碾轧是指机动车对自行车或行人等的推碾或轧过的汽车事故形态。在发生碾轧以前，大部分汽车已发生碰撞现象，同时有碰撞或刮擦的现象，在习惯上一般都称为碾轧。当汽车将行人或骑车人等撞入车轮下，碾轧的特征是机动车轮胎的胎面与对方（自行车或行人）发生接触。

3. 刮擦

刮擦是指汽车的侧面部分与他方接触，造成汽车自身或他方损坏的汽车事故形态。根据交通事故中汽车行驶方向的不同，机动车之间的刮擦分为会车刮擦和超车刮擦。会车刮擦是指相向行驶的汽车在会车时发生的两车侧面刮擦。超车刮擦是指同向行驶的汽车在后车超越前车时发生的两车侧面刮擦。

刮擦主要表现为车刮车、车刮物、车刮人。对汽车乘员而言，发生刮擦事故的最大危险来自破碎的玻璃，但也有车门被刮开，将车内乘员甩出车外的现象。

4. 翻车

翻车是指汽车在行驶过程中，因车身受侧向力的作用，部分或全部车轮悬空而车身着地的汽车事故形态。翻车一般分为侧翻和滚翻两种，汽车的一侧轮胎离开地面称为侧翻，所有的车轮都离开地面称为滚翻。为了准确地描述翻车过程和最后的静止状态，也可用翻车的角度来定义翻车的状态，如90°翻车、180°翻车、270°翻车、360°翻车、720°翻车等概念。

5. 坠车

坠车通常指汽车整体跌落到与路面有一定高度差的路外，落于路面高度以下地点的汽车事故形态。坠车分为直接坠落和间接坠落，直接坠落是指汽车直接从公路上驶出或滑出路面，间接坠落是指汽车先翻后坠落。如坠落桥下、坠入山涧等。

6. 爆炸

爆炸是指将爆炸物品带入车内，使得汽车在行驶过程中由于振动等原因引起爆炸物品爆炸而造成汽车事故的汽车事故形态。若无违章行为，则不属于汽车事故。

7. 失火

失火是指汽车在行驶或发生事故的过程中，汽车起火造成损害的汽车事故形态。另外还包括汽车在行驶过程中未发生违章行为，而是由于某种人为或技术原因而引起的火灾。常见的原因有乘员使用明火、违章直流供油、发动机回火、电路系统短路、漏电等。

汽车着火主要的内在原因，是汽车使用的各种燃料以及部分防冻液都是易燃的物质。汽车失火常引起汽车本身的可燃物质，如轮胎、油漆、木制车厢、油封以及所装载货物的燃烧甚至爆炸，造成汽车失火。汽车失火常造成严重的汽车事故，这种火情燃烧突然、迅速，难以扑灭。许多汽车常由于失火而报废。因此，要加强防范汽车失火事故的发生，必须遵循"预防为主、扑救为辅"的原则。具体的预防措施是：除了在车库、车场和汽车上应设有消防器材外，最重要的还是严格控制各种火源，加强对燃料的使用和管理。

第二节 汽车事故鉴定的基本内容与项目

一、汽车事故鉴定的含义

汽车事故鉴定是以汽车事故现场肇事汽车损坏情况、停车状态、人员伤害情况和各种事故形式的痕迹为鉴定依据,并参考当事人和目击证人的陈述,对事故发生时的状态进行定量计算和分析,或对汽车事故全部发生经过做出模拟描述的过程。

能否真实判定当事各方事故发生前和发生瞬间的运动状态,以及正确合理地描述事故发生过程,辨析当事各方的瞬态运动方向和位置,不仅关系到能否科学地分析事故原因、公正地处理汽车事故、给事故肇事者以相应的处罚,并且也关系到维护交通执法人员的权威性。

汽车事故鉴定是科学判别事故原因的重要手段,也是进行事故责任认定和事故善后处理的重要依据之一。随着社会的发展和交通法规的不断完善,社会对汽车事故鉴定的科学性、准确性和公正性提出了更加严格要求。

二、汽车事故司法鉴定机构与鉴定人

1. 汽车事故司法鉴定机构

汽车事故鉴定属于司法鉴定,其鉴定机构是具有司法鉴定许可证的交通事故司法鉴定单位。司法鉴定单位应具有交通事故鉴定业务范围,才能从事汽车事故鉴定工作。具有交通事故鉴定业务范围的司法鉴定许可证如图1-2所示。司法鉴定许可证的颁发部门应是省级及以上的司法部门。

道路交通事故的车辆技术鉴定机构必须是由国家正式授权专门从事车辆技术鉴定的机构(如汽车质量检验鉴定机构、检测站等),它是一种相对中立的机构,并应在省

图1-2 具有交通事故鉴定业务范围的司法鉴定许可证

级人民政府公安机关交通管理部门备案,受公安机关交通管理部门依法委托或者当事人委托,其鉴定的结论才能作为证据。

2. 汽车事故司法鉴定人

汽车事故司法鉴定人指具备《司法鉴定人登记管理办法》规定的条件,经省级司法行政机关审核登记,取得《司法鉴定人执业证》,按照登记的司法鉴定执业类别,即交通事故鉴定,从事交通事故司法鉴定业务。

我国司法鉴定实行鉴定人负责制,鉴定的主体是自然人。

三、汽车事故鉴定的基本内容

汽车事故鉴定的基本内容包括事故分析和事故再现。

1. 事故分析

（1）事故分析的定义　交通事故分析是指针对交通事故个体所进行的具体分析。相对于统计分析来说，它属于微观分析。

（2）事故分析的内容　在交通事故处理中，应做鉴定分析的内容取决于事故个体的具体情况。但是，从碰撞工程学的角度来看，主要有下列内容：

1）相关的汽车结构与性能，包括参与碰撞车辆的制动性能，有无结构缺陷造成瞬间制动失灵，转向系统是否灵活、可靠，悬架故障及断裂的原因等。

2）车辆速度和制动情况，如紧急制动前的车速、汽车起步后到达某一速度时所需要行驶的距离、按制动印迹推算驾驶人采取紧急制动的地点到碰撞的时间、汽车停车距离、根据车辆损坏情况推算的碰撞速度等。

3）事故因果关系。依据车辆损坏情况，鉴别碰撞参与车辆的行驶方向和接触部位；碰撞车辆的作用力与被碰撞车辆的速度变化；碰撞时乘员身体的移动和伤害部位；死者是被撞击致死，还是被碾轧致死；有无二次碾轧致死的可能；印迹是否是事故车辆留下来的等。

4）与酒后驾车有关的内容，包括血液中的酒精浓度及其随时间的变化情况，酒精浓度与驾驶机能的关系，酒精浓度检测的准确性，交通事故发生时驾驶人的醉酒程度等。

5）与视认性有关的内容。如风、雨、雪、冰雹、雾等天气情况下以及黎明、黄昏、与灯光有关的能见度，车辆前方一定距离内的障碍物能否被看清；被对方车灯照射所产生的眩目程度；超车时的视野遮蔽；驾驶人的视线盲区（死角）；后视镜的视野等。

6）与人类工程学有关的内容，包括驾驶人的疲劳程度、出车前的心理状态、碰撞前有无打瞌睡或精神不集中的情况，以及碰撞后驾驶人的心理状态等。

7）与道路环境有关的内容，包括交通事故与道路附着系数的关系，纵坡与横坡对交通事故形成的影响，弯道半径与视距的关系，路面的坑洼、塌陷、施工、积水以及堆放物等的影响。

（3）事故分析的作用　事故分析的作用在于借助于已收集到的信息、资料、数据，进一步科学地解释和说明交通事故发生的原因，并弄清楚整个交通事故发生过程的运动状态，明确交通事故各方当事人应负的责任、应当吸取的经验和教训，分析降低事故后果应采取的必要措施等问题。除了评估速度分布和质量关系分布规律以及与乘员位置、碰撞方向的关系外，还可阐述车辆乘员的碰撞位置、相互作用以及典型的受伤机理，从中获得进一步的理论和经验（如工程技术、医学、心理学等），从而对改善道路交通安全做出贡献。

此外，事故分析的结果还可以为确定事故性质、事故认定、责任划分、安全教育、安全改善提供依据。

（4）事故分析的步骤　事故分析的主要步骤为：收集信息（证据），整理资料（数据），加工分析和计算，比较计算结果与原始资料，确定合理的方案，得出鉴定分析结论。

2. 事故再现

交通事故再现是以交通事故现场的车辆损坏情况、停止状态、人员伤害情况和各种形式痕迹为依据，参考当事人和证人（目击者）的陈述，对交通事故发生的全部经过做出推断的过程。对每一起交通事故进行正确且全面的再现分析，就相当于进行了一次"实车碰撞"实验，从中可获得许多用其他方法难以或者无法得到的宝贵信息和数据。

交通事故再现的关键在于发现、提取交通事故现场遗留的各种物证，并做出科学、合理的解释。为了正确地进行交通事故再现，人们必须掌握与交通事故有关的各种数学、力学、工程学的基本原理。但必须注意，数学、力学和工程学的计算结果只能在符合经验和不违背常识的基础上，才能发挥其重要作用。

交通事故再现的重要依据是交通事故现场人、车辆、道路及交通设施上的各种物证。交通事故现场的取证是一件非常细致并且具有时效性的重要工作。

交通事故再现的基本目的在于，研究一起具体交通事故的特殊性，从空间和时间上确定交通事故每个阶段的过程，并对其进行分析和评价。

每一起道路交通事故所需要进行再现的内容不尽相同。一般来说，事故再现可以解决以下问题：

1）还原事故现场位置关系。
2）确定事故发生前车辆的行驶方向。
3）还原涉案相关人、车在事故发生前的位置。
4）还原事故过程中人、车的运动过程。
5）确定事故不同阶段的车速。
6）确定碰撞的空间位置。

事故再现研究属于交通安全研究的微观领域，是一个技术性和理论性都很强的重要课题。完整的事故再现能够确定造成碰撞以及人员伤亡的各种物理因素，包括事前因素，如车辆行驶路线、速度、方向及路面接触点，另外也包括事后因素，如车辆、车辆部件以及人员的最后停止地点、制动痕迹等。这些经过鉴定得到的物理因素可以作为交通事故处理的证据，为事故的责任认定提供依据。

四、汽车事故鉴定的项目

汽车事故鉴定的项目主要包括：事故痕迹鉴定、事故成因鉴定、事故车辆速度鉴定、车辆安全技术性能鉴定、事故车辆类型鉴定、事故再现鉴定、法医临床鉴定等。

1. 事故痕迹鉴定

事故痕迹鉴定是交通事故鉴定的基础，是确定机动车与机动车、机动车与非机动车、机动车与行人是否发生接触，以及确定事故中各元素之间碰撞的状态、形态的重要手段，尤其是对于确定嫌疑车辆是否为逃逸车辆更是起着很重要的作用。事故痕迹鉴定主要是依据相关国家、行业标准对交通事故的车体痕迹、人体痕迹、路面痕迹进行勘验，并通过科学的仪器进行比对、分析而做出科学的鉴定意见。

2. 事故成因鉴定

运用《道路交通事故痕迹物证勘验》（GA 41—2014）、依据《道路交通事故痕迹鉴定》（GA/T 1087—2013）以及《道路交通事故驾驶人识别调查取证规范》（GA/T 944—2011）对交通事故车辆痕迹进行勘验，同时依据交通事故现场特征，如车辆损坏程度、车辆在路面的拖痕、路面情况等，运用力学的基本理论对事故车辆运行轨迹、碰撞形态进行推理与确认，由此确定事故发生的原因和过程。

3. 事故车辆速度鉴定

运用《道路交通事故痕迹物证勘验》（GA 41—2014）、依据《道路交通事故痕迹鉴定》（GA/T 1087—2013）对事故车辆痕迹进行勘验，同时依据交通事故现场特征、《典型交通事故形态车辆行驶速度技术鉴定》（GA/T 643—2006）、《基于视频图像的车辆行驶速度技术鉴定》（GA/T 1133—2014），对事故车辆运行轨迹、碰撞形态进行推理与验证，由此鉴定事故车辆在事故发生时的行驶速度。

4. 车辆安全技术性能鉴定

运用设备检测和人工检验的方法，对交通事故机动车的安全性能、结构状况是否符合国家、行业标准和安全行车要求进行检验、判断与认定，同时检验鉴定事故车辆有无导致事故发生的机械故障，查明车辆的技术状况和机械故障与道路交通事故之间的关系。

5. 事故车辆类型鉴定

事故车辆类型鉴定是依据国家规定的相关标准，对事故车辆的所属类型进行鉴定。鉴定的主要依据有：

1）GB/T 24158—2009《电动摩托车和电动轻便摩托车通用技术条件》。
2）GB/T 15089—2001《机动车辆及挂车分类》。
3）GB/T 3730.1—2001《汽车和挂车类型的术语和定义》。
4）GB 7258—2017《机动车运行安全技术条件》。

6. 事故再现鉴定

运用《道路交通事故痕迹物证勘验》（GA 41—2014）、依据《道路交通事故痕迹鉴定》（GA/T 1087—2013）对事故车辆痕迹进行勘验，同时依据交通事故现场特征，如车辆损坏程度、车辆在路面的拖痕、路面情况等，运用力学的基本理论对事故车辆运行轨迹、碰撞形态进行推理与验证，由此确定事故发生的原过程。此鉴定可以借助 AutoCAD 软件对事故发生的过程进行描述，还可以用 3DMAX、MAYA、PC-Crash 等软件制作模拟碰撞过程的仿真动画演示。

7. 法医临床鉴定

法医临床鉴定是指运用法医临床学的理论和技术，对涉及法律的医学问题以及道路交通事故受伤人员进行鉴定和评定，具体内容包含伤残等级、损伤程度、误工期营养、医疗纠纷、成伤机制、伤病关系、劳动能力、致伤物及致伤方式、医疗费用合理性评定、后期医疗费用评定、治疗时限评定等。

法医临床鉴定主要根据伤病的具体情况选择应用相应的临床医学诊断方法，如采用视觉或听觉脑干诱发电位、CT、核磁共振、PET 等检查方法。应当注意的是，在法医临床鉴定中，被检查者出于不同的动机，有可能夸大病情或伤情，也有可能隐匿病情或伤情。因此，要以客观检查为主，探讨各种症状，对被检查者的陈述和症状进行审查，才能保证鉴定的客观性、公正性。

五、汽车事故鉴定委托所需材料

1. 交通事故鉴定

交通事故鉴定委托需要提供以下材料：汽车事故鉴定委托书、现场图、现场照片、车辆技术参数表（车辆信息）、车辆装载情况、事故车辆变形情况（一般是由鉴定人勘验）。

2. 法医临床鉴定

法医临床鉴定委托需要提供以下材料：汽车事故鉴定委托书、影像资料、病历、身份证明。办案机关委托书应当载明委托事项、目的、要求，需要鉴定或评估的内容、范围以及必要的背景说明材料，并提供所需的全面、客观、真实的鉴定材料。

第三节　汽车事故鉴定的相关知识

一、汽车事故鉴定的基本知识

汽车事故鉴定属于应用工程学科，主要研究汽车事故发生过程所必需的基本知识，同时包括广泛的跨学科相关知识。汽车事故鉴定的基本知识，主要包括以下几个方面：汽车碰撞力学、汽车运动特性、汽车构造特性、人体工程学、汽车事故现场勘查与再现技术等知识。

1. 汽车碰撞力学

汽车碰撞力学是研究各种力学的基本概念、术语、牛顿三大定律、能量守恒定律、动量守恒定律、有效碰撞速度、相对碰撞速度、反弹系数、摩擦因数、塑性变形等的定义和理论，以及它们之间的相互关系，同时要加深对碰撞物体的汽车特性的理解。

2. 汽车运动特性的基本知识

主要内容是对汽车匀速、加速、减速、制动、转弯等汽车运动特性，以及机械故障的原理，并且包括一些实验知识和经验等。

3. 汽车构造特性的基本知识

汽车事故鉴定是以汽车车身结构作为碰撞物体的主要特性来分析。这是因为在发生交通事故时，科学的鉴定过程必须是根据汽车车身的损坏程度进行逆向推理，得出碰撞事故的发生过程，从而得出鉴定结果。同时在鉴定过程中，鉴定人员还必须掌握一些材料力学和破坏力学等理论知识。

4. 人体工程学的基本知识

重点在于分析驾驶人的视觉、知觉、反应时间、打瞌睡、酒后驾车、人体的耐冲击性及汽车安全性等相关知识。

5. 汽车事故现场勘查与再现的基本知识

汽车事故现场勘查与再现是指鉴定人员依法运用科学的方法和技术手段对汽车事故发生的时间、地点、道路、人身、汽车、物品、牲畜等进行的勘验、检查，认证以及当场对当事人和有关人员进行的调查访问，并将所得结果客观、完整、准确地记录下来，以再现汽车事故的整个发生过程。

汽车事故现场勘查与再现是汽车事故处理工作的基础，对于全面分析道路交通事故原因，准确认定汽车交通事故的责任，进行一定的行政处罚，以及对于道路交通事故损害赔偿和调解工作都有非常重要的作用。鉴定人员进行现场勘查要全面、认真、具体，要依法办事，严格执行现场勘查相关的技术标准和文件，即《机动车运行安全技术条件》（GB 7258—2012）、《汽车行驶记录仪》（GB/T 19056—2012）、《车辆驾驶人员血液、呼气酒精含量阈值与检验》（GB 19522—2010）、《道路交通事故现场图绘制》（GA 49—2014）、《道路交通事故痕迹物证勘验》（GA 41—2014）、《道路交通事故勘验照相》（GA 50—2014）、《便携式制动性能测试仪》（GA/T 485—2004）等，并且要严格依照有关法律程序的规定正确地处理汽车事故，一般情况下都要按照《公安机关办理行政案件程序规定》进行，对于当事人有交通肇事犯罪嫌疑的,应当按照《公安机关办理刑事案件程序规定》进行立案侦查。

二、事故鉴定的汽车相关知识

当汽车发生交通事故时,汽车主要发生碰撞的部位是汽车车身、保险杠,还有汽车形成二次碰撞时汽车驾驶室的内部结构等。避免发生汽车碰撞事故的主要防护结构可以分为汽车乘员室外部的防撞吸能结构和汽车乘员室内部的防撞吸能结构两个方面。这两个方面在设计时应综合考虑,适当匹配,以获得最优的碰撞保护性能。

1. 汽车车身

汽车的车身结构通常可分为两种形式,一种是整体结构式车身(车身一体结构,承载式车架),另一种是带车架结构的车身(非承载式车身)。大部分轿车都采用整体式结构车身。日本的轿车大部分是整体结构式车身,美国的汽车则以带车架结构的车身居多,中国的轿车以整体结构式车身为主。

(1)带车架结构的车身 在图 1-3 所示的车身结构中,结实的梯状车架借助于支承缓冲橡胶,连接着类似轿子的主车身结构。

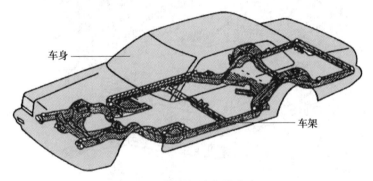

图 1-3 带车架结构的车身

发动机、转向装置、悬架、车轴等都固定在车架上。因此,来自路面的外力、振动,来自发动机的振动以及各种作用力等全部由车架承受,主车身只作为强度构件而不承受外力。为此,车身的设计自由空间较大,舒适性也较高。但是,由于车身结构会增加整车的质量,在设计时从整体的角度考虑应尽量减轻汽车车身的质量。

(2)整体结构式车身 如图 1-4 所示,整体结构式车身一般用于轿车,它没有车架,发动机、转向装置、悬架、车轴等大部分部件直接安装在车身上。

整体结构式车身的基本设计思想是由壳状的整个车身来分散

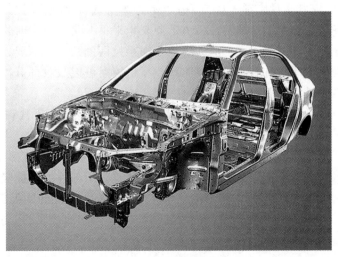

图 1-4 整体结构式车身

承受多种外力。由于是尽量通过大范围构件均匀的变形来适应外力，只用很少的材料承受巨大的外力，这种结构的车身易于实现轻量化。汽车结构的轻量化是提高汽车燃油经济性、加速性以及降低成本等的重要手段之一，但同时汽车的防碰撞性能会受到一定影响。一般在车身前部和车身底部连接支承发动机、转向装置、悬架等部位，局部所承受的力较大。因此，在这些部位一般都需要增加加强筋等构件，以提高其强度和刚度。

整体结构式车身是通过点焊将车身前部、车身底部、车身侧部及车身后部四大件焊接在一起的。

1) 车身前部。车身前部用来支承发动机、前悬架、转向装置等部件，一般为箱形结构，刚度也较高（见图1-5）。在车身前部两侧配置有挡泥板、前挡泥板围板和前侧梁，在正前部位设有散热器上支承和前横梁，这样，车身前部就形成了长方形的发动机舱。车身前部的这些部件构成了刚度较高的骨架，在其外侧可安装发动机罩、前挡泥板、平衡板、散热器格栅等。

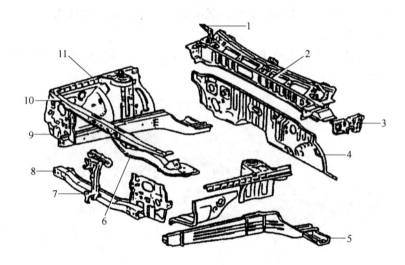

图 1-5　车身前部结构

1—发动机罩铰链　2—前壁板　3—前壁侧板　4—挡泥板　5—前侧梁　6—发动机罩锁扣支柱
7—前横梁　8—侧折流板　9—散热器侧支承　10—散热器上支承　11—前挡泥板围板

2) 车身底部。如图1-6所示，车身底部结构是连接车身前、后两侧到箱体的底板，并将其连成为一体的构件。由于要支承乘员及货物，同时连接后悬架和后轴，要求车身底部刚度要高。通常，它由前、后数条横梁及两侧的纵梁组成，形成承载盘形地板结构。前、后纵梁都设计成向上弯曲的挠曲状，在碰撞时可以吸收部分冲击能量，另外还可防止在发生汽车事故时发动机窜入驾驶室。

3) 车身侧部。车身侧部将车身前部、后部、顶盖和车身底部连接在一起，构成车厢的侧面，并用三根立柱与上、下纵梁构成车门框，然后嵌入前、后车门。

在汽车发生侧向碰撞时，车门是汽车的主要变形部位。因此在设计时，要求车门强度高、变形小，能有效吸收侧撞的能量。车门部件的防撞吸能结构如下：

① 槽形门梁。槽形梁采用高强度钢板，强度和刚度都较高。

② 蜂窝状门。车门的内部结构装有铝制的蜂窝板，这样既可保证车门的强度，又能吸收侧碰的能量。

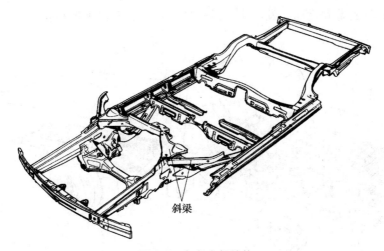

图 1-6　车身底部结构

③ 强化前柱、中柱、后柱、门槛及车门顶纵梁。这些结构都对侧碰有保护作用,并且对翻车也有一定的保护作用。

考虑到乘员上、下车的方便性,车门面积应尽可能大一些,但这样一来刚度又会有些削弱,通常车门面积大时车身侧部的刚度要加大一些。

4)车身后部。如图 1-7 所示,把客舱和行李箱隔离开的轿车后部,主要有后侧板(后挡泥板)、衬板、行李箱盖或后背门,形成行李箱。

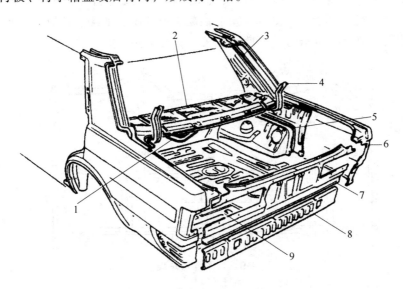

图 1-7　轿车后部结构

1—后座椅支撑板　2—后隔板　3—车顶侧围连接加强板　4—行李舱盖合页　5—后轮罩
6—侧围　7—下后围板　8—后封板　9—后地板

车身后部与汽车前部不同,后部只有面板而无骨架支承,因此与车身前部相比,其刚度要相对低很多。

(3) 货车车身结构　货车车身主要由车架、驾驶室及货厢三部分构成,如图 1-8 所示。

车架上面承载着驾驶室和货厢，发动机、散热器、悬架、车轴等也都安装在车架上。

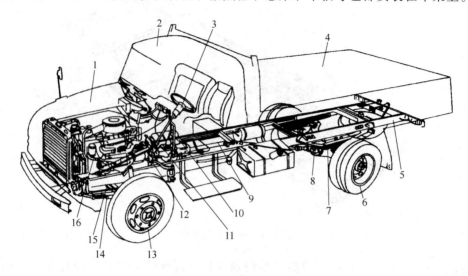

图 1-8　货车车身结构

1—车身钣制件　2—驾驶室　3—转向盘　4—车厢　5—车架　6—驱动车轮　7—后悬架　8—驱动桥　9—传动轴
10—驻车制动器　11—变速器　12—离合器　13—转向车轮　14—前悬架　15—前轴　16—发动机

1) 货车车架。图 1-8 所示为最普通的梯形车架。梯形车架是由前、后数根横梁连接左、右两根纵梁而构成的。货厢分成敞开型和厢式型两种。厢式货厢有厢式货车、冷冻冷藏车等，另外还有一些其他专用货车，如卸斗车、混凝土搅拌车、油罐、垃圾车、起重机、消防车等多种变形装置。图 1-9 所示为货车梯形车架（平行型）。

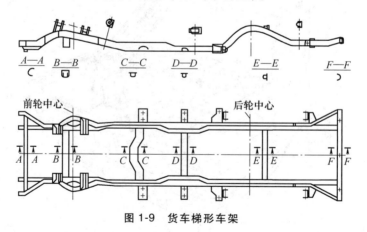

图 1-9　货车梯形车架

2) 货车驾驶室。货车驾驶室是将薄钢板进行冲压成形，再焊接在一起的部件，它主要是通过防振橡胶或弹性元件支承连接在刚性车架上。图 1-10 所示为货车驾驶室结构。

2. 汽车保险杠

汽车对保险杠的基本要求是：尺寸应超出轮罩及轮胎，并弯向侧面。刚性的保险杠攻击性太强，当汽车发生碰撞时对乘员很不利，因此在设计时尽量不用。

根据汽车吸能保险杠所采用的吸能原理不同，保险杠可大致分为：弹性保险杠、弹性—

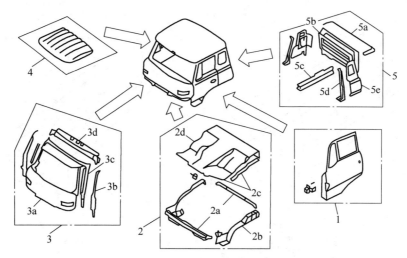

图 1-10　货车驾驶室结构

1—车门　2—底板　2a—横梁　2b—门窗框　2c—纵梁　2d—地板　3—前围板　3a—前护板　3b—前柱　3c—前围侧板
3d—仪表板　4—顶盖　5—后围板　5a—顶盖横梁　5b—角板　5c—顶盖纵梁　5d—中柱　5e—后窗板

阻尼型保险杠、气液阻尼器保险杠、波纹管式保险杠、柔性保险杠、连续切削式吸能保险杠等。图 1-11 所示为几种吸能保险杠的结构形式。

（1）弹性保险杠　弹性保险杠如图 1-11a 所示，保险杠的后面以氢基甲酸乙酯泡沫材料作为弹性条，弹性条安装在车架的第一道横梁或最后一道横梁上。当汽车发生前、后碰撞事故时，主要靠弹性条来吸收能量。

（2）弹性—阻尼型保险杠　弹性—阻尼型保险杠用金属板加强的聚合材料制成。除保险杠两侧用支架支撑外，保险杠中部与车架之间还设有辅助固定点，使弹性板与弹性胶垫组成阻尼吸能元件，此元件在碰撞时能缓冲保险杠传给承载系统的负荷。弹性—阻尼型保险杠的结构如图 1-11b 所示。

（3）气液阻尼器保险杠　气液阻尼器保险杠如图 1-11c 所示，保险杠内侧加强件通过橡胶垫与液压缓冲缸的活塞杆相连，活塞杆为空心结构，内装有浮动活塞，活塞将其隔成左、右两腔，左腔充满氮气，右腔充满液压油，活塞杆外圆柱面与缓冲缸内圆柱面滑动配合，缓冲液压缸内的液压油与活塞杆右腔相通。缓冲缸固定在车架或车身加强件上。当汽车与障碍物发生碰撞时，保险杠受到的冲击力传到活塞杆上，活塞杆端部向右移动，液压油受到挤压并通过节流孔向活塞杆右腔流动，推动浮动活塞向左移动，并使氮气受到压缩。这样利用液压油通过节流孔时的粘性阻力吸收撞击的能量，吸收能量的效率可以高达 80%。撞击后靠氮气产生复原动力，使保险杠复位。

（4）波纹管式保险杠　波纹管式保险杠如图 1-11d 所示，保险杠是一个矩形断面的薄壁结构，内装两个可变形的矩形波纹管，波纹管前、后紧抵保险杠后端和车架前端。汽车碰撞时，保险杠后移，压缩两个可变形的波纹管，使波纹管变形而达到吸收碰撞能量的目的。

（5）柔性保险杠　柔性保险杠采用特种工艺生产的聚氨酯泡沫塑料制成，这种材料的强度高、耐久性好、重量轻、吸收冲击性能好。设计时多为一个注塑成型的外壳和吸收能量的聚氨酯泡沫塑料底板。

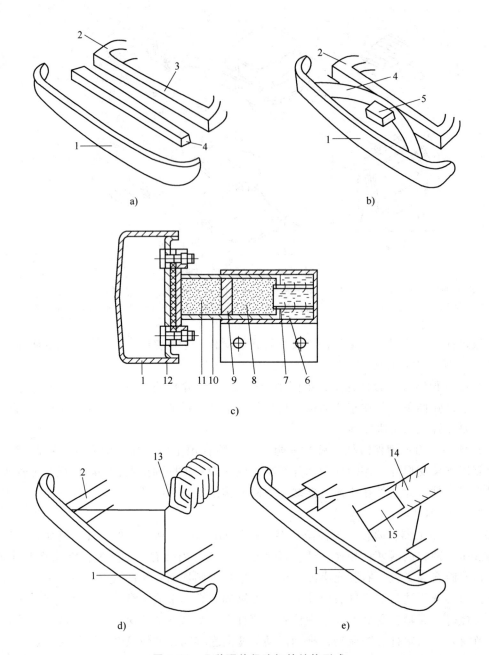

图 1-11 几种吸能保险杠的结构形式

a) 弹性保险杠 b) 弹性—阻尼型保险杠 c) 气液阻尼器保险杠 d) 波纹管式保险杠 e) 连续切削式吸能保险杠
1—保险杠 2—车架 3—第一道横梁 4—弹性条 5—弹性胶垫 6—缓冲缸及其支座 7—节流孔 8—液压油
9—活动浮塞 10—活塞杆 11—氮气 12—加强件 13—矩形波纹管 14—套筒 15—导管

(6) 连续切削式吸能保险杠 连续切削式吸能保险杠如图 1-11e 所示，保险杠与车架两侧之间有一个导管伸缩装置，该导管伸缩装置由导管与套筒组成，其中导管与保险杠连接，套筒与车架连接。汽车碰撞时，保险杠使导管向后移动，导管连续切削掉套筒表层的金属，以此吸收碰撞能量。

3. 发动机舱的吸能结构

包括前防护格栅、前围在内的一体式防护结构称为吸能结构，如图 1-12 所示。当前碰撞发生时，前格栅和波纹状侧围可吸收部分碰撞能量，并将压溃变形量均匀地传至乘员室前围。为了允许汽车前部的结构有适当的变形，发动机必须能向后移动。

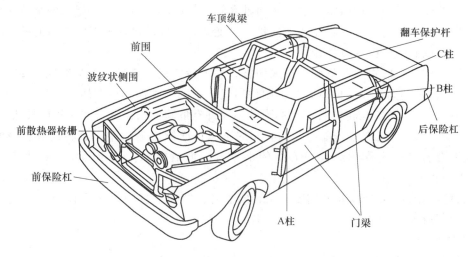

图 1-12 汽车驾驶室外的吸能结构

4. 汽车翻车的保护装置

轿车的翻车保护杆主要用于汽车翻车事故，以防止外界物体压溃车顶而侵入乘员室内。翻车保护杆一定要用高强度钢制造，其截面应设计成不易变形的结构。

货车的货厢保险架，一方面在汽车紧急制动或发生前碰撞时，可防止因货物撞击侵入驾驶室而伤害驾驶人和室内乘员；另一方面，在翻车事故中，保险架可有效地支承在地面上，起到保护驾驶人的作用。

5. 汽车乘员室内部的防撞吸能结构

当汽车发生碰撞时乘员可能发生二次碰撞，因此汽车的内部结构必须能够吸收碰撞冲击能量，以尽可能减轻对人体的损害。为此，在新型汽车的审查基准中，明确规定了有关冲击吸收的性能要求。在进行事故鉴定时，要掌握这些基准，并且要掌握其基本结构。

（1）软饰化仪表板　仪表板的软饰化可减轻乘员在与仪表板的二次碰撞中的受伤程度。典型的软化材料是发泡聚氨酯。表皮材料大部分采用 ABS 改性的聚氯乙烯膜，也有使用其他复合膜和采用表皮涂层方式的。

（2）软化内饰　其他的软化内饰物有门板、顶篷、遮阳板、前后围、座椅靠背、坐垫、扶手、头枕以及地毯等。这些零部件的软化都能不同程度地减轻碰撞中乘员可能受到的二次碰撞的伤害程度，特别是座椅设计必须按照相应的标准进行。

（3）车内凸出物的限制　GB 11552—2009《乘用车内部凸出物》中对乘用车内部凸出物的限制要求和测量方法作了详细规定。车内凸出物包括按钮、手柄、操纵杆、车门内各种工具柄、仪表板上的开关、车身附件等，应尽量使乘员室表面平滑。在汽车碰撞事故中乘员身体可能触及的区域，特别是头部碰撞区，应避免任何凸出物，其他区域内凸出物的形状、尺寸和刚度等则须有所限制。

6. 防止汽车转向机构对驾驶人造成伤害的规定

GB 11557—2011《防止汽车转向机构对驾驶员伤害的规定》中规定了转向机构对驾驶人伤害的技术要求、当汽车受到正面撞击时转向盘向后窜动的试验方法，以及转向盘遭撞击时吸收能量的试验方法。此标准适用于轿车，总质量为3.5t以下的各类型汽车可参照执行。标准中所指的转向机构是指由转向盘、转向轴套管、转向轴、转向器等组成的整体元件。现在已经开发了多种结构形式的吸能式转向盘、吸能式转向柱及可伸缩式吸能转向柱，在汽车碰撞事故中可以起到保护乘员的作用。

为了防止汽车转向机构对驾驶人造成伤害，要求转向机构满足以下基本技术要求：

1) 转向盘及其固定在转向管柱上的附件对工作中的驾驶人不得有妨碍。

2) 转向盘及其固定在转向管柱上的附件不允许有危险的凸出部分和尖锐的棱边。

3) 不安装人体模型的空车以48.3km/h的车速正面撞击障碍壁时，转向管柱及转向轴的上端允许沿着平行于汽车纵向中心线的水平方向向后窜动，其窜动量不得大于127mm（在动态下测量）。

4) 人体模型以24.1km/h的速度撞击转向盘时，转向盘反作用于人体模型"胸部"的水平作用力不得大于111.23N。

7. 汽车轮胎

汽车轮胎通常采用充气轮胎，主要有普通斜交轮胎和子午线轮胎两种，如图1-13所示。

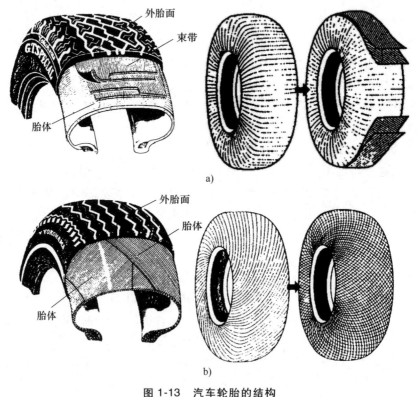

图1-13 汽车轮胎的结构
a) 子午线轮胎　b) 普通斜交轮胎

子午线轮胎与普通斜交轮胎相比，弹性大、耐磨性好，可使轮胎使用寿命提高30%～

50%,滚动阻力小、可降低汽车油耗 8% 左右,附着性能好、缓冲性能好、承载能力大且不易刺穿,因此得到了广泛应用。在汽车事故鉴定时,经常要判断轮胎的类型,是子午线轮胎,还是普通斜交轮胎;另外,还需要测量车轮的自由半径、静力半径、滚动半径、轮胎高度及轮辋直径等。其中,车轮静力半径的测量方法是:将轮胎嵌在规定的轮辋上,达到规定的气压,再加载规定的荷重,此时测得的从轴心到地面的最短距离,即为车轮静力半径。车轮滚动半径可以通过计算得出,也可以近似估算,或试验测得,即用车轮转动圈数与实际车轮滚动距离之间的关系来换算。

复习思考题

1. 汽车事故鉴定的目的和意义是什么?
2. 试分析我国汽车交通事故的现状。为何每年交通事故的发生次数和伤亡人数都较多?
3. 构成交通事故的八个基本要素是什么?
4. 按事故损害后果的程度来分类,交通事故可分为哪几种?
5. 何谓交通事故分析?它的分析内容主要有哪些?
6. 何谓事故再现?它的目的是什么?
7. 汽车事故鉴定主要包括哪些内容?
8. 汽车事故有几种形态?
9. 汽车事故鉴定应掌握哪些汽车基本知识?

第二章 / Chapter 2
交通事故力学基础理论

第二章 交通事故力学基础理论

教学提示：

本章教学重点是汽车制动性能分析、非同步制动时的等效附着系数、汽车弯道行驶时的侧向稳定性。

本章教学难点是应用动力学和运动学的基本原理，结合汽车自身的力学特性分析碰撞过程，综合性比较强。

教学要求：

掌握交通事故力学的基本概念，理解交通事故力学中运动学基础知识（包括点的直线运动、质点的匀速圆周运动、质点的抛物线运动、刚体的转动、车轮平面运动分析）。

掌握动力学基本原理（包括质点系动力学方程、动量定理、质心守恒定理、动量矩定理、冲量矩定理、动能定理、机械能守恒定理）。

掌握汽车动力学分析（包括汽车驱动力方程、驱动力、滚动阻力、空气阻力、坡度阻力、加速阻力）。

掌握汽车行驶时的力学特性（包括汽车行驶的驱动条件、汽车行驶时附着条件、爬坡能力、加速度能力、最大汽车行驶速度）。

能分析汽车的制动性能。

掌握非同步制动时的等效附着系数，以及制动等效附着系数与道路附着系数的差异。

能根据制动拖印痕的长度计算制动初速度（水平路面、坡道路面）。

了解摩托车的制动（等效附着系数、根据后轮制动印迹长度来估算汽车制动时的行驶速度、摩托车在坡路上制动）。

理解汽车弯道行驶时的侧向稳定性（侧翻的临界速度、侧滑的临界速度、路面外侧超高时的临界速度、根据侧滑轨迹计算制动初速度、摩托车的转向稳定性）。

第一节 交通事故力学的基本概念

一、汽车质心的求法

在交通事故发生后，测定肇事车辆的质心对计算汽车碰撞前的行驶速度有着重要的作用，因此，通过实验法测定汽车质心有着重要的作用。质心的位置在理论上可以用合力矩定理确定的相应坐标来表示。

1. 质心的横向位置

一般假设汽车的结构是左右对称的，那么质心一定在纵向对称平面上，即汽车的质心是左右对称的。

2. 质心的纵向位置

如图 2-1 所示，利用实验法测定汽车的质心，根据力矩平衡原理，只要测定两个支点（B 和 A）的受力大小（N_2 和 N_1），就可以知道质心的位置。值得注意的是，目前汽车行驶系统由多个轴组成，测定时只允许两轴受力承担汽车的总质量，因此要防止多轴共同受力形成静不定问题而无法快速求解。

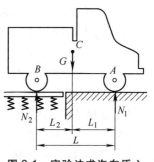

图 2-1 实验法求汽车质心

假设质心 C 距前轴支点 A 的距离为 L_1，距后轴支点 B 的距离为 L_2，前、后轴支点的间距为 L，汽车的重力为 G。通过实验法测定两支点的受力大小分别为 N_1 和 N_2，则有

$$N_1 L_1 = N_2 L_2, \quad N_1 + N_2 = G \tag{2-1}$$

$$L_1 + L_2 = L \tag{2-2}$$

将式（2-1）和式（2-2）联立，求得

$$L_1 = \frac{N_2 L}{G}, \quad L_2 = L - \frac{N_2 L}{G} \tag{2-3}$$

由式（2-3）可知，汽车质心与前轴支点之间的距离为 $\frac{N_2 L}{G}$，与后轴支点之间的距离为 $\left(L - \frac{N_2 L}{G}\right)$。

二、摩擦力与汽车轮胎之间的关系

摩擦力的作用是阻碍物体相对运动的趋势。当两物体的接触面较为光滑时，接触面切线方向的摩擦力较小，可以忽略摩擦力的实际作用效果。按照物体间相互运动不同的类型，摩擦力可分为：①滑动摩擦力——两物体作相对滑动时存在的摩擦力；②滚动摩擦力——两物体作相对滚动时存在的摩擦力。如果按两物体是否存在相对运动进行分类，摩擦力又可分为：①静摩擦力——两物体之间存在相对运动趋势但没有出现相对运动时的摩擦力；②动摩擦力——两物体间已经出现相对运动时存在的摩擦力。另外，摩擦还可分为干摩擦和湿摩擦。例如，汽车在同一公路上行驶，雨天和晴天时，路面相对于汽车轮胎的附着系数是不同的，雨天时的摩擦称为湿摩擦，晴天时的摩擦则称为干摩擦。

1. 静摩擦力

如图 2-2 所示，当某一物体在水平拉力 F 的作用下保持静止状态，但是物体存在向右的运动趋势时，那么根据力学平衡原理，一定存在方向向左的静摩擦力，且静摩擦力的大小等于水平拉力 F，即

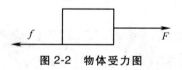

图 2-2 物体受力图

$$f = F$$

可以看出，当物体存在运动趋势且物体保持静止状态时，物体所受摩擦力的大小与外界作用于物体上的力保持平衡。因此，静摩擦力的大小由物体沿接触面的切线方向所受的外力所决定。

图 2-2 中的静摩擦力大小随着外力 F 的变化而变化。当拉力 F 为零时，静摩擦力也为零；当拉力增加时，静摩擦力也增加；当静摩擦力达到最大值时，外力还在增加，但摩擦力不再增加，因此物体将发生运动。

静摩擦力具有如下三个特点：
1) 静摩擦力存在的范围：$0 \leq f \leq f_{max}$。
2) 静摩擦力的方向与受力物体的运动趋势相反。
3) 静摩擦力的作用线在物体与外界接触面的切线方向上。

摩擦力的大小等于作用于物体法向方向的力 G 与系数 μ 的乘积，其中系数 μ 称为摩擦系数。摩擦系数与物体接触面的粗糙程度有关，其大小可通过实验法测定，常用材料的摩擦系数见表 2-1。摩擦力 f 的计算公式为

$$f=\mu G$$

表 2-1　常用材料的摩擦系数

摩擦材料	滑动摩擦系数 μ	
	无润滑	有润滑
钢—钢	0.1(0.15)	0.05~0.1(0.1~0.12)
钢—铸铁	0.16~0.18(0.2~0.3)	0.05~0.15
钢—铝	0.17	0.02
皮革—铸铁或钢	0.3~0.5	0.12~0.15
硬木—铸铁或钢	0.2~0.35	0.12~0.16
铸铁—皮革	0.28(0.55)	0.12(0.15)
铸铁—橡皮	0.8	0.5
皮革—木材	0.03~0.05(0.4~0.5)	—
木材—木材	0.32~0.48(0.54~0.62)	0.07~0.1(0.1)
麻绳—木材	0.5(0.5~0.8)	—
硅铝合金—硬橡胶	0.25	—
硅铝合金—石板	0.26	—
青铜—石板	0.33	—

注：括号内为静滑动摩擦系数 μ，其余为动滑动摩擦系数 μ_1，或两者通用。

2. 滑动摩擦力

依图 2-2 说明，当水平拉力 F 略微大于最大静摩擦力 f_{max} 时，物体便开始向右滑动，这时阻碍物体运动的摩擦力称为滑动摩擦力。可见，滑动摩擦力的大小是固定不变的，它与最大静摩擦力的大小几乎相等（静摩擦力通常应略大于动摩擦力），即

$$f_1=\mu_1 G$$

式中　μ_1——滑动摩擦系数。

滑动摩擦系数的大小取决于接触面的材料性质、表面粗糙程度，以及接触面相对滑动的速度等因素。对于大多数材料，滑动摩擦系数比静摩擦系数略小，这是因为当两物体保持静止时，作用于物体的法向作用力使物体接触面的微观凸起与凹陷处相互嵌入，接触面间的空气含量较少，拉动物体时需要的力应略大于滑动摩擦力。在工程应用过程中，通常忽略二者的区别，认为静摩擦系数与滑动摩擦系数相等。

汽车在行驶过程中紧急制动时，轮胎相对于地面发生滑动，此时，动摩擦系数随着车速的降低变化不大，因为轮胎与地面之间主要是滚动摩擦。但是当路面比较湿时，车速越快，附着系数越小。这是因为车速越快，滑动越明显。各种路面的滑动附着系数见表 2-2。

表 2-2　各种路面的滑动附着系数

路面状况		干　燥		湿　润	
		$v<50km/h$	$v>50km/h$	$v<50km/h$	$v>50km/h$
水泥	新铺带尖边	0.8~0.12	0.7~1.00	0.5~0.8	0.4~0.75
	使用磨光	0.60~0.80	0.60~0.75	0.45~0.70	0.45~0.65
	已磨光	0.55~0.75	0.50~0.65	0.45~0.65	0.45~0.60

(续)

路面状况		干 燥		湿 润	
		v<50km/h	v>50km/h	v<50km/h	v>50km/h
沥青或焦油	新铺带尖边	0.80~1.20	0.65~1.00	0.50~0.80	0.45~0.75
	使用磨光	0.60~0.80	0.55~0.70	0.45~0.70	0.40~0.65
	已磨光	0.55~0.75	0.45~0.65	0.45~0.65	0.40~0.60
	油量过大	0.50~0.60	0.35~0.60	0.30~0.60	0.25~0.55
沙砾	密实、灌油	0.55~0.85	0.50~0.80	0.40~0.80	0.40~0.60
	松散	0.40~0.70	0.40~0.70	0.45~0.75	0.45~0.75
炉渣	密实	0.50~0.70	0.50~0.70	0.65~0.75	0.65~0.75
石料	压碎	0.55~0.75	0.55~0.75	0.55~0.75	0.55~0.75
冰	平滑	0.10~0.25	0.07~0.20	0.05~0.10	0.05~0.10
雪	密实	0.30~0.55	0.35~0.55	0.30~0.60	0.30~0.60
	松散	0.10~0.25	0.10~0.20	0.30~0.60	0.30~0.60

3. 滚动摩擦力

滚动摩擦力远远小于滑动摩擦力。当一个半径为 r 的车轮静止作用于地面时,车轮的水平方向无外界作用力,法线方向受到重力和地面对轮胎的支持力作用,二力的合力为零,故车轮的法向作用力为零。通常汽车轮胎与地面接触时,轮胎会发生变形,因此,轮胎与地面的接触不是点接触,而是面接触。轮胎相对于地面静止时的受力情况如图 2-3a 所示。

当车轮滚动时,轮胎接触地面时的受力情况发生变化,如图 2-3b 所示。

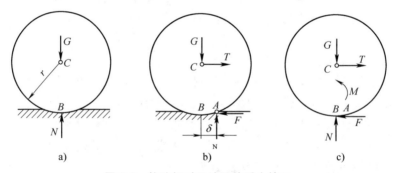

图 2-3 轮胎相对于地面的受力情况
a) 轮胎相对于地面静止时的受力情况 b) 轮胎相对于地面滚动时的受力情况 c) 轮胎的受力简图

宏观上,地面对车轮作用力的合力与车轮重力不在同一直线上,二力的作用线之间存在距离 δ。根据力的平移定理,应附加一个力偶矩 M,即

$$M = \delta N$$

该力偶矩称为阻碍力偶矩,也称为摩擦力偶矩。系数 δ 称为滚动摩擦系数,本质上它代表力偶臂,长度单位。根据大量的统计实验可知,滚动摩擦系数的大小取决于两个相互接触物体的材料硬度。材料越硬,接触面处的变形越小,滚动摩擦系数就越小;反之,接触面处的变形越大,滚动摩擦系数就越大。

图 2-3 的受力分析如下:

因为
$$y: G=N; \quad x: T=f \quad (2-4)$$
又
$$M=\delta N; \quad M=fr \quad (2-5)$$
所以
$$\delta G=fr \quad (2-6)$$
得
$$f=\frac{\delta}{r}G=\delta' G \quad (2-7)$$

工程上将 δ' 称为滚动阻力系数。

轮胎与路面间的滚动阻力系数 δ' 与路面类型、汽车行驶速度及轮胎的结构、材料、气压等都有一定的关系。汽车在不同路面上中、低速行驶时的滚动阻力系数见表2-3。

表2-3 滚动阻力系数

路面类型	滚动阻力系数	路面类型	滚动阻力系数
良好的沥青或混凝土路面	0.010~0.018	干燥的压紧土路	0.025~0.035
一般的沥青或混凝土路面	0.018~0.020	雨后的压紧土路	0.050~0.150
碎石路面	0.020~0.025	泥泞土路	0.001~0.250
良好的卵石路面	0.025~0.030	干沙路面	0.100~0.300
坑洼的卵石路面	0.035~0.050	湿沙路面	0.060~0.150
结冰路面	0.015~0.030	压紧的雪路	0.030~0.050

重型货车超载现象屡禁不止，因超载导致汽车制动效能降低而引发的交通事故时有发生。当超载汽车发生交通事故时，计算超载汽车碰撞前的车速不能应用国家标准GB/T 13594—2003《机动车和挂车防抱制动性能和试验方法》中规定的道路附着系数，因为国家标准中道路附着系数的测定，其前提条件是汽车制动效能满足国家标准规定。因超载汽车制动时的附着系数影响因素比较复杂，故本节对这类问题进行如下分析。

首先对汽车制动的基本原理进行简述。当驾驶人发现紧急情况时，踩下制动踏板，经过制动助力装置、制动总泵、制动分泵等装置，使制动管路高压部分产生高压油液推动制动蹄片张开，进而与制动鼓相接触产生摩擦力和摩擦力矩。若摩擦力矩大于滚动阻力矩，则迫使轮胎停止转动，而与地面发生相对滑动。

滚动阻力矩等于地面对车轮的支持力与该力作用线到车轮中心距离的乘积。汽车装载质量越大，轮胎的变形量越大，滚动阻力力偶臂就越大；另一方面，汽车装载质量越大，地面对轮胎的支持力也越大，自此，滚动阻力矩因装载质量的增加而成倍增加。当滚动阻力矩大于汽车制动时的摩擦力矩时，车轮相对于地面滑动时还带有滚动，此时通常用滑移率来表示滑动和滚动之间的比例关系。即

$$s=\frac{v-\omega r}{v} \quad (2-8)$$

式中　s——滑移率；

　　　v——汽车行驶速度；

ω——车轮的角速度。

根据式（2-8）整理得

$$\omega r = v(1-s) \tag{2-9}$$

式（2-9）说明，滚动轮胎的线速度为 $v(1-s)$，而滑动时轮胎的速度为 vs。因此，当超载汽车制动时，汽车轮胎既滑动又滚动的制动距离包含滚动距离和滑动距离两部分，制动滑动时的道路附着系数满足国家标准规定。关键问题是经直观检验，只能测定同时含有滚动和滑动的总体制动距离，而不能确切地测定制动时滑动距离占总制动距离的百分比。

通过实验测定肇事车辆的滑移率，可以计算出道路附着系数等一系列指标，即

$$L_1 = \frac{(vs)^2}{2a} \tag{2-10}$$

$$t = \frac{vs}{a}; \quad a = \mu g \tag{2-11}$$

$$v(t)_1 = vs - at \tag{2-12}$$

$$v(t)_1 = v(t)s \tag{2-13}$$

$$\omega(t)r = v(t)(1-s) \tag{2-14}$$

整理得

$$\omega(t)r = \left(\frac{vs - at}{s}\right)(1-s)$$

$$\omega(t)r\mathrm{d}t = r\mathrm{d}\theta = \mathrm{d}l$$

$$L_2 = \int_0^t \left(\frac{vs-at}{s}\right)(1-s)\mathrm{d}t = \frac{(1-s)s}{2a}v^2$$

$$L = L_1 + L_2 = \frac{(vs)^2}{2a} + \frac{(1-s)sv^2}{2a} = \frac{v^2}{2\mu g}s \tag{2-15}$$

式中 μ——道路附着系数；

L_1——汽车制动时的滑动距离；

L_2——汽车制动时的滚动距离；

g——重力加速度；

s——汽车滑移率；

$\omega(t)$——轮胎滚动时的角速度。

由式（2-15）可知，已知汽车的滑移率和制动距离，即可推算出超载汽车制动前的行驶速度。

第二节　交通事故力学中的运动学基础

运动学是研究物体在空间的位置随时间变化的规律，主要研究的内容是物体的运动速度、轨迹、加速度等。本节结合碰撞事故分析中所涉及的知识，将运动学的基本概念加以

介绍。

一、质点的直线运动

对于物体的运动分析,通常把物体简化成一个质点,来研究物体运动的速度和加速度等相关指标,例如研究导弹在空中的飞行轨迹和速度。

质点的运动过程可分为直线运动和曲线运动,曲线运动还可以分为圆周运动、抛物线运动及高次曲线运动,更为复杂的运动是多种运动的合成。

首先来分析质点的直线运动。

1. 速度

为了描述质点运动的快慢程度,引入速度的概念。假设汽车由 a 点运动到 b 点经过的位移为 s,经历的时间为 t,那么定义

$$v = \frac{s}{t} \tag{2-16}$$

式中 v——汽车经过 a、b 点的平均速度,它表征汽车在途经 a、b 点时的快慢程度。根据数学分析原理可知

$$v(t) = \frac{\mathrm{d}s}{\mathrm{d}t} \tag{2-17}$$

式(2-17)表征汽车在 a、b 点运动过程中任意时刻的速度,即瞬时速度。

【例1】 汽车由 a 点运动到 b 点所花费的时间是 200s,其中 a、b 两点之间的距离为 400m,那么汽车运动的平均速度为多少?

$$v = \frac{400\mathrm{m}}{200\mathrm{s}} = 2\mathrm{m/s} = 7.2\mathrm{km/h}$$

上式说明汽车由 a 点运动到 b 点的平均速度为 2m/s。

根据式(2-17)可知物理量 v、s、t 之间的关系,若已知其中任意两个物理量,即可求出第三个物理量。

【例2】 某汽车以 80km/h 的速度行驶了 160km,试求行驶了 160km 所花费的时间。

$$t = \frac{s}{v} = \frac{160\mathrm{km}}{80\mathrm{km/h}} = 2\mathrm{h}$$

上式说明该汽车以 80km/h 的速度行驶 160km 所花费的时间为 2h。

2. 加速度

为了描述质点运动速度变化的快慢程度,引入加速度的概念。若开始时的速度为 v_0,经过 t 时间段后,速度变化为 v,那么定义

$$a = \frac{v - v_0}{t} \tag{2-18}$$

式中 a——平均加速度,它表征在 t 时间段内速度的变化情况。在时间间隔非常小的情况下,平均加速度可转化为

$$a = \frac{\mathrm{d}v}{\mathrm{d}t} \tag{2-19}$$

式(2-19)描述速度的变化率,单位为 $\mathrm{m/s^2}$。若速度的变化不是均匀的,那么加速度

就是时间变量的函数，即

$$a(t)=\frac{\mathrm{d}v(t)}{\mathrm{d}t}=\frac{\partial^2 s(t)}{\partial t^2} \qquad (2\text{-}20)$$

式中 $s(t)$——基于时间变量的位移函数。这样定义后，将加速度的概念进行了推广，可以用来研究比较复杂的运动过程。

3. 匀速度直线运动的基本公式

根据加速度的定义，可以得到

$$v=v_0+at; \quad s=v_0 t+\frac{at^2}{2}; \quad v^2-v_0^2=2as \qquad (2\text{-}21)$$

根据式（2-21），可以演化出表 2-4 中的 15 个公式，针对不同的已知条件可以求出未知变量。

表 2-4 直线运动方程

编号	待求量	已知量	基本公式
1	末速度 v	t、a、v_0	$v=v_0+at$
2		a、v_0、s	$v=\pm\sqrt{v_0^2+2as}$
3		t、a、s	$v=\dfrac{s}{t}+\dfrac{1}{2}at$
4	初速度 v_0	t、a、v	$v_0=v-at$
5		a、v、s	$v_0=\pm\sqrt{v^2-2as}$
6		t、a、s	$v_0=\dfrac{s}{t}-\dfrac{1}{2}at$
7	位移 s	t、a、v_0	$s=v_0 t+\dfrac{1}{2}at^2$
8		a、v_0、v	$s=\dfrac{v^2-v_0^2}{2a}$
9		t、v_0、v	$s=\dfrac{(v+v_0)t}{2}$
10	加速度 a	t、v_0、v	$a=\dfrac{v-v_0}{t}$
11		t、v_0、s	$a=\dfrac{2(s-v_0 t)}{t^2}$
12		v_0、v、s	$a=\dfrac{v^2-v_0^2}{2s}$
13	时间 t	a、v_0、v	$t=\dfrac{v^2-v_0^2}{a}$
14		a、v_0、s	$t=\dfrac{\pm\sqrt{v_0^2+2as}-v_0}{a}$
15		v_0、v、s	$\dfrac{2s}{v+v_0}$

表 2-4 中 15 个公式的正、负号代表位移、速度、加速度的方向。对于直线运动，用正、负号就可以完全描述出质点的运动方向；若是曲线运动，则必须用矢量来表示速度的大小和

方向。

【例3】 汽车以80km/h的速度匀速行驶,当发现紧急情况时采取制动措施,经过6s后停止,求制动减速度和制动距离。

已知 $v = 80\text{km/h} = 22.2\text{m/s}$;$t = 6\text{s}$

得
$$a = \frac{v-v_0}{t} = -\frac{22.2}{6}\text{m/s}^2 = -3.7\text{m/s}^2$$

$$s = \frac{1}{2}(v+v_0)t = \frac{1}{2} \times 22.2 \times 6\text{m} = 66.6\text{m}$$

上式说明,该汽车的制动减速度为3.7m/s²,制动距离为66.6m。上式中加速度在计算时使用负号,表示地面对汽车的作用力的方向与汽车的运动方向相反,阻碍了汽车的运动。

二、质点的匀速圆周运动

质点沿半径为 r 的圆弧做匀速运动(这里的匀速指的是速度的大小时刻相等),速度的方向时时刻刻发生改变,即速度是改变的,因此,必然存在加速度(证明略)。质点作圆周运动时一定存在向心力,即外力作用于物体质点上的合力指向作圆周运动的中心,可表示为

$$f = \frac{mv^2}{r} \tag{2-22}$$

式中 f——向心力;
m——质点的质量;
r——作圆周运动的半径;
v——质点运动速度。

最为普遍的运动过程是切线方向上也存在加速度,那么质点作圆周运动时既有切向加速度,又有法向加速度,即

$$a_\tau = \frac{dv}{dt}; \quad a_n = \frac{v^2}{r} \tag{2-23}$$

式(2-23)表明,切向速度的变化率是由切向力决定的,而速度的大小则决定了转弯半径(注:法向力小于最大约束力)。例如:当汽车在某公路转弯运动时,地面作用于汽车的最大横向附着力 $f_{\max} = \mu G(\mu \leq 0.7)$,因此,客观上必须保证 $\frac{mv^2}{r} \leq f_{\max}$。在某些交通事故中,汽车过快转弯时,必须满足 $\frac{mv^2}{r} \leq f_{\max}$ 的条件,当速度大到一定程度时,r 必须增加,否则汽车必然会驶离原来的行驶轨迹,发生侧滑。

【例4】 汽车在半径 $r = 2000\text{m}$ 的弯道上行驶,汽车经过 a 点和驶过 b 点时的速度分别是30m/s和20m/s,a 点到 b 点的距离为500m,试求切向加速度与法向加速度。

解: 切向加速度为 $a_\tau = \frac{v_a^2 - v_b^2}{2s} = \frac{30^2 - 20^2}{2 \times 500}\text{m/s}^2 = 0.5\text{m/s}^2$

$$t = \frac{v_b - v_a}{-a} = \frac{20-30}{-0.5}\text{s} = 20\text{s}$$

$$v_\tau(t) = v_a - a_\tau t = 30 - 0.5t$$

法向加速度为 $a_n = \dfrac{v(t)_\tau^2}{r} = \dfrac{(30-0.5t)^2}{2000}$

汽车经过 a 点和 b 点的时间段内任意一点的速度 $v_\tau(t) = 30-0.5t$，$t \in (0, 20)$，而任意时刻的法向加速度为 $a_n = (30-0.5t)^2/2000$，$t \in (0, 20)$。

三、质点的抛物线运动

在交通事故中，时常出现汽车侧滑并坠入路边排水沟中的现象，这类交通事故的危害性极大。通常把肇事汽车简化成一个质点，该质点作类抛物线运动，当忽略空气阻力等因素时，可以把该问题简化成抛物线运动。

【例5】 如图2-4所示，一质点由 A 点抛出落到 B 点，若已知 A、B 之间的距离，试问质点作抛物线运动所需要的最小速度为多少？

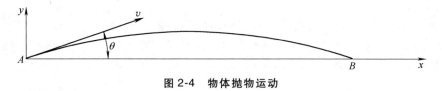

图2-4 物体抛物运动

解：质点在水平方向投影的速度和垂直方向投影的速度分别为
$$v_x = v\cos\theta, \quad v_y = v\sin\theta$$
质点由 A 点抛落到抛物线上 B 点所花费的时间为
$$t = \dfrac{v\sin\theta}{g}$$
$$AB = v\cos\theta \cdot 2t = v\cos\theta \cdot 2\dfrac{v\sin\theta}{g} = \dfrac{v^2\sin 2\theta}{g} \leqslant \dfrac{v^2}{g}$$
$$v_{\min} = \sqrt{g \cdot AB}；\text{s.t}（约束条件）\theta = 45°$$

式中　v——质点被抛出时的速度；

θ——质点抛出时速度方向与水平方向的夹角；

g——重力加速度。

可见使物体由 A 点抛落到 B 点的最小速度 $v_{\min} = \sqrt{g \cdot AB}$。上面分析的是质点作抛物线运动，还有一类比较简单的运动——平抛运动，下面来分析平抛运动的过程。

参照图2-5，平抛运动可以分解成两个运动：一个是水平直线运动，因为在平抛的过程中，质点在水平方向未受力的作用，所以质点在整个运动过程中以平抛的初始速度做匀速直线运动；另一个是垂直方向上作匀加速运动，因为在平抛过程中，质点始终受到地球的引力作用，即重力作用，所以质点在垂直方向上作匀加速直线运动。

因为
$$H = \dfrac{gt^2}{2}$$

所以
$$t = \sqrt{\dfrac{2H}{g}} \tag{2-24}$$

得

$$v = \frac{AB}{t} = AB\sqrt{\frac{g}{2H}} \tag{2-25}$$

根据式（2-25）可知，已知质点水平抛出的距离和质点下落的高度，即可求出质点水平抛出时的速度。

【例6】 将一钢球从高度 $H = 2\mathrm{m}$ 的地方水平抛出，抛出的距离 $d = 10\mathrm{m}$，试求钢球被水平抛出时的速度。

$$t = \sqrt{\frac{2H}{g}} = \sqrt{\frac{2 \times 2\mathrm{m}}{9.8\mathrm{m/s}^2}} = 0.64\mathrm{s}$$

$$v = \frac{d}{t} = \frac{10\mathrm{m}}{0.64\mathrm{s}} = 15.6\mathrm{m/s}$$

该钢球被水平抛出时的速度为 15.6m/s。

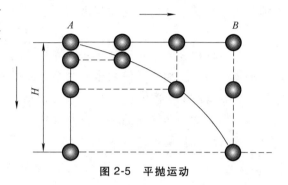

图 2-5 平抛运动

四、刚体的转动

客观世界中的物体在外力的作用下会发生变形，若这种变形比较小，在分析问题时可以忽略不计，此时可以把该物体认为是刚体。在研究刚体运动时，如果没有转动，那么可以把刚体简化成一个质点，这类运动即为移动。若物体围绕某轴心 O 转动，则这样的运动称为刚体的定轴转动。

1. 角位移

刚体的转动需要用角坐标和角位移来描述，即经过时间 t，物体所转过的角度（单位为 rad）。

2. 角速度

为了描述物体转动的快慢，引入角速度的概念。它表示物体单位时间所转过的角度，即 $\omega = \mathrm{d}\phi/\mathrm{d}t$，称为瞬时角速度。当物体转过的角度为 ϕ，所花费的时间为 t 时，则平均角速度为

$$\omega = \frac{\phi}{t} \tag{2-26}$$

工程上常用转速来表示物体转动的快慢，转速的定义是每分钟的转数（$\omega = 2\pi n/60$）。

3. 角加速度

角加速度用来描述角速度变化的快慢程度。当物体转动时，经过 a 点时的角速度为 ω_a，经过时间 t 后，其角速度达到 ω_b，则平均角加速度定义为

$$\beta = \frac{\omega_a - \omega_b}{t} \tag{2-27}$$

它表示角速度的平均变化率，当 t 趋近于零时，则定义成瞬时角加速度（$\beta = \mathrm{d}\omega/\mathrm{d}t$）。角加速度的单位为 $\mathrm{rad/s}^2$。

4. 匀加速度转动

直线运动的定义和转动的定义是相似的，基于形式上的一致性，就可以通过二者的对应关系得到如下基本公式（证明略）：

$$\omega = \omega_0 + \beta t \tag{2-28}$$

$$\phi = \omega_0 t + \frac{1}{2}\beta t^2 \tag{2-29}$$

$$\omega^2 - \omega_0^2 = 2\beta\phi \tag{2-30}$$

根据式（2-28）~式（2-30），通过变换可以得到其他类型的公式。当物体转动时，以与转轴距离为旋转半径的线速度与角速度之间存在如下关系：

$$dv = rd\omega \tag{2-31}$$

式（2-31）表明，转动物体作圆周运动的线速度是以转轴为中心向外逐步增加的。同一转动物体的角速度相同，但物体上各个点的线速度是不同的，且各个点的线速度与它们到轴心的距离 r 成正比。物体边缘点的半径最大，因此线速度也最大。线速度的方向沿圆周轨迹的切线方向，并与角速度的旋转方向一致。

角加速度和切向加速度的关系为

$$a_\tau = \frac{dv}{dt} = r\frac{d\omega}{dt} = r\beta \tag{2-32}$$

由式（2-32）可知，在角加速度不变的条件下，切向加速度与旋转半径成正比。

五、车轮平面运动分析

汽车在道路上行驶时，存在向前移动的速度，车轮也以同样的速度向前移动，但是汽车实际前进的速度是轮胎向前滚动的结果，那么轮胎的转速必然与汽车的移动速度有关。下面分析轮胎的运动过程。

轮胎的运动过程是由两个运动状态合成的：一是轮胎向前移动；二是轮胎转动。

如图 2-6 所示，轮胎上任何一点相对于地面的速度都是由轮胎的平移速度与该点的线速度的矢量合成的。

$$\overline{v_A} = \overline{v_O} + \overline{v_{AO}} \tag{2-33}$$

由图 2-6 可见，矢量速度合成法遵循平行四边形法则。这种矢量加法与力学中的矢量加法是一致的。

进一步分析轮胎与地面的接触点 P 的速度大小。定性地说，该点的速度为零。如果 P 点的速度不为零，轮胎就会产生滑动，在汽车行驶过程中，车轮的运动状态是滚动而非滑动，因此，P 点的速度为零。定量分析 P 点的速度应满足式（2-33），即

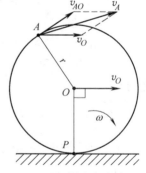

图 2-6 速度合成法

$$\overline{v_P} = \overline{v_O} + \overline{v_{PO}} = 0 \Rightarrow \overline{v_O} = -\overline{v_{PO}} = -\omega r$$

轮胎接地点的速度为零，而实际接触地面的点因轮胎滚动而不断变化。

通过上述分析可知，轮胎上最顶点的速度为 $2v_O$，轮胎上的最小速度为 P 点速度，即为零。

汽车在路面行驶只有滚动而不滑动时，轮胎接地点 P 为速度瞬心，车轮的转速与汽车速度之间的关系为

第二章 交通事故力学基础理论

$$v_O = r\omega$$
$$a = \frac{dv}{dt} = r\frac{d\omega}{dt} = r\beta \tag{2-34}$$

式（2-34）表征的是轮胎角加速度与汽车行驶速度之间的关系。

第三节 动力学基本原理

牛顿曾经说，力是改变物体运动的原因，可见力与运动是不可分离的，把这两方面结合起来分析，研究力与运动之间的关系，称为动力学。

一、质点系动力学方程

牛顿力学三大定律是质点系动力学方程的基础，下面详细阐述质点系对应的牛顿力学三大定律。

第一定律：质点系不受外力作用时，或外力作用于质点系的合力为零时，质点系将保持其运动状态不变，即保持直线运动或静止。通常称质点系保持原有运动状态不变的性质称为惯性，因此，牛顿第一定律也称为惯性定律。

第二定律：质点系受外力作用时，或外力作用于质点系的合力不为零时，质点系要产生加速运动，加速度的方向与力的方向一致，且与合外力的大小成正比。

$$F = ma \tag{2-35}$$

第三定律：两个物体相互作用时，两个物体之间的作用力与反作用力总是大小相等、方向相反，沿同一直线分别作用在两个不同的物体上。

假设作用在质点上的合力为 F，根据牛顿力学第二定律得到如下质点动力学方程

$$\sum_{i=1}^{n} f_i = ma = m\frac{\partial^2 s(t)}{\partial t^2} \tag{2-36}$$

式中 $s(t)$——位移函数；

m——受力物体的质量。

1. 建立直角坐标系动力学方程

$$x: \sum_{i=1}^{n} f_x = ma_x = m\frac{\partial^2 s(t)_x}{\partial t^2} \tag{2-37}$$

$$y: \sum_{i=1}^{n} f_y = ma_y = m\frac{\partial^2 s(t)_y}{\partial t^2} \tag{2-38}$$

$$z: \sum_{i=1}^{n} f_z = ma_z = m\frac{\partial^2 s(t)_z}{\partial t^2} \tag{2-39}$$

直角坐标系的动力学方程用来描述平抛运动或抛物线运动特别方便。有了加速度，通过积分，再加上初始条件，就可以求出位移和速度。

2. 基于自然坐标的动力学方程

如图2-7所示，在空间曲线上的 $b = \tau \times n$ 每一点都可建立三个相互垂直的坐标系，即切

向坐标、法向坐标、$b=\tau\times n$ 的坐标，其中 τ 为单位切向矢量，n 为单位法向矢量，指向曲率中心，b 为副法向单位矢量。将动力学方程分别向三个自然坐标轴投影，得

$$\tau: \sum_{i=1}^{n} f_\tau = ma_\tau = m\frac{\partial^2 s(t)_\tau}{\partial t^2} \tag{2-40}$$

$$n: \sum_{i=1}^{n} f_n = ma_n = m\frac{\partial^2 s(t)_n}{\partial t^2} \tag{2-41}$$

$$b: \sum_{i=1}^{n} f_b = ma_b = m\frac{\partial^2 s(t)_b}{\partial t^2} \tag{2-42}$$

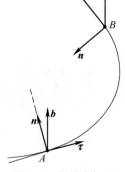

图 2-7 自然坐标系

式（2-40）~式（2-42）表示外力对于质点系的作用力在切线方向、法向方向和副法向方向上的投影，建立了自然坐标系动力学方程。这种方程通常要预先知道质点系的运动轨迹，而后通过力学分析建立动力学方程，再通过积分求解任意时刻的位移和速度。

二、动量定理

1. 质点的冲量定理

力一定存在于时空所构成四维空间中，力对空间的积累为功（以后介绍），而力对于时间的积累为冲量，其定义如下

$$f\mathrm{d}t = ma\mathrm{d}t = m\frac{\mathrm{d}v}{\mathrm{d}t}\mathrm{d}t = m\mathrm{d}v \tag{2-43}$$

可见，力对时间的积累等于物体在运动过程速度的变化率与质量的乘积。将质点所具有的质量与速度的乘积定义为动量，其中速度为矢量，因此动量也是矢量。

冲量的定义为

$$p = \int_0^t f\mathrm{d}t = f \cdot t \tag{2-44}$$

冲量是力在时间上的积累，是一个过程量，而动量 mv 是一个暂态量，描述物体所具有的状态。

过程量与暂态量之间的关系即为冲量定理，其描述如下：

$$f\mathrm{d}t = m\mathrm{d}v$$

$$\int_0^t f\mathrm{d}t = \int_{v_1}^{v_2} m\mathrm{d}v \Rightarrow ft = mv_2 - mv_1 \tag{2-45}$$

冲量定理的含义：力在时间上的积累等于动量的变化，即运动物体在力的作用下，经过一段时间，使运动物体的状态发生变化的程度。

2. 动量守恒定理

力是改变物体运动状态的原因，此力为外力，而内力是不改变物体的运动状态的，但对于系统内部而言，其内部状态会发生变化，这种变化是内力作用的结果，如何描述系统内部的变化呢？根据冲量定理可知

$$ft = mv_2 - mv_1 \tag{2-46}$$

若外力 $f=0$，则系统在 v_1 时的动量等于系统在 v_2 时的状态，即
$$mv_2 = mv_1 \tag{2-47}$$

三、质心守恒定理

根据牛顿第一定律可知，当质点系只受内力作用时，质点系的运动状态不发生改变。因此，质点系的质心不会因为内力的相互作用而改变，即内力的相互作用会导致质点系的内部状态发生变化，但质点系的质心坐标不会发生变化。

假设一个系统有 n 个质点，每个质点的质量为 m_i，其坐标为 (x_i, y_i, z_i)，则质点系的质心坐标公式为

$$x_O = \frac{\sum_{i=1}^{n} m_i x_i}{\sum_{i=1}^{n} m_i}; \quad y_O = \frac{\sum_{i=1}^{n} m_i y_i}{\sum_{i=1}^{n} m_i}; \quad z_O = \frac{\sum_{i=1}^{n} m_i z_i}{\sum_{i=1}^{n} m_i} \tag{2-48}$$

由式（2-48）可见，计算出来的"O"点坐标就是质点系的质心坐标，因内力作用，质点系的质量分布状况发生变化，但是质心位置没有改变。

将质心坐标公式两边对时间求一阶导数，得到质心动量在直角坐标系中的三个坐标轴上的投影，等于各个质点的动量在直角坐标轴上的投影。

$$x_O = \frac{\sum_{i=1}^{n} m_i x_i}{\sum_{i=1}^{n} m_i} \Rightarrow \sum_{i=1}^{n} m_i x_O = \sum_{i=1}^{n} m_i x_i$$

令

$$M = \sum_{i=1}^{n} m_i; \quad \sum_{i=1}^{n} m_i \frac{\mathrm{d}x_0}{\mathrm{d}t} = \sum_{i=1}^{n} m_i \frac{\mathrm{d}x_i}{\mathrm{d}t} \Rightarrow M v_{x0} = \sum_{i=1}^{n} m_i v_{xi}$$

同理

$$M v_{y0} = \sum_{i=1}^{n} m_i v_{yi}; \quad M v_{z0} = \sum_{i=1}^{n} m_i v_{zi}; \quad M v_{x0} = \sum_{i=1}^{n} m_i v_{xi} \tag{2-49}$$

式（2-49）表明：等号左边是质点系统总质量与质心速度的乘积（称为质点系统质心动量），等号右边为质点系统中各个质点动量的矢量和（称为质点系统总动量）。

【例7】 如图2-8所示，河面上有一小船，其质量为 m_1，长度为 l，质心位于 $0.5l$ 处，在小船的尾部有一个人，其质量为 m_2，人由静止开始从船尾走向船头，试问小船将移动多少距离。

解：人和小船组成一个系统，人由船尾走到船头，人与小船之间的作用力为内力，不改变系统的质心位置，因此质心位置不因人与船的状态发生改变而改变。根据这一原理，可以计算人走到船头时，船走了多少距离。

以人的最初位置为坐标原点，求原始状态下质心的位置。以合质心为支点，根据力矩平衡原理得

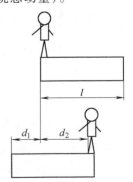

图2-8 人船运动图

$$m_1 l_1 = m_2 l_2 ; \quad l_1 + l_2 = l/2 \tag{1}$$

所以

$$l_2 = \frac{l m_1}{2(m_1 + m_2)} ; \quad l_1 = \frac{l m_2}{2(m_1 + m_2)} \tag{2}$$

即人、船构成的质心相对于原点坐标为 l_2。

人走到船头时,人相对于坐标原点的距离为 d_1,而船移动到相对于原点的坐标为 d_2,因此

$$d_1 = d_2 + l \tag{3}$$

根据质心不变定理得

$$(m_1 + m_2) l_2 = m_2 d_1 + m_1 (d_2 + l/2) \tag{4}$$

把式(2)、式(3)带入式(4)得

$$(m_1 + m_2) \frac{l m_1}{2(m_1 + m_2)} = m_2 (d_2 + l) + m_1 (d_2 + l/2)$$

整理得

$$d_2 = -\frac{m_2 l}{m_1 + m_2}$$

船相对于原点向左走了 $\dfrac{m_2 l}{m_1 + m_2}$ 距离,负号代表与假定的方向相反。

四、动量矩定理

力形成力偶可使物体转动,与之相似,动量也可以对 O 点形成力矩,从另一个方面描述力对物体转动的贡献。

如图2-9所示,若质点系绕 O 轴转动,角速度为 ω,则每个质点的速度为 $v_i = r_i \omega$,方向垂直于半径。

将各个质点的动量对 O 点的力矩累加起来,有

$$\sum_{i=1}^{n} m_i v_i r_i = \sum_{i=1}^{n} m_i \omega r_i r_i = \sum_{i=1}^{n} m_i r_i^2 \omega \tag{2-50}$$

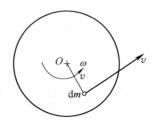

图2-9 刚体转动

令 $J = \sum\limits_{i=1}^{n} m_i r_i^2$ 为质点系的转动惯量,它描述了质点系的质量分布对转动的影响,与运动状态无关。因此,动量矩公式为

$$\sum_{i=1}^{n} m_i v_i r_i = J \omega \quad \text{或} \quad m_0 v_0 r_0 = J_0 \omega \tag{2-51}$$

式(2-51)表示质点系质心的动量矩,等于质点系对质量中心的转动惯量与转动角速度的乘积。常规物体转动惯量和回旋半径的计算公式见表2-5。

通常用转动惯量和角加速度来描述物体的转动,动量矩定理是由力矩定理转化而来的,因此,力矩应与转动惯量及角加速度有一定的关系。

表 2-5　常规物体转动惯量和回旋半径的计算公式

物体的形状	简图	转动惯量	回旋半径
细直杆		$J_{zc} = \dfrac{1}{12}Ml^2$ $J_z = \dfrac{1}{3}Ml^2$	$\rho_{zc} = \dfrac{l}{2\sqrt{3}} = 0.289l$ $\rho_z = \dfrac{l}{\sqrt{3}} = 0.577l$
薄壁圆筒		$J_z = MR^2$	$\rho_z = R$
圆筒		$J_z = \dfrac{1}{2}MR^2$ $J_x = J_y = \dfrac{1}{12}M(3R^2 + l^2)$	$\rho_z = \dfrac{R}{\sqrt{2}} = 0.707R$ $\rho_x = \rho_y = \sqrt{\dfrac{1}{12}(3R^2 + l^2)}$
空心圆柱		$J_z = \dfrac{1}{2}M(r^2 + R^2)$	$\rho_z = \sqrt{\dfrac{1}{2}(R^2 + r^2)}$
薄壁空心球		$J_z = \dfrac{2}{3}MR^2$	$\rho_z = \sqrt{\dfrac{2}{3}}R = 0.816R$
实心球		$J_z = \dfrac{2}{5}MR^2$	$\rho_z = \sqrt{\dfrac{2}{5}}R = 0.632R$
矩形薄板		$J_z = \dfrac{1}{12}M(a^2 + b^2)$ $J_y = \dfrac{1}{12}Ma^2$ $J_x = \dfrac{1}{12}Mb^2$	$\rho_z = \sqrt{\dfrac{a^2 + b^2}{12}}$ $\rho_y = 0.289a$ $\rho_x = 0.289b$

动量矩定理为

$$\sum_{i=1}^{n} m_i v_i(t) r_i = J\omega(t)$$

上述公式对时间求一阶导数，整理得

左：
$$\dfrac{\mathrm{d}\sum\limits_{i=1}^{n} m_i v_i(t) r_i}{\mathrm{d}t} = \sum_{i=1}^{n} m_i \dfrac{\mathrm{d}v_i(t)}{\mathrm{d}t} r_i = \sum_{i=1}^{n} F_i(t) r_i$$

右：
$$\frac{\mathrm{d}J\omega(t)}{\mathrm{d}t} = J\beta(t)$$

整理得

$$\sum_{i=1}^{n} F(t)_i r_i = J\beta(t) \tag{2-52}$$

式（2-52）称为定轴转动运动方程，也称为定轴转动微分方程，其含义是物体的转动惯量与其角加速度的乘积等于质点系统所受全部外力对转轴的力矩的代数和。

五、冲量矩定理

已知冲量定理是指物体的冲量等于动量的变化，则可通过冲量定理推导冲量矩定理，即

$$\sum_{i=1}^{n} f_i(t)\mathrm{d}t = \sum_{i=1}^{n} m_i \mathrm{d}v_i(t)$$

$$\sum_{i=1}^{n} f_i(t) r_i \mathrm{d}t = \sum_{i=1}^{n} m_i r_i \mathrm{d}v_i(t) ; \quad \mathrm{d}v_i(t) = r_i \mathrm{d}\omega(t)$$

$$\sum_{i=1}^{n} f_i(t) r_i \mathrm{d}t = \sum_{i=1}^{n} m_i r_i r_i \mathrm{d}\omega(t) = \sum_{i=1}^{n} m_i r_i^2 \mathrm{d}\omega(t) ; \quad J = \sum_{i=1}^{n} m_i r_i^2$$

$$\sum_{i=1}^{n} f_i(t) r_i \mathrm{d}t = J \mathrm{d}\omega(t) \tag{2-53}$$

令冲量 $p = \int_0^t f_i(t) \mathrm{d}t$，整理上式得

$$\int_0^t \sum_{i=1}^{n} f_i(t) r_i \mathrm{d}t = \int_0^t J \mathrm{d}\omega(t)$$

左：

$$\int_0^t \sum_{i=1}^{n} f_i(t) r_i \mathrm{d}t = \sum_{i=1}^{n} r_i \int_0^t f_i(t) \mathrm{d}t = \sum_{i=1}^{n} r_i p_i$$

原式为：

$$\sum_{i=1}^{n} r_i p_i = p_0 r_0 = J\omega(t) - J\omega(0) \tag{2-54}$$

冲量矩定理的含义是，力矩在一段时间内的积累等于角速度的变化与转动惯量的乘积。

【例8】 图2-10所示轮胎以 ω 角速度旋转。当两侧制动块施加正压力 N 后，产生摩擦力 f，使其减速，经过时间 t 后停止。已知制动盘重力 $G = 200\mathrm{N}$，可视为均质圆盘，其半径 $R = 15\mathrm{cm}$，制动块中心到转轴的距离 $r = 12\mathrm{cm}$，制动块摩擦系数 $\mu = 0.3$，角速度 $\omega_0 = 10\mathrm{rad/s}$，制动时间 $t = 3\mathrm{s}$，试求两边的制动力。

解：以制动盘为研究对象

$$S = \pi R^2 ; \quad \rho = \frac{G}{\pi R^2 g}$$

$$J = \int_0^R r^2 \rho 2\pi r \mathrm{d}r = \int_0^R \frac{2G r^3}{g R^2} \mathrm{d}r = \frac{G R^2}{2g}$$

$2ftr = J\omega(t) - J\omega(0)$，其中 $f = \mu N$，即

$$2\mu N t r = J\omega(t) - J\omega(0) = \frac{G R^2}{2g} \times 10$$

$$N = \frac{10GR^2}{4\mu gtr} = \frac{10 \times 200 \times 0.15^2}{4 \times 0.3 \times 9.8 \times 3 \times 0.12} \text{N} = 10.6\text{N}$$

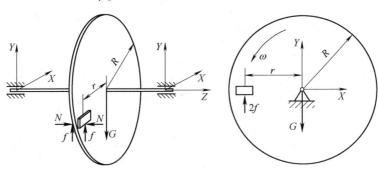

图 2-10 例题示图

更为复杂的问题是物体既有自身转动，还有围绕另一转轴的转动和移动，那么这类复杂问题应该分成三部分，并取自然坐标系建立微分动力学方程，然后求得结果，最后用计算机仿真检验试验结果。

六、功能原理

在交通事故中，汽车碰撞前、后运动状态的改变就是能量传递的过程，一部分能量因车体的塑性变形被吸收，另一部分因与地面接触而以摩擦力做功的形式消耗掉。能量传递的媒介是以功的形式相互转化能量。

功就是力在空间上的积累，是联系各种能量之间数量关系的度量手段，定义如下：

功是力与位移的内积，即 $W = (\boldsymbol{f}, \boldsymbol{s}) = \|\boldsymbol{f}\| \cdot \|\boldsymbol{s}\| \cos\alpha$，其中 α 为矢量 $\boldsymbol{f}$ 与矢量 $\boldsymbol{s}$ 的夹角。

当 $\alpha < 90°$ 时，$W > 0$，力做正功。

当 $\alpha > 90°$ 时，$W < 0$，力做负功。

当 $\alpha = 90°$ 时，$W = 0$，力不做功。

可见，功就是力在位移上的投影累积的结果，通常建立坐标系时均建立自然坐标系，将位移量投影在切向、法向和副法向上，再去计算力所做的功。

在交通事故力学中最经常遇见的能量问题就是动能和势能。势能的大小与物体的位置有关，如重力场中的物体，因位置不同所具有的重力势能也不同，电场中所具有的电势能也和位置有关。势能是一个相对量，定义某一点势能大小时，一定要有一个基本点（即定义一个零势能点）。势能是场所具有的基本属性，场分为保守力场和非保守力场。保守力场的势能与路径无关，物体由 a 点运动到 b 点时，势能的改变只与 a 点及 b 点的位置有关，而与路径没有关系。如果是在非保守力场中，物体由 a 点运动到 b 点的势能变化就与路径有关，这种场的势能与路径有关的现象称为路径依存原则，生物进化也具有路径依存原则。

1. 重力势能

交通事故中汽车坠入路边排水沟就是重力做功的结果，重力势能的计算公式为

$$W = \pm mgH \tag{2-55}$$

上述公式取负号时，表示重力做负功，即物体背离地面向上移动；当取正号时表示重力

做正功，即物体向下移动接近地面。

2. 弹性势能

在两车碰撞的交通事故过程中，车辆要发生互相挤压及变形，物体的变形有两种：一是塑性变形，这种变形是不可恢复的，并且要吸收一部分能量；二是弹性变形，外力为零时物体变形可以恢复，物体中的弹性变形力称为弹性力。

弹性变形可以用弹簧的变形来分析，弹簧在不受外力作用时的弹簧长度称为弹簧的自由长度 l_0，受到外力作用时，弹簧的变形量为 x，力与变形量之间的关系为线形比例关系，即

$$F = kx \tag{2-56}$$

它表示使弹簧发生的变形量为 x 时所需要的外力的大小，弹性力所做的功为

$$dW = fdx = kxdx \tag{2-57}$$

$$W = \int_0^x fdx = \int_0^x kxdx = \frac{1}{2}kx^2 \tag{2-58}$$

式中 k——弹簧的刚度，单位为 N/m；

x——弹簧的变形量，单位为 m。

表（2-58）表示外力使弹簧发生形变的过程中所做的功。外力作用于弹簧时，外力与弹簧弹性力是作用力与反作用力的关系，二力大小相等、方向相反，因此，可以用弹簧的弹性力做功描述外力所做的功。

质点的动能计算过程如下。

当质量为 m，以速度 v 运动时，质点所具有的动能定义为

$$E = \frac{1}{2}mv^2 \tag{2-59}$$

可见动能为非负标量。质点系统所具有的动能定义为

$$E = \sum_{i=1}^{n} \frac{1}{2}m_i v_i^2 \tag{2-60}$$

质点系统的动能就是质点系统中所有质点动能的累加。

转动刚体的动能计算过程如下。

某刚体绕定轴转动时，任意一点所具有的动能为

$$E_i = \frac{1}{2}m_i v_i^2$$

而刚体的总能量为

$$E = \sum_{i=1}^{n} \frac{1}{2}m_i v_i^2 \; ; \; v_i = r_i \omega$$

$$E = \sum_{i=1}^{n} \frac{1}{2}m_i r_i^2 \omega^2 \; ; \; J = \sum_{i=1}^{n} m_i r_i^2$$

$$E = \sum_{i=1}^{n} \frac{1}{2}m_i r_i^2 \omega^2 = \frac{1}{2}J\omega^2 \tag{2-61}$$

可见，移动质点的移动动能和转动刚体的转动动能在形式上是一致的，都是惯性与速度平方乘积的一半。

对于刚体的运动，更为一般的形式是同时具有转动和移动，但是我们分析问题的时候要

分别考虑，分析移动和绕质心转动两部分，即

$$E = \frac{1}{2}m_c v_c^2 + \frac{1}{2}J\omega^2 \tag{2-62}$$

式中　m_c——刚体总质量；
　　　v_c——刚体质心速度；
　　　J——刚体的转动惯量；
　　　ω——刚体转动角速度。

3．动能定理

运动物体的动能变化是外力做功的结果，若外力所做的功为正，则动能增加；若外力所做的功为负，则动能减少。下面证明功与动能之间的关系。

根据牛顿第二定律和运动学方程可知

$$F = ma；v_2^2 - v_1^2 = 2as$$

$$Fs = \frac{1}{2}mv_2^2 - \frac{1}{2}mv_1^2 \tag{2-63}$$

上述方程左边为外力所做的功，方程右边为动能的变化，这就是动能定理。

4．机械能守恒定理

动能与势能之和称为机械能。当物体在重力场中运动时，受到重力的作用而发生运动状态的改变，其在任意位置的机械能保持不变，这种性质称为机械能守恒。

根据势能的定义，首先定义 O 点的势能为 0，物体在 a 点相对于 O 点的势能为 U_{aO}，物体从 a 点运动到 b 点时相对于 O 点的势能为 U_{bO}；物体在 a 点时的动能为 E_a，运动到 b 点时的动能为 E_b。因此，有

$$T_a = U_{aO} + E_a；T_b = U_{bO} + E_b$$

上述公式分别为 a 点和 b 点的机械能，只有重力做功而机械能保持不变，则

$$T_a = T_b \tag{2-64}$$

【例9】　某运动员投掷铅球，铅球直径为 18cm，投出时的速度为 1.5m/s，抛射角为 30°，铅球抛出时距离地面高度为 1.8m，求铅球落地时的速度。

解：铅球在重力场中，只受重力作用（忽略空气阻力），因此，铅球在运动过程中机械能守恒。假设地面为零势能点。

铅球投出时，铅球既有动能，又有势能，则机械能为

$$T_a = mgh + \frac{1}{2}mv^2 = 9.8 \times 1.8m + 0.5 \times 1.5^2 m = 18.765m$$

铅球落地时，势能为零，只有动能存在，则机械能为

$$T_b = \frac{1}{2}mv^2$$

根据机械能守恒定理得

$$T_a = T_b$$

$$18.765m = \frac{1}{2}mv^2 \Rightarrow v = \sqrt{2 \times 18.765}\,\text{m/s} = 6.13\,\text{m/s}$$

则铅球落地时的速度为 6.13m/s。

【例10】 如图2-11所示，若考虑空气阻力，求铅球落地时的速度。由于空气阻力是非保守力，因此机械能不守恒，铅球抛出时的机械能减去空气阻力所做的功，等于铅球落地时所具有的动能（空气阻力系数为0.28；空气密度为1.25kg/m³）。

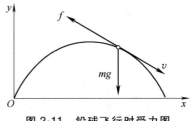

图2-11 铅球飞行时受力图

解：建立直角坐标系运动微分方程如下：

$$v = \sqrt{\left(\frac{dy}{dt}\right)^2 + \left(\frac{dx}{dt}\right)^2}$$

$$x: m\frac{d^2x}{dt^2} = C\rho A v^2 \frac{\frac{dx}{dt}}{\sqrt{\left(\frac{dx}{dt}\right)^2 + \left(\frac{dy}{dt}\right)^2}};$$

$$y: m\frac{d^2y}{dt^2} = C\rho A v^2 \frac{\frac{dy}{dt}}{\sqrt{\left(\frac{dx}{dt}\right)^2 + \left(\frac{dy}{dt}\right)^2}}$$

上述方程整理得

$$x: m\frac{d^2x}{dt^2} = C\rho A \frac{dx}{dt}\sqrt{\left(\frac{dx}{dt}\right)^2 + \left(\frac{dy}{dt}\right)^2}$$

$$y: m\frac{d^2y}{dt^2} = C\rho A v^2 \frac{dy}{dt}\sqrt{\left(\frac{dx}{dt}\right)^2 + \left(\frac{dy}{dt}\right)^2}$$

铅球在空中飞行的动力学微分方程难以求出解析解，只能通过计算机程序解出数值解。常用的应用型软件为Matlab软件中的Simulink软件包，可以方便地解出该方程的数值解。

第四节　汽车的动力学分析

汽车在道路上行驶时，根据运动轨迹的不同可以将汽车行驶分为直线行驶和曲线行驶，根据速度的增减可以将汽车行驶分为加速行驶和减速行驶。

一、汽车驱动力方程

汽车在道路上直线行驶时，作用在汽车上的全部外力和汽车的惯性力组成平衡力系，行驶的汽车必须满足下列方程，此方程称为驱动力方程。即

$$F_t = F_f + F_w + F_i + F_g \tag{2-65}$$

式中　F_t——驱动力，与行驶方向一致；

　　　F_f——滚动阻力，与行驶方向相反；

　　　F_w——空气阻力，与行驶方向相反；

　　　F_i——坡道阻力，上坡时与行驶方向相反，下坡时与行驶方向相同；

F_g——惯性阻力,加速时与行驶方向相反,减速时与行驶方向相同。

二、驱动力

发动机输出的转矩经过离合器、变速器、万向传动轴、主减速器,传动到驱动轮。作用在驱动轮上的转矩产生地面的圆周力,同时地面对驱动轮产生反作用力 F_t,即为驱动汽车的外力。此外力称为汽车的驱动力,计算公式为

$$F_t = \frac{M_t}{r} \tag{2-66}$$

式(2-66)为汽车驱动力公式,驱动轮转矩 M_t 是由发动机转矩 M_e 换算过来的,其换算公式为

$$M_t = M_e i_k i_0 \eta_t \tag{2-67}$$

所以

$$F_t = \frac{M_t}{r} = \frac{M_e i_k i_0 \eta_t}{r} \tag{2-68}$$

式中 M_e——发动机转矩;
i_k——变速器的传动比;
i_0——后桥主减速器的传动比;
η_t——整个传动系统的机械效率;
r——轮胎半径。

三、发动机转速与车速的关系

发动机的转速 n_e 经过变速器(传动比为 i_k)和主减速器(传动比为 i_0)减速后,得到轮胎的转速为 n_t,其公式为

$$n_t = \frac{n_e}{i_k i_0} \tag{2-69}$$

根据轮胎的转动速度,假定轮胎只转动不滑动,可以计算出汽车行驶速度(m/s),为

$$v = \omega r = \frac{2\pi n r}{60} = \frac{\pi n r}{30} \tag{2-70}$$

四、汽车直线行驶时的各种阻力

1. 滚动阻力

汽车在道路行驶时受到各种阻力的作用,其中之一为滚动阻力。滚动阻力 F_f 与作用在轮胎上的正压力成正比,计算公式为

$$F_f = fN \tag{2-71}$$

式中 N——汽车作用于地面的正压力;
f——滚动阻力系数。

2. 空气阻力

空气阻力 F_w 也是汽车行驶时的阻力之一，其计算公式为

$$F_w = \frac{1}{2}C_D \rho A v^2 \tag{2-72}$$

式中 C_D——空气阻力系数；
  ρ——空气密度；
  A——迎风面积；
  v——物体运动速度。

不同汽车的空气阻力系数和迎风面积见表2-6。

表2-6 不同汽车的空气阻力系数和迎风面积

车型	空气阻力系数 C_D	迎风面积 A/m^2	$C_D A/m^2$
一般轿车	0.3~0.6	1.4~2.0	0.42~1.2
货车	0.6~0.7	3.0~6.0	1.8~4.2
大客车	0.6~0.7	4.0~7.0	2.4~4.8

3. 坡度阻力

如图2-12所示，因道路存在倾角，汽车上坡时，重力沿坡道的分力成为汽车的行驶阻力，下坡时，重力沿坡道的分力为汽车行驶的动力，力的方向与车的行驶方向一致。即

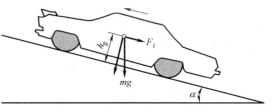

图2-12 汽车上坡行驶

$$F_i = mg\sin\alpha$$

公路路线设计中用坡度来表示道路的倾角大小，它是高差与水平距离之比，即

$$i = \frac{h}{d} = \tan\alpha$$

国家标准规定，高速公路在平原和微丘地区的最大坡度必须小于3%，一级公路为4%，即使是最低的四级公路或多丘陵地区最大坡度也必须小于9%，因此

$$\sin\alpha \approx \tan\alpha = i$$

则坡度阻力公式可转化为

$$F_i = mgi \tag{2-73}$$

4. 加速阻力

汽车加速行驶时，需要克服汽车的惯性力，惯性力的方向与加速度方向相反，构成了加速阻力 F_j。汽车的惯性力包含两部分：一是汽车平行移动时的惯性力；二是汽车部件转动时的惯性力偶矩。为了方便分析问题，将旋转惯性力偶矩转化为平行移动惯性力。因此，汽车加速阻力为

$$F_j = \delta m \frac{dv}{dt} \tag{2-74}$$

式中 δ——汽车旋转质量换算系数。

δ主要与飞轮的转动惯量、车轮的转动惯量以及传动系的传动比有关系，即

$$\delta = 1 + \frac{\sum j_w + j_e i_k^2 i_0^2 \eta_t}{mr^2} \qquad (2\text{-}75)$$

式中 j_w——各车轮对轮心的转动惯量；

j_e——发动机飞轮对轮心的转动惯量；

i_k——变速器第 k 档的传动比；

i_0——后桥主减速器的传动比；

η_t——整个传动系统的机械效率；

r——汽车滚动半径。

显然，当不考虑汽车旋转部分对汽车加速性能的影响时，可以设 $\delta=1$；当考虑汽车旋转部分对加速性能的影响时，$\delta>1$。

第五节 汽车行驶时的力学特性

一、汽车行驶时的驱动力条件

汽车行驶方程为

$$F_t = F_f + F_w + F_i + F_g \qquad (2\text{-}76)$$

汽车在行驶过程中，保持匀速或加速度行驶时，加速度 $a \geqslant 0$，式（2-76）整理为

$$F_g = F_t - (F_f + F_w + F_i) = \delta ma \geqslant 0$$

因此

$$F_t \geqslant (F_f + F_w + F_i) \qquad (2\text{-}77)$$

式（2-77）为汽车行驶时的驱动力条件。其含义是只有驱动力大于等于滚动阻力、空气阻力及坡道阻力三项之和，汽车才能保持匀速行驶或加速行驶。

二、汽车行驶时的附着条件

式（2-77）是汽车行驶时的必要条件，不是充分条件。发动机输出转矩经过传动系统传递到轮胎，轮胎作用于地面，地面再反作用于轮胎，使汽车行驶，因此驱动力必须小于地面作用在汽车上的最大附着力，即

$$F_f + F_w + F_i \leqslant F_t \leqslant mg\varphi \qquad (2\text{-}78)$$

可见，要想增加驱动力，必须提高地面附着系数和驱动轴地面反力，整车前、后轴受到路面的法向作用力分别为

$$N_1 = \frac{1}{L}\left[mg\cos\alpha(l_2 - fr) - mgz_c\sin\alpha - F_w z_w - (maz_c + \sum M_g)\right]$$

$$N_2 = \frac{1}{L}\left[mg\cos\alpha(l_1 - fr) + mgz_c\sin\alpha + F_w z_w + (maz_c + \sum M_g)\right]$$

将上面两式进行比较可知，除第一项是分配的轴重外，其余四项分别对应滚动阻力、坡道阻力、空气阻力及惯性力。这四部分阻力在上述两个公式中的符号相反，它们使路面对前轴的法向力减少，对后轴的法向力增加。这种现象称为重量从前轴转移到后轴，而重量转移

可以使附着条件得到提高，正好满足汽车上坡或加速时增加驱动力的需求。这就是后轴驱动的优点，也是大多数汽车采用后轴驱动的主要原因。

在上述分析中，可以忽略比较小的滚动阻力和空气阻力，令加速度为零，得到上坡行驶时前后轴法向反力分别为

$$N_2 = \frac{1}{L}(mg\cos\alpha l_1 + mgz_c\sin\alpha) \tag{2-79}$$

$$N_1 = \frac{1}{L}(mg\cos\alpha l_2 - mgz_c\sin\alpha) \tag{2-80}$$

汽车的动力性能主要包括爬坡能力、加速能力及最大车速三个方面，下面将对这三个方面进行分析。

三、爬坡能力

道路的纵向坡度为 i，其坡道阻力 F_i 的计算公式为 $F_i = mgi$。根据汽车行驶方程可知，坡道阻力公式为

$$F_i = F_t - (F_f + F_w + F_g) = mgi \tag{2-81}$$

令加速阻力 $F_g = 0$，坡道阻力公式（2-81）整理得

$$i_{max} = \frac{F_t - (F_f + F_w)}{mg} \tag{2-82}$$

式（2-82）表示驱动力克服空气阻力和滚动阻力后都用来爬坡时，所能攀爬的最大坡度。低档位时，驱动力最大，爬坡能力也最大。高档位时，驱动力虽然较小，爬坡能力较弱，但是高档位最大爬坡能力也是一个重要的参考指标，因为它表征了在不减速的条件下所能爬过的最大坡度。

四、加速能力

加速阻力 F_g 的计算公式为

$$F_g = \delta m \frac{dv}{dt} \tag{2-83}$$

根据汽车行驶方程可知，加速阻力公式为

$$F_g = F_t - (F_f + F_w + F_i) = \delta m a_{max}$$

令坡度阻力 $F_i = 0$，则加速阻力公式（2-83）整理后得

$$a_{max} = \frac{F_t - (F_f + F_w)}{\delta m} \tag{2-84}$$

式（2-84）表示汽车在平坦路面行驶时，驱动力克服滚动阻力和空气阻力后，全部用来加速，行驶汽车所能达到的最大加速度。低档位时，驱动力最大，所提供的加速度也最大，但是此时的速度比较小；高档位时，驱动力最小，所提供的加速度也最小，但是此时的速度比较大。当加速度等于零时，此时的速度为汽车最大行驶车速。

五、最大车速

当汽车行驶的加速度为零时，速度达到最大值。因此，令式（2-84）等于零，则得到如

下公式

$$F_t = F_f + F_w \tag{2-85}$$

式（2-85）表明，驱动力克服滚动阻力和空气阻力没有剩余时，汽车行驶速度为最大。驱动力克服滚动阻力和空气阻力的剩余部分，可以根据需要去实现最大加速度、最大速度或最大爬坡能力。

第六节　汽车制动性能的分析

汽车的制动性能一直是人们关注和研究的热点问题，制动性能也是关乎道路交通安全的首要问题。通常要求汽车既要有强大的动力性，又要有良好的制动性，这样才能在保证安全的前提下，提高行驶速度和运输生产效率。

一、制动时的汽车运动学方程

汽车在行驶过程中遇见紧急情况时，首先要踩下制动装置，使作用在驱动轮上的驱动力偶矩消失。当驱动力偶矩消失后，汽车依靠惯性向前运动，有

$$F_t = \frac{M_t}{r} = 0 \tag{2-86}$$

M_t 为驱动力偶矩，当驾驶人踩下制动踏板时，制动力没有产生，因此制动力偶矩为零，即

$$M_u = 0 \tag{2-87}$$

滚动阻力偶矩 M_f 依然存在，其道路切向摩擦力就是滚动阻力 F_f，即

$$F_f = \frac{M_f}{r} = fN \tag{2-88}$$

由于滚动阻力比车轮滑动时的路面附着力 F_φ 小得多，因此制动时，轮胎在制动力起作用前处于纯滚动运动状态。

车轮开始制动后，制动器对制动盘施加一个正压力，产生一个制动力偶矩 M_u，其方向与车轮的转动方向相反，而滚动阻力偶矩与制动力偶矩同向。当制动力偶矩逐渐增大时，相应的路面切向摩擦力 F_f 逐渐增大，直到车轮与路面发生相对滑动时，切向摩擦力达到最大值，即道路附着力

$$F_\varphi = \frac{M_f + M_u}{r} = F_f + \frac{M_u}{r} \tag{2-89}$$

根据上述分析，汽车行驶方程在制动条件下有两个根本性的变化：其一，推动汽车前进的驱动力 F_t 不存在，所有车轮都处于制动状态；其二，由于制动力矩 M_u 的作用，路面对车轮的切向摩擦力由开始时的滚动阻力 F_f 逐渐增大到道路附着力 F_φ，即地面提供给汽车的最大行驶阻力。当车轮抱死时，即车轮处于滑动状态时，滚动阻力为零，附着力中就不存在滚动阻力了。

汽车制动时，驱动力为零，加速度为负值，因此，汽车行驶方程整理后得

$$F_g = F_f + F_w + F_i$$

根据加速度方程

$$F_g = \delta m \frac{dv}{dt}$$

将加速度方程带入制动时的汽车行驶方程中，整理得

$$a = \frac{F_f + F_w + F_i}{\delta m} \quad (2\text{-}90)$$

式中　δ——旋转质量换算系数。

制动时离合器是分开的，飞轮的转动惯性对加速度的影响已经不存在，所以

$$\delta = 1 + \frac{\sum j_w}{mr^2} \quad (2\text{-}91)$$

可见，式（2-90）决定了制动时的减速度，适用于从制动开始到轮胎出现滑动为止的过程。当车轮完全抱死，车轮出现滑动后，路面作用于轮胎的切向力达到了最大值，即道路附着力和车轮转动惯性为零，因此式（2-90）、式（2-91）可以简化为

$$\delta = 1$$

$$a = \frac{F_\varphi + F_w + F_i}{m} \quad (2\text{-}92)$$

若进一步假设，低速制动时空气阻力 F_w 为零，在平直的公路上行驶时坡道阻力 F_i 也为零，则式（2-92）整理得

$$a = \frac{F_\varphi}{m} = \frac{mg\varphi}{m} = g\varphi \quad (2\text{-}93)$$

式中　g——重力加速度；
　　　m——整车质量；
　　　φ——道路附着系数。

当制动时，若忽略空气阻力和坡道阻力，汽车行驶方程式可以简化为一个简单的滑动摩擦问题。

二、汽车制动性能评价指标

汽车制动系统是否有效，需要用制动过程有关的物理量进行评价，这些物理量主要包括以下几种。

1. 制动减速度

当汽车在平直的公路上行驶时，从汽车制动到轮胎都抱死且轮胎相对于地面滑动，汽车的最大减速度为

$$a_{\max} = g\varphi$$

可以通过试验法测定汽车最大减速度。我国《机动车运行安全技术条件》（GB 7258—2017）中规定的汽车减速度检验标准见表2-7。

用制动减速度作为评价标准，方法简单易行，而且测试时初速度的大小对所测量的结果影响很小。然而最大制动减速度只能反映地面制动力达到最大时的状态，并不能保证制动一定有效。因为从开始制动到制动减速度达到最大值的这段时间如果很长，那么制动效果会大受影响，所以在用制动减速度评价制动性能时，还要配以制动时间的检验。

表 2-7 汽车减速度检验标准（$\varphi \geq 0.7$，干沥青路面或混凝土路面）

机动车类型	制动初速度 /(km/h)	空载检验充分发出的平均减速度 /(m/s²)	满载检验充分发出的平均减速度 /(m/s²)	试验通道宽度 /m
三轮汽车	20	≥3.8		2.5
乘用车	50	≥6.2	≥5.9	2.5
总质量不大于3500kg的低速货车	30	≥5.6	≥5.2	2.5
其他总质量不大于3500kg的汽车	50	≥5.8	≥5.4	2.5
铰接客车、铰接式无轨电车、汽车列车（乘用车列车除外）	30	≥5.0	≥4.5	3.0①
其他汽车、乘用车列车	30	≥5.4	≥5.0	3.0①

① 对车宽大于 2.55m 的汽车和汽车列车，其试验通道宽度（单位：m）为"车宽（m）+0.5"。

2. 制动时间

汽车制动过程所需时间可以分为三个阶段，见图 2-13。

第一阶段时间 t_1，称为驾驶人的反应时间。它包括驾驶人发现紧急情况时，开始意识到需要紧急制动，然后控制右脚将其移动到制动踏板上为止所需的时间。该段反应时间与驾驶人的年龄、技术水平、健康状况等许多因素有关。一般，驾驶人的反应时间为 0.3~1.0s，反应慢的可达 1.7s，酒后开车可达 2.0s 以上。通常取 t_1 的平均值为 1.0s。

第二阶段时间 t_2，称为制动系统协调时间。它表示驾驶人踩下制动踏板到制动力达

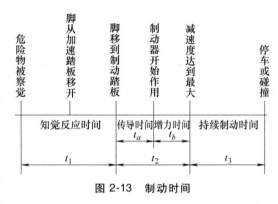

图 2-13 制动时间

到最大值时所需要的时间。这段时间可以分成两部分：前一段时间 t_a，表示驾驶人的脚踩下去了，但是制动并没有立刻产生，制动减速度仍然是零，这是由于制动系统存在自由行程、制动蹄与制动鼓之间有间隙等原因造成的；另一段时间 t_b，在此期间制动力和制动减速度由 0 逐渐增大，直至达到最大值 a_{max}。因此，第二阶段制动系统协调时间为

$$t_2 = t_a + t_b \tag{2-94}$$

第三阶段时间 t_3，称为持续制动时间。它表示制动力达到最大减速度开始，保持减速度不变，直到汽车停止所经历的时间。根据匀减速公式可知

$$t_3 = \frac{v_0 - v}{a} = \frac{v_0}{g\varphi} \tag{2-95}$$

式中 v_0——t_3 阶段开始时的速度，近似等于制动开始时的速度；
g——重力加速度；
φ——路面附着系数。

于是汽车总的制动时间为

$$t = t_1 + t_2 + t_3 \tag{2-96}$$

制动时间越短，制动效果越好。但是，在一般情况下，制动时间不作为独立的评价指

标，只是作为一个辅助的检验标准。

3. 制动距离

汽车制动距离是指从驾驶人踩下制动踏板到汽车完全停止，汽车所行驶的距离，从时间上讲是指 t_2 和 t_3 这两段时间内汽车所行驶的距离。汽车制动时的减速度与车速变化规律如图 2-14 所示，t_2 可分为 t_a 和 t_b，其中 t_a 时间段内减速度为零，初速度为 v_0，汽车速度没有发生变化。

t_a 期间内，汽车驶过的距离为

$$s_a = v_0 t_a \tag{2-97}$$

t_b 期间，车速从 v_0 开始减小到 v_b（见图 2-14b）。在 t_3 时间段内，车速按直线减小，直到汽车停车。制动距离用图解表示就是图 2-14b 中的面积 ABCDE。

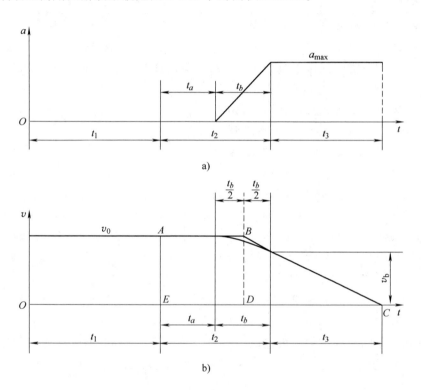

图 2-14 汽车制动时的减速度与车速变化规律

a) 制动减速度　b) 车速

矩形 ABDE 的面积

$$S_{ABDE} = v_0 \left(t_a + \frac{t_b}{2} \right) \tag{2-98}$$

右边三角形 BCD 的面积

$$S_{BCD} = \frac{v_0}{2} \left(t_3 + \frac{t_b}{2} \right) = \frac{v_0^2}{2a_{max}} = \frac{v_0^2}{2g\varphi} \tag{2-99}$$

所以整个（$t_2 + t_3$）时间段内总的制动距离为

$$S = S_{ABCDE} = S_{ABDE} + S_{BCD} = v_0\left(t_a + \frac{t_b}{2}\right) + \frac{v_0^2}{2g\varphi} \quad (2\text{-}100)$$

若忽略 t_b 期间的速度损失，即令

$$v_b \approx v_0$$

则持续制动 t_3 期间汽车做匀减速运动，得到 t_3 期间内的制动距离

$$S_3 = \frac{v_0^2 - v^2}{2g\varphi} = \frac{v_0^2}{2g\varphi} \quad (2\text{-}101)$$

用制动距离检验汽车的制动性能比较直观和方便，试验的重复性好，因此我国仍然在用制动距离检验制动是否有效。《机动车运行安全技术条件》（GB 7258—2017）对于制动距离检验标准的有关规定见表 2-8。

表 2-8　汽车制动距离检验标准（$\varphi \geq 0.7$，干沥青路面或混凝土路面）

机动车类型	制动初速度 /(km/h)	空载检验制动距离要求 /m	满载检验制动距离要求 /m	试验通道宽度 /m
三轮汽车	20	≤5.0	—	2.5
乘用车	50	≤19.0	≤20.0	2.5
总质量不大于 3500kg 的低速货车	30	≤8.0	≤9.0	2.5
其他总质量不大于 3500kg 的汽车	50	≤21.0	≤22.0	2.5
铰接客车、铰接式无轨电车、汽车列车（乘用车列车除外）	30	≤9.5	≤10.5	3.0①
其他汽车、乘用车列车	30	≤9.0	≤10.0	3.0①
两轮普通摩托车	30	≤7.0	—	—
边三轮摩托车	30	≤8.0	—	2.5
正三轮摩托车	30	≤7.5	—	2.3
轻便摩托车	30	≤4.0	—	—
轮式拖拉机运输机组	20	≤6.0	≤6.5	3.0
手扶变型运输机	20	≤6.5	—	2.3

① 对车宽大于 2.55m 的汽车和汽车列车，其试验通道宽度（单位：m）为"车宽（m）+0.5"。

4. 地面制动力

根据制动距离评价汽车制动性能，只能反映整车的总体性能，不能反映各车轮的制动状况，前、后轴制动力分配及左、右轮制动力的差别等，不利于制动系统的维修与提高。为此需要通过制动试验台测定各车轮制动时受到的地面制动力。《机动车运行安全技术条件》（GB 7258—2017）规定的地面制动力测试标准见表 2-9。

表 2-9　汽车地面制动力测试标准

机动车类型	制动力总和与整车重量的百分比		轴制动力与轴荷①的百分比	
	空载	满载	前轴②	后轴②
三轮汽车	—	—	—	≥60③
乘用车、其他总质量不大于 3500kg 的汽车	≥60	≥50	≥60③	≥20③

（续）

机动车类型	制动力总和与整车重量的百分比		轴制动力与轴荷[1]的百分比	
	空载	满载	前轴[2]	后轴[2]
铰接客车、铰接式无轨电车、汽车列车	≥55	≥45	—	—
其他汽车	≥60[4]	≥50	≥60[3]	≥50[5]
普通摩托车	—	—	≥60	≥55
轻便摩托车	—	—	≥60	≥50

[1] 用平板制动检验台检验乘用车时应按左右轮制动力最大时刻所分别对应的左右轮动态轮荷之和计算。
[2] 机动车（单车）纵向中心线中心位置以前的轴为前轴，其他轴为后轴；挂车的所有车轴均按后轴计算；用平板制动试验台测试并装轴制动力时，并装轴可视为一轴。
[3] 空载和满载状态下测试时均应满足此要求。
[4] 对总质量小于等于整备质量的1.2倍的专项作业车应大于等于50%。
[5] 满载测试时后轴制动力百分比不做要求；空载用平板制动检验台检验时应大于等于35%；总质量大于3500kg的客车，空载用反力滚筒式制动试验台测试时应大于等于40%，用平板制动检验台检验时应大于等于30%。

5. 制动跑偏量

汽车在平直道路上紧急制动时，保持转向盘居中不动，车身自动向左或向右偏驶，这种现象称为制动跑偏。制动跑偏引起的车身最大横向位移称为制动跑偏量。国家标准GB 7258—2017对制动跑偏量的检验标准也进行了规定。

制动时汽车维持直线行驶或按预定弯道行驶的能力称为方向稳定性。方向稳定性涉及两方面内容，包括跑偏和侧滑两种情况。跑偏的原因主要是左、右轮（特别是左、右转向轮）制动力不相等，通过维修和调整可以减轻或消除跑偏现象。但侧滑却不同，侧滑是指车轮连同车身的侧向滑移，通常是由于紧急制动车轮被抱死后，横向附着力趋近于零，使汽车丧失了抵抗侧滑的能力。只要车轮的制动力和惯性力不平衡，汽车就会出现侧滑、甩尾等现象，完全丧失了操纵稳定性。

第七节 非同步制动时的等效附着系数

前面是从整车的角度来讨论行驶方程和制动检验标准的，公式中的道路附着系数适用于所有的车轮，并假定所有的车轮同时抱死开始滑动。但是，在实际制动过程中，往往有的车轮抱死，有的未抱死，有的先抱死，有的后抱死，不是同步制动，使得各车轮或各车轴的附着系数不相同，有时候车轮行驶的路面状况也不相同，可能右侧车轮行驶在沙砾道路上，而左侧车轮行驶在沥青路面上，因而用同一附着系数来计算车速时，必然存在误差。在交通事故中，有时车轮被碰撞后不能转动，有的还憋过了一个角度，滑动方向既有纵向滑动，又有横向滑动，使各车轮或车轴的附着系数不能取相同的数值。这时需要先计算整车的等效附着系数。

当汽车在行驶过程中因紧急事件发生而采取制动时，分析地面对汽车轮胎的作用力以及惯性力对汽车的影响，如图2-15所示。

当汽车匀速行驶时，汽车受重力作用，地面对轮胎有支持力作用，且在制动时存在轴荷转移（忽略空气阻力、滚动阻力、坡道阻力等）。

下面推导非同步制动时的等效附着系数 φ，参见图2-15，双轴汽车前、后轴之间的距离为 L，总重力为 G，重心高度为 z_C，重心距前轴的距离为 l_1，距后轴的距离为 l_2。静止时前轴反力为 N_1，后轴反力为 N_2。根据力矩平衡方程得

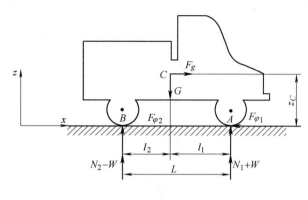

图2-15 汽车制动时的受力图

$$\begin{cases} N_1 = \dfrac{l_2}{L}mg \\ N_2 = \dfrac{l_1}{L}mg \end{cases} \quad (2\text{-}102)$$

令 $\lambda_x = \dfrac{l_1}{L}$，则 $\dfrac{l_2}{L} = \dfrac{L-l_1}{L} = 1-\lambda_x$，代入式（2-102）得

$$\begin{cases} N_1 = (1-\lambda_x)G \\ N_2 = \lambda_x G \end{cases} \quad (2\text{-}103)$$

当制动时，汽车减速行驶，惯性力作用在质心上，方向向前，如果制动时前、后轴不同步，则前轴的附着系数为 φ_1，后轴的附着系数为 φ_2。因此道路对于前、后轴的附着力分别为 $F_{\varphi1}$ 和 $F_{\varphi2}$。x 方向上力学平衡方程为

$$F_g = F_{\varphi1} + F_{\varphi2} \quad (2\text{-}104)$$

地面对汽车的附着力作用在轮胎上，而惯性力作用在质心上，二者之间存在力臂，因此形成力偶矩。该力偶矩的作用是使前轴压力加大，后轴压力减小。这种现象称为轴荷转移（通常所说的制动点头），被转移的轴荷定义为 W，因此，前轮的反力可表示为 (N_1+W)，后轮的反力为 (N_2-W)。其中，"$+W$" 和 "$-W$" 组成的力偶矩与惯性力和附着力组成的力偶矩相互平衡，其结论为

$$WL = F_g z_C \quad (2\text{-}105)$$

根据附着力和法向反力的关系得到

$$F_{\varphi1} = \varphi_1(N_1+W) \quad (2\text{-}106)$$
$$F_{\varphi2} = \varphi_2(N_2-W) \quad (2\text{-}107)$$

将式（2-105）~式（2-107）代入式（2-104）得

$$WL = [\varphi_1(N_1+W) + \varphi_2(N_2-W)]z_C$$
$$W[L-(\varphi_1-\varphi_2)z_C] = (\varphi_1 N_1 + \varphi_2 N_2)z_C$$
$$W\dfrac{L}{z_C}\left[1-(\varphi_1-\varphi_2)\dfrac{z_C}{L}\right] = \varphi_1(1-\lambda_x)G + \varphi_2\lambda_x G$$

整理得

$$W\dfrac{L}{z_C}\left[1-(\varphi_1-\varphi_2)\dfrac{z_C}{L}\right] = [\varphi_1 - \lambda_x(\varphi_1-\varphi_2)]G \quad (2\text{-}108)$$

再令

$$\lambda_z = \dfrac{z_C}{L}$$

代入式（2-105）得

$$F_g = W\frac{L}{z_C} = \frac{W}{\lambda_z} = \frac{\varphi_1 - \lambda_x(\varphi_1 - \varphi_2)}{1 - \lambda_z(\varphi_1 - \varphi_2)}G \quad (2-109)$$

根据附着系数的定义，相对于非同步制动时的整车附着系数，这种定义的附着系数称为等效附着系数 φ_e，令

$$F_\varphi = \varphi_e G$$

因此，非同步制动时的整车等效附着系数为

$$\varphi_e = \frac{\varphi_1 - \lambda_x(\varphi_1 - \varphi_2)}{1 - \lambda_z(\varphi_1 - \varphi_2)} \quad (2-110)$$

式中 φ_1——前轴附着系数；

φ_2——后轴附着系数；

λ_x——重心距前轴的距离与两轴距离之比，$\lambda_x = l_1/L$；

λ_z——重心高度与两轴距离之比，$\lambda_z = z_C/L$。

当然，如果各个轴的附着系数相同，即

$$\varphi = \varphi_1 = \varphi_2$$

则代入式（2-110）时，可得到

$$\varphi_e = \varphi_1 = \varphi_2 = \varphi$$

可见在同一路面上，各个轮胎的附着系数相同时，等效附着系数与整车附着系数相等。上述公式是整车附着系数的推广，可求取前、后轴非同步制动时的等效附着系数。计算等效附着系数并不是简单地求各个轮胎上的附着系数的算术平均值，它既要考虑地面对轮胎的静载荷作用，还要考虑制动时轴荷前移对整车附着系数的影响。

【例11】 某汽车前轴制动合格，其前轮与地面相互作用时的附着系数为 0.7，后轴制动不合格，其附着系数为 0.2。已知轴距为 4m，重心高度为 1.2m，重心距前轴的距离为 1.8m。试求汽车制动时的等效附着系数。

解： $\varphi_1 = 0.7, \varphi_2 = 0.2, \lambda_x = 1.8/4.0 = 0.45, \lambda_z = 1.2/4.0 = 0.3$

$$\varphi_e = \frac{0.7 - 0.45 \times (0.7 - 0.2)}{1 - 0.3 \times (0.7 - 0.2)} = 0.56$$

若采用评价值的方法求解等效附着系数，则有

$$\frac{0.7 + 0.2}{2} = 0.45$$

两者相比差别较大，这表明非同步制动时，将前、后轴不同的附着系数按算数平均值计算误差较大。

第八节 根据制动拖印痕的长度计算制动初速度

汽车在制动时，t_1 时间段为驾驶人的反应时间，因此制动力没有产生，汽车行驶速度没有变化。制动持续到 t_2 时间段内，情况比较复杂，t_2 时间段由 t_a 和 t_b 组成，t_a 为制动系统传导时间，因此汽车行驶速度也没有变化，t_b 为制动力开始起作用到最大制动力形成的时

间，在路面留下的制动印痕是渐变的。当制动完全形成时，制动时间进入到 t_3 时间段，这时的制动印痕是清晰可见的。通过事故现场测量的汽车的制动印痕，很难测量出 t_b 时间段内的制动距离，因为这段时间内轮胎处于既滚动又滑动的状态，所以地面上的印痕由浅变深。因此，经直观检验测量的这段时间内的距离应小于汽车实际行驶过的距离。t_3 时间段内的制动印痕是清晰可见的，因此，经直观检验测量的制动印痕与汽车实际行驶距离是一致的。

经上所述，通过制动印痕计算汽车行驶速度应略微小于汽车行驶的实际速度。下面就不同制动状态讨论计算汽车的行驶速度。

一、水平路面

1. 同步制动

假设汽车各个轮胎同时制动，在路面上各个车轮都有制动印痕，其平均长度为 s，各个车轮的附着系数都为 φ，则计算汽车制动时的行驶速度为

$$\frac{1}{2}mv_1^2 = mg\varphi s$$

$$v_1 = \sqrt{2g\varphi s} \tag{2-111}$$

2. 只有前轮制动

假设在只有前轮制动而后轮没有制动的情况下，前轮制动印痕的平均长度为 s，前轴制动附着系数为 φ，后轴制动附着系数为 0，则计算汽车制动时的行驶速度为

$$\varphi_e = \frac{\varphi_1 - \lambda_x(\varphi_1 - \varphi_2)}{1 - \lambda_z(\varphi_1 - \varphi_2)} = \frac{\varphi - \lambda_x \varphi}{1 - \lambda_z \varphi}$$

$$v_1 = \sqrt{2g\varphi_e s} = \sqrt{\frac{2g\varphi(1-\lambda_x)s}{1-\lambda_z\varphi}} \tag{2-112}$$

式中 φ_1——前轴附着系数，为 φ；

φ_2——后轴附着系数，为 0；

λ_x——重心距前轴的距离与两轴距离之比，$\lambda_x = l_1/L$；

λ_z——重心高度与两轴距离之比，$\lambda_z = z_C/L$；

s——制动距离。

3. 只有后轮制动

假设在只有后轮制动而前轮无制动的情况下，后轮制动平均距离为 s，后轴制动附着系数为 φ，前轴滚动阻力系数忽略不计，计算汽车制动时的行驶速度为

$$\varphi_e = \frac{\varphi_1 - \lambda_x(\varphi_1 - \varphi_2)}{1 - \lambda_z(\varphi_1 - \varphi_2)} = \frac{\lambda_x \varphi}{1 + \lambda_z \varphi}$$

则

$$v_1 = \sqrt{2g\varphi_e s} = \sqrt{\frac{2g\varphi\lambda_x s}{1+\lambda_z\varphi}} \tag{2-113}$$

式中 φ_1——前轴附着系数，为 0；

φ_2——后轴附着系数，为 φ；

λ_x——重心距前轴的距离与两轴距离之比，$\lambda_x = l_1/L$；

λ_z——重心高度与两轴距离之比，$\lambda_z = z_C/L$；

s——制动距离。

4. 只有一个前轮和一个后轮制动

假设前轴有一个轮胎制动，后轴有一个轮胎制动，其中制动轮的道路附着系数都为 φ，非制动轮胎作纯滚动，因滚动阻力系数较小，忽略不计，而制动轮的平均制动距离为 s，计算汽车制动时的行驶速度。即

$$\varphi_1 = \frac{\varphi}{2}; \varphi_2 = \frac{\varphi}{2}; \varphi_e = \frac{\varphi_1 - \lambda_x(\varphi_1 - \varphi_2)}{1 - \lambda_z(\varphi_1 - \varphi_2)} = \frac{\varphi}{2}$$

则

$$v_1 = \sqrt{2g\varphi_e s} = \sqrt{g\varphi s} \tag{2-114}$$

二、坡道路面

当汽车上坡时制动，求制动时汽车行驶速度。假设道路的纵向坡度为 $i = \tan\alpha$，路面附着系数为 φ。同步制动时，路面切线方向上的道路附着力为

$$f_\varphi = mg\varphi\cos\alpha$$

重力沿切线方向上的分力为

$$f_\tau = mg\sin\alpha$$

故汽车在切线方向上的合力为

$$f = f_\varphi + f_\tau = mg\varphi\cos\alpha + mg\sin\alpha$$

根据功能原理得

$$\frac{1}{2}mv_1^2 = fs = (mg\varphi\cos\alpha + mg\sin\alpha)s$$

则

$$v_1 = \sqrt{2(g\varphi\cos\alpha + g\sin\alpha)s} \tag{2-115}$$

通常道路的坡角小于 $5.1°$，因此 $\cos\alpha \geq 0.996$，则令 $\cos\alpha \approx 1$，于是式（2-115）得

$$v_1 = \sqrt{2\cos\alpha(g\varphi + g\tan\alpha)s} = \sqrt{2gs(\varphi + i)} \tag{2-116}$$

上述公式为上坡制动时，根据轮胎印痕计算汽车制动时的行驶速度。当汽车下坡制动时，计算行驶速度的公式为

$$v_1 = \sqrt{2gs(\varphi - i)} \tag{2-117}$$

通过等效附着系数的公式，可以计算坡路上各种非同步制动情况下的汽车制动时的行驶速度。

【例12】 某汽车前轴制动合格，其前轮与地面相互作用时的附着系数为 0.7，后轴制动不合格，其附着系数为 0.2。已知轴距为 4m，重心高度为 1.2m，重心距前轴距离为 1.8m，汽车上坡制动，其制动距离为 10m，其中坡度为 $i = 0.08$。试求汽车制动时的速度。

解：首先该制动不合格，四个轮胎的制动附着系数不同，因此需要计算等效附着系数

$$\varphi_e = \frac{\varphi_1 - \lambda_x(\varphi_1 - \varphi_2)}{1 - \lambda_z(\varphi_1 - \varphi_2)} = \frac{0.7 - 0.45 \times (0.7 - 0.2)}{1 - 0.3 \times (0.7 - 0.2)} = 0.56$$

$$v_1 = \sqrt{2gs(\varphi+i)} = \sqrt{2\times 9.8\times 10\times(0.56+0.08)}\,\text{m/s} = 11.2\,\text{m/s}(40.3\,\text{km/h})$$

汽车上坡制动，当制动距离为 10m 时，制动时行驶速度约为 40km/h。

第九节　摩托车的制动

摩托车与汽车的结构不同，摩托车前、后轮的制动系统是分开的。通常前轮是通过右手制动，而后轮却是通过右脚踩制动踏板进行制动，二者之间毫无联系，这样就很难做到同步制动；而且，为了防止前滚翻或侧滑回转，遇到紧急情况时，往往只是全力制动后轮，不制动前轮，或对前轮稍加制动而不抱死。所以，摩托车不能按同步制动考虑，需要采用等效附着系数公式。

一、摩托车的等效附着系数

摩托车与轿车一样，也是双轴机动车，制动时由于向前的惯性，引起的载荷转移与轿车完全相同，因此摩托车制动时的等效附着系数公式和轿车也相同，即

$$\varphi_e = \frac{\varphi_1 - \lambda_x(\varphi_1-\varphi_2)}{1-\lambda_z(\varphi_1-\varphi_2)}$$

式中　φ_1——前轴附着系数；

　　　φ_2——后轴附着系数；

　　　λ_x——重心距前轴的距离与两轴距离之比，$\lambda_x = l_1/L$；

　　　λ_z——重心高度与两轴距离之比，$\lambda_z = z_C/L$。

二、用后轮制动印痕长度估算摩托车制动时的行驶速度

假设摩托车后轮制动印痕长度为 s，道路附着系数为 φ，前轮自由滚动，其滚动阻力不计，那么摩托车制动时的行驶速度计算过程为

$$\varphi_e = \frac{\varphi_1-\lambda_x(\varphi_1-\varphi_2)}{1-\lambda_z(\varphi_1-\varphi_2)} = \frac{\lambda_x\varphi}{1+\lambda_z\varphi} \tag{2-118}$$

$$v_1 = \sqrt{\frac{2g\lambda_x s\varphi}{1+\lambda_z\varphi}} \tag{2-119}$$

【例13】　某人担心摩托车紧急制动时，前轮制动力大于后轮制动力而发生侧滑或甩尾，造成自身安全隐患，故将新购置摩托车的前轮制动调松，使前轮制动时处于既滑动又滚动的状态。假设前轮对沥青路面的附着系数为 0.25，后轮的附着系数为 0.7，轴距为 1.6m，重心距离前轴距离为 0.7m，重心高度为 0.6m，当摩托车双轮制动 10m 后停下。试求摩托车制动时的行驶速度。

解：首先计算摩托车的等效附着系数

$$\varphi_e = \frac{\varphi_1-\lambda_x(\varphi_1-\varphi_2)}{1-\lambda_z(\varphi_1-\varphi_2)} = \frac{0.25-0.44\times(0.25-0.7)}{1-0.38(0.25-0.7)} = 0.38$$

$$v_1 = \sqrt{2g\varphi_e s} = \sqrt{2\times 9.8\times 0.38\times 10}\,\text{m/s} = 8.63\,\text{m/s}(31.1\,\text{km/h})$$

摩托车制动时的行驶速度为 31.1km/h。

【例 14】 若上题中的摩托车只有后轮有制动,而前轮的制动为"0"时,上述其他条件不变。试求摩托车制动时的行驶速度。

解:

$$v_1 = \sqrt{\frac{2g\lambda_x s\varphi}{1+\lambda_z \varphi}} = \sqrt{\frac{2\times 9.8 \times 0.44 \times 10 \times 0.7}{1+0.38\times 0.7}} \text{m/s} = 6.91 \text{m/s} \ (24.86 \text{km/h})$$

摩托车制动时的行驶速度为 24.86km/h。

三、摩托车在坡路上制动

摩托车前轮无制动,后轮制动印痕长度为 s,道路附着系数为 φ,坡度为 i,则摩托车坡道上制动时的行驶速度计算公式为

$$v_1 = \sqrt{\frac{2g(\varphi \pm i)s\lambda_x}{1+\lambda_z(\varphi \pm i)}} \tag{2-120}$$

式中　s——后轮制动距离;

φ——后轴附着系数;

λ_x——重心距前轴的距离与两轴距离之比,$\lambda_x = l_1/L$;

λ_z——重心高度与两轴距离之比,$\lambda_z = z_C/L$;

g——重力加速度;

i——道路纵向坡度,上坡时取正值,下坡时取负值。

【例 15】 某摩托车在上坡时,因紧急情况采取后轮制动,道路纵向坡度 $i=0.08$,后轮的附着系数为 0.7,轴距为 1.6m,重心距离前轴距离为 0.7m,重心高度为 0.6m,当摩托车双轮制动 10m 后停下。试求摩托车上坡制动时的行驶速度。

解:

$$v_1 = \sqrt{\frac{2g(\varphi+i)s\lambda_x}{1+\lambda_z(\varphi+i)}} = \sqrt{\frac{2\times 9.8\times(0.7+0.08)\times 10\times 0.44}{1+0.38\times(0.7+0.08)}} \text{m/s} = 7.2 \text{m/s}(26 \text{km/h})$$

对于复杂问题,还是要应用牛顿三大力学原理和运动学基本定理、功能原理求得相关问题的解。由于交通事故十分复杂,通常每一起交通事故的碰撞角度、碰撞部位、汽车与外界接触时的痕迹特点各有不同,一定要理论结合实际,重视现场勘查,重视痕迹的检验鉴定;不能运用纯理论去推测碰撞时的速度,一定要结合现场勘查和痕迹鉴定来分析问题,一切技术手段必须以实际为基础,推论和结论一定要符合客观实际情况。

第十节　汽车弯道行驶时的侧向稳定性

汽车方向控制包括操纵性和稳定性两大部分,统称为汽车的操纵稳定性。它也是汽车的基本性能之一,对于安全行驶尤为重要。交通事故力学主要讨论操纵稳定性的两个方面:其一是汽车在转弯时的最小侧翻车速,大量的交通事故表明,车速过高使得汽车进入弯道时发生侧翻,原因是汽车的行驶速度已经大于汽车转弯时的最小侧翻车速,导致汽车发生侧翻的

交通事故；其二是汽车在转弯时的最小侧滑车速，大量的交通事故中，汽车的行驶速度大于汽车转弯时的侧滑车速而发生侧滑，把行人撞伤。上述两类事故的起因都是汽车稳定性的问题。

如图 2-16 所示，汽车转弯时，由于转向力 F_y 和离心力 F_C 的存在，可能会使汽车发生侧翻和侧滑两种失稳情况，我们将做如下的讨论。

一、侧翻的临界速度

1. 汽车在平路转弯时不发生侧翻的临界速度

汽车侧翻是指汽车在行驶过程中绕其纵轴线转动 90°或更大的角度，以至于车身与地面相接触的一种极其危险的侧向运动。导致汽车侧翻的原因大体上可分为两种：

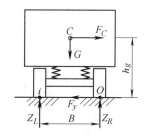

图 2-16 路面外倾无超高转弯

1）由于汽车与路面上的障碍物侧向撞击将其"绊倒"引起的绊倒侧翻。
2）汽车转弯行驶时横向加速度过大引起的侧翻。

本书讨论第二种原因引起的侧翻。

图 2-16 所示为汽车在水平横断面上的示意图，假设整车重力为 G，重心高度为 h_g，轮距为 B，并假定路面有足够的横向附着力 F_y，保证不产生侧滑。当汽车直线行驶时，左、右车轮各承受一半的重量；但当汽车转弯时，离心力 F_C 与横向附着力 F_y 组成倾覆力矩，引起内侧车轮所承受的重量向外侧车轮转移。当离心力增大到使内侧车轮脱离路面时，便出现侧向翻滚。当内侧车轮处于刚要脱离路面的临界状态时，假设临界车速为 U。当地面对于轮胎的支持力满足 $Z_L = 0$ 的条件时，对外轮着地点 O 建立力矩方程

$$\frac{GB}{2} = F_C h_g, \quad F_C = \frac{mgB}{2h_g} \quad (2-121)$$

根据力学平衡原理，离心力与惯性力相等，即

$$F_C = \frac{mv^2}{R} \quad (2-122)$$

将式（2-121）代入式（2-122）得

$$v = \sqrt{\frac{gBR}{2h_g}} \quad (2-123)$$

这个速度就是刚性汽车在转弯时的临界速度。

2. 汽车在有横向坡度角路面转弯时不发生侧翻的临界速度

汽车在有横向坡度角的路面上行驶时，若高速转弯，则产生的离心力较大，最容易发生侧向翻倒。忽略汽车悬架和轮胎的弹性变形，忽略汽车行驶时的空气阻力和滚动阻力偶矩的影响，汽车在横向坡道上等速转弯时的受力情况如图 2-17 所示。

在图 2-17 中，分别对汽车左、右轮与地面接触点取力矩，可得

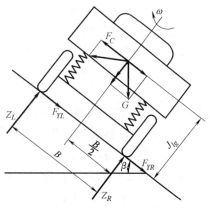

图 2-17 汽车在横向坡道上等速转弯行驶受力分析图

$$Z_L = \frac{1}{B}\left(\frac{B}{2}G\cos\beta - h_g G\sin\beta + \frac{\beta}{2}F_C\sin\beta + h_g F_C\cos\beta\right) \qquad (2\text{-}124)$$

$$Z_R = \frac{1}{B}\left(\frac{B}{2}G\cos\beta + h_g G\sin\beta + \frac{\beta}{2}F_C\sin\beta - h_g F_C\cos\beta\right) \qquad (2\text{-}125)$$

$$F_C = \frac{G}{g}\frac{v^2}{R} \qquad (2\text{-}126)$$

式中 Z_L、Z_R——地面作用于左、右侧车轮的垂直反作用力，单位为 N；

　　　G——汽车重力，单位为 N；

　　　F_C——作用于汽车重心上的离心力，单位为 N；

　　　β——道路横向坡度角，单位为°；

　　　h_g——汽车质心高度，单位为 m；

　　　B——汽车轮距，单位为 m；

　　　v——汽车行驶速度，单位为 m/s；

　　　R——汽车的转弯半径，单位为 m。

汽车以车速 v 在横向坡度角为 β 的路面上等速转向（转弯半径为 R）行驶时，在离心力的作用下有可能发生侧翻。若汽车转向时的侧向加速度超过一定限值，且汽车内侧车轮的垂直反力 $Z_R=0$ 时，将引起汽车侧翻。由式（2-125）、式（2-126）可得，汽车侧翻时临界车速 $v_{\beta\max}$ 的计算公式为

$$v_{\beta\max} = \sqrt{\frac{gR(B+2h_g\tan\beta)}{2h_g - B\tan\beta}} \qquad (2\text{-}127)$$

对式（2-127）进行分析，可知：

1) 当道路横向坡度 $i = \tan\beta = 2h_g/B$ 时，$v_{\beta\max}$ 趋近于无穷大，说明汽车可在此道路上任意高速转向行驶，都不会出现向外翻车。

高速公路转弯处的坡度角一般参考此角度设计，使汽车高速行驶转向时不会出现侧翻。

2) 当 $\beta=0$ 时，汽车侧翻时临界车速为

$$v_{0\max} = \sqrt{\frac{gRB}{2h_g}} \qquad (2\text{-}128)$$

此即为汽车在无横向坡度角的水平路面上等速转向行驶时不侧翻的临界车速。

3) 当汽车在横向坡度角为 β 的路面上停车或等速直线行驶时（离心力 $F_C=0$），若此时 $Z_L=0$，则汽车有可能会发生侧翻，由式（2-134）得到

$$\beta_{\max} = \arctan\frac{B}{2h_g} \qquad (2\text{-}129)$$

式中 $\beta_{\max}$——汽车等速直线行驶或停车时，发生侧翻的临界坡度角。

【例 16】 一辆自卸翻斗车，总质量为 45t，高速行驶，转往半径为 50m 的弯道时发生侧翻，其中整车质量重心高度为 1.8m，轮距为 2.2m。试求该车的最小行驶速度。

解：根据题意，汽车在进入弯道时的行驶速度已经超过了转弯时的临界速度，则有

$$v = \sqrt{\frac{gBR}{2h_g}} = \sqrt{\frac{9.8 \times 2.2 \times 50}{2 \times 1.8}}\text{m/s} = 17.3\text{m/s}（62.3\text{km/h}）$$

自卸翻斗车的最小行驶速度为 62.3km/h。

第二章 交通事故力学基础理论

【例17】 2011年10月7日，滨保高速天津界内发生大客车侧翻事故，造成35人死亡、18人受伤。事故中的车辆为金旅牌55座XML6127E42客车，其主要参数：外形尺寸（长×宽×高）为11985mm×2540mm×3690mm，整备质量为13120kg；轴距为6000mm，前、后轮距分别为2080mm和1860mm；前、后轮轴荷分别为5780kg和11000kg；前、后悬架的长度分别为2585mm和3400mm；其轮胎规格尺寸均为295/80R22.5（近似），非悬挂质量为1865kg。试分析金旅牌大客车的侧翻临界速度。

解： 考虑大客车悬架和轮胎的弹性变形对侧翻的影响。设侧翻临界速度为 v_0，定义 $v_0 = \max\{v_1, v_2\}$，其中，v_1，v_2 分别为前、后桥转向侧翻的临界速度，其计算公式如下：

$$v_1 = \sqrt{\frac{m_{u1}g\frac{B}{2}L + m_s gb\left[\frac{B}{2} - (h_g - h_r)\tan\varphi\right]}{\left(\frac{m_s h_g b}{L} + m_{u1} h_r\right)\sin\theta}} \quad (2\text{-}130)$$

$$v_2 = \sqrt{\frac{m_{u2}g\frac{B}{2}L + m_s ga\left[\frac{B}{2} - (h_g - h_r)\tan\varphi\right]}{\left(\frac{m_s h_g a}{L} + m_{u2} h_r\right)\sin\theta}} \quad (2\text{-}131)$$

式中 m_s——车身的悬挂质量，单位为 kg；

m_{u1}、m_{u2}——前、后桥的非悬挂质量，单位为 kg；

φ——由于转向向心力引起车身的侧倾角度，单位为°；

B——轮距，单位为 mm；

L——轴距，单位为 mm；

a、b——质心到前、后桥的距离，单位为 mm；

h_g——客车质心高度，单位为 mm；

h_r——客车非悬挂质量的质心高度，单位为 mm；

θ——转向轮转过的角度，单位为°。

前、后轮轴荷比 $k = 5780/11000 = 0.525$，据此推算前桥与后桥的非悬挂质量：$m_{u1} = 642$kg，$m_{u2} = 1223$kg。

事故发生时，车上共有乘客55名，乘客平均体重按66.7kg计，近似乘客在两轴上质量均布，则乘客总质量 $m_r = 66.7 \times 55$kg $= 3668.5$kg，空调的质量为350kg，行李的质量为400kg，则总簧载质量 $m_s = (13120 - 1865 + 3668.5 + 350 + 400)$kg $= 15673.5$kg。

车身质心位置（距前端）占车长的比例取51.85%，则车身质心到前、后轴的距离分别为

$a = 51.85\% \times 11985$mm $- 2585$mm $= 3629.22$mm；$b = 6000$mm $- 3629.22$mm $= 2370.78$mm。

根据轮胎型号计算轮胎半径 $r = 225 \times 2.54 \div 2$mm $+ 295 \times 0.8$mm $= 521.75$mm $= h_r$，设悬挂质量的质心高度 $h_g = 1.2$m。

将这些数据代入式（2-130）、式（2-131），并设车身侧倾角为3°，转向轮角度为20°，则

$$v_1 = 44.46\text{km/h}, v_2 = 41.85\text{km/h}$$

由此得临界侧翻车速为

$$v_0 = \max\{v_1, v_2\} = 44.46 \text{km/h}$$

结果显示，在车身侧倾角 $\varphi = 3°$、转向轮角度 $\theta = 20°$ 的条件下，车速超过 44.46km/h 时，客车就可能发生侧翻。

滨保高速事故调查结果表明，大客车驾驶员超速行驶是造成事故的主要原因。滨保高速限速 120km/h，事发时车速远高于侧翻临界车速，因此，在遇到紧急状况时，若驾驶员急打方向，转向轮角度超过 20° 的话，就会发生侧翻事故。

二、侧滑的临界速度

当汽车转弯行驶时，随着车速的提高，所受到的侧向力也会增加，当侧向力超过路面附着力时，汽车将会沿侧向力作用的方向发生侧滑。汽车发生侧滑的临界条件为：侧向力的总和等于路面附着力（路面横向附着系数为 φ），即

$$\sum F_y = \sum F_\varphi \tag{2-132}$$

1. 汽车在平地转弯时不发生侧滑的临界速度

当汽车的重心比较低或者横向附着系数比较小时，汽车将产生侧滑，而不是翻倒。发生侧滑时汽车的临界速度为 u_φ。侧滑的临界条件是侧向附着力 F_y 达到最大值

$$F_y = F_\varphi = (Z_L + Z_R)\varphi \tag{2-133}$$

$$Z_L + Z_R = mg \tag{2-134}$$

$$F_\varphi = \frac{mv_\varphi^2}{R} \tag{2-135}$$

将式（2-133）、式（2-134）代入式（2-135）整理得

$$v_\varphi = \sqrt{g\varphi R} \tag{2-136}$$

该速度即为汽车发生侧滑时的最小速度。

2. 汽车在有横向坡度角路面转弯时不发生侧滑的临界速度

由图 2-17 得到

$$\sum F_y = F_{YL} + F_{YR} = F_C \cos\beta - G\sin\beta \tag{2-137}$$

$$\sum F_\varphi = (G\cos\beta + F_C \sin\beta)\varphi \tag{2-138}$$

由式（2-135）、式（2-132）、式（2-137）、式（2-138）联立解得

$$v_{\varphi\max} = \sqrt{\frac{gR(\varphi + \tan\beta)}{1 - \varphi\tan\beta}} \tag{2-139}$$

即为汽车在横向坡度角为 β、路面附着系数为 φ 的路面上转弯行驶时将要发生侧滑时的临界车速。

从式（2-139）可知：

1) 当道路横向坡度 $i = \tan\beta = 1/\varphi$ 时，$v_{\varphi\max}$ 趋近于无穷大，说明汽车可在此道路上任意高速转向行驶，都不会出现侧滑。

高速公路转弯处的坡度角可以据此设计，使汽车高速转向时不会出现侧滑。

2) 当 $\beta = 0$ 时，$v_{\varphi\max} = \sqrt{gR\varphi}$，此即为汽车在无横向坡度角的水平路面上等速转向行驶时不侧滑的临界车速。

3) 当汽车在横向坡度角为 β 的路面上停车或等速直线行驶时（离心力 $F_C = 0$），如果道

路坡度角 β 过大,汽车就会向坡道下方侧滑,侧向力为 $G\sin\beta$,此时汽车出现侧滑的临界条件为

$$G\sin\beta = (G\cos\beta) \cdot \varphi$$

即

$$\beta'_{max} = \arctan\varphi \tag{2-140}$$

β'_{max} 为汽车在附着系数为 φ 的路面上等速直线行驶或停车时,发生侧滑时的临界坡度角。

绝大多数普通汽车,特别是除了轿车以外的大、中、轻微型汽车,由于结构及荷载的原因,其横向静侧翻角 β_{max} 几乎都小于横向静侧滑角 β'_{max},即都处于先翻后滑的严重不安全状态,因此研究汽车的侧向极限稳定性显得非常重要。

三、汽车的侧向稳定性分析

1. 侧向稳定性系数

汽车在横向坡度角为 β 的路面上行驶时,发生侧翻与发生侧滑相比,侧翻导致的后果更为严重。因此,要保证汽车的侧向极限稳定性,就要保证汽车出现侧滑发生在侧翻之前,这样汽车一旦侧滑,车速就不可能提高,因而保证不会翻车。即

$$v_{\varphi max} < v_{\beta max}$$

$$\sqrt{\frac{gR(\varphi+\tan\beta)}{1-\varphi\tan\beta}} < \sqrt{\frac{gR(B+2h_g\tan\beta)}{2h_g-B\tan\beta}}$$

得到

$$\varphi < \frac{B}{2h_g} \tag{2-141}$$

式中 $\frac{B}{2h_g}$ ——汽车的侧向稳定性系数,反映了汽车抵抗侧翻的能力。

式(2-141)表明,当汽车的侧向稳定性系数大于路面附着系数时,汽车就不可能发生侧翻。汽车的轮距越大,重心高度越低,侧向稳定性系数就越大,汽车的侧向极限稳定性就越好。

2. 汽车侧向稳定性标准

目前我国评价汽车的侧向稳定性采用的是最大侧倾稳定角,《机动车运行安全技术条件》(GB 7258—2017)规定了各种机动车的侧倾稳定角,见表2-10。

表2-10 各种机动车侧倾稳定角的限值

车型	测试条件	左侧倾斜最大侧倾稳定角	右侧倾斜最大侧倾稳定角
三轮摩托车	空载、静态	≥25°	≥25°
最高时速低于20km/h或总质量为车辆整备质量的1.2倍以下的车辆	空载、静态	≥30°	≥30°
其他车辆(两轮摩托车和轻便摩托车除外)	空载、静态	≥35°	≥35°

3. 侧向稳定性分析

汽车在行驶中会经常受到侧向力的作用，这些侧向力包括重力的侧向分力、离心力、侧向风力和不平道路的侧向冲击力等。

汽车在侧向力的作用下，如果车轮的侧向反作用力达到或超过侧向附着力，汽车将沿侧向力的作用方向出现滑移。同时，侧向力也将引起左、右车轮地面法向反作用力的改变，当一侧车轮的法向反作用力变为零时，将会发生侧向翻车。

为了提高汽车的抗侧翻能力，保证行车安全，在驾驶汽车时应根据道路条件，适当控制行驶速度，增大转弯半径，不要超过汽车发生侧滑时的临界车速。

一般情况下，汽车转向前应降低行驶速度，以减少转弯时的离心力，特别是在潮湿和冰雪路面上更应如此。汽车在无横坡的路面上转向行驶时，也应降低车速，否则有可能造成翻车事故。

如果考虑汽车悬架和轮胎弹性变形的影响，转向时车身悬挂质量就会向转向外侧倾斜，使汽车质心发生偏移，同时使车身发生侧倾，此时汽车的侧向极限稳定性就会变差。如果考虑汽车悬架和轮胎的影响，粗略估算时，可用 $\beta_{max} = \arctan\dfrac{B}{2h_g}$ 求得的值再减去 $5.5°$ 作为汽车实际的横向最大静侧翻角。

综上分析，从汽车结构的角度来看，降低汽车质心高度，增大轮距、悬架的侧倾刚度以及轮胎的垂直刚度，可以提高汽车的侧向极限稳定性。同时，在驾驶汽车时，如果能够合理地控制车速，增大转弯半径，也可以改善汽车的侧向极限稳定性。

四、根据侧滑轨迹计算制动初速度

汽车在转弯时同时进行制动的情况下，路面上会留下弧形的轮胎印痕，如果地面上的轮胎印痕不仅有纵向拖印痕，还有横向拖印痕，则表明路面附着力已经达到最大值。如图 2-18 所示，在弯道制动时，地面对轮胎不仅有横向附着力，还有纵向附着力，而且它们都达了最大值，但是直观检验没有横向侧滑时，并不能说明没有横向附着力，可能是横向附着力小于最大横向附着力而没有发生侧滑，因此发生侧滑时横向和纵向附着力一定达到最大值，并同时存在。

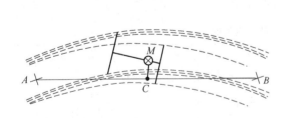

图 2-18 现场测定弧长与矢高

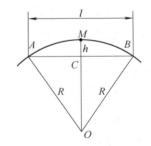

图 2-19 轨迹半径的计算

上述分析给出了汽车进入弯道时行驶速度的范围，进一步分析，可以通过弧线求出转弯半径。值得注意的是，测量的弧长应存在横向侧滑痕迹，这样可以使计算更为精确。如

图 2-19所示，假设有一段半径为 R 的圆弧 $\widehat{S}$，其弦长为 l，中点 M 的矢高 $MC = h$。可知

$$R^2 = (l/2)^2 + (R-h)^2$$

整理得

$$R = \frac{l^2}{8h} + \frac{h}{2} \tag{2-142}$$

式（2-142）为测量弯道制动印痕的半径，若半径可知，则计算汽车行驶速度公式为

$$v = \sqrt{g\varphi R} \tag{2-143}$$

【例 18】 在某事故现场量取制动开始处的弦长 $l = 40\text{m}$，中间矢高为 1m，制动印痕弧线长为 60m，道路附着系数为 $\varphi = 0.7$。试求汽车进入弯道制动时的速度。

解：首先求转弯制动印痕的半径，再求制动时的速度范围。

$$R = \frac{l^2}{8h} + \frac{h}{2} = \left(\frac{40^2}{8 \times 1} + \frac{1}{2}\right)\text{m} = 200.5\text{m}$$

$$v = \sqrt{g\varphi R} = \sqrt{9.8 \times 0.7 \times 200.5}\,\text{m/s} = 37\text{m/s}(133.5\text{km/h})$$

汽车进入弯道制动时的行驶速度为 133.5km/h。

五、摩托车的转向稳定性

摩托车转向的原理与四轮车有本质差别，摩托车驾驶人和车一起倾斜，使重力与离心力对着地点的力矩平衡，达到转向的目的。

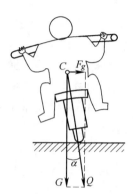

图 2-20 摩托车转弯

如图 2-20 所示，摩托车向内侧倾斜 α 角，离心力 F_g 对轮胎着地点的力矩企图使车向外侧倾翻，重力 G 对着地点的力矩企图使车向内侧倾翻，两者平衡时，重力 G 和离心力 F_g 的合力的作用线正好通过着地点（合力矩等于零）。

此时 α 角满足

$$\tan\alpha = \frac{F_g}{mg} = \frac{v^2}{gR} \tag{2-144}$$

式中 α——摩托车向内倾斜的角度；

v——摩托车行驶的速度；

R——行驶轨迹的曲率半径。

式（2-144）表明，向内倾斜角 α 随车速 v 的增大而增大，内倾角与摩托车转弯曲率半径 R 成反比。当车速很低时，α 角很小，也可通过人体向内侧移动来保持车体垂直。随着速度的增大，车体倾斜越来越明显。当高速竞赛时，车体可倾斜 45°以上，此时参赛选手不时地用内侧手掌支撑一下路面，以防倒地。但要想维持高速度和大倾角，还需满足不出现侧滑的附着条件，即

$$\tan\alpha = \frac{v^2}{gR} \Rightarrow v = \sqrt{gR\tan\alpha}$$

$$v_\varphi = \sqrt{gR\varphi}$$

因此

$$v \le v_\varphi \Rightarrow \sqrt{gR\tan\alpha} \le \sqrt{gR\varphi} \tag{2-145}$$

整理得
$$\tan\alpha \leq \varphi = \tan 35°, \ (\varphi = 0.7) \qquad (2\text{-}146)$$

式（2-146）表明，当路面附着系数为 0.7 时，摩托车不出现侧滑的最大倾斜角为 35°，当超过 35°时，将发生侧滑。

复习思考题

1. 某车辆以初速度 $v = 15\text{m/s}$ 行驶，制动开始后，经 $t = 7\text{s}$ 停止。假定汽车制动是匀减速行驶，试求制动距离和减速度。

2. 某汽车在 $\alpha = 50°$ 的下坡路面上紧急制动，滑行距离 $s = 30\text{m}$ 后汽车停止。已知汽车的重量 $G = 13\text{kN}$，路面附着系数 $\varphi = 0.6$，试求汽车开始制动时的速度。

3. 汽车以 60km/h 的速度匀速通过半径为 80m 的弯道，试计算汽车作圆周运动的向心加速度。

4. 某客车两个后轮被制动，从现场量得两轮拖印痕的平均长度为 12m，路面附着系数为 0.7，两前轮为自由滚动，前、后轴间距为 4m，重心高度为 1.2m，重心距离后轴水平距离为 2.2m。试求制动开始时的速度。

第三章 / Chapter 3
汽车事故现场勘查

教学提示：

汽车事故现场勘查是指事故调查人员运用科学的方法和现代技术手段，对交通事故现场进行实际调查，以及当场对当事人和有关人员进行调查访问，并将得到的结果客观、完整、准确地记录下来的工作过程。交通事故能否被正确处理，与现场勘查的质量有很大关系。为此，本章的教学要加强实践教学环节，用案例教学。

本章的教学重点是交通事故现场的分类、交通事故现场勘查的基本方法、交通事故现场图的测绘，以及交通事故现场的拍摄方法。

本章的难点是常见事故现场的勘查方法、现场图的绘制，以及常见事故现场的拍摄技巧。

教学要求：

掌握交通事故现场的构成要素。

理解交通事故现场的特点。

掌握交通事故现场的分类。

理解现场勘查的定义与方法。

掌握现场勘查的工作内容。

了解现场勘查的常用工具。

掌握现场勘查的基本方法。

掌握现场勘查的基本步骤，了解常见事故现场的勘查重点。

掌握现场图的定位和测绘。

掌握现场拍摄的步骤、基本方法和基本内容。

掌握痕迹物证的拍摄技巧。

了解常见事故现场的拍摄要点。

第一节　交通事故现场

一、交通事故现场的构成要素

交通事故现场是指发生事故的路段和地点，以及与事故有关的汽车、人员、牲畜和其他事物、痕迹、物证所占有的空间和时间。任何交通事故都有现场存在。交通事故现场的客观存在，是分析事故过程的依据和判断事故原因的基础。

交通事故现场的构成要素主要有空间、时间、工具和主体四个方面。

1. 空间要素

空间要素是指交通事故发生的空间场所，既包括交通事故发生前后与交通事故有关的痕迹、物证存在的场所，还包括交通参与者为避免事故发生而采取措施时遗留下的痕迹、物证的场所。

空间因素是事故现场存在的首要因素。没有造成交通事故的空间，交通事故也就无从发生，现场也就无从谈起。

2. 时间要素

时间要素是指交通事故发生的时间。任何一起交通事故都是在一定时间内发生的。尽管交通事故现场的存在具有客观性,但由于天气、环境和其他交通事件的影响,随着时间的推移,事故现场的痕迹、物证以及参与事故的汽车、人员等事物会被移动位置或消失。

3. 工具要素

工具要素是指交通事故现场勘查的对象。交通事故的发生是离不开车辆的,无论是机动车还是非机动车,都是形成交通事故现场的必要因素。

4. 主体要素

主体要素是指构成交通事故现场的人。交通事故现场总有当事人,当事人的交通行为必然与人、车、路和环境发生关系,造成客观的危害。

特定的交通行为、关系和损害后果,加上特定的时间和空间,就构成了形形色色的交通事故现场,同时揭示了构成事故的诸多因素,弄清它们各自的特点和相互关系,才能提供唯一、客观的条件和依据。

二、交通事故现场的特点

1. 现场存在的客观性和现场状态的可变性

交通事故现场的客观性是由交通事故发生的客观性决定的。即使交通事故的表象不存在了,交通事故发生的时间和空间也不会发生变化。但由于受到人为因素、环境因素和自然因素等的影响,交通事故现场的状态极易遭到破坏,且随着时间的推移,破坏程度增大的可能性也将大幅增加。这就导致所要勘查的交通事故现场并不一定就是交通事故发生后的原样,而是发生了变化的现场。在勘查现场时,要从实际出发,克服现场变化给勘查工作带来的困难,还原现场,从而推断交通事故发生的过程。

2. 事故现场现象的暴露性与因果关系的隐蔽性

交通事故的现象和损害后果都是有明显表象的,而这些表象的背后又存在着各种各样的内因,各种内因发生关系,直接导致了交通事故的发生,特别是当事人的行为与交通事故之间的关系十分复杂,并且具有一定的隐蔽性,不易辨别。反之,导致交通事故的原因是通过各种现象表现出来的,每一种现象只能反映事故本质的某一侧面。只有取得全面、合乎实际的证据,才能把握交通事故案件的实质。

3. 事故现象的整体性和形成的阶段性

通常,交通事故现象的形成分为三个阶段,即交通事故发生前的动态阶段、发生时的动态阶段和发生后的静态阶段。交通事故的发生就是由这三个阶段按时间顺序演变,导致交通事故损害后果的发生,并形成交通事故现场的最终表象。同时,交通事故现场的最终表象也反映了事故演变的过程。

4. 事故现场的共同性和个别现场的特殊性

交通事故现场的共同性,是指交通事故现场中的共同现象,即规律性。利用共同性的规律可以帮助发现和鉴别痕迹、物证,从而判定交通事故的有关事实。所谓特殊性,是指一起交通事故与其他交通事故相区分的现象。共同性的规律能够帮助揭示每起交通事故的特殊性,同时,每起交通事故的特殊性又丰富了共同性的规律。

三、交通事故现场的分类

研究交通事故现场的种类,对于正确地指导勘查工作有着十分重要的意义。由于划分的标准和角度不同，交通事故现场的分类也有所不同。

1. 按现场完损状态不同分类

按现场完损状态不同，交通事故现场可分为原始现场、变动现场和破坏现场。

（1）原始现场　原始现场是指没有遇到任何改变或破坏的事故现场。汽车、人、畜以及一切与事故有关的痕迹、物证，均保持事故发生后的原始状态。原始现场完整地保留着事故发生后时间和空间的变化状态，可为事故原因的分析和事故责任的认定提供客观依据。原始现场能为事故分析提供最直接的凭据，因此必须强调原始现场的勘查价值，尽可能将事故现场的原始状态保留到现场勘查之时。

（2）变动现场　变动现场是指事故发生后到现场勘查之前，由于某种自然或人为的原因，使现场的原始状态部分或全部发生变动的现场。这类现场不能充分为事故分析提供直接依据，有时甚至完全失去了最基本的痕迹和物证，造成案情分析困难。但是由于交通事故的特殊环境，在事故发生后，要想保留原始现场、避免现场变动几乎是不可能的，因此在现场勘查时所见到的现场多为变动现场。通常，引起现场变动的原因有：

1）抢救伤员或排险。为抢救伤者，必须移动伤者或死者的倒卧位置，有时甚至要改变汽车的位置；为了排险，必须清理易燃、易爆及有毒物质等。

2）保护不当。事故发生后由于未及时封闭现场，有关痕迹被过往汽车或行人碾踏，使痕迹不清或消失。

3）自然破坏。由于雨、雪、日晒等自然因素使无遮盖的现场痕迹被冲刷、覆盖、挥发消失等。

4）允许变动。有特殊任务的汽车，如消防、警备、救险等汽车发生事故后，允许驶离现场；在主要路段，为了避免交通阻塞，经允许移动的汽车或有关物件。

5）汽车驶离。发生事故后，汽车驾驶人无意（未发觉）将汽车驶离现场。

（3）破坏现场　破坏现场是指交通事故发生后，与交通事故有关或被唆使的人员故意改变交通事故现场汽车、物体、痕迹和物证等的原始状态，企图达到逃避责任或者嫁祸于他人的目的的现场。破坏现场应属于变动现场的范围，但因其性质恶劣，故单独列为一类。

根据现场破坏情节的不同，破坏现场可分为逃逸现场和伪造现场。

1）逃逸现场是指肇事人为了逃避责任，在明知发生交通事故后，故意驾车逃逸而造成的破坏现场。如果当事人不知道发生事故而驾车驶离现场、造成现场变动的，则不视为逃逸现场，而应视为变动现场。

2）伪造现场与一般变动现场不同，伪造现场属于当事人为了逃避责任、毁灭证据或达到嫁祸于他人的目的，有意改变或布置的假现场，即在原始现场的基础上加以伪造或肇事逃逸驶离现场，另行伪造的假现场。伪造现场的特点是现场中的事故和事态悖于常理，不符合发生事故的客观规律。

2. 根据现场是否由事故鉴定人员重新设置分类

根据现场是否由事故鉴定人员重新设置，交通事故现场可分为原发现场和再现现场。

（1）原发现场　原发现场就是交通事故发生后所存在的现场，包括原始现场、变动现场、破坏现场，它是交通事故现场勘查人员工作的对象。

（2）再现现场　再现现场是指交通事故鉴定人员根据需要，重新恢复和布置的现场。根据再现手段及目的的不同，再现现场又可以分为恢复现场和布置现场。其中，恢复现场是根据现场勘查记录等材料，重新恢复原发现场，以供交通事故分析或复查案件使用；布置现场则是根据目击证人或当事人的指认，对由于种种原因已经不存在的原发现场进行重新布置的现场。

第二节 现场勘查的内容与方法

一、现场勘查的意义与目的

1. 事故现场勘查的定义

交通事故现场勘查是指为了正确地判明交通事故案件的性质，发现和提取有关证据，证实事故发生的经过，事故调查人员运用科学的方法和现代技术手段，对交通事故现场进行实际调查，以及当场对当事人和有关人员进行调查访问，并将得到的结果客观、完整、准确地记录下来的工作。现场勘查是处理交道事故的基础，是公正、客观、准确地查明交通事故真相的途径之一。交通事故能否被正确处理，与现场勘查的质量有很大关系。

2. 事故现场勘查的目的

交通事故现场勘查的主要目的有：

（1）查明事故的性质 通过现场勘查判定事故是否属于交通事故，现场勘查所获得的线索可以帮助判断所发生事故的性质，以区别交通事故与利用交通工具进行犯罪的行为。

（2）了解事故的主要情节 事故现场上的各种痕迹、物证均是直接或间接证明事故事实的证据。通过对各种痕迹、物证的鉴定和检验，可以研究认定各种物证之间的联系，从而查明事故发生的主要情节，为进一步分析、研究和掌握事故发生的全部过程提供依据。

（3）查明事故的原因 通过现场勘查可以查明事故的主、客观原因。通过对现场周围环境、道路的勘查，可以查明道路、视距、地形和地物对事故发生的客观影响；通过对当事人的询问和调查访问，可以查明各当事方违反交通法规的主观因素。

（4）鉴定汽车损伤程度 通过对汽车受损状态的分析，确定汽车的受损部位和损伤程度，为汽车定损理赔提供依据。

二、现场勘查的工作内容

交通事故现场勘查一般包括实地勘查、现场访问、现场分析和现场试验四方面。

1. 实地勘查

实地勘查是以查明交通事故过程，发现和提取痕迹、物证为主要目的，对交通事故现场进行的勘查、检查、拍照、摄像、测量、绘图、记录等专项活动。

实地勘查的主要工作内容包括：

（1）现场摄影 现场摄影是指用现场拍摄的照片或录像来记录现场地貌、汽车、尸体、痕迹及散落物品的位置和状态的勘查手段。对于变动现场，拍摄前应将受伤者原始倒卧位置或尸体、物体的原始位置用白线圈出。照片应从不同角度和不同距离进行拍摄，以便全面、真实地记录现场景象。

（2）绘制现场草图 绘制现场草图是将现场的道路、汽车、人体、物品及有关事故痕迹的状况，用徒手绘制的平面图记录下来的勘查手段。现场徒手绘制的平面图虽是一种草图，但由于采用了规定的画法符号，并按比例将现场车、物、人体、痕迹表现在图面上，将它们之间的位置用尺寸数字标出，所以现场草图比照片能更准确地记录现场情况，它与照片相互补充，都是现场勘查不可缺少的手段。现场草图的绘制和尺寸标注必须全部在事故现场中完成。草图还应在现场核对，以便及时地修改和补充。草图完成后，应由现场勘查的负责人审定，并征得事故当事双方认可。

（3）现场测量 现场测量其实是绘制现场草图工作的一部分。因为测量所得的数字，大部分都要标注到现场草图上去，所以现场测量一般采用最普通的以直尺、卷尺为量具的直接人工测量方法，必要时也使用某些简单仪具。现场测量主要测定一些与事故相关的尺寸，包括测量肇事汽车上的有关尺寸及其在现场道路上的定位尺寸，道路的宽度、标线位置，制动印痕的长度、起始位置；测量尸体、受伤人体的位置，血迹和散落物的面积；测量有关交通元素的行进路线的位置；测量汽车车身的损伤位置、面积和深度；测量坠车事故汽车的下落距离及相关的地形尺寸等。

（4）采集物证 采集物证对事故原因的分析和当事人责任的认定尤其重要，因此现场勘查时必须有条不紊地仔细收集一切可用的、甚至具有分析价值而可能用不上的物证。采集的物证包括：汽车事故接触部位黏附的物体，如漆皮、纤维、木屑，人体的皮肉、毛发、血迹；现场地面的遗落物体，如汽车上的零件、润滑油，人身上的佩戴物、纽扣、鞋等。同时，清理死者随身遗物并进行登记。

2. 现场访问

现场访问是指以查明交通事故发生前后当事人、道路、交通环境、汽车等的基本情况及开辟线索来源为目的而进行的询（讯）问当事人及证人的活动。通过现场访问，具体要了解的内容通常包括交通事故当事人的基本情况、交通事故发生的基本事实，以及其他与交通事故有关的情况等。

现场访问应重点了解如下问题：

1）肇事者的个人情况，如年龄、性别、驾驶经历、事故记录等。
2）发生事故的时间、地点、汽车、出车事由、乘客人数或载物数量。
3）发生事故时的估计车速，发现险情时汽车的位置，所采取的措施。
4）事故过程的具体情况。
5）逃逸汽车的车型、车牌号、颜色、去向等可供侦缉的线索。

3. 现场分析

现场分析是在交通事故现场勘查基本结束时，对现场勘查的全部材料进行全面、综合的分析研究，初步做出符合实际的推理判断，揭示交通事故现场中各种现象的本质及其内在联系，初步分析交通事故当事人的道路交通安全违法行为以及导致交通事故的过错或者意外情况，判断案件性质以及交通事故成因的重要工作程序。

现场分析的主要工作内容包括：

1）查明事件的性质。
2）确定事故发生的时间。
3）确定肇事汽车和驾驶人。
4）确定事故发生经过。

4. 现场试验

现场试验是分析案情、查明事故事实、解释某些事故现象，以及审查判断某些证据的一种手段。在现场勘查或现场分析的过程中，有时在某些痕迹或事实的认识上有分歧或者有怀疑的情况下，就可以通过现场试验来验证、查明某些痕迹或事实的形成原因。

现场试验的主要工作内容包括：
1) 肇事汽车的车速与制动距离。
2) 肇事汽车的有关技术性能。
3) 车身、路面、衣着等痕迹的形成。
4) 汽车的接触部位与方位。

三、现场勘查的工具

现场勘查工具主要包括勘查用具、记录绘图工具、拍摄照片工具、现场调查用具以及其他必需的用具。

1. 勘查用具

勘查用具的作用在于勘查、发现交通事故现场中存在的各种痕迹物证，并通过一定的方法、程序加以提取，使其发挥证明事故成因和事故发生过程的作用。与勘查过程相对应的勘查用具又可以进一步划分为物证发现工具、提取工具、收集工具等。

（1）物证发现工具　提取物证首先要发现物证，正确的方法应该是通过分析，按照预测的地点、部位，积极、仔细地寻找、发现物证。根据交通事故的特点，常用的物证发现工具有以下几种：

1) 现场照明灯。在夜间或光线较暗处寻找物证时，将照明灯贴近路面，光轴与路面平行或呈15°左右进行照射，用肉眼观察前方路面。

2) 长波、紫外线可见照明两用灯。许多物质对于紫外线的吸收和反射，往往与可见光有明显的差异。另外，很多物质在紫外线的照射下能够产生可见荧光。利用物质的这种特性，可通过紫外线在光线较暗的环境中发现血迹、油脂、纤维等微量物证。

3) 笔式照明显微镜。笔式照明显微镜是由显微镜和照明光源组合而成的，适用于搜查微量物证。使用时光源的光束对到显微镜的焦平面上，然后将显微镜的焦平面置于要观察的微量物证上进行观察。

4) 照明放大镜。照明放大镜主要用于对交通事故现场遗留的微量痕迹、油漆、纤维、橡胶、血迹和毛发等的发现及提取。

（2）物证提取工具

1) 静电取迹器。静电取迹器由静电发生器和静电提取板两部分组成。其中静电发生器可由电警棍代替；而静电提取板则是由一块包有黑色塑料布的金属铝板构成。静电取迹器是通过电场的作用使黑色塑料布产生电荷，吸引带异性电荷的粉尘痕迹，因而在湿度大的环境中使用效果最好，它主要用于提取柏油路面和水泥路面上的轮胎痕迹等。

2) 固定剂。固定剂用于固定灰尘痕迹，可用发胶代替。对于被害人衣服上被碾轧或被撞的灰尘痕迹，固定剂的固定效果最好。该固定剂可对静电提取板上提取到的轮胎印痕进行固定，防止在送检过程中轮胎印痕损坏。在使用固定剂时，要注意与灰尘痕迹保持一定的距离，以防止固定剂的喷射使灰尘痕迹的形态发生变化。

3) 微量物证提取用具。微量物证是指那些微量、潜在的物证，通常也是指检验量极少、某种化学成分含量很低的物证。有时也将出现频率较低的、不易被人发觉的物证视为微量物证。微量物证本身所具有的特点决定了在进行微量物证提取时，用通常的提取工具是无法达到满意的提取效果的。在交通事故现场勘查过程中，常用的微量物证提取工具包括：

① 手术刀柄、刀片：用于刮取汽车上的油漆等物证。

② 提取勺：主要用于在车体上刮取油漆片。使用时将提取勺的直线边紧靠车体，接住用手术刀刮下的油漆片，以防止油漆片损坏或污染。

③ 指钳和镊子：用于直接提取现场的油漆片、纤维、毛发等物证。

④ 纱布：可用来黏附橡胶检材；可直接粘取现场的血迹，当血迹较少时，可以用浸有生理盐水的纱布擦取血迹，然后存放在装有少量生理盐水的检材瓶。

⑤ 清洗剂：包括生理盐水、酒精、丙酮。生理盐水可擦洗手术刀、提取勺等工具或在提取微量血迹时使用；酒精可用来擦洗工具；丙酮可用来擦洗接触过油脂的工具，效果较好。

4) 指纹提取工具。在交通事故现场中，有时在车体上留有驾驶人、伤亡人员的手印痕迹，通过对这些痕迹的分析，可以帮助勘查人员认定肇事驾驶人，分析事故成因。

① 指纹刷：使用银粉，适合在颜色较深的物体表面提取手印。

② 磁性笔和吸耳球：用于提取颜色浅的物体表面的手印。

③ 指纹胶纸和衬纸：手印形成后可用胶纸粘取，然后固定在光洁度较好的衬纸上，操作时要注意防止产生气泡。

(3) 物证收集工具　物证提取后需要送检，在送检过程中，尤其是在微量物证的送检过程中，要保护好所提取的物证，防止物证受到外界污染；同时，要执行物证转移的规章制度，避免物证失去鉴定价值。常用的收集工具有：

1) 物证通用标签。《物证通用标签》（GA/T 55—2011）于2011年12月7日开始实施，标签形式包括不干胶式和签条式两种。

2) 物证收集瓶。物证收集瓶适合存放各类微量物证，要求瓶盖能密封，并标有数字加以区别。物证放入瓶中后需在现场做好记录。

3) 硫酸纸物证袋。硫酸纸物证袋较普通纸袋有较大的强度，适合存放一些干燥的固体物证。

4) 塑料袋。塑料袋较硫酸纸袋大，可将物证标签粘贴在塑料袋上。在送检时，可将用物证收集瓶或硫酸纸袋等包装的物证放在塑料袋内，也可根据不同的情况将物证直接放入塑料袋内。

5) 载玻片。少量的纤维物证容易丢失，可用两片载玻片夹着纤维，然后用透明胶带将两块载玻片包在一起。

2. 记录绘图用具

记录绘图用具是通过文字、图形的形式，记录交通事故现场各元素所在的位置、现场勘查的过程以及其他需要记录的与交通事故现场有关的信息。常见的记录绘图用具包括标记用笔、测量工具、指南针、现场勘查笔录纸、绘图纸、笔和尺等。

(1) 标记用笔　标记用笔包括用来做记录的签字笔、用来绘制现场图的绘图铅笔以及用来标记印痕位置的标记笔等。

（2）测量仪器　测量仪器包括卷尺或激光（超声波）测距仪等设备，以及根据需要配备的坡度仪、附着系数测定仪、摄影测量系统等。

（3）绘图装置　传统的绘图工具主要是指绘图纸、皮尺、钢卷尺、绘图尺以及绘图铅笔等；随着科学技术的进步，部分交通事故处理部门还配备了现场图自动绘图系统。

3. 拍摄用具

拍摄用具主要是通过摄像机、照相机、手机等拍摄交通事故现场的动态和静态图像，图像分辨率应达到 500 万像素。

4. 现场调查用具

现场调查用具主要是指通过文字、声音等形式记录交通事故当事人和见证人对交通事故发生过程的描述，通常包括：

（1）询（讯）问笔录纸　询问、讯问笔录纸用于记录犯罪嫌疑人、交通事故当事人的个人信息以及对交通事故发生过程的陈述等。

（2）印泥　印泥在陈述人按捺指印时使用。

（3）录音机、录音笔　录音机、录音笔用于记录被调查人的口头陈述内容。

5. 其他必需的用具

现场勘查应根据需要配备不干胶、比例尺、卡钳、钢丝钳、绘图用照明灯、脱脂棉、酒精、医用胶布、手套、口罩、毛巾和肥皂等现场勘查常用器材。

四、现场勘查的基本方法

1. 沿着汽车行驶路线勘查

沿着汽车行驶路线进行现场勘查适用于主要肇事方为机动车的交通事故，并且现场留有较为明显的印痕，能够反映出肇事汽车在交通事故发生前的行驶路线，以及事故发生后汽车的运动轨迹。这种勘查方法有利于交通事故现场勘查人员快速地对交通事故发生的过程建立起较为完整的认识。

在运用这种勘查方法时，现场勘查人员通常需要根据当事各方参与交通的方式选择主要的勘查对象。例如，机动车与非机动车之间的交通事故通常应以机动车的行驶路线为主要勘查对象；机动车与机动车之间的交通事故通常以留有明显行驶路线的一方为主要勘查对象。勘查的过程中不仅要确定汽车的行驶路线，还要寻找证据证明行驶过程中当事人采取的措施。

2. 从中心（接触点）向外勘查

从中心（接触点）向外勘查适用于现场中的各种痕迹、物证分布较为集中，现场中心明确，现场范围不大的交通事故现场。这种交通事故现场通常找不到较为明显的长距离的汽车制动印痕，而判断、分析交通事故发生过程的依据，则主要来源于对车体痕迹的勘查。

3. 从外向中心勘查

从外向中心勘查交通事故现场的方法，与从中心（接触点）向外进行交通事故现场勘查的方法有类似之处，即现场中没有较为明显地反映汽车行驶路线的痕迹物证。与从中心（接触点）向外进行交通事故现场勘查的方法不同的是，需要采用从外向中心勘查的交通事故现场中存在的痕迹物证通常较为分散，现场的范围较大。一方面，为了尽快记录各种痕迹、物证所在的位置，并加以提取，以防止随着时间的推移部分痕迹、物证被破坏；另一方面，全面地收集外围的证据，有利于与交通事故现场中心建立联系，便于交通事故现场勘查人员对交通事故的发生过程建立全面的认识。

4. 分片分段勘查

如果交通事故现场进一步扩大，那么再采用从外向中心勘查交通事故现场的方法，就会由于获取的外围信息过于繁杂而导致对交通事故现场的认识缺乏条理性，进而导致勘查的质量和效率下降。同时，由于现场范围大，既不便于、也没有必要进行全面封闭。在这种情况下，通常应采用分片分段勘查的方法进行现场勘查。

对于前三种勘查方法，在进行交通事故现场勘查实践中具体采用哪种，主要是看哪种方法更利于高效、高质量地认定交通事故的发生过程，分析交通事故的成因；而采用分片分段勘查的方法，则主要是应对大范围的交通事故现场。在采用分片分段勘查的方法进行交通事故现场勘查时，通常根据事故形成阶段的不同或者交通事故现场环境情况的不同，将交通事故现场划分成几个片段，分别派遣现场勘查人员在各自负责勘查的区域范围内，同时展开调查工作。最后，再由现场勘查的指挥人员对各勘查段获得的事故信息进行汇总。在交通事故现场勘查实践中，常见的采用分片分段勘查方法的交通事故包括高速公路多车碰撞事故、交通肇事后驾车逃逸事故、汽车翻下悬崖事故，以及客车造成多人死亡的交通事故等。

五、现场勘查的基本步骤

现场勘查的重点是发现、收集以及提取能判明事故原因和责任的痕迹、物证。例如，现场的各种擦划和制动印痕，事故汽车、物体的接触部位和所处方位，以及事故汽车、物体上的痕迹及附着物等物证。因此，现场勘查可分为静态勘查和动态勘查两个基本步骤。

1. 静态勘查

静态勘查是指在不改变物体、痕迹的状态和位置的情况下，通过现场测量、记录、制图、拍摄、录像等手段，对事故现场进行仔细观察和检查。

静态勘查的主要检查内容如下：

1）确定现场方位。

2）确定现场中人、车、物以及与事故有关的痕迹、散落物各自的方位和相互之间的关系。

3）遇到变动现场时，查明被变动物原始的位置和状态，确定被变动物变动前与变动后位置的关系。

4）确定事故接触点的位置，包括车与车、车与物、车与人接触时的部位和各自在道路上的方位。特别是在有多个接触部位时，要确定第一接触点所处道路上的方位。

5）确定事故汽车档位、气压、装载、点火开关位置、雨天刮水器效能、转向盘自由转动量、夜间灯光照明情况、追尾事故前车制动灯性能等。

2. 动态勘查

动态勘查是对现场实物、痕迹形态进行深入、细致的全面调查。由于在静态勘查过程中，不能改变现场的原始状况，使得某些痕迹、物证无法勘查或不能全面勘查，因而必须进行移动勘查。

动态勘查一般应在不破坏痕迹、物品原有形态的前提下，进行翻转或移动位置。如果遇到有被破坏的可能时，必须采取录像或照相等手段进行保全，并做好测量记录，然后在见证人或当事人在场的情况下，运用技术手段进行检验提取。

动态勘查必须达到以下要求：

1）发现和收集在静态勘查中未能发现的痕迹和物品（人体组织、毛发、漆片、纤维、手印以及金属屑等）。

2）用简单的实验方法（痕迹形状、位置的对比以及血迹鉴别等）分析物体的特征与痕迹的由来。

3）根据汽车或行人运动的规律，分析现场中各种现象产生和变化的原因。

3. 静态勘查与动态勘查的关系

静态勘查是动态勘查的基础，动态勘查是静态勘查的继续，它们是两个连续的工作步骤。动态勘查是要查清现场关键问题中的一些细节，并对重要痕迹、物证进行细目照或比例拍摄，它是视现场情况而定所进行的必要的补充勘查。

六、常见事故现场的勘查重点

1. 碰撞事故

碰撞事故的典型特征是：事故各方的接触部位一般都有不同程度的变形或破损，并有附着痕迹；事故接触点的地面上一般有散落物分布；汽车轮胎印痕有突变现象。碰撞事故的发生通常与事故汽车或行人的行进路线、行进方向、行进速度、现场的安全视距以及当事人在事故发生时的生理和心理状态等因素有关。因此，对此类事故现场的勘查应着重于以下几个方面：

1）勘查机动车轮胎印痕的位置、长度和类型，判断汽车的运行轨迹、速度和驾驶人的操作情况。

2）勘查车体、人体上的碰撞痕迹、附着物情况，分析判断碰撞时的接触部位、受力方向。

3）勘查行人鞋底、非机动车轮胎在地面上留下的擦划印，以及地面上的其他痕迹和散落物情况，分析判定事故的接触点位置，以及行人和非机动车在碰撞时的行进方向与空间位置。

4）根据事故的具体情况，测试汽车的制动性能、转向性能、灯光和驾驶视野、现场道路的安全视距、路面附着系数等汽车及道路的技术状况。

5）根据事故的具体情况，测试当事人（主要是汽车驾驶人）是否饮酒、服用药物、疲劳、患有疾病以及其精神状况。

2. 刮擦事故

刮擦事故多发生在汽车会车、超车和转弯过程中。当机动车与机动车之间发生刮擦时，在事故双方的接触部位都会留下相应的刮擦痕迹，该刮擦痕迹的起点、终点和痕迹内部的细微特征与事故双方的接触过程、接触方式以及接触面的材料和结构特征有关，而在事故接触点位置的地面上，一般都会留下因车身相互刮擦而脱落的油漆、塑料或金属碎末等。当机动车与非机动车或行人发生刮擦时，刮擦痕迹一般比较浅淡，在车身接触部位，尤其是车身的一些凸起部位容易留下受害人的血液、头发、服装纤维、皮肉组织等。另外，当机动车刮擦非机动车或行人时，非机动车驾驶人和行人常常因为身体受到刮擦或勾挂而摔倒，如果这时机动车没有及时停车，就很容易对人体造成碾轧或拖移，加重损害后果。刮擦事故的发生多与汽车在会车、超车和转弯时未保持足够的横向安全间距，以及汽车驾驶人未及时发现车身侧面的汽车或行人有关。因此，对此类事故现场的勘查应着重于以下几个方面：

1) 勘查地面上轮胎印痕和行人鞋底擦印的位置、形态，判断事故车辆和行人的行进路线、位置、速度及接触位置。

2) 勘查车身和人体上的痕迹以及附着物的位置、状态，分析双方的接触部位、接触方式和作用力方向。

3) 勘查路面的宽度、安全视距、交通标线、交通标志、路面障碍及夜间照明等道路情况。

4) 测试汽车的转向性能、制动性能、前照灯的防眩目特性、驾驶人侧向视野、转弯内轮差，并注意车体外表是否有尖锐的凸起物等情况。

5) 根据事故的具体情况，测试当事人（主要是汽车驾驶人）的饮酒、服用药物、疲劳、疾病、精神状况等生理和心理特征。

3. 翻车事故

翻车事故常发生于弯道、窄路、窄桥和长下坡路段。事故汽车车身的各相关侧面上多分布有比较广泛的碰撞和刮擦痕迹，路面上除了有对应的刮擦和撞击痕迹外，通常都散落有大量的货物、行李和破碎的汽车零部件。如果是客车发生翻车，往往还会有汽车乘员被抛出车外摔跌伤亡，或因翻倒车体砸、压而伤亡的情况，现场情况十分复杂，现场地面的痕迹极容易被掩盖或破坏，给现场勘查工作带来了许多困难。实践证明，翻车事故的发生往往与汽车过载、高速转向、轮胎爆破、制动跑偏、汽车行驶方向或速度失控等有关。因此，对此类事故现场的勘查应着重于以下几个方面：

1) 勘查地面轮胎印痕，分析判断汽车的行车速度、行车路线和转弯半径。

2) 勘查地面和车身上的痕迹以及附着物的位置、状态，分析汽车发生翻车的起点、翻动方向和翻动幅度。

3) 如果汽车是因为受到外力碰撞或刮擦而发生翻车的，则应重点勘查碰撞或刮擦所形成的痕迹以及其他物证，并分析判定碰撞或刮擦的部位、方向以及碰撞或刮擦的对象。

4) 测试道路的弯道半径、弯道加宽、弯道外侧超高、路面附着系数、道路横坡、道路纵坡以及交通标志的观察效果等。

5) 如果事故发生在交叉路口，则应详细地测量相关路口的宽度，核实事故发生时的交通控制情况和交通流情况。

6) 测试汽车的转向性能、制动性能（尤其是制动时的方向稳定性）、轮距、轴距和轮胎爆破等情况，并根据汽车装载情况推算汽车在发生事故时的质心高度，以及发生翻车的临界车速和临界侧偏角。

7) 根据事故的具体情况，测试当事人（主要是汽车驾驶人）的饮酒、服用药物、疲劳、疾病、精神状况等生理和心理特征。

4. 碾轧事故

汽车直接碾轧行人或物体的情况比较少，通常在碾轧发生前都先发生了碰撞或刮擦。其中，被汽车前轮碾轧的，事先多发生了碰撞，这时在车轮、路面和被碾轧的人体、物体上不仅有碾轧痕迹，还有碰撞痕迹；被汽车后轮碾轧的，事先多发生了刮擦，这时在车身侧面上一般会有刮擦痕迹，而在被碾压的人体、物体上不仅有碾轧痕迹，还有刮擦痕迹。如果在碾

第三章 汽车事故现场勘查

轧之前没有发生碰撞或刮擦现象,则碾轧事故的发生多与被碾轧对象体形矮小、突然自行倒地等因素有关。另外,实践中还曾发生过有人利用死者尸体伪造交通事故,以勒索钱财或掩盖其他犯罪行为的情形。因此,对碾轧事故现场的勘查应着重于以下几个方面:

1)勘查地面轮胎印痕,确定汽车行驶路线、速度和驾驶人操作措施。

2)勘查被碾轧人体或物体的位置及其在地面上的挫划痕迹,判断碾轧位置。

3)注意寻找和提取车身、被碾轧人体或物品上的碰撞或刮擦痕迹、附着物以及发生碰撞或刮擦时留在地面上的痕迹、散落物和附着物,确定在碾轧之前有无碰撞或刮擦现象的发生以及发生碰撞或刮擦的位置、接触部位、受力方向,并结合碾轧情况分析被碾轧人体或物品在碰撞或刮擦前、后的动态情况。

4)根据事故的具体情况,测试汽车的制动性能、转向性能、驾驶视野范围(包括车头部位和车身侧面的视野盲区)。对于夜间发生的事故,还应当测试汽车的灯光照明效果。

5)根据事故的具体情况,测试当事人的饮酒、服用药物、疲劳、疾病和精神状况等生理和心理特征。

6)必要时,还应对事故死亡人员的死亡时间和死亡原因等情况进行检验和鉴定。

第三节 现场图测绘

现场图是指将交通事故现场各种交通因素、遗留痕迹、散落物体、道路设施以及地形与地物等按一定比例的图例和线形绘制而成的图形。它和现场照片以及其他调查记录一样,是分析事故原因、判定事故责任的重要依据,必要时可以利用它来恢复现场原貌。

一、现场图的分类

按照成图过程不同,现场图可分为现场记录图、现场实景记录图、现场比例图和现场分析图。

(1)现场记录图 用图形符号、尺寸和文字记录道路交通事故现场环境、事故形态和有关车辆、人员、物体、痕迹等的位置及相互关系的图称为现场记录图。

现场记录图以平面图为主,以正投影俯视图的形式表示。需要表示局部情况时,可以进行局部放大,必要时也可以绘制立体图或断面图。

(2)现场实景记录图 在实景照片上标注尺寸和文字,记录道路交通事故现场环境、事故形态和有关车辆、人员、物体、痕迹等的位置及相互关系的图称为现场实景记录图。

(3)现场比例图 根据现场记录,按规范图形符号和一定比例绘制的道路交通事故现场全部或局部的平面图称为现场比例图。

现场比例图以现场记录图、现场勘查记录所记载的数据为基础,以现场记录图中的基准点和基准线为基准,以正投影俯视图的形式表示。对现场比例图数据有疑义时,以现场记录图和勘查记录数据为准。现场比例图作为证据,可以起到补充和说明现场记录图的作用。

(4) 现场分析图 道路交通事故发生时，车辆、人员、散落物等的运行轨迹、时序及接触或冲突位置的平面图称为现场分析图。

与其他现场图所不同的是，现场分析图是用绘图的方式来形象地描述和展现交通事故发生和发展的全过程，而不是用于记录事故现场的外观现象。因此，在交通事故处理过程中，现场分析图既可以作为公安机关交通管理部门分析判断事故发生过程和发生原因的工具，也可以作为形象反映交通事故事实认定结论的书面材料。当作为事故分析工具使用时，现场分析图可以形象、具体地描述事故鉴定人员对事故事实的分析观点和理由，便于意见的沟通交流。当作为事故事实的认定材料使用时，事故现场分析图一般作为交通事故认定书的附件，并具有相应的法律效力。

按照成图视角不同，现场图又可分为现场平面图、现场断面图、现场立面图和立体图。

(1) 现场平面图 又称水平俯视图，是指按平行垂直投影的方法绘制的一种水平投影图。它能反映道路交通事故现场环境、事故形态和有关车辆、人员、物体、痕迹等的位置及相互关系。现场上的各种物体以及相互之间的关系都以平面的形式标明在图纸上。

(2) 现场断面图 道路交通事故现场某一横断面、纵断面或水平断面位置上有关车辆、人员、物体、痕迹相互关系的断面图称为现场断面图。

根据交通事故现场勘查记录的需要，现场断面图一般用作记录和反映事故现场某些重要碰撞接触面和损坏部位的内部受力及变形特征，并通常作为现场的局部剖面视图与现场记录图或现场比例图综合绘制在同一张图纸上。

(3) 现场立面图 道路交通事故现场车辆、物体侧面有关痕迹、物证所在位置的局部视图称为现场立面图。

在实践中，现场立面图一般作为事故现场的局部侧面视图，与现场记录图或者现场比例图综合绘制在同一张图纸上。

(4) 立体图 又称现场透视图。指利用透视原理绘制的道路交通事故现场环境，有关车辆三维空间的形态、位置关系的现场图。现场立体图以近大远小、鲜明的立体感表明现场结构、物体形态和远近、大小的比例，能较逼真地反映现场的空间关系。

二、现场图的格式

交通事故现场图均采用标准 A4 型纸（297mm×210mm）绘成，其主要内容包括：

1）事故及事故现场基本情况栏。该栏用于填写事故发生时间、地点、发生事故时的天气情况和事故现场的路面性质等事故及事故现场的基本情况。

2）绘图栏。该栏包括绘图比例尺、现场方位标志和绘图区域，是现场图的主要部分，供绘制现场图形、图线和标注时使用。

3）绘图说明栏。该栏内填写一些不方便在图面上标注的文字、数据，对图面上使用的自定义图形符号的说明，以及其他需要用文字说明的内容。

4）绘图时间栏。该栏用于记录现场图的绘制时间。

5）签字区。该区供现场勘查人员、绘图人员、事故当事人或见证人签字使用。

道路交通事故现场图的格式如图 3-1 所示。

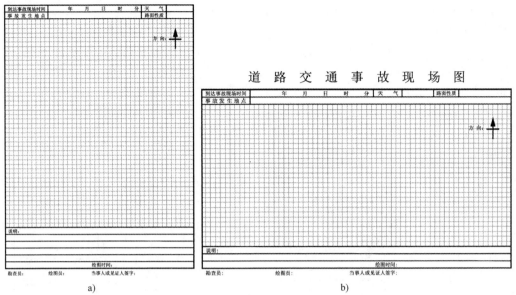

图 3-1 道路交通事故现场图的格式
a）纵向 b）横向

三、现场图的绘制规范

交通事故现场图不论采用哪种图形和绘图形式，都是由各种不同的图线、图形符号和尺寸标注等组合构成的相互联系、相互配合的有机整体，各部分有其相应的规范和标准。

1. 图线规格

交通事故现场图是由 6 种粗细不同的线条所构成的图形，这些粗细不同的线条称为图线。每种图线都有自己的名称、宽度及适用范围（见表 3-1）。图线宽度在 0.25～2.00mm 之间选择，在同一图中同类符号的图线应基本一致。

表 3-1 事故现场图绘制图线的规格和应用

图线名称	图线形式	图线量度	一般应用
粗实线	———————	b	1. 可见轮廓线 2. 图例图形线
细实线	———————	0.3b	1. 尺寸线及尺寸界线 2. 剖面线 3. 引出线 4. 说明示意线 5. 范围线、辅助线 6. 较小图例的图形线
波浪线	～～～	0.3b	1. 断裂处的边界线 2. 变形处的边界线
双折线	—／\—	0.3b	断裂处的边界线
虚线	- - - - - -	0.3b	1. 不可见轮廓线 2. 延长线
点画线	— · — · —	0.3b	1. 设立的测量基线 2. 对称中心线 3. 轨道线 4. 分界线

2. 图形符号

图形符号也称为图例,是各交通元素的简化和缩写。绘制现场图使用的图形符号分为规定符号和自定符号。

(1) 规定符号 规定符号是指在交通事故现场绘图中必须使用的统一标准符号。根据《道路交通事故现场图形符号》(GB 11797—2005),规定图形符号主要有机动车、非机动车、人体、牲畜、道路结构与功能、安全设施、动态痕迹、交通现象等,各交通元素的名称与图形符号见表3-2~表3-10。

表3-2 机动车图形符号

序号	名称	图形符号	序号	名称	图形符号
1	客车平面		12	电车平面	
2	客车侧面		13	电车侧面	
3	轿车平面		14	正三轮机动车平面	
4	轿车侧面		15	正三轮机动车侧面	
5	货车平面		16	偏三轮摩托车侧面	
6	货车侧面1		17	普通二轮摩托车	
7	货车侧面2		18	轮式拖拉机平面	
8	牵引车平面		19	轮式拖拉机侧面	
9	牵引车侧面		20	手扶拖拉机平面	
10	挂车平面		21	手扶拖拉机侧面	
11	挂车侧面		22	轮式自行机械平面	

第三章 汽车事故现场勘查

表 3-3 非机动车图形符号

序号	名称	图形符号	序号	名称	图形符号
1	自行车		4	三轮车	
2	残疾人用车平面		5	人力车	
3	残疾人用车侧面		6	畜力车	

表 3-4 人体图形符号

序号	名称	图形符号	序号	名称	图形符号	序号	名称	图形符号
1	人体		2	伤体		3	尸体	

表 3-5 牲畜图形符号

序号	名称	图形符号	序号	名称	图形符号	序号	名称	图形符号
1	牲畜		2	伤畜		3	死畜	

表 3-6 道路结构与功能图形符号

序号	名称	图形符号	序号	名称	图形符号
1	道路		6	道路与铁路平交口	
2	上坡路	i 为坡度	7	施工路段	
3	下坡路		8	桥	
4	人行道		9	漫水桥	
5	道路平交口		10	路肩	

87

（续）

序号	名称	图形符号	序号	名称	图形符号
11	涵洞		16	雨水口	
12	隧道		17	消火栓井	
13	路面凸出部分		18	路旁水沟	
14	路面凹坑		19	路旁干涸水沟	
15	路面积水				

表 3-7　安全设施图形符号

序号	名称	图形符号	序号	名称	图形符号
1	信号灯		8	禁令标志	
2	人行横道灯		9	警告标志	
3	黄闪灯		10	指示标志	
4	计时牌		11	指路标志	
5	隔离桩（墩、栏）		12	安全镜	
6	隔离带（花草）		13	汽车停靠站	
7	安全岛		14	岗台（亭）	

第三章 汽车事故现场勘查

表 3-8 动态痕迹图形符号

序号	名称	图形符号	序号	名称	图形符号
1	轮胎滚印	・・・・・・・・・ ・・・・・・・・・	5	挫划印	～・～・～
2	轮胎拖印	────── L ────── ────────── L 为拖印长度	6	自行车压印	〜〜〜〜〜
3	轮胎压印	─ ─ ─ ─ ─ ─ ─ ─ ─ ─ ─ ─	7	血迹	(血)
4	轮胎侧滑印	//////////////	8	其他洒落物	(形状) 填写洒落物的名称

表 3-9 交通现象图形符号

序号	名称	图形符号	序号	名称	图形符号
1	接触点	⊗	3	非机动车行驶方向	◀──
2	机动车行驶方向	◁──	4	人员行驶方向	◀──

表 3-10 其他图形符号

序号	名称	图形符号	序号	名称	图形符号
1	方向标	↑ 方向箭头指向北方	2	风向标	⊢X X 为风力级数

（2）自定符号 自定符号是由现场绘图人员根据绘图的实际需要，对没有统一规定的物体临时设计绘制的图形符号。自定符号的原则是简单易画、认读明确、没有歧义，并且必须对自定符号作图例说明。

3. 尺寸标注

交通事故现场图除了绘出现场的地形、汽车等现场元素外，还须准确、完整、清晰地标注出有关的尺寸数据。交通事故现场数据以图上标注的尺寸数值和文字说明为准。尺寸的标注方法应参照GB/T 50103—2010《总图制图标准》的有关规定。

一个完整的尺寸包括尺寸线、尺寸界线和尺寸数字，如图3-2所示。

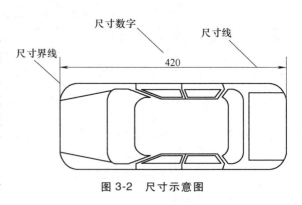

图3-2 尺寸示意图

4. 绘图比例

现场图绘制比例是指现场比例图中各要素和相互关系的线性尺寸与现场实际相应尺寸之比。绘制现场图可根据不同的现场范围和图纸，选择相当的比例。

绘制交通事故现场比例图时，可优先采用1∶200比例。绘制比例图时应采用同一比例，有特殊情况的需注明。

事故现场图形符号有特殊的比例要求，有些图形符号需要按比例绘制，有些则可以不按比例绘制。需按比例绘制的图形符号有：

1）机动车、非机动车图形符号。
2）道路结构、功能图形符号。
3）动态痕迹的长度、道路隔离带（桩）。
4）图中各主要要素间的图形符号。

可不按比例绘制的图形符号有：

1）人体、牲畜图形符号。
2）交通安全设施图形符号。
3）动态痕迹的宽度。
4）其他图形符号。

5. 文字标注

文字标注是指现场图中记录在图形或图形之间规定位置的数据、代号或文字说明。由于手工制图的客观限制，现场图制作的图形有一定的误差，不可能完全严格按比例绘制，只能起一般的形象记载作用，具体尺寸数据等内容应当以图上的标注或说明为准。因此，现场图上的尺寸数据、文字、代号的标注具有重要的证据意义。

现场数据以图上标注的尺寸数值和文字说明为准，与图形符号选用的比例、准确度无关。图形中的尺寸以厘米（cm）为单位时可以不标注计量单位；如果采用其他计量单位，则必须注明计量单位的名称或代号。现场测量的尺寸一般只标注一次，需要更改时，应做好记录。现场图的标注一般可直接标注在图形称号内或其上方和尺寸线上方，也可引出标注，标注应当清晰、准确、简练。

四、现场图的定位

现场图的定位包含两个方面：一是事故现场的定位；二是汽车、物体、痕迹等实体在现场中的定位。

1. 事故现场的定位

所谓事故现场的定位，是指交通事故在确定时间坐标后，应将事故现场确定在一个固定的空间位置，通常称为现场定位。

事故现场的定位通常包括确定道路方位、基准点、基准线和固定点等环节。

（1）确定道路方位　方位确定，主要是对交通事故所在道路的方向，即对道路直线段走向的确定。道路的走向并非都是正南正北或正东正西的，因而需要通过仪器测量加以确定。

测定道路走向，实际上就是测定道路中线与基准方向之间的角度。交通事故现场图一般用磁北方向作为基准方向，如图3-3所示，NS直线是通过 O 点的磁北方向，由磁北 ON 起顺时针方向至 OA 之间的角度，称为 OA 线的磁方位角。方位角的大小可以从0°到360°。如果 OA 线是道路的中线，用袖珍经纬仪即可测得其方位角的具体度数，从而确定现场道路的走向，也就确定了现场的方位。

道路走向测定之后，应在现场图右上角用箭头与字母将磁北方向标出。

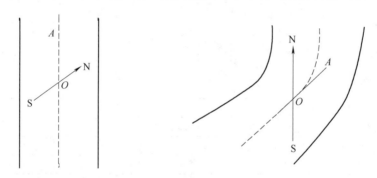

图3-3　道路方位确定方法图

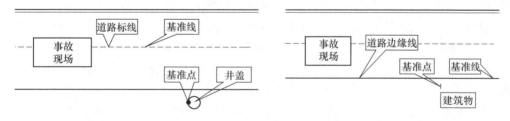

图3-4　现场基准点和基准线的选定

（2）确定基准点　基准点也叫固定点，是现场定位时基准坐标系的原点。通常在说明某一个物体的位置时，总是以相对于另一个固定参考物的距离作为参照。在交通事故现场测量中，通常在事故现场临近的地方，选定一个或多个具有永久性标记的固定点，作为确定现场方位的基准点（见图3-4）。选取基准点的目的是确定交通事故现场在道路上所处的具体位置，大多数情况下它还是现场测量的基准。

交通事故现场欲选的基准点，必须是在现场中原有的、相对固定的某一点，如里程碑、电线杆、交通标志、建筑物的某一个拐角等。选择基准点的原则是：在事故现场的一侧；离现场较近，便于测量和绘图；要相对固定、不易移动和消失，以便于在较长时间内能作为恢复现场的基准标志。

（3）确定基准线　基准线的主要作用是与基准点配合，用来确定事故现场在道路上的位置，以及作为现场测量的参照。通常是选择道路边缘线或者道路标线作为基准线（见图3-4）。基准线的确定是交通事故现场定位的基础，一切交通事故现场痕迹、物证在现场的位置及其相互之间距离的关系，都可通过基准线得到相应的空间定位。但是，受交通事故现场条件的限制，并不是所有交通事故现场图的绘制均能选择合适的基准线，如发生在弯道的交通事故。因此，是否要确定基准线应视具体情况而定。

（4）确定现场物证的固定点　绘制现场图的物证固定点，是为了认定和固定证据，将其位置及现场空间位置记录并绘制在现场记录图中，使现场图客观、准确地记录现场被固定的汽车、物体、痕迹等存在的状态。事故现场要素固定点的选取要求见表3-11。

表3-11　事故现场要素固定点的选取要求

事故现场要素	应选取的测量固定点
机动车	同侧（侧翻时近地的一侧）前（中）后轴外侧轮胎轴心的投影点
仰翻机动车	近地靠近基准线车身的两个角
非机动车	同侧（侧翻时近地的一侧）前后轴轮胎轴心的投影点
人体	头顶部、足跟部
牲畜	头顶部、尾根部
路面障碍	两头的端点、占路最外端点（即最凸出点）的投影点
安全设施	基部中心或边缘线
血迹	中心点
线状痕迹	起点、终点、中心线、变化点（含汽车痕迹）
基准点物体	向路边一侧最凸出点
其他几何形物	中心点

2. 现场物体的定位

现场图必须记录汽车、物体、痕迹等实体在现场的确切位置。实体在现场中的位置不但具有直观再现现场状况的效果，而且可作为现场再现的依据。现场图中所表现的物体原则上是该物体在地面上的正投影，因此物体在现场图中呈平面图形。对于平面图形的物体而言，如果该物体是一个刚体，只要确定该物体平面图形上的两个位置，这个物体在平面图上的位置就可以完全确定。所以，确定物体在平面图上的位置，实际上是确定点在平面上的位置，即解决点的定位问题。在交通事故现场图中，点的定位方法有直角坐标法、三点定位法、极坐标定位法、指北偏角法、切线支距法和综合定位法等。

（1）直角坐标法　直角坐标法是指通常利用道路上一般不变的路沿、标线或物点构成假想的平面直角坐标系的方法。通过确定点到两坐标轴线的垂直距离，可以确定点在现场图中的位置，如图3-5所示。

直角坐标定位法既可以用来进行现场定位，同时又可以实现对整个事故现场的测量绘制，因此，这种方法较为实用。但由于必须要选择基准线，因此，这种方法不适用于弯路等周围没有直线的事故现场。

（2）三点定位法　三点定位法也称为三角定位法，就是用选定的基准点，由此点向道路中心线作垂线，垂线与中心线的交点作为参考点，再选取事故现场的一个待测点（事故碰撞点），如汽车右翼子板，将此三点连接起来，构成三角形，测量出各点间的距离即可实现定位（见图3-6）。

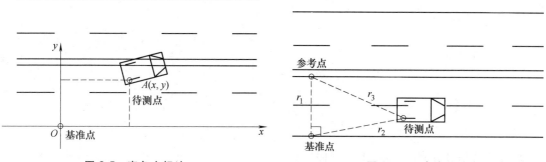

图3-5　直角坐标法　　　　　　　　图3-6　三点定位法

三点定位法也可变化为：用基准点上或基准点附近的一个固定物体作为辅助点和交通事故现场的一个待测点，三点连接成三角形，并测出各点间的距离，即可固定现场的位置。经过这样的调整后，该方法即可适用于任何事故现场的定位。但由于绘图效果不是很好（图面较为混乱），因此，在可以使用直角坐标定位法时，通常不会选择三点定位法。

（3）极坐标定位法　极坐标定位法是指借助平面极坐标系来确定平面上任意一点位置的方法。这种方法是以基准点作为极坐标的原点，与事故现场上待测点的距离引出一条连线为 r，并用小甲板仪测量连线与指北线 ON 的夹角 θ，即可定位，通常用于弯道及不规则的交叉路口的现场定位。虽然极坐标定位法的测量精度高，但由于难度较大，需要使用相应的仪器，因此在可以使用直角坐标定位法时，通常不会选用极坐标定位法（见图3-7）。

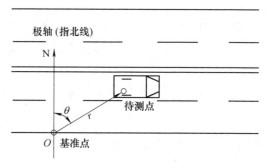

图3-7　极坐标定位法

（4）指北偏角法　指北偏角法的具体操作步骤为：在现场选择合适的基准点作为原点 O，测量原点处的路面宽度并取中点即得桩号1，从桩号1测量5m或10m的直线段，同样测量路面宽度并取中点即得桩号2，测得桩号1和桩号2的连接线与指北线之间的夹角即可得出道路走向。用同样的方法可测得桩2—3或桩3—4的连接线和夹角以及各物证点的位置，连接各连线即可绘出比较精确的现场比例图。

（5）切线支距法　切线支距法是以曲线的起点或终点为坐标原点，原点至交点的切线方向为 X 轴，坐标原点至圆心 O 的半径为 Y 轴。曲线上任一点即可用坐标值 X 和 Y 来表示。切线支距法定位示例如图3-8所示。

切线支距法操作简单，各曲线点相互独立，无测量误差积累。但由于安置仪器次数多，速度较慢，同时检验条件较少，故一般适用于半径较大、Y 值较小的平坦地区曲线的测绘。

（6）综合定位法　在实际工作中广泛应用的定位法是采取直角坐标法和三点定位法相结合的定位法，称为综合定位法。综合定位法的定位示例如图3-9所示。

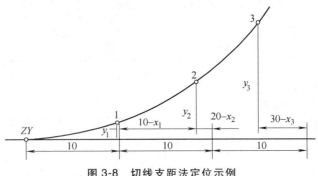

图 3-8 切线支距法定位示例

综合定位法使用的工具简单,图面所反映的主要物体等物证关系有层次,图面线条也不易混淆,物体固定准确。因此,综合定位法被广泛应用。

综合定位法的操作方法如下:

1)选取基准点。

2)选取一条基准线,基准线一般为道路中心线或道路边缘线。

3)从基准点向待测点作直线,再从待测点向基准线作垂线,测量所作直线和垂线的长度。

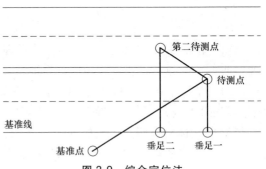

图 3-9 综合定位法

4)当对某一待测点精确定位之后,可以用该点代替原基准点测量其附近的其他待测点。

五、现场痕迹的测绘

交通事故中的痕迹较多,不论是碰、撞、擦、刮、碾、压、翻,都会在道路和物体上留下痕迹,主要遗留在现场中心及其周围的路面或路旁,还有些遗留在车体、物体上,受害人身体及其服装上。只要认真细致地勘查,这些痕迹都是可以被发现的。有些细微的痕迹,如毛发、附着物等,借助放大镜或光也可以发现的。随着现代科学技术的发展和应用,肉眼难以发现的痕迹也可以被发现,如利用红外线摄影,就可以发现难以辨认的轮胎印痕。特别是现代光学技术的应用,为痕迹的发现提供了更新的手段。

1. 地面轮胎痕迹的测绘

汽车紧急制动后,轮胎会在路面上留下拖、压印痕,这种印痕又称制动印痕。测量制动印痕,首先要确定制动印痕的起点和终点,并在制动车轮后标注清楚;其次,要测量制动印痕的起点至车轮轴心垂直于地面交点的距离;还应测量制动印痕的起点至道路边缘线的距离,以判断汽车制动生效时的位置。

各个车轮的制动印痕应分别绘制。制动拖印痕用实线来表示,压印痕用虚线表示。如果同一车轮的制动印痕既有拖印痕又有压印痕,则要分别测绘持续制动拖印痕,并注意判别这些制动印痕是由于采取措施的原因造成的,还是由于路面不平、汽车颠簸造成的,或是由其他原因造成的。一般来说，持续拖印痕的间隙较长，往往是驾驶人交替踏、抬制动踏板造成的；持续间隙较短的印痕，则有可能是由路面不平引起的。

当地面轮胎印痕呈现有一定弧度的曲线状时，除选择轮胎印痕的起点和止点作为固定点外，还应均匀地选择弧线上能够代表弧度变化的三个或更多的点作为固定点，并测量这些点到基准线的距离以及各点沿基准线方向的距离；同时，还应沿曲线方向测量其实际长度。

对于折线状轮胎印痕的测量，选择轮胎印痕的起点、止点和突变点作为固定点，测量这些点到基准线的距离以及各点沿基准线方向的距离；同时，还应以突变点作为分界点，区别各段轮胎印痕的实际长度。

由于汽车的技术性能不同，驾驶人采取制动的方法不同，汽车制动印痕表现为多种多样。对制动印痕进行勘查测量时，最关键的是要迅速区别制动印痕的归属，即弄清楚到底是哪一对车轮所产生的制动印痕，这是现场勘查人员的一项基本功。

2. 路面损伤痕迹的测绘

路面损伤痕迹的测量方法与汽车制动印痕的测量方法相似，主要是标清楚产生痕迹的部位、起止点、长度以及在道路上所处的位置等，有时为了减少现场图上的线条，提高现场图的清晰度，可以做上记号，在图旁用文字加以说明。

（1）线条状路面损伤痕迹的测量　测量线条状路面损伤痕迹时，一般选择线条状痕迹的两个端点以及中间部位的变化点作为固定点，测量各点到基准线的距离以及各点沿基准线方向的距离；同时，还应测量线条状痕迹的实际长度。

（2）片状路面损伤痕迹的测量　测量片状路面损伤痕迹时，应将片状痕迹的几何中心、沿基准线方向的两个端点，以及垂直于基准线方向的两个端点作为固定点，测量片状痕迹的几何中心到基准线的距离；同时测量其他两对固定点沿基准线方向及垂直于基准线方向的距离，并利用这两个距离描述片状痕迹的面积。

（3）血迹、遗留物和散落物的测绘　通过对事故现场道路上的血迹位置、遗留物和散落物的测绘，可以判断汽车发生事故时的撞击力，有时还可以推算出汽车行驶速度、判断撞击过程等。

勘查测绘时，可以在现场图上用红色标出血迹的形态，要测量出血迹的范围以及血迹中心部位到道路边沿的垂直距离；还应注意血迹的流向，由于道路的中心部位稍微拱起，因此必须从高处血迹的源头进行测量。

对于遗留物和碰撞后的散落物，应注明物品名称，并准确测量其范围和具体位置，有时还要查清这些物品的来历。

3. 车体痕迹的测绘

（1）车体痕迹的产生及查找　车体痕迹的产生是两个或两个以上的物体碰、擦、刮、砸的结果，汽车在碾轧人体后，往往会在轮胎、车底部的排气管、传动轴、横大梁等部位黏附异物，如人的皮、肉、血、毛发、衣服碎片等。车与车、车与物相撞产生的车体痕迹较大而且明显，而汽车与自行车或人体发生轻微碰擦时，车体痕迹就可能较小。因此在查找各种痕迹时要特别注意，不放过任何可疑之处，必要时可以在不同角度的光线照射下进行查找，也可以用红外线、紫外线照射后进行查找。

对于汽车上被发现的痕迹，要根据现场中的其他材料，判断该痕迹产生的原因，只有当造成痕迹的双方都被找到并检验吻合时，痕迹产生的原因才能最终被认定。如果对有关痕迹的产生原因暂时不能确定时，则应记录，待临场分析时解决。

车体痕迹确认后，可利用平面图或立体图标明其所处部位、离地高度和具体形态（长、宽、深程度）；还可以通过痕迹拍摄来记载，要尽量地提取并保存，以备查验。

（2）车体痕迹的测量 车体痕迹的测量包括车体前部痕迹、侧面痕迹、底盘痕迹和轮胎痕迹等多处的测量。

1）车体前部痕迹多有呈片状的凹陷痕迹，在测量时，应记录其部位、面积以及痕迹上、下端距地面和左、右两端有关一侧的距离。

2）车体侧面痕迹多为片状或条状刮擦痕。应测量汽车痕迹的部位、面积及距地面的高度，痕迹始点至前保险杠、碾轧人车轮的距离，以认定双方从接触点至轧人车轮的距离，并根据机动车的车速推算人能否避免被轧；对于横向条状痕迹，应测量其长度和前、后两端至前保险杠、有关车轮的距离。

3）机动车底盘上的痕迹多为片状或条状痕迹。对于片状痕迹，应测量其面积以及痕迹几何中心距地面的高度和距前保险杠的距离；对于条状痕迹，应测量痕迹两端距前保险杠以及某一端距有关一侧车轮的距离。

4）车轮擦刮、碾轧人体或物品时，在胎壁、胎肩、胎面上常出现物（人）体表面纹迹、形态附印在轮胎橡胶面上的痕迹，有时轮胎与金属等硬物接触时，会造成轮胎橡胶面剥脱，露出黑胶质。所以，均应测量痕迹所在轮胎的部位、形状及面积。

4. 自行车痕迹的测绘

事故现场中自行车与其他汽车发生碰撞而被碾轧的情况较为常见。对于自行车痕迹，应测量痕迹的部位、形状、面积和距离高度，并根据测量的数据，分析受外力撞击和被碾轧时的演变情况。

六、现场图的绘制方法与要求

1. 现场记录图的绘制方法与要求

绘制现场记录图应随事故现场勘查工作同步进行并当场完成，绘制时可以使用简便的绘图工具，但从实践来看，现场记录图多是徒手绘制的。绘制现场记录图时，一般采用由大到小和由粗到细的步骤绘制。第一步通常画现场的地形和地物，首先对现场道路进行定位，然后根据定位的比例尺画出道路边线、路肩、边沟、行道树，最后画出道路分道情况、交通标志、视距障碍物等；第二步画现场元素，将现场的事故汽车、人、畜、痕迹、散落物等依其在现场的实际位置和相互间的关系一一绘制在图纸上，并将定位数据按规定标注在图纸上，无法在图面内直接标注的数据，应相应地记录在现场记录图的说明栏内。现场记录图中各车辆、物体、痕迹、标志、标线、基准点、基准线的间距，一般使用尺寸线、尺寸数据标注或说明，必要时可使用尺寸界线。

在绘制现场记录图的同时，可以根据事故现场的具体情况和勘查的需要，选择绘制现场断面图和现场立面图；并且，既可以另外用单独的图纸绘制现场断面图和现场立面图，也可以用局部图的形式与现场记录图绘制在同一张图纸上。现场记录图应能够反映出事故现场的全貌，当事故现场范围较大时可使用双折线压缩无关道路的画面，而对于案情简明的交通事故，在能够表现现场客观情况的前提下，也可为了制图简便而忽略现场中一些与事故联系不甚紧密的事物。

现场记录图绘制完成后，应当当场进行审核，审核时应检查现场记录图有无基准点、基准线及事故的第一冲突点，各现场元素在图上有无遗漏，所用图线、图形符号是否准确，标注是否合理，定位数据是否齐全，特别是各元素的位置关系有无矛盾之处，如发现错误时应及时更正。现场记录图经确认无误后，应当由勘查现场的交通警察、当事人或者见证人在现场记录图上签名。当事人不在现场、拒绝签名或者无见证人的，应当在现场记录图上注明。

典型的交通事故现场记录图如图 3-10 所示。

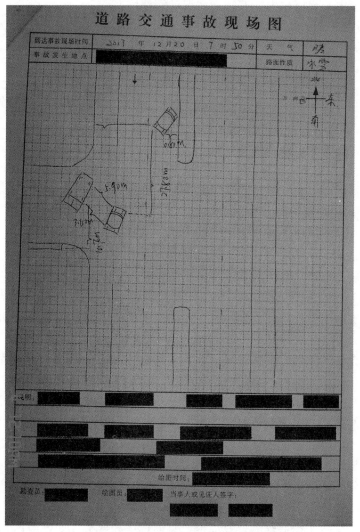

图 3-10　典型的交通事故现场记录图

2. 现场比例图的绘制方法与要求

现场比例图应采用绘图工具进行绘制，在具体绘制时，要以现场记录图、现场勘查记录所记载的数据为基础和依据，并以现场记录图中的基准点和基准线为基准，以俯视图为主，将现场的有关情况严格按照规范的图线、图形符号、标注方式和比例尺一一绘制出来。现场比例图绘制结束后，绘图人员应当对所绘制的图进行认真、仔细的审核，审核的内容主要是：所用图线、图形符号是否准确，比例尺是否统一，现场比例图的内容、数据是否与现场记录图和现场勘查笔录的内容相符。审核合格后，绘图人员应当在现场比例图上签字。

（1）绘制要求

1）绘制现场比例图要以现场记录图、现场勘查笔录所记载的数据为基础和依据。

2）绘制现场比例图要以现场记录图中的基准点和基准线为基准，用俯视图表示，使用相应的符号，将现场所绘制的图形及数据比较严格地按比例绘制。

3）绘制时，应采用统一比例，并优先选用1∶200的比例尺，也可根据需要选择其他比例尺，并标注在图中的比例栏内。有特殊情况的需注明。

4）图形符号的比例按统一要求标准绘制。

5）当对现场比例图的数据产生异议时，应以现场记录图和现场勘查笔录数据为准。

6）交通事故现场比例图中，需要按比例绘制的图形符号包括：机动车、非机动车的图形符号；道路的形式、结构；动态痕迹的长度，道路隔离带（桩）；图中各主要要素间的图形符号。

7）在交通事故现场比例图中，可不按比例绘制的图形符号包括：人体、牲畜；交通安全设施；动态痕迹的宽度；其他图形符号。

（2）绘制步骤

第一步：选择图幅规格。根据现场实际情况以及事故分析等的需要，首先确定使用多大的图幅。图幅规格一般为标准的A4纸。

第二步：确定中心部位。包括两个方面，一方面是确定图纸的中心部位，以便合理安排画面；另一方面是确定现场的中心部位，以便突出重点现场。

现场中心一般是接触点或当时某一方所在的位置。绘图时要把现场中心置于相应图形的中心部位上。

第三步：构思图面结构。根据现场情况和选定的图形、图式，精心安排图形布局，使其结构合理、美观大方。

第四步：确定绘图比例。根据现场的面积和选定的图形、图式、图面布局、图纸或确定的比例图以及整个图形的大小，确定恰当的绘图比例。为省去计算麻烦，可用三棱比例尺。

第五步：用铅笔绘制草稿。上述事项就绪之后，先用铅笔打草稿，将预拟的图形、图式及各种现场元素准确无误地绘制下来，形成初稿。

第六步：定稿描图。铅笔稿绘成之后，要与现场记录图、现场勘查笔录等进行校对，无误后即可用黑笔描图。描绘的顺序是：先上后下，先左后右，以免弄脏图纸；先曲线后直线，以便连接；先细线后粗线，以免影响绘图进度。如不慎画错，不要急于修改，待墨干后，用刀片轻轻刮去，再进行修正。

第七步：标注说明。图描好后，要加上一定的标注和说明，如方向标、图例说明、比例尺、绘图人、绘图日期等。

由于绘制现场比例图费时、费力、效率低、时间长，所以仅在重大或特大交通事故中才采用。但随着计算机自动绘图系统在现场图中的应用，人们现在也越来越多地采用现场比例图。

使用计算机自动绘图系统主要有两种方法：一种是将在事故现场采集到的测量数据录入计算机，计算机会根据输入的数据自动定位、布局，自动计算包括汽车、道路、地面痕迹、散落物等多种事故元素的比例，生成电子图形。为了提高效率，事故处理人员可以事先在计算机里存储大量当地道路、交通环境等的信息，在现场勘查时，根据需要直接调用即可。在图形绘制结束后通常可以当场打印成图，由事故处理人员以及当事人或者见证人当场签字确认。另一种是采取用照相机拍摄后对图片进行处理的绘图方法。目前已经开发出了类似产品，这种系统往往由大功率高指数照明灯、测量用数码照相机、变焦数字摄像机、测量标尺、标志物、高集成液晶台式计算机、便携式彩色打印机以及交通事故勘查测绘软件组成。使用该系统一次拍摄即可完成交通事故现场的可视数据测量工作，并能在交通事故现场直接打印出交通事故现场实景图和比例图，由交通民警和当事人在现场签字确认。

这两种方法的共同点就是绘制的都是交通事故现场比例图。就实用性、方便性而言，第一种计算机自动绘图系统要强于第二种。典型的现场比例图如图 3-11 所示。

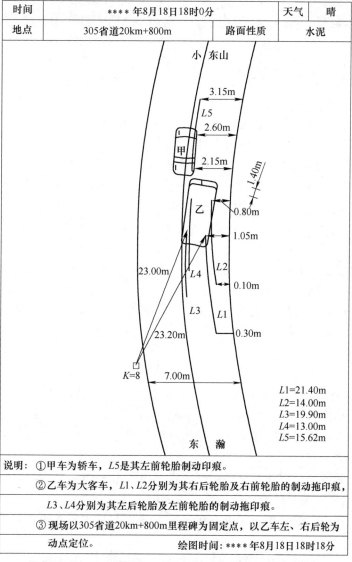

图 3-11　典型的现场比例图

3. 现场分析图的绘制方法

事故现场分析图一般是在现场记录图的基础上，根据交通事故调查所获取的各项证据和据此所认定的事故事实，严格按照规定的图形符号和图线绘制的。绘图时，首先按照一定的比例将交通事故现场的道路边沿、路肩、边沟、行道树、交通标线、交通标志、障碍物等地形和地物画在图纸上，然后根据事故调查所查证属实并予以确认的事故事实，用交通事故现象和交通事故类型符号将各事故汽车、人员、物品的运动轨迹，以及事故各方在整个事故过程中的发现点、感到危险点、采取措施点、接触点、接触方式、接触方向、最后停车点等内容绘制在图纸上。

第四节　现场拍摄

一、现场拍摄的特点与原则

1. 现场拍摄的特点

1）能够完整、客观地反映交通事故现场的环境及状况。

2）能够形象地表现交通事故现场中具体事物的形态，以及它们之间的相互关系。如汽车类型、停车位置、制动印痕、尸体姿势、损伤情况、视距条件、人车距离以及各种痕迹、物证的大小和特征等，通过现场拍摄可以弥补现场勘查笔录和绘图难以准确表示的景物。

3）能够快速记录现场情况，可以提高交通事故现场的勘查速度。有些痕迹、物证会因受到自然条件和人为条件的影响而消失，交通事故现场拍摄的照片可以忠实地记录现场的状况。

4）对于事故现场较大物体的痕迹和易遭破坏物体上的痕迹，不能或难以提取保存的，可以用拍摄的办法达到取证的目的。

5）根据透视原理，可用事故现场照片对交通事故现场空间位置的尺寸关系进行估算。

6）根据计算机视觉原理，在一定条件下，可以用现场拍摄的照片对事故现场进行测量。

2. 现场拍摄的原则

进行交通事故现场勘查拍摄需要遵循以下原则：

1）现场勘查拍摄反映的信息应与交通事故现场勘查笔录所记载的内容相一致。

2）现场拍摄人员应根据交通事故现场的具体情况，制定拍摄计划并服从统一指挥，与其他现场勘查工作协调配合。

3）拍摄每一幅照片都应该根据拍摄要求以及所要表现的拍摄内容，从这两方面进行构图，要尽量做到拍摄的主题鲜明，被拍摄主体突出。

4）拍摄过程中应尽量避免把勘查人员、勘查器材、警用汽车、抢险救护人员以及其他无关汽车等拍进画面。

5）当受现场条件限制需要采取一定的技术手段显现被摄对象或者需要移动被摄对象时，应该先拍摄其所在的位置和原始状态。

6）当使用数码相机等可以实时观看拍摄效果的器材时，应随时进行浏览、回放来检查拍摄效果，如果效果不理想，则应及时进行补拍。

二、现场拍摄的分类

按照拍摄表现目的的不同，现场拍摄可分为方位拍摄、概览拍摄、中心拍摄、细目拍摄、宣传拍摄和测距拍摄六种类型。

1. 方位拍摄

方位拍摄的目的是表现事故现场所处的地理位置。方位拍摄的拍摄对象是以事故汽车为前景的整个事故现场及其周边的场景。为表明事故现场所处的地点，照片应反映事故现场的地形、地物、地貌、路况、肇事汽车以及其他物体的实际情况和相互关系。为确切地表明现场方位，应同时拍摄到参照物，如作为测量基准的物体以及路标、里程碑、标志牌等物体。

2. 概览拍摄

概览拍摄以事故现场中心为拍摄主题，用于表现事故后果的现场。概览拍摄的取景范围为交通事故现场的车、物，拍摄对象包括事故汽车、倒卧尸体以及路面痕迹等与事故相关的物体。概览拍摄要从不同角度表明现场车、物之间的位置关系。

3. 中心拍摄

中心拍摄是将现场各主要组成部分作为画面主题的拍摄。中心拍摄的拍摄对象主要是整体的汽车、尸体、车轮印痕等。中心拍摄要从不同位置拍摄同一物体，以完整地反映物体的形态。

4. 细目拍摄

细目拍摄是为了表现物体局部状况的拍摄。细目拍摄的拍摄对象主要是那些不能在概览拍摄和中心拍摄上看清楚的物体细节，如汽车的接触痕迹、人体伤痕等。细目拍摄时，为了能在照片上分辨出拍摄对象的大小，有时最好将有刻度的短尺放在拍摄对象的一侧，并与之同时摄入画面。细目摄影一般要达到以下目的：

1）反映事故所属的事故形态。
2）反映人员伤亡和相关损失情况。
3）反映肇事汽车的牌号、前轮转角等情况。
4）反映汽车的机械损伤情况。

5. 宣传拍摄

宣传拍摄是为了制作交通安全宣传片拍摄的照片。宣传拍摄的拍摄方式比较灵活，可以充分运用拍摄技巧，以达到一定的艺术感染要求，增强宣传的教育效果。为了宣传需要，可以拍摄伤者或肇事者，也可以反映某一侧面，以达到宣传的目的。

6. 测距拍摄

测距拍摄是以测量事故现场物体之间相对位置为目的的拍摄。测距拍摄可以采用专门的立体照相机在确定的位置上进行拍摄，然后从所得到的两张照片中分析和计算出测量结果。

三、现场拍摄的步骤

交通事故现场勘查人员到达交通事故现场后，不要急于拍摄，要服从现场勘查工作的总体要求，并按照一定的步骤展开拍摄工作。以下是交通事故现场拍摄的实施步骤。

1. 清除现场无关的人员和汽车

由于交通事故现场大多在道路上，容易引来过往汽车、行人的围观。进行拍摄时，应及时清除无关的人员和汽车，一方面可以避免无关的汽车和人员破坏现场；另一方面也可以防止无关的汽车和人员遮挡被摄对象，导致拍出的画面杂乱无章。

2. 了解交通事故现场的情况

拍摄人员要初步了解事故的经过、时间、地点，做到对拍摄对象心中有数，并在此基础上初步勘查现场，弄清现场周围环境、道路走向、有无交通标志和交通标线，从而确定拍摄的内容、重点和顺序。

3. 拍摄固定

在了解现场概况的过程中，拍摄人员应迅速对现场概貌进行拍摄固定，为其他现场勘查人员能够尽早进入现场展开深入、细致的调查提供条件；另外，快速地进行拍摄固定对于保护现场也有重要的作用。

4. 制订拍摄计划

当对交通事故现场有了初步的了解后，拍摄人员就应迅速地制订出拍摄的计划，明确拍摄的内容、重点和角度。如果现场的条件不利于拍摄，那么还要考虑采用何种技术手段进行拍摄。对于有多人参与的现场拍摄工作，还要明确每个人所承担的拍摄任务。

5. 有顺序地进行拍摄

根据 GA/T 117—2005《现场照相、录像要求规则》，现场拍摄的具体顺序要注意遵循的原则是：先拍摄概貌，后拍摄中心、细目；先拍摄原始状况，后拍摄移动和显现后的状况；先拍摄易破坏消失的，后拍摄不易破坏消失的；先拍摄地表的，后拍摄其他部分；先拍摄急需拍摄的内容，后拍摄可以缓拍的内容；先拍摄容易拍摄的内容，后拍摄较难拍摄的内容；现场方位的拍摄可以根据情况灵活安排。对于拍摄经验不足的人员来说，往往容易出现漏拍的情况，避免漏拍的最好方法就是按方位拍摄、概览拍摄、中心拍摄、细目拍摄的顺序拍摄，当然，这种拍摄方法较为机械，拍摄效率也不高。

四、现场拍摄的基本方法

根据交通事故现场的情况，可以使用不同的方法对事故现场进行拍摄。常用的事故现场拍摄方法有两种：一种是分段拍摄法；另一种是比例拍摄法。

1. 分段拍摄法

在交通事故现场拍摄中，由于照相机取景范围或现场条件的限制，一方面，即便使用广角镜头也无法反映全部景物，或在较远位置拍摄景物全貌时会使主体成像太小，影响观察效果；另一方面，由于现场景物互相遮挡，一次拍摄不能反映场景各个方位的情况。为了解决这些问题，可以使用分段拍摄法对事故现场进行拍摄。对于第一种情况，可以使用直线分段拍摄法和回转连续拍摄法；而对于第二种情况，可以使用相向拍摄法和多向拍摄法。

（1）直线分段拍摄法　所谓直线分段拍摄法，是指相机焦平面和被拍物平面平行、等距，沿着被拍物移动并将其分段连续拍摄成若干个画面的拍摄方法（见图 3-12）。

这种方法与下文提到的回转连续拍摄法均是在受拍摄距离和镜头视角的影响、无法用一张照片完整地表现拍摄意图时，将拍摄范围分为若干个画面横向进行拍摄，然后将两个或三个画面加以拼接，形成一幅完整的画面。这种方法可以反映事故现场的大场面。

（2）回转连续拍摄法　所谓回转连续拍摄法，是指固定照相机的位置，沿水平或垂直方向转动镜头，将被拍摄物分段连续拍摄成若干画面的方法（见图3-13）。

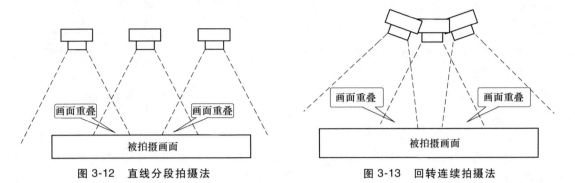

图3-12　直线分段拍摄法　　　　　　　图3-13　回转连续拍摄法

（3）相向拍摄法　所谓相向拍摄法，是指以相对的方向、相等的距离对被拍摄物进行拍摄的方法（见图3-14）。使用相向拍摄法拍摄交通事故现场，可以避免出现由于汽车、人体、遗留物等互相重叠导致无法全面地反映现场概貌的情况。

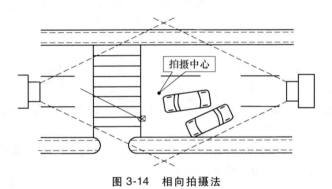

图3-14　相向拍摄法

（4）多向拍摄法　所谓多向拍摄法，是指从几个不同的方向，以相近的距离对被拍摄物进行拍摄的方法（见图3-15）。这种方法曾被用来拍摄发生在交叉路口内的交通事故现场，能够较全面地反映路口呈放射状的道路情况、路口视线等情况。

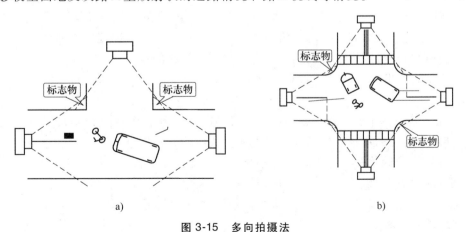

图3-15　多向拍摄法
a）三向拍摄　b）四向拍摄

2. 比例拍摄法

比例拍摄法用于根据照片来测定某些较小客体（物体和痕迹）的大小或它们之间的距离。该方法可以把钢卷尺放在受损物体旁边进行拍摄，如图 3-16 所示。比例拍摄常常在拍摄痕迹、物证以及碎片、微小物等情况下采用，以便根据照片确定拍摄物体的实际大小和尺寸。

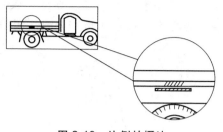

图 3-16　比例拍摄法

五、现场拍摄的基本内容

现场拍摄包括现场环境拍摄、痕迹勘查拍摄、汽车检验拍摄和人体拍摄四个方面的基本内容。

1. 现场环境拍摄

现场环境拍摄主要通过方位拍摄、概览拍摄的方式表现，其具体内容包括：交通事故的环境、位置，交通事故现场周围的地形、道路走向、现场所处的位置、交通标志、交通标线、汽车行人出入方向，交通事故现场有关汽车、尸体、物体的位置、状态以及它们之间的相互关系。

2. 痕迹勘查拍摄

痕迹勘查拍摄主要通过中心拍摄、细目拍摄的方式表现，其具体内容包括：

1) 交通事故现场的中心部位或重要局部。

2) 交通事故现场中与交通事故有关，并且对分析事故发生过程、成因有证明作用的各种痕迹物证的特征。

① 物体分离痕迹的拍摄内容，包括分离物在原物体中的位置以及分离端面的痕迹特征、原物体的基本状况以及内部结构特征。

② 圆形物体表面痕迹的拍摄内容，包括痕迹在承受体上的具体位置，痕迹本身的形状、大小、深浅、颜色、走向，造型体与承受体的对比照片。

③ 路面痕迹的拍摄内容，包括痕迹在路面的具体位置，痕迹本身的形状、大小、深浅、颜色、走向，造型体与痕迹的位置关系。

④ 人体附着痕迹的拍摄内容，包括痕迹附着在人体、衣着上的具体位置，痕迹本身的形状、大小、颜色、受力方向，每个痕迹应单独拍摄，对于同一部位衣着和体表都留有重叠痕迹的，也应分别拍摄，裤子上的痕迹应反映出其与裤脚的距离。

⑤ 遗留物的拍摄内容，包括遗留物在现场中的原始位置，遗留物的形状、体积特征、分布情况。

3) 汽车与其他汽车、人员、物体的接触部位，车内死、伤者的分布状态和位置，汽车的档位、转向盘所在的位置，以及仪表板上所反映出的各种信息。

4) 对于需要反映物品立体形状的，拍摄不得少于两个侧面。

5) 对于需要确认驾驶人身份的，应当提取当事人的人体手印、足迹照片。

6) 对于需要进行检验鉴定的，应当拍摄本体物与原形照片。

3. 汽车检验拍摄

汽车检验拍摄主要通过中心拍摄、细目拍摄的方式表现，其具体内容包括：事故汽车整车及损坏部位、号牌、铭牌等；分解检验的汽车及其部件的损坏情况、形态等；对直接造成交通事故的故障与损坏部件，根据需要拍摄该部件的损坏状态。

汽车检验拍摄的内容包括：

（1）拍摄汽车号牌和车型　拍摄汽车号牌和车型的目的是对事故汽车身份进行确认。不能正面拍摄，应选择合适的角度，一般拍摄角度与汽车中轴线成30°~45°角。如果车的前保险杠或号牌损坏，则可以先拍摄汽车的后部，然后将后面号牌拆下和前号牌一起放在汽车前部的合适位置进行拍摄。

（2）汽车外部损伤拍摄　汽车发生碰撞、刮擦事故后，需要对事故汽车的损伤情况进行拍摄记录，为交通事故赔偿及保险理赔程序提供依据。拍摄损伤时，应注意拍摄的角度及用光，应能正确地反映损伤部位、损伤的程度、损伤涉及的零部件种类和名称。若一个角度不能全面反映出零件的损伤情况，则可以选择不同的角度进行拍摄。

（3）汽车解剖拍摄　在汽车验损的过程中，如果汽车外部损伤拍摄不能如实反映事故汽车的损伤程度时，就需要对事故汽车进行解剖拍摄，目的是查明事故汽车的具体损伤情况，确定损失价值，通过内部损伤的形成原因，分析确认导致事故的原因。拍摄时，应根据事故汽车的损伤情况和解剖进度确定拍摄的位置和数量，以保证客观、完整地反映事故汽车的损失价值。

（4）零件损伤情况拍摄　在进行汽车的解体检验过程中，应对零件损伤断面进行检验拍摄，目的是确认零件的损坏原因，以确认是否属于保险赔付范围。事故汽车零件的损坏有两种情况：一是因撞击力超过零件的强度而损坏；二是由于自然磨损或零件疲劳造成损坏。应认真区分两种情况。

4. 人体拍摄

人体拍摄运用现场中心拍摄和细目拍摄方式，拍摄人体伤痕及有关人员的辨认照片，为事故的分析研究或刑事、民事诉讼提供证据材料。

（1）面部和尸体全身拍摄　面部拍摄的目的是确认死者，拍摄时应采用正光，身体平放，头部保持自然状态，面部保持水平。首先拍摄面部的原始状态，然后洗净检查有无伤痕，面部正面及两侧面都要拍摄。

拍摄尸体全身照，用以反映死者的尸体全貌和衣着上附着血迹、油污、破损等状况。身体平位和侧位都要拍摄。

（2）伤痕拍摄　拍摄人体损伤痕迹特征，有助于判明致伤方式、致伤物及致死原因。

1）拍摄时要连同伤痕附近的明显部位摄入镜头，反映出伤痕在人体上的具体位置。

2）在不影响救护工作的前提下，尽可能拍摄伤痕的原始状态。

3）要完整、清晰地反映出伤痕的位置、形状、大小、特征，表现出伤口的损伤形式和细致特征，反映出伤口周围的异物。必要时可采用比例尺。

4）拍摄头部伤痕时，应剪去局部毛发，以显现伤痕。

5）拍摄撕裂、破裂伤痕时，为准确反映伤痕所在部位和数量，先将伤口暴露，用清水擦净伤痕所在部位，必要时使用比例尺，使照相机与创伤平面垂直，用柔和、均匀的光线拍摄。

6）骨折伤拍摄时，由于交通事故骨折伤可以出现在人体各处，所以要根据不同类型的骨折伤和损伤程度考虑光线处理。颅骨是球形体，可采用两只灯从两侧同时照射，使光线照射均匀。对于骨裂痕很深、凹陷较大的骨折，其形状比较容易反映出来；而那些裂痕较小、较轻的骨折伤，用弱光很难反映，可采用单侧垂直于伤痕的光束显露，近距离拍摄。

7）血肿拍摄时，为正确表现血肿形态，尽量不要采用仰角拍摄而影响其真实性。采用滤色镜增加反差，配光时选择30°以下散光，从隆起一侧照射从而获得满意的效果。注意不要用强光，以免阴影加重。

8）皮下溢血可采用绿和蓝滤色镜，加强色斑与皮肤的区别。若伤痕很浅，则可先用二甲苯涂擦一下，突出血斑再拍摄。

9）表皮剥脱伤表现为淡红色，线条特征细小得多，最好用变焦镜头加绿的滤色镜再配以较柔和的自然光，效果更好。有些表皮剥脱和擦伤具有立体状态，但色泽与肤色没有区别，可采用阴影摄影法，即利用单向全侧光（10°以下）所产生的阴影来表达伤痕的形态。

六、痕迹物证的拍摄技巧

1. 碰撞痕迹

碰撞痕迹一般在外形上表现为凹陷、隆起、变形、断裂、穿孔、破碎等特征，一般只需选择合适的拍摄角度即可表达出来。而凹陷痕迹较难拍摄，一般可采用侧光，也可利用反光板、闪光灯进行拍摄。

2. 刮擦痕迹

刮擦痕迹也称平面痕迹，一般不伴随物体变形，有的是加层痕迹，有的是减层痕迹。例如，漆片、橡胶等物质附着在物体上的痕迹，以及人体表皮、脂肪、血液等痕迹。当拍摄这类痕迹时，光照要均匀，对于反差弱的痕迹，一般应用弱光或反射光进行拍摄；对于细小痕迹，则应借助光圈或放大镜。另外，还可用滤色镜来突出某种物体色调，增强照片的反差。

3. 碾轧痕迹

碾轧痕迹在外形上一般表现为凸凹变化、变形、破碎等特征。例如，轮胎碾轧松软潮湿的泥土路时，路面会形成凹凸变化的轮胎花纹印，即变形、断裂等痕迹。当拍摄这类痕迹时，注意反映出新、旧裂痕的区别，并抓紧时间拍摄。

4. 渗漏痕迹

渗漏痕迹是指汽车上油、水渗漏形成的痕迹。如果汽车上的油或水渗漏在尘土、粘污物体上，则痕迹较明显，容易拍摄。如果渗漏在光洁的黑、绿、蓝色物体上，则不易拍摄，需正确配光，利用油和机件表面对光的反射能力不一致的特点，选择适当角度予以拍摄。

5. 血迹

血迹是重要的痕迹，必须突出拍好血迹的大小、形状和特征。要注意血迹落在什么颜色的物体上面，确定是否加滤色镜及加用何种滤色镜。

6. 鞋底挫擦印

可用辅助光与痕迹平面成20°~30°照射角，这时，在另一侧大致相同的角度可以看见清晰的痕迹，这是利用了光对物体支承面与尘土的不同反射率之间的最大差异，从而使痕迹得到清晰的反映，然后进行拍摄。

七、常见事故现场的拍摄要素

每一个交通事故的发生过程各不相同，其现场状况也各有所异。在现场勘查拍摄过程中，应根据每一个现场的事故性质和具体情况，既要顾及一般，更要突出现场重点。

1. 机动车翻车的现场拍摄

机动车翻车是一种常见事故，多见于大型货车、大型客车、小型汽车、拖拉机、农用车等，由于某种原因常见它们翻倒在路边、沟内或坠入深渊、桥下造成重大损失。特别是大型客车，一旦发生事故，往往车毁人亡，酿成恶性事故。

（1）侧滑翻车　侧滑翻车是指在雨、雪天气，路面湿滑的情况下，汽车因行驶过快发生侧滑而导致失控翻车的现象。现场拍摄重点为：

1）拍摄记录翻车的准确位置、原始状态和具体状况。
2）反映导致翻车的路面的冰、雪、雨水等情况。
3）路面上汽车轮胎的侧滑痕迹、制动痕迹等。

（2）转弯翻车　在急弯路处，汽车超速行驶、紧急转弯，由于离心力过大而导致翻车，或由于汽车装载过高，重心高度加大，转弯时由于离心力的作用而造成翻车。现场拍摄重点为：

1）记录翻车现场的原始状态、具体位置及汽车毁坏情况。
2）道路的弯道半径、内外高差及路面质量情况等。
3）汽车超载超高情况及货物散落情况。
4）拍摄急弯标志、限速标志、限高标志，以便于分析汽车是否违章。
5）路面上反映出的汽车转弯半径、制动痕迹、侧滑痕迹等。

（3）下坡翻车　在长陡坡下行时超速行驶，或由于脱档、熄火滑行，或由于方向、制动失灵，遇到紧急情况，造成汽车失控而翻车。现场拍摄重点为：

1）翻车的具体位置及原始状况。
2）道路的坡度、宽度及路面情况。
3）现场周围有无其他障碍物，拍摄陡坡标志、限速标志等。
4）拍摄路面制动痕迹、汽车行驶轨迹等，帮助分析翻车前瞬间汽车的行驶情况。
5）鉴定汽车，记录变速杆的位置和起动开关状况，证明是否熄火或脱档滑行。

（4）紧急避碰翻车　汽车行驶过程中，遇到紧急情况，为避免与汽车或行人等碰撞，急打转向盘造成翻车。既可路内翻车，也可造成下沟翻车。现场拍摄重点为：

1）翻车的原始状况和具体位置。
2）翻车现场周围引起险情的行人、自行车和其他汽车等。
3）路面上可能留下的制动痕迹、汽车行驶轨迹以及轨迹突然发生的变化。
4）如果翻车前后已碰撞到行人和汽车，则还要拍摄记录碰撞情况、相互位置关系等。

（5）汽车故障翻车　汽车行驶过程中，本身发生故障，如车轮脱落、轮胎爆胎、方向失灵、制动失灵等。由于驾驶人没有发现或已发现而无法排除险情，导致汽车失控而翻车。现场拍摄重点为：

1）翻车的位置、方向和原始状况。
2）路面留下的汽车行驶轨迹和制动印痕。
3）如果因车轮脱落或轮胎爆胎而造成翻车，路面还会留下清晰的擦划痕迹，也要对其进行完整拍摄。
4）鉴定汽车，拍摄轮胎爆胎情况、车轮脱落情况，以及其他造成翻车的各种故障情况。

（6）驶下路沟翻车　汽车行驶过程中，由于某种原因，如侧滑、避险、汽车故障及驾驶人疲劳等，造成汽车失控，驶入公路路沟而翻车。现场拍摄重点为：

1）拍摄路沟内汽车翻倾位置、状况。

2）记录路面上可能留下的车轮痕迹及汽车驶下路沟的位置。

3）反映翻车地点与驶出路面地点的相对位置关系。

4）路沟内的环境情况，如路沟深度、坡度及沟内是否有水等。

2. 机动车与机动车碰撞的现场拍摄

机动车发生碰撞也是多发事故之一。碰撞后，轻者汽车轻微受损，重者则车毁人亡。特别是在高速公路上，由于车速过快，常常发生汽车连续碰撞或多车相撞，酿成重大或特大交通事故。

（1）正面碰撞　机动车正面碰撞多发生在无隔离带的一般公路和城区道路上，多由于超速行驶、违章超车、违章会车、逆向行驶、机动车故障等原因而形成。碰撞后，由于接触能量较大，常会毁坏汽车前部，改变汽车的运行状态。现场拍摄重点为：

1）拍摄两车相撞后各自的具体位置以及两车的相互位置关系。

2）如果汽车严重损坏，则应分别记录其变形、扭曲及毁坏情况。

3）若汽车轻微受损，应拍摄车身痕迹的长度、宽度、凹陷深度、油漆脱落情况及玻璃破碎情况等。

4）拍摄道路上的车轮痕迹、行驶轨迹及制动痕迹等，反映出汽车碰撞地点与道路中心线、路面其他标线的位置关系。

5）记录现场周围的禁行标志、限速标志及禁止超车等标志，帮助分析汽车是否违章。

6）拍摄路面上的油漆碎片、玻璃碎片及其他散落物。

（2）侧面碰撞　侧面碰撞常发生在城市交叉路口以及道路的转弯处，一车正常行驶，另一车碰撞其侧面，发生交通事故，多由于争道抢行、操作失误等原因形成。现场拍摄重点为：

1）两车的相对位置及碰撞后的原始状态。

2）拍摄两车的损坏情况，记录车身痕迹的形态、大小和特征。

3）反映碰撞地点与路口中心、停车线、路面标志线等的相互位置关系。拍摄记录事故现场周围有关交通标志，便于分析汽车违章情况。

4）路面上可能留下的车轮印痕、制动痕迹和其他碎片、散落物等。

（3）追尾碰撞　追尾碰撞事故发生在同向行驶汽车中，后车由于超速行驶、制动失灵、车距太小、判断失误等原因，碰撞前车尾部造成事故，多发生在高速公路、市区道路及一般公路。现场拍摄重点为：

1）碰撞后两车的位置、状况、相对位置关系。

2）汽车碰撞损坏情况。记录前车尾部及后车头部碰撞痕迹的大小、深浅、形态、特征。如果汽车损坏严重，则要拍摄其扭曲、变形等状况。

3）拍摄路面上两车的制动痕迹，反映制动痕迹与路面标志线的关系。

4）路面上散落的油漆碎片、玻璃碎片及其他散落物。

5）现场周围的限速标志、交叉道口、街道巷口等与汽车的位置关系。

(4) 刮擦事故　刮擦事故是指汽车在行驶过程中,由于车身轻微接触而产生的擦划,分为相向刮擦和同向刮擦两种。刮擦事故一般只能造成车身轻微的损伤,而不会造成严重的事故后果。现场拍摄重点为:

1) 两车原始状况及相互位置关系。
2) 车身刮擦痕迹的大小、深浅、形态和特征。
3) 路面车轮印痕、制动痕迹及各种散落物。
4) 现场周围的禁行标志、禁止超车标志、禁止停车标志等。

3. 机动车与行人碰撞的现场拍摄

机动车碰撞、碾轧行人事故多发生在城区道路和一般混行公路上。事故原因主要有超速行驶、酒后驾车及行人横穿道路等。事故发生后,往往会造成行人伤亡,而机动车则损伤轻微,甚至安然无恙。

(1) 机动车碰撞行人　轿车车体矮,重心低,特别是车头部位,一般不及人体半身高。碰撞后,行人容易发生翻滚而跃上发动机盖,然后碰撞风窗玻璃。平头汽车车体一般较高,车头平齐,碰撞后可直接将行人抛出,造成严重损伤,甚至导致死亡。现场拍摄重点为:

1) 发生碰撞的具体位置及汽车与行人(尸体)的相对位置关系。
2) 汽车的原始状态、碰撞接触点的状况和可能留下的血迹、皮肉、毛发等。轿车碰撞可导致车窗玻璃破碎,也要进行拍摄记录。
3) 尸体的原始状况、衣着情况、损伤部位及伤痕情况。对受伤人员的损伤部位和状况也要进行拍摄。
4) 路面上留下的血迹、人体组织、散落物以及人体拖动、滚动形成的擦划痕等痕迹。
5) 拍摄路面上的车轮印痕、制动痕迹,用来反映碰撞位置与停车线、人行道、非机动车道及路沿石的位置关系,以帮助判断汽车是否违章。
6) 照片要反映出现场附近的禁行标志、限速标志、行人护栏、街道巷口等,以帮助分析事故责任。

(2) 机动车碾轧行人　机动车碾轧行人事故主要有下列情况:机动车碰撞行人后碾轧;机动车刮擦行人摔倒后车后轮碾轧;行人步行不慎摔倒,被机动车碾轧。行人被碾轧后一般可造成身体破裂、肢体断裂等严重损伤,重者直接导致死亡。现场拍摄重点为:

1) 汽车碾轧行人的具体位置以及汽车与行人(尸体)的原始状况。
2) 行人被碾轧后的损伤情况及身体断裂、破裂情况。如果行人死亡,则要拍摄尸体的着装全身照片和半身正面照片。若进行尸表检验,则要拍全身裸体照片。
3) 拍摄车身痕迹,特别是车轮上留下的血迹、毛发、人体肌肉组织等。
4) 记录路面上的血迹、人体碎片、散落物、制动痕迹等,并反映这些痕迹与人行道、停车线、路沿石等的位置关系,以帮助分析和认定事故责任。
5) 拍摄现场周围的限速标志、禁行标志、街道巷口、交通护栏等,便于判断事故发生过程和真相。

4. 汽车与自行车或摩托车碰撞的现场拍摄

这种事故多发生在城区道路和一般混行公路上,其原因常为汽车超速、违章行驶,或骑车人争道抢行、突然猛拐,一般可造成自行车、摩托车毁坏以及骑车人伤亡的严重后果,而事故汽车车身上则会留下明显的碰撞、刮擦痕迹。

（1）汽车碰撞自行车、摩托车　汽车碰撞自行车、摩托车是指汽车在行驶过程中，车头直接碰撞前方行进中的自行车或摩托车，或由于车身侧面刮擦造成自行车、摩托车摔倒而酿成事故。现场拍摄重点为：

1）碰撞的具体位置及碰撞后汽车与自行车、摩托车的相互位置关系。

2）汽车的原始状况、车头碰撞接触点毁坏情况及可能留下的血迹、毛发等痕迹。拍摄车身侧面留下的刮擦痕迹、衣服纤维等。

3）自行车、摩托车的原始状况及毁坏情况，同时还要确定碰撞接触点，加以拍摄。

4）勘查拍摄路面上的汽车制动痕迹、车轮印痕和自行车、摩托车的拖、拉、擦、划痕迹，还要记录路面上遗留的血迹、碎片及其他散落物。

5）拍摄伤者（尸体）的原始状态、损伤部位和损伤情况。拍摄尸体的全身和半身照片，如果要进行尸检，则还要拍摄其全身裸体照片。

6）反映现场周围的限速标志、禁行标志及街道巷口的位置，便于分析事故责任。

（2）汽车碾轧自行车、摩托车　汽车碾轧自行车、摩托车事故的发生，主要有两种情况：一是汽车将自行车、摩托车碰撞或刮擦而致其摔倒后对其进行碾轧；二是骑车人由于某种原因突然摔倒而被汽车碾轧。碾轧后一般可造成自行车与摩托车毁坏或报废，骑车人受伤或者死亡。现场拍摄重点为：

1）碾轧自行车、摩托车的具体位置，反映这一位置与路面各种标志线及路沿石的相互关系，便于分析汽车是否驶入非机动车道。

2）碾轧后自行车和摩托车的原始状态和毁坏情况。

3）骑车者被碾轧后的死伤情况。

4）汽车轮胎上留下的血迹、毛发、油漆碎片等各种痕迹。

5）拍摄路面上的各种痕迹，包括车轮印痕、拖拉擦划痕迹、血迹、各种散落物等。

6）如果是因为骑车人不慎摔倒而造成事故的，则要反映出可能导致摔倒的原因，如雪天路滑、路面凸凹不平等。

5. 肇事逃逸的现场拍摄

机动车发生了交通事故后，肇事驾驶人为逃避责任或刑事处罚，不向公安交通管理部门报案，故意驾车或者弃车逃离现场。肇事逃逸案不同于一般的交通事故，不管事故原因如何，逃逸都是一种违法行为，需追究当事人的刑事责任。这种案件多发生于夜间、阴雨雪天气，或者在偏僻公路、人车稀少处。对于肇事逃逸案现场，应掌握以下拍摄重点：

1）拍摄整个现场的原始面貌，包括现场留下的汽车、尸体及其他各种痕迹物证等，准确反映它们的客观状况和细节特征。

2）准确记录现场汽车制动拖印痕及汽车行驶的特殊轨迹，用以判断汽车逃逸方向。

3）拍摄轮胎印痕的花纹、形态、宽度大小，便于帮助分析肇事车型。

4）路面上遗留的油漆碎片、玻璃碎片、机械零件及其他散落物，可为分析车型、车身颜色提供帮助，应准确拍摄。

5）现场发现的尸体要拍摄其全身照片及半身面貌照片。进行尸体检验要拍摄全身裸体照片。对于尸体的伤痕部位、损伤情况，要详细拍摄记录。

6）拍摄现场周围的环境、地形、路况等，可为分析案情、侦破案件提供参考依据。

7) 如果发现嫌疑汽车，则应及时进行技术鉴定，拍摄其车型、车牌号、损坏情况及肇事部位遗留的各种痕迹等，为证明事故真相、揭露逃逸犯罪提供证据。

八、用在交通事故快速勘查中的计算机图像技术

计算机图像技术可将原始现场照片经计算机处理后向用户提供多方面的图形信息与数据参数（如现场平面图、现场路面地形图、车辆损坏状况图等以及车辆尺寸、位置等几何参数）。由于该技术的自动化程度与精度高，为交通事故的再现、分析与处理提供了更为高效、准确、可靠的方法。

采用计算机图像技术的交通事故图像处理系统如图3-17所示。其基本原理是：采用图像录入设备（如普通相机、摄像机、扫描仪或更先进的数码照相机等）实现事故现场图像到数字图像的转换，应用数字图像处理技术进行处理，包括图像质量的前期处理、锐化、二值化、特征提取、色调修整等。图像测量工作则是根据图像大小，采用鼠标点提取特征目标点，计算图像坐标系下的坐标值，再依据成像模型计算所需的特征位置的各种空间几何数据，提取人、车、路、环境的特征信息，实现事故现场勘测的大部分工作；利用计算机绘图技术，依据图像测量的数据绘制出所需的现场平面图、局部放大图、立体图等。

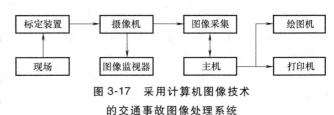

图3-17 采用计算机图像技术的交通事故图像处理系统

随着计算机技术、摄影测量技术和图像录取技术的不断发展，更加先进完善的高新技术将不断涌现，事故勘查处理领域中新技术的应用将日趋广泛和深入，系统中的各项工作环节也会逐渐完善，并将有更多的功能补充进来，使计算机图像技术成为更适合实际工作的有力工具。

复习思考题

1. 构成交通事故现场的四大因素是什么？
2. 交通事故现场有何特点？
3. 按交通事故现场的完整状态不同，交通事故现场可分为哪些类型？各有何特点？
4. 交通事故现场勘查的目的是什么？
5. 交通事故现场的实地勘查包括哪些内容？
6. 进行交通事故现场勘查需要准备哪些常用工具？
7. 简述交通事故现场勘查的基本步骤。
8. 汽车碰撞事故中现场勘查的重点是什么？
9. 汽车翻车事故中现场勘查的重点是什么？
10. 汽车碾轧事故中现场勘查的重点是什么？

11. 交通事故现场图分为哪几种？各有何特点？
12. 何谓交通事故现场图的定位？通常对现场物体采用哪几种定位方法？
13. 简述地面轮胎印痕的测绘要点。
14. 简述车体痕迹的测绘要点。
15. 观察某一交通事故现场，绘制现场比例图。
16. 交通事故现场拍摄通常采用哪些方法？各有何特点？
17. 如何进行交通事故现场中的痕迹拍摄？
18. 机动车翻车现场的拍摄有何技巧？
19. 机动车与机动车碰撞现场的拍摄有何技巧？
20. 机动车与自行车碰撞现场的拍摄有何技巧？

第四章 / **Chapter 4**

汽车事故物证的鉴别

教学提示：汽车事故物证的鉴别是对事故现场的各种物证进行勘验、发现、收集、包装、送检、鉴定等一系列工作的总和；通过运用科学的方法和现代技术手段，对各种物证进行鉴别，为事故原因的判定提供依据。本章的教学要加强实践教学环节，用案例教学。

本章的教学重点是交通事故现场物证的类型、地面物证的鉴别方法、车体痕迹的鉴别方法、人体痕迹的鉴别方法，以及遗留在事故现场或肇事车辆上的油漆、玻璃、塑料、纤维、橡胶、泥土、沥青、油斑、煤、焦炭等物证的鉴别方法。

本章的难点是事故现场各种痕迹的识别与鉴定。

教学要求：

理解物证的类型。

掌握轮胎印痕的勘查、测量、提取、鉴别与分析。

掌握车体痕迹的勘查、测量、提取、鉴别与分析。

掌握人体痕迹的勘查、测量、提取、鉴别与分析。

了解汽车事故物证的勘查、测量、提取、鉴别与分析方法。

了解饮酒驾车与醉酒驾车的区别；掌握酒后驾车的检验方法。

第一节 概 述

一、物证的概念

物证是指能够查明案件真实情况的一切物品。物证的形式是多种多样的，在交通事故中一般为车辆、散落物、痕迹以及留有事故痕迹的物品等。物证是通过其存在情况、形状、质量、特性等来证明案件事实的。物证是一种客观存在的具体物品，比较容易查明，不像其他证据那样容易受到主观因素和其他复杂情况的影响。

道路交通事故物证是道路交通事故现场或从道路交通事故现场带走的能证明道路交通事故真实情况的物品、物质和痕迹。

道路交通事故物证可以帮助认定道路交通事故的性质，分析道路交通事故的真相，审查、判断言词证据，还可以帮助侦破交通肇事逃逸案。

二、物证的类型

交通事故遍及城乡，现场状况千差万别，事故物证种类繁多，分类比较复杂。

1. 按物证在事故现场存在方式的不同分类

按物证在事故现场存在方式的不同分类，物证可分为肇事车辆、痕迹、附着物和散落物四大类型。

（1）肇事车辆 肇事车辆是道路交通事故的物证之一。本书所说的肇事车辆包括道路交通事故当事的各方车辆，这其中既包括车体上留有痕迹物证的车辆，也包括在地面上留下痕迹物证的车辆，以及在道路交通事故现场占有一定位置的车辆。例如，在道路交通事故发生过程中，B车虽然没有与A车发生接触，但B车的行驶确实影响了A车的正常驾驶，导致A车碰撞了行人，那么，B车在这里同样属于肇事车辆。

（2）痕迹　道路交通事故痕迹是指在道路交通事故发生的过程中，车辆与其他车辆或物体相接触和相互作用时，在彼此之间的作用面上形成的印痕。

痕迹的形成必须具备四个要素，即造型体、承受体、作用力和介质。

1）按照痕迹承受体性质的不同，痕迹可分为路面痕迹、人体痕迹和其他痕迹。

2）按照承受体是否发生变形，痕迹可分为立体痕迹和平面痕迹。

3）按照痕迹反映本质和特征的不同，痕迹可分为结构形象痕迹和分离痕迹。

（3）附着物　附着物是指在道路交通事故中形成，黏附在事故车辆、人体、路面及其他物体表面，能证明道路交通事故真实情况的物质，如油漆、油脂、塑料、橡胶、毛发、纤维、血迹、人体组织、木屑、植物枝叶及尘土等微量附着物质。

（4）散落物　散落物是指遗留在道路交通事故现场，能够证明道路交通事故真实情况的物品或物质，如损坏脱离的车辆零部件、玻璃碎片、油漆碎片、橡胶碎片、车辆装载物、结构性土沙碎块，人体抛落在地面上的穿戴物品和携带物品，人体被分离的器官组织，从其他物体上掉落在地面上的树皮、断枝、水泥及石头碎块等。

2. 按物证鉴定方法的不同分类

按物证鉴定方法的不同分类，物证可分为痕迹物证、法医物证和化学物证。

（1）痕迹物证　从痕迹与事故的关系以及证据意义来看，道路交通事故痕迹是指在事故发生过程中形成的、能够证明事故事实或事故发生原因的那些痕迹。具体表现形式有车辆碰撞痕迹、车辆刮擦痕迹、车轮碾轧痕迹、分离痕迹和微量物质附着痕迹等。

（2）法医物证　道路交通事故中的法医物证主要是指与道路交通事故有关的人体的各种生物检材，主要有血液痕迹、毛发、皮肤、人体组织等，也包括相关的家禽家畜的血液及组织脏器等。

（3）化学物证　化学物证主要以其化学属性发挥证据作用。道路交通事故中的附着物多属于化学物证，化学物证多用化学方法或仪器分析的方法进行检验。在法庭科学中，目前将化学物证按其来源分为工业产品、农产品和自然植物等。道路交通事故中的化学物证主要是工业产品类，如油漆、玻璃、橡胶、塑料、油脂、纤维、金属等。

3. 按物证存在对象的不同分类

按物证存在对象的不同分类，物证可分为地面物证、车体物证、人体物证和其他物证。

（1）地面物证　地面物证是指道路交通事故发生过程中，事故车辆车体及相关部件、人体以及与事故有关的物件等与地面接触而遗留在道路交通事故现场的印痕。在道路交通事故的现场勘查过程中，常见的地面物证包括地面轮胎印痕、路面损伤痕迹、地面散落物、血迹、类人体组织等。

（2）车体物证　车体物证是指以事故车辆的车体为承受体，可以证明事故事实的各种痕迹、附着物和散落物。车体痕迹包括车身外表痕迹和车身内部痕迹，通常所称的车体痕迹主要是指车身外表痕迹，它是车辆在事故过程中与其他车辆、人体、物体发生接触所形成的，多表现为车体发生变形、破损，或者车身表面的灰土、油漆表面发生缺失或黏附上其他物质。车体附着物多为黏附或钩挂在事故车辆车身或者车内构件上的油漆、灰土、血迹、油污、纤维、类人体组织、手印、足迹、唾液等。车体散落物则一般存在于车身内部或车辆发动机罩上，例如散落在车内的玻璃碎片、肇事人遗留在车内的毛发、烟头等。

（3）人体物证　人体物证是指道路交通事故中与车辆、道路、物体接触，遗留在人体衣着和体表上的痕迹、附着物。人体痕迹通常包括人体。

（4）其他物证　其他物证主要是指交通事故中车辆、物体或人体与树木、道路交通设施、建筑物等接触而遗留在树木、道路交通设施、建筑物等表面的印痕。

三、物证的发现与提取

1. 物证的发现

道路交通事故的物证是客观存在的，且道路交通事故物证多存在于事故现场中。物证的发现是物证提取、检验和鉴定的前提。只有发现和收集到充分、确实的物证，才能为认定道路交通事故的过程提供依据。

发现物证的方法通常有两种：一是现场勘查；二是进行调查和搜查。对于道路交通事故，主要是通过现场勘查来发现物证的。

2. 物证的提取

物证提取的方法分为直接提取和间接提取两类：直接提取是指直接对物证本体进行收集、保存，对于实物物证可采用此方法；间接提取是指采用照相、绘图、笔录、制作模型等技术手段间接收集和保存物证。对于痕迹类物证，由于无法直接提取，只能间接提取。两类提取物证的方法在道路交通事故物证勘查中都有应用，并且为了确保物证的证据价值和证明力，一般都将两类方法结合在一起运用。例如，在现场直接提取某实物物证之前，一般都要求事先用照相和笔录等方式记录其原始状态和位置。

四、物证的检验方法

交通事故的物证通常采用直接观察法、检验实验法、显微镜观察法、化学成分分析法等进行检验。

1. 直接观察法

直接观察法就是指直接通过感官（主要是指视觉器官和感觉器官）对物证进行观看和体察。首先确定物证存在或附着的位置，揣摩这些物质存在于此的原因，然后仔细观察物证的大小、形状、颜色，并嗅出物证所散发的气味，再进行详细的记录。一般的记录方法是利用拍摄技术中的摄像技术，将物证的影像直接拍摄下来。

2. 检验实验法

检验实验法是指利用加热、燃烧、密度梯度法等简易的方法，改变物证的物理性状和混合体中的物质排列，通过熔点、燃点、火焰颜色及密度分布规律等现象，间接地判定某些物证的种属并解决其同一认定问题。

3. 显微镜观察法

根据不同物证检验的需要，可以采用放大率从五六倍到数十倍的普通显微镜、放大率从数十倍到数百倍的生物显微镜、放大率高达十万倍的扫描电子显微镜，以及偏光显微镜等对微量物的外观形状、内部组织、大小及偏光特性等进行检验（见图4-1）。上述结果可以通过目镜用眼睛进行观察，还可以通过显微摄影取得显微照片留作证据。

4. 化学成分分析法

对交通事故中的微量物证，如血迹、橡胶、纤维、毛发等，一般需要采用专用仪器进行其化学成分分析。这些专用仪器主要有原子吸收分光光度计、紫外分光光度计、红外光谱

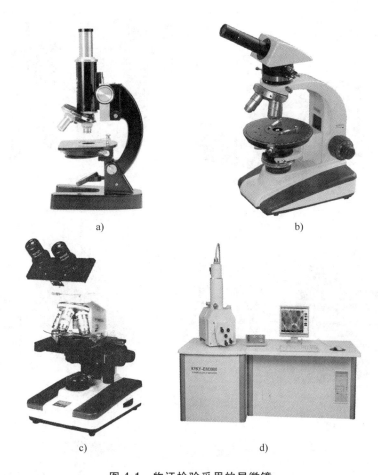

图 4-1 物证检验采用的显微镜
a）普通显微镜　b）偏光显微镜　c）生物显微镜　d）扫描电子显微镜

仪、发射光谱仪、原子吸收光谱仪、X 射线衍射仪、中子活化分析仪、气相色谱仪、液相色谱仪等（见图 4-2）。

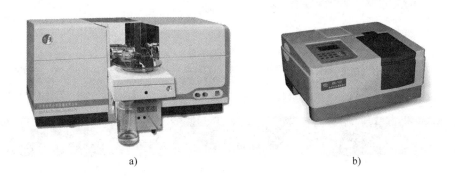

图 4-2 物证检验采用的化学分析仪
a）原子吸收分光光度计　b）紫外分光光度计

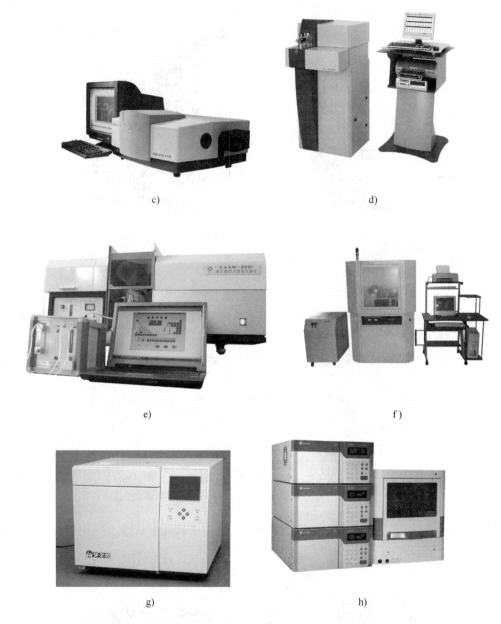

图 4-2 物证检验采用的化学分析仪（续）
c）红外光谱仪　d）发射光谱仪　e）原子吸收光谱仪　f）X射线衍射仪　g）气相色谱仪　h）液相色谱仪

第二节　地面物证的鉴别

　　地面物证是指在道路交通事故发生过程中，事故车辆车体及相关部件、人体以及与事故有关的物件等，与地面接触而遗留在道路交通事故现场的印痕。在道路交通事故现场勘查过程中，常见的地面物证包括地面轮胎印痕、路面损伤痕迹、地面散落物、血迹、类人体组织等。

一、轮胎印痕的鉴别

1. 轮胎花纹

汽车轮胎胎面接地部分的花纹多种多样，大体来说主要由横线和纵线两种线条组成。花纹的形式主要分为纵向花纹、普通花纹和横向花纹三大类，如图4-3所示。

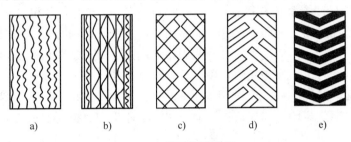

图4-3 常用轮胎花纹

a）纵向花纹　b）、c）普通花纹　d）、e）横向花纹

（1）纵向花纹　纵向花纹轮胎也称为高速花纹轮胎。轮胎接地部分的花纹按照旋转方向排列成连续的纵向花纹，分为直线型花纹、波浪型花纹、链条型花纹和锯齿型花纹等。

采用这种花纹的轮胎横向滑动和上下跳动少，使得乘员乘坐舒适，其驾驶稳定，所以这种轮胎适用于轿车和轻型客货两用车、客车等。

（2）普通花纹　普通花纹也称为纵、横向混合式花纹。轮胎接地部分的花纹呈横向、纵向混合，胎面中央部分呈纵向，左、右边缘部分呈横向，常见的有锯齿形花纹、菱形花纹、三角形花纹等。这种花纹的特点是，每块花纹的面积较大，花纹沟宽而且较深，横线和斜线较多。这种花纹的轮胎兼有纵向花纹和横向花纹两种轮胎的长处，驾驶稳定性以及制动、驱动性能良好，所以一般多用于大型客、货车和吉普车等。

（3）横向花纹　横向花纹也称泥雪花纹。轮胎接地部分的花纹与旋转方向呈横向或斜向排列，常见的有人字形、工字形、马牙形等花纹。在这种轮胎胎面上，一般都有横纵的花纹沟，沟的宽度不一，乘用车多为3~5mm，货车多为5~9mm。采用这种花纹的轮胎与纵向花纹轮胎相比，牵引力较强，制动性能好，但是上下跳动大，轮胎易于横向滑动，使得乘员乘坐不舒适，驾驶稳定性也差。因此，这种花纹的轮胎一般多用于货车、大客车、工程车、拖拉机等。

另外，还有一种块状花纹的轮胎（图4-3c），接地部分的花纹呈现为方形、龟甲形等互相独立的花纹。这种形式的轮胎牵引力较强，制动性能良好，横向滑动少，但是磨损较快，使用期限较短，因此多用于赛车、摩托车及工程车等。这种花纹长期使用后，胎面部分的花纹磨损，往往会使横向花纹不清，只留下纵向花纹痕迹，容易误认为是纵向花纹轮胎留下的痕迹，所以应充分注意。

2. 轮胎印痕的类型

在道路交通事故现场，根据轮胎相对于地面运动状态的不同，轮胎印痕主要有四种：滚印痕、压印痕、拖印痕和侧滑印痕。

（1）滚印痕　滚印痕是指汽车轮胎相对于地面作纯滚动运动时，留在地面上的印痕。

它能清晰地反映轮胎胎面花纹形态、花纹组合形态、胎面磨损和机械损伤等特征。滚印痕的宽度取决于轮胎的负荷、气压和规格。在正常情况下，滚印痕的宽度与轮胎胎面的宽度基本上一致。

根据滚印痕可以确认车辆的行驶方向和路线、轮胎的种类及规格。根据同一车辆的两条滚印痕，可以判断车辆的轮距，从而判断事故车辆的大小和类别。车辆装载情况、地面状况、轮胎气压等因素，都将影响所形成的滚印痕的特征。

（2）压印痕　压印痕是指车辆轮胎受制动力作用，沿行进方向相对于地面作滚动、滑移复合运动时，留在地面上的印痕。该印痕胎面花纹沿着车辆的行驶方向有所延长，其宽度和胎面宽度一致；由于压印痕产生的过程是制动力增强的过程，因而制动印痕也由轻到重。

压印痕除了具有与滚印痕相同的作用以外，根据制动压印痕还可以确认车辆有过制动过程，判断车辆的运动状况。在事故现场，常见的是车辆制动过程中产生的制动压印痕，但同时要注意区别轮胎泄气压印痕、加速压印痕、转弯压印痕和碰撞压印痕等非制动压印痕。

（3）拖印痕　拖印痕是车辆轮胎受制动力作用、沿行进方向相对于地面做滑移运动时，留在地面上的印痕。拖印痕呈黑色带状，轮胎花纹的横向特征不易辨认，对于轮胎花纹中存在纵沟的，其制动拖印痕内多数可以看到沟的痕迹，痕迹的总宽度和轮胎胎面宽度一致。由于制动时胎面物质多呈细小颗粒状脱落，因此，拖印痕多为平面加层痕迹。对于同一轮胎，随着轮胎负荷、气压的不同，拖印痕的宽度、轻重也有所不同。尤其是当轮胎气压不足时，拖印痕的中间部分模糊、两边清晰，与前轮紧急制动印痕相似；当轮胎气压过高时，拖印痕中间部分清晰、两边模糊，与后轮紧急制动痕迹相似。

拖印痕除了具有与滚印痕、压印痕相同的作用之外，还可以根据制动拖印痕的长度推断车辆碰撞前的行驶速度。

（4）侧滑印痕　侧滑印痕是车辆轮胎受制动力或碰撞冲击力或转向离心力的作用，偏离原行进方向、相对于地面作横向滑移运动时，留在地面上的印痕。影响侧滑印痕产生的因素较多，包括车辆制动性能、速度、装载质量、轮胎和地面附着条件等。侧滑印痕的宽度一般大于或小于轮胎胎面的宽度，不显示胎面花纹。

由于侧滑印痕是车辆轮胎作用于地面的横向力大于地面附着力时，车辆轮胎相对于地面发生横向滑移形成的，因此，即使车辆没有采取制动措施，轮胎仍然可以在地面上形成侧滑印痕。根据形成侧滑原因的不同，可将侧滑印痕分为：

1）转向侧滑印痕。转向侧滑印痕是车辆急转弯时留在地面上的轮胎印痕。转向侧滑印痕的外侧印痕较黑，外侧轮胎的侧滑印痕较内侧轮胎的印痕更重、更清晰。

车辆在急转弯时，受惯性力和转向力的作用，轮胎所做的运动为沿前进方向及转弯方向的合运动。由于轮胎胎面向着轮胎的内侧滑动，故滑动印痕内的花纹是倾斜的，因此，横沟花纹轮胎胎面花纹沟的痕迹非常明显。

2）制动侧滑印痕。车辆在制动时发生侧滑或侧偏的情况下，地面上留下的印痕称为制动侧滑印痕。

3）驱动侧滑印痕。车辆在驱动时发生侧滑或侧偏的情况下，地面上留下的印痕称为驱动侧滑印痕。

4）碰撞侧滑印痕。碰撞侧滑印痕是指车辆在运动中，与另一车辆或其他固定物相撞，车辆轮胎在地面上留下的印痕。碰撞侧滑印痕的形态与碰撞的类型、部位、速度等因素有关，往往表现为印痕的突然转折，且转折后的印痕宽度比原印痕宽。

在追尾碰撞中，当前车处于正常的行驶状态或停止状态时，前车一般不形成明显的碰撞侧滑印痕；当前车正处于制动过程时，由于后车的偏心撞击作用，前车会出现制动印痕的突然转折，形成侧滑印痕。在正面碰撞、迎头碰撞和侧向碰撞中，一般会形成碰撞侧滑印痕。

3. 轮胎印痕的勘查

1）鉴别事故现场内的轮胎印痕，将不属于该起事故车辆的轮胎印痕分辨出来并排除在进一步检验之外。

2）判别形成各种轮胎印痕的轮胎及相关事故车辆。

3）判定轮胎印痕、拖印痕和擦印痕间的衔接处和转折点。

4）判定因碰撞、擦刮等原因而在轮胎印痕上出现的变异点，进而确定拖印痕浓淡的纵向分布。

4. 轮胎印痕的测量

（1）确认印痕的始点　按照一般的理解，确定印痕的始点似乎并不困难，但事实上并不简单，特别是对制动拖印痕始点的确认。首先，因为印痕的始点可以确定车辆驾驶人发现突发危险情况所经过的合理反应时间（我国通常规定0.75s左右）并测算采取措施的极限感觉点，有助于确定、分析以及研究事故发生的原因和经过。其次，根据制动印痕产生的原理可知，真正的现场制动印痕始点绝对不是显而易见的拖、压印痕始点，而是在拖印痕出现前的一段距离的路面上。因此，测量时，应该在离开拖印痕一段距离的一个低角度上，与拖印痕站成一条线，借助阳光或灯光的斜角度来观察拖印痕的起点（最好有一名助手用粉笔在拖印痕的始点画下标记）。另一种方法是利用刮痕标记，因为滑动的车轮经常将小石块剥掉并留下新印痕。当小石块和砂粒被夹在轮胎和道路之间时，也会在路面上形成刮痕，这些小刮痕正是滑行的确切标记。

通常情况下，拖印痕的终点都可以清楚地认定，因为拖印痕的尾端与轮轴垂直处就是拖印痕的终点，如果汽车离开现场，则可根据灰泥和轮胎磨屑聚积物加以确认，如图4-4所示。车辆停止时，拖印痕终点堆留在路面上的泥层称为物痕。

图4-4　车轮拖印痕的辨认

（2）断续拖印痕的测量　对现场路面出现的断续拖印痕，应视具体情况进行测量。由于车轮受不平路面的冲击或制动鼓不圆引起的断续拖印痕，通常距离极短。这些断续的间隙是由于车辆产生跳跃造成的，车轮每次跳跃前后的制动作用都很大，这样就基本可以抵偿车轮离地时消失的摩擦力。因此，尽管必须对每段拖印痕的长度和位置加以注意，但要把断续的距离和拖印痕作为一个整体来测量，在计算中要应用整个长度。

驾驶人有意识地交替踏、抬制动踏板引起的拖印痕断续间隙，通常比较长些，因为驾驶人的反应时间长于车轮跳跃产生短间隙的时间。在这种情况下，应分别测量每段拖印痕，在计算中只应用实际滑行的长度。

另外，现场中常常发现制动拖印痕从一种路面延伸到另一种路面上去，如从水泥或沥青路面滑到土路或冰雪路面上。在测量这种拖印痕时，要分别测量出每一种路面上的拖印痕长度，同时要清楚地说明从拖印痕始点到路面变化点的测量情况，以便分段进行速度推算。

（3）直行拖印痕的测量　所谓直行拖印痕，是指轮胎按照车辆前进方向呈直线滑出的拖印痕。但在事故现场中，真正笔直的拖印痕并不多见。根据测量工作实际需要，可以把汽车两个后轮中任何一个轮没有滑出前轮拖印轮距中的拖压印（可能带弯度）视为直线拖印痕，即至少有一个后轮保持在前轮的轮距中，如图 4-5 所示。

在测量中，应当对每个车轮留下的最长拖印痕进行测量，在计算车速时，除车轮根本没有制动性能外，应按最长的拖印痕计算车速。因为在最长拖印痕的整个滑行距离中，所有车轮都已施加了制动，尽管一个车轮在另一个车轮已开始滑动的时候，还不一定开始滑动，但它的减速作用已经产生，甚至比滑动的车轮作用还大。

摩托车拖印痕基本可以按直行拖印痕勘测，但对其速度推测，一般应按照现场的拖印痕情况（单轮或双轮拖印痕），由一位有经验的体重与事故中摩托车驾驶人相似的驾驶人，用同样类型的摩托车进行实验，获得数据并进行计算。

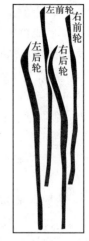

图 4-5　直行方向的拖印痕

（4）多方向拖印痕的测量　现场中拖印痕的面积特别大，两个后轮的拖印痕越出前轮拖印痕之外的，称多方向拖印痕。这种拖印痕说明肇事车辆处于大面积滑行或滑转状态，如图4-6所示。对于多方向拖印痕，后轮已越出前轮的拖印痕之外，如图 4-6a 所示。对于半滑转拖印痕，车辆已转过180°，背向行驶方向，如图4-6b 所示。对于全滑转拖印痕，车辆已转过360°，面向其原来的行驶方向，如图4-6c 所示。

a)　　　　　　b)　　　　　　c)

图 4-6　车轮多方向拖印痕
a) 多方向　b) 半滑转　c) 全滑转

测量这种拖印痕时，应根据车辆所有车轮留下的弯曲的拖印痕求出平均长度，在计算中应用该平均长度。应用平均长度的理由是：有时车辆的一端可能已经完全停止，而其另一端还绕着这一端拖滑，结果致使轮胎拖滑度不一致。这种方法只适用于车轮前、后轮之间的质量分布大约相等的车辆（如小客车、轻型货车，不包括铰接式车辆或带有双排后轮的货车）。

5. 轮胎印痕的提取

提取轮胎印痕的常用方法是照相和绘图，用照相的方式固定其外部形状特征，用绘图的方式固定其存在形式和位置。拍照时要注意配以比例尺，并标记印痕特征点。提取前应全面勘查，选择印痕轮廓清晰、反映较多特征的部位进行提取。

1）用照相及摄像方法拍摄记录轮胎印痕的分布和走向等空间状态。

2）用静电取痕的方法提取制动拖印痕及胎印痕、擦印痕中变异点的印痕特征。

3）对典型印模状的胎印痕，可采用制模法将胎面花纹的立体图形复制下来。

6. 轮胎印痕的作用

（1）根据轮胎印痕鉴别肇事车辆的车型及行驶方向　各种不同类型的汽车，由于用途、载质量的不同，汽车的轮距和轴距、安装的轮胎数目和规格以及胎面花纹也不尽相同。因此，若在肇事现场发现作案车辆的轮胎印痕，便可以从轮距和轮胎花纹、宽度、磨损情况、损坏情况等判断轮胎的新旧程度、尺寸规格，从而进一步判断装配此种轮胎的车辆种类和型号。

1）鉴别肇事车辆的车型。一般情况下，从轮胎印痕的形状可以推断出车辆载重、前进方向等情况。根据现场调查中准确测得的轮胎印痕的宽度，就可以推断出轮胎尺寸规格，从而确定安装这种轮胎的车型（见图4-7）。如测得胎面印痕宽度为178mm，即7英寸宽，根据国产低压轮胎型号的编制规则，此轮胎的型号为7.00-20，常应用在大型客、货车上。

另外，根据发现的轮胎胎面原有的痕迹特征，如补丁、切口、洞孔、裂缝的大小形状，寻找某个特征印痕的两个重复印痕之间的距离，测量所得的长度就是车轮圆周的长度，这个长度被3.1416除，就可以得出车轮直径的大小。然后与各种汽车的轮胎外径、轮径的理论数据相对照，从而确定肇事车辆的车型，如图4-8所示。但是要注意车轮如果出现滑移的现象，则说明数据不可靠。

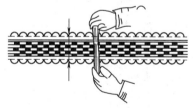

图4-7　测量轮胎印痕的宽度
确定肇事车辆的车型

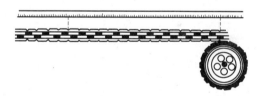

图4-8　根据轮胎印痕特征测量
车轮直径来确定肇事车辆的车型

[案例分析]

某年某月某日晚，李某被机动车碰撞后当场死亡，肇事机动车逃逸。经现场勘查，从死者裤子臀部提取机动车轮胎印痕一份，现场未发现其他有价值的痕迹物证。通过对死者身上轮胎花纹痕迹宽度及纹线类型的分析，查找肇事车辆，经过排查发现嫌疑人张某所驾驶的车辆有肇事嫌疑。但是张某拒不承认交通肇事逃逸的事实，在嫌疑车上未发现有价值的证据，也没有其他目击证人。

现场车轮印痕是遗留在李某所穿裤子上的残缺灰尘印痕，属于普通花纹，整个车轮印痕宽14.61cm，车轮印痕由4条纵向齿状纹和2个边缘组成，因反映不完整，利用Photoshop

软件处理后发现了5处细节特征点,特别是发现了在纵向齿状纹间有线痕。对嫌疑车车轮进行检验,在嫌疑车上找到了线痕,对相应部位照相并利用Photoshop处理后进行比对,也发现了5处细节特征点,后利用装潢用塑料板铺垫,滚油墨在车轮上并在白布上制作样本,比对发现两者特征点相同,在证据面前,嫌疑人张某终于承认了肇事逃逸的事实。

2)鉴别肇事车辆的行驶方向。车辆的行驶是通过轮胎同路面的摩擦实现的,也是轮胎向后方推动路面的一种现象。因为道路受到车辆重力的压迫,当车辆加速到一定程度时,轮胎后部的空气将会受到前进方向的力的牵拉,同时,轮胎的旋转会对路面产生种种影响。因此,在轮胎印痕部分及轮胎印痕周围的路面会产生相应的物理变化。通过研究分析汽车轮胎的印痕、轮胎印痕周围的路面形状变化情况,便可以弄清车辆行驶(逃逸)的方向。

判断行驶方向的方法有许多种,其中主要的有:

① 按照轮胎花纹特点确定车辆的行驶方向,如人字花纹、八字花纹的轮胎,花纹展开的方向为前进的方向,如图4-9所示。

② 通过汽车转弯处的轮胎摩擦痕迹确定车辆的行进方向。汽车转弯时,由于离心力的作用,尤其速度快时更明显,这时在路面上将形成一些平行的斜线花纹,斜线向着前进方向的外侧,如图4-10所示。若能辨认前、后轮的印痕,也能判断出行驶方向。高速转弯时由于侧滑的作用,后轮在外,前轮在内;低速时是后轮印痕在内,前轮印痕在外,如图4-10所示。

图4-9 根据轮胎印痕花纹的特征判定肇事车辆的行驶方向

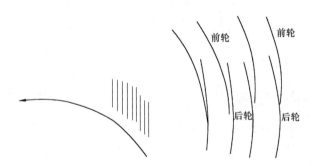

图4-10 根据转弯时轮胎痕迹的特征判定肇事车辆的行驶方向

(2)根据两个车轮的印痕形状判断碰撞姿势 同类车碰撞时,车辆受到向上的回转力作用,使车体的后部都抬起,前部压向路面。因此,碰撞后的前轮印痕变浓,而中、后轮印痕变浅,甚至全无。

车身低的轿车和车身高的货车碰撞时,轿车要钻到货车的下部。这样,轿车的前轮受压印痕变浓,后轮悬起印痕消失;而货车这一方,受轿车的上抬作用,使靠近碰撞部位的轮胎印痕变浅或消失,而使其远离碰撞部位的轮胎印痕变浓。

二、地面损伤痕迹的鉴别

地面损伤痕迹是指道路交通事故发生后,除车辆轮胎外的坚硬物体相对于路面作撞击、滑移运动时，所造成的痕迹。地面损伤痕迹通常有撞击痕迹、刮擦痕迹和挫压痕迹三种。

对于车辆或其他物体在地面上的挫划痕迹，应勘验其长度、宽度、深度，痕迹中心或起止点距道路边缘的距离，并确定痕迹的造型客体。

对于地面损伤痕迹，通常采用照相法进行提取；对于立体痕迹，也可采用石膏灌注或硅橡胶的方法加以提取。

第三节　车体痕迹的鉴别

一、车体痕迹的定义与分类

1. 车体痕迹的定义

车体痕迹是指车辆在道路交通事故中与其他车辆、人体、物体接触，造成车辆变形和破损遗留在车体上的印痕，以及车体上的灰尘或其他附着物等缺失留下的印痕。

造型体是指在车体痕迹的形成过程中，在车体表面留下自身表面结构形态特征的物体。车体痕迹的造型体包括与车辆接触的车辆或其他物体。

承受体是指在车体痕迹形成过程中，在自身表面的接触部位留下造型体表面结构特征的载体。车体痕迹的承受体只有一个，即车体。在通常情况下，形成车体痕迹的两个交通元素可互为造型体或承受体。

2. 车体痕迹的类型

（1）按照车体痕迹类型的不同分类　按照车体痕迹类型的不同，车体痕迹可分为撞击痕迹、刮擦痕迹和分离痕迹，如图 4-11 所示。

a)　　　　　　　　　　b)　　　　　　　　　　c)

图 4-11　车体痕迹的类型

a）撞击痕迹　b）刮擦痕迹　c）分离车体痕迹

撞击痕迹是由于车辆和静止障碍物，或者其他行驶车辆相撞而造成的较大冲击的结果。

刮擦痕迹是指由于车体表面与其他车辆或物体相接触，受摩擦力作用，在车体表面形成的线状、带状、片状的平面痕迹或凹陷、撕裂等立体痕迹。

通过车体痕迹的分析，可以确定全部车体痕迹均符合道路交通事故形成的运作过程，进而鉴别事故现场的性质，判断是否属于道路交通事故现场。例如，汽车保险杠受撞击脱落的碎片，碎片边缘形成的断裂痕迹；灯罩玻璃碎片边缘形成的破碎痕迹；转向灯、后视镜受力整体脱落，反映为转向灯、后视镜与车体接合时接触表面的脱离痕迹等。

分离痕迹按照其性质和成分的不同可分为金属、油漆、木质、玻璃、纺织物、塑料、橡胶等分离车体痕迹；按照其物质各部分组成的不同可分为同质整体物质（即是同一种质料的整体）与异质整体物质（即是由两种以上质料的分体组合成的整体）。

（2）按照车体痕迹保留状态的不同分类　按照车体痕迹保留状态的不同，车体痕迹可分为立体车体痕迹和平面车体痕迹。立体车体痕迹是指车体表面发生三维变形的痕迹，如车体凹陷、塌陷、孔洞等痕迹。平面车体痕迹是指车体与其他车辆或物体相接触后，车体外形未发生变化，只是车体表面涂上或被带走一层附着物质而形成的痕迹，如车体油漆脱落、车体表面灰尘擦脱而形成的痕迹等。

（3）按照车体痕迹特征的不同分类　按照车体痕迹特征的不同，车体痕迹可分为静态车体痕迹和动态车体痕迹。

静态车体痕迹是指造型体和承受体（车体）相接触时，在力的方向上发生较小位移的情况下形成的痕迹，如两车正面碰撞、追尾碰撞、碰撞固定物、车体间的挤压变形等。

动态车体痕迹是指造型体和承受体在紧压接触下进行相对运动时，在接触表面产生摩擦力的方向与接触表面平行，在力的方向上发生较大位移的情况下形成的凹凸线条状痕迹，如车辆间的刮擦、车辆刮擦固定物等形成的痕迹。

（4）按照车体痕迹形成过程的不同分类　按照车体痕迹形成过程的不同，车体痕迹可分为初始损坏痕迹、传导损坏痕迹和二次损坏痕迹。

初始损坏痕迹是车辆与其他车辆或物体第一次接触时，在车体上形成的损坏痕迹。例如，与路面碎石的损坏相吻合的轮辋中的凹坑，或者车门把手及保险杠等损坏了的车身部件，以及在轮胎和轮辋中夹进的树枝、草棍甚至碎石等物体。

传导损坏痕迹是指车辆的结构框架的传递，是车辆除了直接碰撞部位以外的其他相关部位发生变形，由此而形成的损坏痕迹。例如，车辆正面碰撞时由于发动机和变速器被向后挤压，而导致的车体其他部位变形的痕迹。

二次损坏痕迹，一般是指由于物或人体的运动在车体上形成的痕迹。例如，在车辆正面碰撞过程中，驾驶人的身体受力被压向转向盘并使其弯曲，这时转向盘的弯曲痕迹和人体胸部的体表痕迹均是二次损坏痕迹。

（5）按照车体痕迹形成部位的不同分类　按照车体痕迹形成部位的不同，车体痕迹可分为车体外部痕迹和车体内部痕迹。

车体外部痕迹主要是指车体外表面与其他物体相互作用，而在车体外表面造成的车体形态的变化。它往往呈现在车身的外表及其外部零部件上，轮胎客体痕迹也属于车体外部痕迹。车体外部痕迹容易发现，也容易遭到破坏和毁灭。

车体内部痕迹主要是指车体内部即车厢内表面，与车内的人体或其他物体接触，在车厢内表面造成形态或性质的变化，形成结构形象痕迹，或者附着物。车体内部痕迹对于确定车辆碰撞后车内人体和物体的运动状态，以及人员乘坐位置具有重要的意义。

二、车体痕迹的特点

1）道路交通事故中的车体痕迹一般范围较大，种类和特征明显，容易被发现。

2）造型体、承受体之间往往有微量物质转换，可以通过物质分析对其进行种属认定；特别是机动车与人员相接触形成的车体痕迹，大多数为附着痕迹，车体上一般有纤维、毛发、血迹、人体组织等附着物。

3) 车体痕迹以碰撞、刮擦痕迹为主。碰撞多为立体的凹陷状痕迹、空洞状痕迹和分离痕迹；刮擦痕迹一般是平面痕迹，包括线条状痕迹和大面积的塌陷状痕迹。

4) 车体痕迹多数为动态痕迹。车辆碰撞是在极短的时间内发生的，撞击力的大小、方向、角度、作用部位等因素，都会对车体痕迹特征构成影响。在车辆碰撞或刮擦过程中，路面的不平整度引起的车体振动是随机的，如果机动车与机动车发生碰撞，有时双方机动车都会产生变形，而由此产生的车体痕迹往往更加复杂。车体痕迹的动态性使痕迹的比对、检验和统一认定变得十分困难。

5) 车体痕迹的形成遵循运动学、力学等客观规律，伪造的车体痕迹比较容易分辨。

三、撞击痕迹的鉴定

1. 撞击痕迹的形成机理

撞击痕迹是指车辆的某部位与承受客体在相隔一定距离的情况下，由于力的作用而在接触的瞬时产生巨大的冲量，使物体的表面发生变形而产生的痕迹。一般一次撞击只能产生一处痕迹。

2. 撞击痕迹的特征

撞击痕迹的特征取决于碰撞力、碰撞部位及碰撞双方部件的特性和形状等因素。通常撞击痕迹包括凹陷型痕迹、洞裂型痕迹和粉碎型痕迹。

凹陷型痕迹的位置和形状对于判断碰撞对象及碰撞接触部位十分有用，凹陷的程度有时也可作为碰撞车速的分析依据。例如，尽管汽车碰撞人体后车身凹陷不大，但有时仍会发现车身固有部位与受害者碰撞部位相吻合的凹坑。

洞裂型痕迹表现为被撞部位产生开裂或破洞，有的洞裂型痕迹是在凹陷之后才形成的，故其破裂与凹陷同时存在。对于叶子板等塑性板材构件，其上的孔洞或裂口往往可说明其碰撞的另一方是坚硬或具有棱角的构件。故洞裂型痕迹有时也可反映碰撞的接触部位。

粉碎型痕迹主要出现在脆性大的构件上，如风窗玻璃、灯罩、反光镜等。这些痕迹一般不能作为分析碰撞部位的依据，但其粉碎后的状态和位置可反映出撞击振动的程度和方向，有时还可借以判断碰撞车速。

3. 撞击痕迹的分析

撞击痕迹的形成往往是各种合力作用的结果，对撞击物体的分析，主要通过车体撞击痕迹的凹陷形状、形成部位和痕迹微量附着物进行综合判断。

当发生正面碰撞和追尾碰撞时，车辆的运动方向较易分析，车辆碰撞前的运动方向与碰撞后的运动方向相同。但是，实际发生的道路交通事故大多为斜碰撞。在分析斜碰撞时，首先，分析车体凹陷痕迹，确定接触部位；其次，作碰撞受力分析，定性地掌握作用在两车上的力和力偶的关系；最后，结合车体二次碰撞痕迹和其他痕迹，推断车辆碰撞后的运动状态和方向。另外，还可以通过二次碰撞在车体上形成的追加凹陷型痕迹，以及车辆运动形成的移动延续凹陷型痕迹来分析判断车辆的运动方向。

车辆碰撞速度可以通过分析车体凹陷型痕迹的深度和宽度或碰撞后车辆滑移速度的关系来获得。

4. 碰撞接触点的鉴别

碰撞接触点是指车辆相互碰撞或碰撞其他物体时，其最初接触部位（视为一个点）在碰撞瞬间对地面的投影点。所以，碰撞接触点是在地面上没有实形的一个被虚设的点，但它又是依据充分理由，经推断而确定的点。

（1）车辆碰撞固定物体的碰撞接触点　固定物体的位置是不变的，其碰撞接触点就在固定物体与车辆接触部位的下方路面上。

（2）汽车碰撞自行车或行人的碰撞接触点　由于碰撞双方的质量差别悬殊，碰撞后强方（汽车）必然将弱方（自行车或行人）向强方的运动方向推移，所以碰撞接触点位于汽车碰撞部位的后方。碰撞时，由于弱方受到突然的冲击和加速作用，自行车轮胎或人的鞋底可能在路面上留下挫印痕，同时，在冲击瞬间，从自行车或人体上都可能掉落下物品（零件、佩戴物等），这些都可作为判断碰撞接触点的依据。

（3）汽车相互碰撞的碰撞接触点　汽车相互碰撞可分为正面碰撞、追尾碰撞和侧面碰撞等，下面就不同情况加以说明。

1）正面碰撞。正面碰撞时双方车辆在碰撞瞬时的减速度一般都很大，因此将造成较大的轴荷前移，使前轮负荷剧增，有时甚至会将全车负荷都转移到前轮上。这时，前轮印痕相应加宽并加重，但由于碰撞减速的时间极短，所以这一加重的轮胎印痕也十分短，然而仍可从制动拖印痕中予以分辨。找到双方车辆前轮的加重印痕，碰撞接触点当然就位于两车加重印痕之间。

正面碰撞的汽车一般偏离其行驶方向的程度较小，如果两车轮距不同，碰撞后一车后退，则两车轮交叠部分中后退车的轮胎印痕终端也就是两车相撞时该车的前轮位置，由此不难推断其碰撞接触点。

另外，正面碰撞后两车前照灯或风窗玻璃的落地位置，也可作为判断其碰撞接触点的依据。两车的前灯碎片一般会垂直落地并混合地散落在两车推移运动的路线上；两车风窗玻璃碎片则分别抛落到碰撞接触点的前方路面上。

2）追尾碰撞。追尾碰撞时后车通常也会出现较大的碰撞减速度，因此可能留下如正面碰撞一样的前轮加重印痕，此外，追尾碰撞也会造成前车尾灯和后车前照灯破碎的现象，但与正面碰撞的不同之处在于，追尾碰撞可能只有后车前轮加重的印痕，而前车尽管被后车推移加速，但一般不出现可观察到的轮胎印痕变化。另外，追尾碰撞后两车同时前移，故碰撞接触点一定位于后车前保险杠之后的路面上。

3）侧面碰撞。侧面碰撞有侧面正交碰撞和侧面斜交碰撞之分。无论是侧面正交碰撞或斜交碰撞，被撞车都可能程度不同地偏离原行驶路线。两车偏离原行驶路线的程度虽然与两车各自的冲量对比有关，但车辆碰撞后的运动趋势又受到碰撞接触部位、车型和结构（影响能量吸收和运动回转中心）、操纵系统状态（车轮制动状态、转向轮偏转角度）、附着系数等因素的影响，所以侧面碰撞的碰撞接触点的确定不像其他碰撞形式那么简单，通常需要依靠各种碰撞事故资料、实车碰撞试验资料并结合前面所提及的轮胎印痕、碰撞落地物件进行综合分析。

此外，侧面碰撞时，由于双方车辆都可能出现斜向或横向滑移，使其轮胎与路面横滑，因此在碰撞瞬时，即便车轮处于无抱死制动状态，车轮仍然可能在路面上留下滑移印痕。通常当这种印痕较短时，被称作轮胎挫印痕。横滑印痕和挫印痕的起点，可作为判断侧面碰撞

第四章　汽车事故物证的鉴别

接触点的重要依据。

四、刮擦痕迹的鉴定

1. 刮擦痕迹的形成机理

刮擦痕迹的形成机理是：车辆的某部位在力的作用下挤压或划破客体，从而在客体表面形成凹凸线条状痕迹。刮擦痕迹主要表现为：一是客体被挤压面凹陷形成；二是造型客体在痕迹的形成过程中由于本身的硬度不够，而在自身表面被剥离所留下的痕迹。它的主要特点是多伴随撞击、刺钩痕迹出现。

2. 影响刮擦痕迹的因素

1）造型客体和承受客体的物理性质。承受客体的表面光滑，物质结构细密，而造型客体接触部位表面粗糙，凹凸不平，缺损明显，则容易形成清晰、完整的刮擦痕迹；反之，则不清晰。若造型客体的硬度大于承受客体，则容易压入承受客体，形成的痕迹深，线条多而粗。若二者的硬度相近，则形成的痕迹浅，线条少而细。若造型客体的硬度低于承受客体时，则容易在造型客体的表面形成痕迹。

2）作用力的大小和方向。作用力的大小和接触方向不一样，那么形成的痕迹也不同。

3. 机动车相互刮擦痕迹的鉴定

机动车相互刮擦所形成的痕迹部位一般在车身一侧，而且车体破损多为大片或长条状，有时在痕迹上附着有对方车身上的漆皮等物质。

机动车同方向互刮形成的痕迹在车身上反映的痕迹规律，一般是由轻到重，应力始点较轻；一般情况下刮蹭止点较重，痕迹表面摩擦线条走向与车辆行驶方向相同，在机动车相向互刮时，由于应力点受到倾斜力的作用，导致两个接触面发生相对的平行滑动的动态痕迹。

在两车相向刮擦的事故中，常见两车从接触面上相对滑动直至咬死的情况。因此，在这种动态痕迹中，造型主体外部结构形象往往发生规律性的改变。造型主体接触面上的点状结构成为线状形象，而线状结构成为线状或面状形象。

4. 机动车刮擦自行车或行人痕迹的鉴别

机动车刮擦自行车或行人多发生在机动车辆的右侧，痕迹多为条状锐痕，有时擦掉车身上的浮土，可看出兼有片状擦痕。

机动车碰撞自行车或行人形成痕迹的部位一般在车辆正面。对于前保险杠、牌照、翼子板和货车车厢前角，痕迹的特征为条状或片状钝痕，痕迹轻重、面积、形状程度因车速、角度的不同而各有不同。

车轮碾轧自行车和行人时，痕迹多发生在车辆底盘、车裙下沿，为条状擦划痕，同时常在胎面、胎壁上留有血迹、衣料纹印和坚硬物垫痕，以及自行车车体表面结构物或附着物质。

五、分离痕迹的鉴定

1. 分离痕迹的特征

分离痕迹的特征是指整体被分离成若干部分时，在分离物上能反映分离物与整体关系的特点，它包括整体物本身的固有特征、分离时形成的特征和被分离物的附加特征。整体物固有特征是指整体物本身固有的或在生产、制造过程中形成的特征，反映了整体物内部之间的联系，如整体物的物理属性、成分形态、色泽、表面结构等。分离时形成的特征主要有分离线特征和分离面特征，是检验中的重要特征。被分离物的附加特征是指整体物在使用过程中形成的特征，如物体表面涂抹的油漆、颜料、染料，使用过程中形成的缺损、污斑，以及修补形成的修补方法、形态、大小等。

2. 分离痕迹的检验方法

分离痕迹的检验是指根据分离体的固有特征、附加特征和分离特征是否相同来确定分离体是否为同一整体所分离的过程，具体的检验方法如下：

1) 确定被分离物是否具备构成同一整体的基本条件。在确定被分离物有条件构成同一整体后，观察、比对分离物上的特征，并根据特征综合评断，做出是否为同一整体的鉴定结论。

2) 寻找分离物的一般特征。通过分析分离线、分离面、分离物的质地、成分、结构、颜色等方法去寻找一般特征。

3) 比对特征。比对特征的方法主要有：

① 特征对照法。特征对照法是指将分离物的一般特征与个别特征直接进行比对检验。

② 特征接合法。特征接合法是指将分离的各部分拼凑在一起，从分离特征的凹凸上进行比对，但对一些易变形的分离物，事先要进行必要的整理。

③ 特征重叠法。特征重叠法是指将两个分离物制成负片后进行特征重合对比。

比对特征时应从一般特征到个别特征，反复进行比对。

4) 综合评断并作出鉴定结论。综合评断的内容有：

① 分离线是否相等。

② 被分离物体断面凸凹纹路是否相符。

③ 在没有分离线的情况下，物体本身表面和断面上固有的特征是否相符。

④ 分离物附加特征与表面细节特征是否相符。

⑤ 被分离部分外围边缘及周围关系是否相符。

在一般特征不相符时，不要轻易下否定结论，应考虑是否有异质物的可能。一些断面凹凸形状变化较大时，应认真观察，综合评断，不应轻易下结论。分离痕迹检验过程中，有时也应采用其他一些检验方法（物理和化学方法）来确定物质成分、性能等，有助于整体分离检验。经检验得出被分离物体是同一整体时，应出具"分离痕迹鉴定书"。

3. 机件损坏痕迹鉴别

汽车制动系统以及行驶、转向机构的某些机件（如前轴、转向节、钢板弹簧、转向传力杆件等）的松脱或断裂都有一定的发展过程。连接件的松脱过程通常先是其防松装置（如开口销、锁紧螺母）脱落，然后在车辆行驶振动中逐渐脱开，机件的断裂也是如此。由于上述机件都是在交变载荷下工作的，再加上机件材质缺陷或应力集中的影响，最先在缺陷或应力集中部位出现疲劳裂纹，随着交变载荷的不断作用，疲劳裂纹逐渐扩展，零件的有效断面也随之减小，当有效断面减小到其强度不足以应对某次冲击应力时，该机件就会突然断裂。

可见，上述松脱和断裂的痕迹也不是突然变化的。从松脱部位的油迹、锈斑不难判断其松脱的原因；对于疲劳断面，因其能明显呈现出疲劳源、扩展区和断裂区的断面特征，使之更容易被鉴别。为了从机件断面状况分析事故的原因，尤其是鉴别事故在先还是机件损坏在先，必须在事故发生后及时提取损坏断面进行鉴别，以免断面被风雨侵蚀，难以判断事故和机件损坏的先后。

车辆翻车事故造成多种机件损坏时，应分析最先造成事故的原因。因为有的机件损坏是事故造成的，与事故形成无关；有的虽与事故有关，但却不是引发事故的直接原因。例如，传动轴断裂本不会引起汽车翻车，但断裂旋转的传动轴打破了制动压缩空气储气筒，从而导致制动失控。因此，在对机件痕迹的鉴别分析中，必须慎重而严密。

六、车体痕迹的测量与提取

1. 车体痕迹的测量

（1）对机动车痕迹的测量　对于机动车前部，应记录痕迹的部位、形态、面积、痕迹上下端距路面的高度以及左、右端至前端有关一侧的距离，以便确定肇事瞬间事故各方接触时的状态。对于竖向痕迹，应测量上、下两端至车身前端有关一侧的距离，并测量痕迹下端距路面的高度，以便测定双方车辆碰撞时的接触部位。在测量过程中，同时应对痕迹的位置、形状等做好现场勘查笔录。

对于机动车侧面，应记录痕迹的部位、面积、中心部位距路面的高度、痕迹起始点至前保险杠和有关车轮的距离。对于横向线条状痕迹，应测量痕迹的长度和前、后两端距路面的高度，测量痕迹前端距前保险杠的距离、距有关车轮的距离。

对于机动车底盘痕迹，测量痕迹的长度、宽度、距路面的高度，痕迹两端（或前端）距前保险杠的距离，以及痕迹两端（或一端）距有关车轮的距离。认定人或物进入车下后车辆行驶了多长距离才与底盘接触；测量痕迹至路面的高度可判断人或物进入车下后的高度及刮压过程中的形态；测量痕迹至碾轧车轮的距离可以确认人体、物体与底盘脱离接触后，如何进入车轮下被碾轧的，以及判断被车轮碾轧时车辆的行驶方向。

轮胎胎壁、胎肩、胎面常出现与人体或物品接触时，物品或人体表面纹痕、形态附着在轮胎橡胶面上的痕迹。应对这些痕迹所在轮胎的部位以及形状、面积进行测量。

（2）对其他车体痕迹的测量　对摩托车、自行车及其他车辆车体，应着重检查最先接触部位的痕迹，检查测量痕迹的部位、形状、面积以及距路面的高度，以便分析自行车与机动车的接触部位以及被撞击或碾轧时的演变情况。

2. 车体痕迹的提取方法

（1）照相提取法　当车体痕迹较大或很小时，可以利用照相的方式加以提取。用照相提取法提取车体痕迹时，应符合《道路交通事故现场勘验照相》（GA 50—2014）的要求。

（2）原物提取法　原物提取法是指将承受体全部或局部提取的方法。这种方法适用于可拆卸或分离物体上的车体痕迹，能最完整、客观地保护现场车体痕迹上的细节特征不受破坏，有利于以后的检验和鉴定。保存原物时，应防止风干、受潮、锈蚀、霉变。

（3）制模法　根据车体痕迹的深浅、痕迹表面的光洁程度、痕迹形状等的不同，可以用醋酸纤维素薄膜、硅橡胶、硬塑料等制作模型，提取车体痕迹。

（4）注意事项

1）不能用工具直接接触痕迹，以免造成互换痕迹，失去检验条件。

2）提取到的痕迹或分离物应妥善保管，防止自然或人为的损坏。

3）提取到的物证应及时送检验鉴定部门。

七、车体痕迹鉴定在汽车事故处理中的作用

1. 通过车体上的碰撞接触点来分析事故责任

在事故现场,接触点的判断具有重要的作用,可以据此推断车辆的行驶路线,进而分析事故当事各方的责任。

接触点是指车与车、车与物、车与人碰撞时相对于路面而言的某个点,该处会有明显的痕迹。双方车辆碰撞时,在路面上会遗留轮胎挫印痕,可从一方或双方轮胎挫印痕的起点判定接触点。

在碰撞时,车辆脱落的机件、坚硬物在着地后往往会遗留挫划印痕。若机动车碰撞自行车,当自行车摔倒后,会有车把、脚蹬轴或轮轴的挫划印痕,因此,接触点必定是在挫划印痕始点前的一段距离内。

若车辆碰撞行人,在路面上遗留的鞋底划痕的特点是从重到轻,一般能反映车辆行驶的方向。重挫印痕一端可判断为车辆驶来的方向,并定为接触点。

2. 通过车体痕迹形成机理和车体损伤程度来分析事故成因和演变过程

车辆与车辆的碰撞事故,必然造成车体不同程度的破损。通过对这种碰撞机理的分析,可以推断事故的成因和演变过程。

当汽车与固定物(如电杆、树木、砖墙)碰撞时,刚度大的物体所能吸收的冲击动能比刚度小的物体少。因此,如果两辆相同的汽车去碰撞刚度不同的物体,碰撞后的损坏情况相同,则两种情况的碰撞速度不同,刚性小的物体相碰时的速度显然更高。

当车辆与车辆碰撞时,速度变化越大,碰撞力也越大,损坏越严重。两辆质量相同的汽车碰撞后,破损严重的车辆,其碰撞速度也大。

当甲、乙两车碰撞时,乙车总质量越小,在碰撞中所承受的撞击力越大。反之,对甲车来说,乙车越轻,甲车所承受的撞击力也就越小。大车与小车以相同的速度正面碰撞时,小车的破损情况比大车严重。

当汽车在侧面正交碰撞或斜交相撞时,由于碰撞力的方向通过或不通过被撞车的重心,则被撞车作回转运动,在相同的碰撞速度下,冲击强度较小,损坏较小。

通过上述分析可知,车辆碰撞引起的破损情况与车辆的总质量、行驶速度以及碰撞的部位与角度有很大的关系。反之,也可以从破损的程度和形状定性地分析车辆碰撞的速度和角度。

3. 根据刮擦痕迹确定肇事车辆

汽车与行人撞击时,若撞击或接触的物体是坚硬物,就会在撞击或接触部位产生刮痕、擦印车辆上产生的刮痕和擦印是判断肇事状态、肇事车的冲撞方向以及被撞车损坏部位、程度的证据。

肇事逃逸案件现场所遗留的肇事车辆油漆片是判明肇事车辆种类、厂牌、车型的重要依据,同时也是证实肇事者犯罪事实的重要证据,所以要检查和收集现场上的油漆片,并准确提取。在勘验时,用显微镜检查现场遗留的油漆片可以判明的问题包括油漆是汽车厂家喷涂的还是后来喷涂的、是修补的部分还是喷印标记的部分。如果是起初喷涂的油漆,则可以与汽车鉴定用的油漆资料(从厂家收集来的)进行对比,找出颜色相同的油漆,或者通过对汽车厂家的调查,查出脱落有油漆片的车辆厂牌、车型。

4. 根据分离痕迹确定肇事车辆

(1)根据玻璃侦查肇事逃逸车辆 肇事逃逸车辆的汽车前照灯、转向灯、车窗玻璃等

的玻璃片是侦查逃逸嫌疑车辆的物证之一,同时也是查明肇事汽车厂牌、车型的线索。

对肇事逃逸现场遗留的玻璃碎片进行研究时,即使没有发现带有商标或符号部分的玻璃碎片,也能判断出车灯或车窗的类型、形状、大小、制造厂家等。知道了生产厂家之后,就可以通过对厂家及出售的商店进行调查,了解配用该种汽车配件的种类、厂牌及其型号等,从而为逃逸嫌疑车的侦查工作提供有利的帮助。

(2)根据肇事汽车遗留的机件侦查肇事逃逸车辆 肇事逃逸现场有时会有遗留或脱落的螺钉、散热器盖碎片、倒车镜、门把手等汽车零件。这些机件、物品的种类、形状、颜色、大小等虽不尽一致,但是某些物品所配用的车辆范围是有限的。所以,这些零部件都是确定侦查车辆厂牌、车种、车型等的物证。

如果肇事逃逸的车辆已经修理,那么可以通过修理时间、修理地点、修理厂家、损坏状况等来查明真相,从而确认和排除嫌疑车辆。

(3)根据现场遗留的部分装载物侦查肇事逃逸车辆 在肇事逃逸现场往往会留下肇事车装载的货物或包装材料的一部分,也可能会遗留车内装饰品。对遗留物品的种类、名称、形状、颜色、成分等进行研究和判断,从中获得肇事车辆的线索。

在发现嫌疑车辆时,对肇事逃逸车辆的装载物、装载物品的包装材料与现场遗留物作对比,进行同一认定,确定和排除嫌疑车辆。所以,某些车辆物品、货物材料包装部分都是肇事车辆的物证。

[案例分析]

2012 年 8 月 10 日 17 时 40 分,何某驾驶二轮摩托车在 105 国道被一辆大货车撞倒,致使头部重伤当场死亡,肇事大货车逃逸后被群众举报,当天追回李某驾驶的嫌疑大货车,但李某拒不承认撞死何某。受交警大队委托,要求检验两车是否碰撞并分析两车的行驶状态。

经专家鉴定,大货车车厢右侧上落梯的碰撞擦痕与摩托车左握把端部后侧的碰撞擦痕高度仅相差 1cm,两处碰撞痕受力方向相反,且上落梯上黏附的黑色胶膜在色泽上与左握把胶的色泽基本相同,符合当大货车在摩托车左侧超越摩托车时两者相互作用而形成的情况,此两处为两车的第一碰撞接触点。大货车车厢右侧条状碰撞擦痕起点高度与摩托车左后视镜前外侧的碰擦痕高度一致,大货车条状碰撞擦痕处粘有的附着物在材料、色泽上与摩托车左后视镜基本相同,摩托车左后视镜上的附着物在材料、色泽上则与大货车车体油漆基本相同,两者系相互作用而形成,因大货车车厢右侧碰擦痕起点高度高于终点高度,方向为自前向后,故摩托车正处于向左倒地的过程。综合分析结果显示,大货车与二轮摩托车在事故发生时的行驶方向为同向,且大货车在摩托车左侧超越并向右转弯时碰倒了摩托车。最后,李某面对上述强有力的证据,在第二次接受讯问时不得不如实供述事情真相。

第四节 人体痕迹的鉴别

一、人体痕迹的类型

根据人体痕迹形成特点的不同,人体痕迹可分为人体衣着痕迹和人体体表痕迹。

1. **人体衣着痕迹**

人体衣着痕迹是指在道路交通事故中,人体与车辆或其他物体接触,因撞击、刮擦、碾轧、挤压和摩擦等，在人体穿着的衣服上造成的印痕。人体衣着痕迹需与其他痕迹相互印证才能起到证明作用。按痕迹形成机理的不同，人体衣着痕迹可分为破损痕迹、附着痕迹和碾轧痕迹。

（1）破损痕迹　破损痕迹是指人体衣着被车辆、物体碰撞、刮擦、碾轧后造成的衣着损坏痕迹，包括撕裂、孔洞、开缝、脱扣等痕迹。

（2）附着痕迹　附着痕迹是指遗留在衣着表面的油漆、油污和其他物质。当车辆与人体发生接触时，车辆上的泥土、油漆等物质会附着在人体的衣着上，形成痕迹。附着痕迹的外部形态、存在位置以及组成成分对于案件的分析都有重要的作用。

（3）碾轧痕迹　碾轧痕迹是指衣着被轮胎碾轧后，在衣着表面留下的胎面花纹、皱褶或散点状破损等痕迹。

2. 人体体表痕迹

人体体表痕迹是指在道路交通事故中，人体因受外力作用而造成损伤，在人体表面留下的印迹。

（1）按照事故损伤性质的不同分类　按照事故损伤性质的不同，人体体表痕迹可分为表皮剥脱、皮下出血、挫伤、挫裂创骨折和关节脱位等。

（2）按照事故致伤方式的不同分类　按照事故致伤方式的不同，人体体表痕迹可分为撞击伤、碾轧伤、摔伤和减速伤等。

撞击伤是指车辆撞击人体形成的损伤。车辆的不同部位撞击人体，形成的损伤不同，损伤常常能反映出车辆撞击部位的特征。

碾轧伤是指车辆轮胎碾轧人体所造成的损伤。一般来讲，车轮对人体的碾轧都伴有撞击和刮擦现象，在极少数情况下人体躺卧在道路上被碾轧，此种情况不伴有撞击和刮擦现象。

摔伤是指人被车辆撞击后人体与路面或地面上物体相撞形成的损伤。损伤取决于路面的情况、车辆传给人体的动能和人体的姿势及衣着。较严重的摔伤多造成颅脑颞枕部损伤和对冲性脑挫伤。

减速伤是指道路交通事故发生时由于车辆急剧地减速或加速，车内人员受惯性作用与车内部件发生撞击而形成的损伤。车内乘员乘坐于不同的座位，所造成的损伤特征也不同。

（3）按事故损伤后果的不同分类　按事故损伤后果的不同，人体体表痕迹可分为致死性损伤、致残性损伤和非致残性损伤等。根据《道路交通事故受伤人员伤残评定》（GB 18667—2002）的规定，交通事故致残性损伤分为10个等级，见表4-1。

表4-1　交通事故受伤人员的伤残等级划分

等级	伤残等级划分依据
一级伤残	1. 日常生活完全不能自理，全靠别人帮助或采用专门设施，否则生命无法维持 2. 意识消失 3. 各种活动均受到限制而卧床 4. 社会交往能力完全丧失
二级伤残	1. 日常生活需要随时有人帮助 2. 各种活动受限，仅限于床上或椅子上的活动 3. 不能工作 4. 社会交往极度困难

(续)

等级	伤残等级划分依据
三级伤残	1. 不能完全独立生活，需经常有人监护 2. 各种活动受限，仅限于室内活动 3. 明显的职业受限 4. 社会交往困难
四级伤残	1. 日常生活能力严重受限，间或需要帮助 2. 各种活动受限，仅限于居住范围内的活动 3. 职业种类受限 4. 社会交往严重受限
五级伤残	1. 日常生活能力部分受限，偶尔需要监护 2. 各种活动受限，仅限于就近的活动 3. 需要明显减轻工作 4. 社会交往贫乏
六级伤残	1. 日常生活能力部分受限，但能部分代偿，有条件性地需要帮助 2. 各种活动减少 3. 不能胜任原工作 4. 社会交往狭窄
七级伤残	1. 日常生活有关的活动能力严重受限 2. 短暂活动不受限，长时间活动受限 3. 工作时间需要明显缩短 4. 社会交往能力降低
八级伤残	1. 日常生活有关的活动能力部分受限 2. 远距离流动受限 3. 断续工作 4. 社会交往受约束
九级伤残	1. 日常活动能力大部分受限 2. 工作和学习能力下降 3. 社会交往能力大部分受限
十级伤残	1. 日常生活能力部分受限 2. 工作和学习能力有所下降 3. 社会交往能力部分受限

（4）按照交通参与者身份的不同分类　按照交通参与者身份的不同，人体体表痕迹可分为汽车驾驶人损伤、汽车乘员损伤、摩托车驾驶人损伤、摩托车乘员损伤、骑车人的损伤、行人的损伤、人体被抛出车外的损伤等。

（5）按照损伤部位的不同分类　按照损伤部位的不同，人体体表痕迹可分为脑部、面部、胸部、腹部、骨盆及泌尿生殖部、肢体等部位损伤。各部位损伤类型见表4-2。

表 4-2 交通事故人体损伤部位及其分类

人体损伤部位		损 伤 类 型
脑部	颅部	1. 头皮损伤：头皮挫伤、头皮挫裂伤、头皮下血肿、帽状腱膜下血肿、头皮撕脱伤 2. 颅骨损伤：线型骨折、凹陷骨折、粉碎性骨折 3. 脑损伤：脑震荡、脑挫裂伤、脑干损伤、颅内血肿 4. 颅脑损伤的并发症和后遗症
	脊髓	脊髓休克、硬膜外血肿、韧带或骨块对脊髓造成的机械性压迫
面部		1. 面部软组织损伤：软组织挫裂创（伤）、软组织缺损、软组织异物存留 2. 颜面骨骨折：下颌骨骨折、上颌骨骨折、颧骨及颧弓骨折 3. 耳部损伤：耳廓损伤、外耳道损伤、中耳损伤、耳部合并伤 4. 眼部损伤：非穿孔性眼外伤、穿孔性眼外伤、前房积血、晶体脱落、脉络膜裂伤、视网膜震荡、眼部挤压伤、眼球破裂伤、化脓性眼内膜炎、全眼球炎、交感性眼炎、角膜结膜异物、眼眶骨折
胸部		1. 肋骨骨折 2. 胸骨骨折 3. 心脏损伤：穿孔性损伤、心脏挫伤、心脏破裂 4. 胸腔内大血管损伤：外伤性动脉破裂、心包损伤、外伤性主动脉瘤 5. 损伤性血胸：轻度、中度、重度血胸 6. 损伤性气胸：闭合性气胸、开放性气胸、张力性气胸 7. 气管、支气管裂伤 8. 肺挫伤 9. 肺穿孔伤：肺错裂伤、肺撕裂伤 10. 纵隔气肿 11. 食管穿孔：颈段食管穿孔、胸段食管穿孔 12. 膈肌破裂 13. 乳糜胸
腹部		1. 肝损伤：中央破裂、被膜下破裂、真空性破裂 2. 脾损伤：脾破裂 3. 腹腔内气腔脏器损伤：胃损伤、十二指肠损伤、肠损伤、肠柔膜损伤 4. 腹腔内血管损伤 5. 肾脏损伤 6. 胰腺损伤
骨盆及泌尿生殖部		骨盆故障、膀胱损伤、输尿管损伤、尿管损伤、阴茎损伤（折断、脱位）、阴囊损伤、睾丸损伤、外阴血肿、直肠肛管损伤
肢体		骨折、关节脱位、骨折与关节损伤的并发症与后遗症、软组织损伤

二、人体痕迹的勘验

对人体痕迹应先拍照并记录受害人在现场的位置以及倒卧姿态，然后按照从外到内，先衣着后体表的顺序进行勘验。

1. 肇事车辆的勘验

在进行现场勘查时，对于事故车辆要测量、记录车辆的长、宽、高等参数，查看车体形态的变化，注意发现擦痕（不要遗漏车底盘等较隐蔽处）、结构变形、撞击痕以及有无二次碰撞等。检查车辆碰撞部位有无血迹、毛发、衣服残片以及类人体组织等附着物。

2. 衣着检查

1）检查时应记录衣着痕迹和附着物的位置、形状、特征、面积及中心部位距人体足跟的距离。

2）检查受害人衣服上有无轮胎碾过的痕迹、有无油污等痕迹。

3）检查衣服有无被车辆凸出部位撞击或刮擦，根据痕迹的特征确定人、车接触时力的作用点及作用方向。

4）检查衣服有无因摔倒时与路面接触而造成的衣服磨损。

5）检查受害人的鞋底状态以及在路面上留下的痕迹。

6）检查衣着痕迹时，应轻拿轻放，不能拖拉和抖动，以免破坏衣着上的尘土痕迹。必要时可用多波段光源帮助发现痕迹。

7）如果遇到衣物作为造型体要与承受体上的痕迹进行比对，或者需要通过衣物确认当事人身份等情况时，应记录衣着的名称、产地、颜色、新旧程度等特征及穿着顺序，并提取必要的衣着物证。

3. 环境检查

检查事故现场的路面，以及周围建筑、固定物等处是否有人体擦痕、血迹、人体组织等。

4. 人体体表的勘验

1）伤者的体表痕迹一般由医院诊断检查，根据需要可由法医检查或由勘验人员在医务人员的协助下检查。

2）勘验体表损伤的部位、类型、形状及尺寸，造成损伤的作用力方向，损伤部位距足跟的距离，损伤部位的附着情况。

三、人体痕迹的法医物证勘验

道路交通事故法医物证是指与道路交通事故有关的各种人体生物检材，主要包括毛发、血液（痕）、皮肤、人体脏器、组织碎块等。

1. 血痕的检验

血痕鉴定具有较好的特异性，是认定肇事车辆和事故责任的有力证据。

在交通事故处理工作中，需要检验的往往是肇事逃逸车辆表面黏附的微量或被污染的血痕。而且，人血与动物血外观相似，必须通过检验才能鉴别出来。

为了得到准确可靠的鉴定结果，除了及时取证送检之外，必须按照一定的程序进行检验。按照检验顺序，血痕检验分为预试验、确证试验、种属试验和血型测定四个步骤。

血痕预试验又称筛选试验或指向试验，是通过化学试剂的显色反应判断所提取的可疑检材是否可能有血。

血痕的确认试验就是根据预试验结果，对阳性检材进行进一步检验，准确认定其是否为血痕。

血痕种属试验是利用抗人血清或抗人血红蛋白免疫血清与血痕作种属试验，以鉴别血痕是人血还是动物血。

血型测定即鉴定可疑血痕与伤亡人员的血型是否相同，以准确认定事故责任，进行事故处理工作。

2. 毛发的检验

毛发是交通事故现场常见的物证之一。在车辆与人、畜间的事故中，往往可以从肇事车辆上找到毛发。提取和检验这些毛发，对于认定事故责任具有重要的意义。有些交通事故就是靠毛发物证鉴定来认定的。

毛发检验通常采用显微镜、扫描电镜等仪器进行分析，以确定毛发是否属于肇事车辆驾驶人的毛发。

3. 人与动物的组织碎块的检验

在交通肇事逃逸案件中，有时会遇到肌体组织碎块的检验，需要鉴别其是否为肌肉或脏器组织，是人还是动物的。如果是人的，则需进一步鉴定是否为伤亡人员的；如果是动物的，有时要求进一步确定是何种动物的。在现场勘查过程中，对类似肌体组织的可疑附着物，应注意发现和提取，对其进行检验鉴定，从而为案件的侦破和认定提供重要线索和证据。

肌体组织碎块的检验方法很多，一般为肉眼观察、显微镜观察、血清学检验和电泳分析等。

4. 指纹检验

1）有色和立体的指纹，用肉眼在通常光线下仔细观察即可发现。

2）留在透明（如玻璃）或光泽物体表面的汗液、手印、指纹，需要借助一定的光照进行观察，例如让光线从侧面照射，从正面观察，或让光线从正面照射而从侧面观察。

3）有光泽或透明物体上带汗水的指纹，还可以采用哈气的方法使之显现出来。

4）对于没有光泽的物体表面上的指纹，必须用专门的取指纹胶或物理和化学的方法进行提取。

① 专门的取指纹胶使用十分方便，常用在怀疑有指纹的地方，如车门、把手和转向盘以及手常常触摸的地方。应用时依据不同的物体正确选择取指纹胶。

② 有些指纹采用化学元素涂染上一定的色彩才能发现。常用的方法有粉染色法，即用软毛刷沾上粉末，再轻轻弹击刷柄，使粉末均匀地铺撒在物体表面上，再拂去多余的粉末，少刻即可得到指纹。

5. 尸体检验

道路交通事故死亡人员是指在道路交通事故中遭受各种暴力致死的人员。在道路交通事故现场中，死者的体表痕迹应由办案人员或法医勘验。通过检查，应确定受害人所受损伤是否由交通工具造成，以及有无其他损伤。

（1）现场死亡的确定

1）呼吸、心跳和瞳孔等生命体征的检验。

2）对无法判明死亡的受伤人员，应采取急救措施。

3）对现场死亡人员的生命体征应当做勘验记录。

（2）衣着检验

1）现场清理死者衣服中的现金、证件等物品，并在遗物清单上登记，有助于确认身份，通知家属。

2）勘验死者衣服的样式、材质、花色、新旧程度、附着物、痕迹、破损部位及形态，辨明与事故的关系，并做记录。

3）勘验死者衣物的完整性，现场散落的鞋、外衣、衣服碎片与死者及其他有关痕迹物品的位置关系。

（3）现场遗留物

1）勘验路面血迹的范围、喷溅方向、形态等特征以及与死者倒地位置的关系。

2）勘验现场遗留的玻璃碎片、灯罩、油漆等车辆散落物，并妥善保存。

3）勘验车辆上附着的毛发、血迹、人体组织以及衣服纤维等痕迹物证，照相固定并提取。

（4）一般勘查

1）勘验死者的位置与姿势，死者与事故车辆及有关痕迹的位置关系。

2）确定死者是车内人员还是车外人员，确定是原始现场还是变动现场。

3）确定死者损伤的程度，并判断是由单车接触还是由多车接触造成的。

四、人体痕迹在交通事故鉴定中的应用

1. 确认案件性质

在道路上发生的人身伤害事件中，既包括道路交通事故，也包括利用交通工具从事的刑事犯罪、当事人自杀或遭遇其他意外事件等。通过人体体表痕迹特征可以判断损伤发生在受害人生前还是死后，并判断受害人所受损伤是否具有道路交通事故损伤的特征，以便区分这些事件的性质。

2. 查明痕迹形成的机理

根据人体体表痕迹存在的部位、数量、状态、程度，以及对路面和车体痕迹的检验结果，综合分析人体痕迹的形成机理，由此推断受害人在损伤形成前所处的位置和运动状态。

3. 判断损伤形成的过程

根据损伤形成的状态及分布，判断损伤形成的过程，实现事故的再现分析。

4. 判断损伤形成的时间

判断损伤形成的时间可以确定道路交通事故发生的时间。道路交通事故损伤时间的推断分为活体上损伤时间的推断和尸体上损伤时间的推断两种。活体上损伤时间的推断一般是通过损伤部位所反映的症状进行，但这种推断由于受到多种因素的影响，因此做出的判断往往不够准确；尸体上损伤时间的推断是根据尸体现象和损伤的组织愈合吸收来进行的。

第五节　其他物证的鉴定

其他物证通常包括遗留在事故现场或肇事车辆上的油漆、玻璃、塑料、纤维、橡胶、泥土、沥青、油斑、煤、焦炭等。

一、油漆物证的鉴别

1. 油漆物证的发现

油漆碎片和漆状附着物是交通肇事案件中最常见的一种物证，交通工具发生相互接触

时，碰撞或被刮擦部位的漆层会发生脱落，或相互间的油漆附着物会发生转移；机动车与自行车或行人碰撞发生刮擦时，有时在受害人的衣物或自行车上也会留下肇事车辆的油漆擦划。

2. 油漆物证的提取

常用的油漆物证提取法有直接提取法、刮取法、溶剂提取法等。现场脱落和客体残留的油漆，如果量很大，可用直接提取法；如果油漆物证残留量较小，则多使用刮取法或粘取法；如果油漆物证附着在较小的客体上，提取较困难时，可连同承载油漆物证的客体一起送检，如衣服、树皮等客体上的油漆附着物。若直接送检有困难，则可根据不同情况拆卸、剪取、截取或挖取附着油漆客体的有关部件并送检。

3. 油漆物证的检验

油漆物证的检验包括外观检验和颜色检验。

（1）油漆物证的外观检验

1）油漆物证外观检验的内容。首先确定是否是事故油漆，其次确定油漆物证与对比油漆检材的外观形态是否相同，再次确定油漆碎片与对比油漆片外观形态是否一致。

2）油漆物证外观检验的方法。油漆物证外观检验的方法主要包括肉眼观察法、立体显微镜观察法、紫光灯观察法、油漆各层颜色观察法。

（2）油漆物证的颜色检验　鉴定油漆物证的颜色，通常采用目视比色法和显微分光光度法。其中，目视比色法的过程是：采用自然日光直射，将要检验的漆片与标准色卡放在自然日光下，用肉眼对比观察，先找与漆片颜色大致相近的标准色卡，再变换色卡中的色片，分别与待测漆片的颜色相比较直至两者颜色相同，记下该色板的颜色名称与代号；再用上述方法对另一个油漆检材进行鉴定，以确定其颜色名称或代号。当两者的颜色名称或代号完全相同时，即可说明两者的颜色是完全一致的。

4. 油漆物证的作用

（1）确定接触的事实

1）事故现场存在的油漆物证往往可以直接证明事故发生的事实。

2）油漆物证的附着形态可以反映事故发生时相关车辆或其他客体在接触瞬间的相对运动方向等。

3）油漆物证的存在部位反映了事故双方的接触部位。

（2）认定肇事车辆

1）把事故现场提取的整体分离的油漆碎片进行比对和拼合后，通过与车体痕迹的比对，确定遗留在现场的油漆片的归属。进行比对的关键是油漆片的分离线和分离断面与肇事车辆上油漆脱落处的分离线和分离断面是否完全吻合。

2）现场提取的漆片与嫌疑车辆的油漆的层数和层次结构特征相同，或者对应层油漆组成的有机和无机成分一致，对应层的颜料、填充粒度、微观形态相同，或者油漆具有某种特异性，可以认定或倾向于认定肇事车辆。

3）如果现场提取的油漆物证的化学成分与嫌疑车辆的不同，则可以排除肇事车辆。

二、玻璃物证的鉴别

1. 玻璃物证的种类

汽车玻璃主要有汽车风窗及车窗玻璃、汽车灯用玻璃、汽车的后视镜等。

（1）汽车风窗及车窗玻璃　为了扩大驾驶人的视野，确保驾驶人及乘坐人员的人身安全，汽车风窗及车窗玻璃大都采用高强度的钢化玻璃、局部钢化玻璃、电热线玻璃等。

（2）汽车灯用玻璃　汽车灯包括前照灯、雾灯、尾灯、转向灯等，都配有玻璃罩，其反射镜也常用玻璃制造。这些玻璃的形状、大小、弯曲度、表面铸造的花纹、厂家商标、符号等根据车灯商家及车灯用途的不同而各有不同。

（3）汽车的后视镜　汽车的后视镜通常由反射镜、后视镜罩和金属支架所构成。可以根据后视镜的尺寸、形状、所用玻璃的材料性质及涂饰材料等状态来区分车种。因此，后视镜罩也是一类重要的交通事故物证。

2. 玻璃物证的提取

1）提取玻璃碎片时，为防止金属对元素分析的影响，不能使用金属镊子、钳子夹取，可以使用木质、竹质、塑料等非金属镊子夹取，也可以戴上橡胶手套提取。

2）肉眼能观察到的玻璃微粒，可以用收集勺提取。如果玻璃微粒较分散，则可以用软毛刷收拢玻璃微粒后，再用收集勺提取。

3）对于散落在现场的玻璃碎片，应尽量全部收集，尤其是需要进行拼对、复原时；对于事故现场较大片的玻璃，如能拼合起来的，则应尽可能拼合并拍照。

收集到的小片玻璃应用干净的塑料袋包装，细小的玻璃颗粒可装入玻璃瓶内。包装玻璃物证时，不能使用纸质的包装袋。

3. 玻璃物证的检验

玻璃物证的检验包括外观检验和物理检验。

（1）玻璃物证的外观检验

1）玻璃物证的形态观察。首先要对玻璃物证进行形态观察，主要观察它的厚度、弯曲率以及它是何种汽车玻璃所遗留的；同时对嫌疑汽车上提取的玻璃进行同样的观察，确定二者是否一致。

2）玻璃断面的机械吻合。将现场的玻璃碎片全部收集在一起，并将其断面一一拼合，再将肇事车辆上破损而未更新的玻璃全部取下，与现场提取的玻璃碎片一起进行断面的机械吻合。若能全部吻合或部分吻合，就能成为直接认定的依据。

（2）玻璃物证的物理检验　玻璃物证的物理检验主要是测定玻璃的折射率及比重。

4. 玻璃物证的作用

对现场提取的玻璃物证与嫌疑车辆上提取的玻璃进行检验，如果二者成分相同，即可以作为确定肇事嫌疑车辆事故责任的重要证据之一。不同车辆使用的玻璃零部件是有差别的，因此可以通过检验遗留在事故现场的玻璃碎片或玻璃颗粒，确定嫌疑肇事车辆的种类，这就为追寻肇事嫌疑车辆缩小了侦破范围，也提供了依据。玻璃碎片散落成纺锤形的中心线方向即为碰撞地点，依据从碰撞位置的前风窗玻璃到玻璃散落区域中心的距离如高度差，使用抛物线公式，即可推算出该车大致的碰撞速度。

三、塑料物证的鉴别

1. 塑料物证的发现

塑料物证在车辆外部的分布主要是：机动车前照灯坐垫，转向灯、制动灯灯罩，反光号牌面膜，冬季防寒用保温套表面涂层以及自行车把套、尾灯标志处等。

散落在事故现场的塑料物证较易发现，而黏附在车体上的塑料物证则相对较难找到。在寻找这些物证时，应根据对事故的初步分析，有目的、有针对性地寻找。寻找时应注意避免强光或直射光线干扰视线，避免各种色光的干扰，避免与灰尘、泥土发生混淆，可使用放大镜协助观察。

2. 塑料物证的提取

散落在交通事故现场的塑料物证，可以用不锈钢镊子夹取。当塑料碎片的体积较大或数量较多时，应用干净的透明塑料袋盛放。当塑料片的体积很小、数量也少时，应在提取后放入检材收集瓶中。

黏附在痕迹部位的非本身构成的物质，是一类很重要的物证，如汽车刮擦自行车后，自行车的塑料把套会被刮下一部分，黏附在汽车刮擦部位，一定要小心提取和保存。提取方法是：在手柄放大镜观察下，用手术刀轻轻刮取附着物，然后放入盛放器具中；如果提取的附着物极少，则可以用酒精纱布粘擦有附着物处，然后把擦过的酒精纱布放入收集瓶中；如果附着物较多或有一定的硬度，则可用镊子直接夹取，再放入收集瓶中。

3. 塑料物证的检验

塑料物证的检验主要有外观检验和成分检验。外观检验包括拼合检验、颜色对比检验和形态对比检验。成分检验的方法通常有燃烧法、溶解法、元素定性检验法（如红外光谱法、发射光谱法）。

4. 塑料物证的作用

（1）确定事故嫌疑车辆的责任　通过现场塑料物证与嫌疑车辆上塑料物证的比对检验，其化学成分一致的结论为确定肇事者承担事故责任提供了准确的物证依据。

（2）排除嫌疑车辆的事故责任　通过对交通事故现场的塑料物证与嫌疑车辆相应部位塑料物证的比对检验，其化学成分不一致的结论便可排除该车的肇事嫌疑，为正确处理事故提供了科学的鉴定依据。

[案例分析]

某路段发生一起交通事故，勘察人员在事故现场找到数块橙黄色透明状碎片，并收集齐了全部散落的大小橙黄色碎片。后来，找到嫌疑肇事汽车，发现该车左前转向灯灯罩破碎，对破碎灯罩和现场橙黄色碎片进行外观比对检验，发现两者的颜色、花纹、外观都完全相同，而且它们可以完全拼合形成一个完整灯罩。然后送检，经红外光谱检验，现场橙黄色碎片与嫌疑肇事汽车左前转向灯灯罩残片的有机成分完全相同，均为聚甲基丙烯酸甲苯（俗称有机玻璃），这就充分说明，该起交通事故中塑料物证的外形拼合，起到了痕迹鉴定的同一认定作用。

四、纤维物证的鉴别

1. 纤维物证的发现

交通事故中的纤维物证主要是指衣着损伤留下的痕迹，通常包括：①植物纤维，如棉、麻衣物纤维等；②动物纤维，如人畜毛发、毛料衣物纤维等；③化学纤维，如化纤衣物纤维等。

纤维物证黏附在肇事车辆的接触部位，与被撞人体上纤维的脱落部位具有方位的对应关系。另外，驾驶人的衣物上往往也会黏附车内物品上的纤维物质。由于纤维物证较小，在寻找时可以使用放大镜。光线较弱时，还可以使用强光源辅助照明。

2. 纤维物证的提取

1）在提取纤维物证时，应用干净的镊子夹取。在提取前，最好拍摄下它们的原始附着部位和附着状态。

2）对较小的毛状物可用透明胶纸粘取，然后贴于干净的玻璃片上。

3）当纤维物质较多不易逐根提取时，可用静电提取法进行提取。

4）在受害者碰撞或刮擦部位提取比对用毛发或织物纤维检材时，应先用放大镜观察其是否与现场提取的毛发、纤维的颜色和外观形态相近或一致，对颜色和外观形态近似或一致的才可以提取。

3. 纤维物证的检验

纤维物证的检验主要有外观检验、形态检验、显微镜检验、红外光谱检验、裂解色谱检验。

4. 纤维物证的作用

（1）确定嫌疑肇事车辆的事故责任　通过对交通事故现场提取的纤维物证与嫌疑肇事车辆上提取的纤维物证的比对检验，得出纤维种属一致的检验结论，可以作为确定嫌疑肇事车辆承担事故责任的重要物证依据。

（2）排除嫌疑肇事车辆的事故责任　通过交通事故现场提取的纤维物证与嫌疑肇事车辆上提取的纤维物证的比对检验，得出否定的结论，可以作为排除嫌疑肇事车辆事故责任的物证。

五、橡胶物证的鉴别

1. 橡胶物证的发现

汽车上的轮胎保险杠、灯罩、装饰条、衬垫、护套等部件均为橡胶材料，在事故中，受到很大的冲击力或者受到高温和摩擦等作用时，部件局部会产生变形、破裂，材料碎片散落在事故现场或附着在造型体的相应接触部位上，且不易脱落。

较大的橡胶颗粒较易发现。寻找微量橡胶物证时，应结合事故的情况有针对性、有目的地勘查现场。勘查时可以使用放大镜，应避免强光、直射光、色光干扰。勘查时还要注意区分橡胶、灰尘、泥土等物质，通常橡胶在其他客体上的擦蹭残留物因承载客体表面的粗糙程度、接触力的大小以及速度的不同而呈现粗细不同的屑状圆柱体。

2. 橡胶物证的提取

1）对于散落在现场的橡胶残片，经确认与事故有关时，可以直接拾取，装入纸袋、纸盒或用纸包好，并做好标记和记录。

2）车辆的制动痕迹处多留有橡胶残留物，可用硬性胶纸提取法加以提取。

3）在其他承载客体上的橡胶残留物，可以直接用镊子夹取，也可以用牙签挑下后提取。

4）对于微量的橡胶颗粒可以用指纹胶带粘取。

3. 橡胶物证的检验

橡胶物证的检验采用红外光谱法或裂解气相色谱法，可以对橡胶的各种化学成分进行定量测定。

4. 橡胶物证的作用

各种交通工具的许多零部件都是由橡胶制造的，而轮胎是车辆的重要组成部分，也是与道路接触的主要部件，如果在肇事逃逸现场发现逃逸车辆所遗留的轮胎印痕，那么可以根据该印痕来推断逃逸车辆的种类、型号和逃跑方向，为追踪逃逸车辆提供线索；另一方面，可以从事故现场遗留的轮胎胎面胶的细微颗粒，通过现代分析仪器确定胎面胶的橡胶成分和定量组成，待找到肇事嫌疑车辆后，从该车相应部位提取胎面胶进行比对检验，就可以准确地给出嫌疑车辆轮胎是否与事故现场轮胎微粒相同的科学鉴定结论。

六、泥土物证的鉴别

1. 泥土物证的形成

在车辆的行驶过程中，尤其是长途行驶过程中，车体上常黏附尘土、沙石。发生道路交通事故时，因撞击、摩擦等作用，尘土、沙石会从车体或车轮上掉落在现场路面、受害人的衣物或身体上，从而形成泥土物证。

2. 泥土物证的提取

1）提取泥土物证时，应使用竹片刮取，而不能使用刷子提取。

2）对于不易刮取的泥土物证，可用有机溶剂洗涤的方法提取。

3）泥土物证应使用纸进行包装，而不能使用塑料袋。同时，应防止发生粘连及受潮变质，影响检验鉴定。

3. 泥土物证的检验

泥土物证的检验主要有物理检验和化学检验。物理检验的范围包括泥土的颜色、土壤组成、各种矿物质所占的比例、粒度分布、密度梯度分布等指标。化学检验的范围包括 pH 值、盐分、有机物含量等指标。

泥土物证的检验采用的仪器通常有光栅摄谱仪、等离子发射仪、原子吸收光谱仪、扫描电镜等。

4. 泥土物证的作用

发生逃逸事故时，可以通过对现场提取的泥土物证的检验，帮助我们确定肇事车辆驶过的路段，从而缩小侦查范围；通过对现场提取的泥土物证与从嫌疑车辆上提取的泥土检材的比对检验，判断嫌疑车辆是否到过事故现场、是否与受害人发生接触；通过对车轮处掉落的泥土物证形状的分析，还可获得车辆轮胎花纹特征的信息。

对泥土物证进行分析，可以帮助我们确定事故的接触部位，以及接触时车辆的相对运动方向。

第六节　酒精含量的检测

一、酒精的人体反应

酒精是一种对人体各种器官都有损害的原生质毒物。驾驶员饮酒后会影响其中枢神经系统,导致感觉模糊、判断失误、反应不当,对安全行车非常有害。世界各国在法规中对饮酒驾驶都有明确而严格的规定。尽管如此,因饮酒而发生的交通肇事仍时有发生,而且酒后开车所造成的交通事故多为重大、特大事故,致死率高,事故现场触目惊心。为了汽车的安全行驶,对饮酒行为必须足够重视。

1. 饮酒对驾驶操作的影响

当人体内的酒精浓度达到一定程度时,由于感知觉、思维情绪等受到酒精的影响而处于异常状态,因此受心理支配的动作反应也会变得不妥当、不正确。

如果把血液中的酒精浓度分为以下三个阶段:①0.10~0.29mg/mL。②0.30~0.49mg/mL。③0.50~0.70mg/mL。

由实验可得,在①、②两个阶段,简单反应时间和选择反应时间都比饮酒前缩短;到第③阶段,选择反应时间变长,而且错误反应增加46%;对闪烁频率的测试也在①、②阶段差异不大,而在第③阶段变化非常显著。而选择时间的长短对事故的发生有很多影响。

驾驶人饮酒之后,随着大脑及其他神经组织内酒精浓度的增高,中枢神经系统的活动逐渐迟钝,并波及脑干和脊髓。当心理活动发生障碍后,手足的活动也变得迟缓,驾驶操作忽左忽右,车速忽快忽慢,失误情况极为明显。美国的卢米斯在对驾驶人的饮酒量和驾驶操作的实验后提出:当驾驶人体内酒精浓度为0.03%时,就可以发现其驾驶能力低落;在0.10%时,驾驶能力降低15%;如果体内酒精浓度达到0.15%时,驾驶能力将降低30%。

表4-3所示为德国关于人血液中酒精浓度与发生事故的危险程度的一项研究结果。表中以不饮酒人的危险程度为1。饮酒后,当人血液中的酒精浓度为0.05%时,死亡事故危险程度为没有饮酒人的2.53倍;当人血液中的酒精浓度为0.15%时,其死亡事故危险程度为没有饮酒人的16.21倍。此外,从表中可以看出,酒精浓度对于受伤事故和损物事故的影响,其危险程度增长率没有死亡事故那样高。

表4-3 人血液中酒精浓度与发生事故的危险程度

人血液中的酒精浓度(%)	发生事故的危险程度		
	死亡事故	受伤事故	损物事故
0.00	1.00	1.00	1.00
0.01	1.20	1.16	1.07
0.02	1.45	1.35	1.15
0.03	1.75	1.57	1.24
0.04	2.10	1.83	1.33
0.05	2.53	2.12	1.43
0.06	3.05	2.47	1.53
0.07	3.67	2.87	1.65
0.08	4.42	3.33	1.77
0.09	5.32	3.87	1.90
0.10	6.40	4.50	2.04
0.11	7.71	5.23	2.19
0.12	9.29	6.08	2.35
0.13	11.18	9.07	2.52
0.14	13.46	8.21	2.71
0.15	16.21	9.55	2.91

2. 酒后开车肇事的特征

从大量的统计情况来看，酒后开车肇事的特征大体可以归纳为以下几点：

1) 静止物体（如隔离带、分道用的水泥墩、电线杆、大树、桥栏等）撞击。
2) 部分交通肇事发生在饮酒后 30~60min 内。
3) 驾驶人的感觉机能降低，反应迟钝，易驶入侧沟翻倾，或冲出路外，有时甚至平地翻车。
4) 夜间会车时，当受对向车的灯光照射眩目时，视力恢复迟钝，易与对向车正面冲撞。
5) 发生的重大事故多，死亡率高。
6) 肇事的时间大多在午饭后和夜间，而地点以城市周围和集镇附近为多。
7) 大多的肇事属违反交通法规行为。据日本的统计资料分析，酒后开车造成的事故中，70%~80% 属于自损事故。

3. 醉酒的评价标准

由于人的年龄、性别以及是否习惯饮酒等存在差异且差异较大，所以，在饮入同等数量的酒后，人与人之间的心理活动及动作机能就会表现出明显的不同，这就导致对醉酒的评价也存在着相应的困难。概括起来，醉酒可大体分为六个阶段，见表 4-4。

表 4-4 醉酒的六个阶段

阶段	血液中的酒精含量/(mg/mL)	醉酒状态
不醉	≤0.5	外观无异常，表现与普通人一样，看不出饮酒，但有时愉快地哼歌
微醉	0.5~2.0	外观表现为脸红、爱说话、心神不定，对外来的刺激反应迟钝，有时胡闹，但还未忘记自己
轻醉	2.0~3.0	轻醉者对刺激的反应出现极端异常，外观表现兴奋、快活、身体麻木，疼痛感减弱，走路不稳，对衣服的着装极不关心，言语不清，不能正确回答问题，有时甚至哭闹
深醉	3.0~4.0	外观表现为动作失调，腿软不能走路，言语不清，各种反应显著低落，并陷入麻痹状态
泥醉	4.0~5.0	已陷入昏睡状态，四肢无力，随处倒卧，大小便失禁，呼吸困难，如失去医护会有死亡的危险
醉死	>5.0	一般将引起死亡

酒精对人体的影响不仅取决于酒精的数量，而且取决于许多其他因素。如果空腹喝酒，那么酒精会较快地被吸收，人也容易发渴。人在生病、疲劳、兴奋或压抑状态时，酒精的作用就更强烈。当饮用一定数量的酒后，其酒醉的状态取决于人的承受能力、年龄、性别、体重和逐渐适应的程度。因此，饮同样数量的酒，对不同人会产生不同的酒醉作用。对同一个人而言，酒醉作用则取决于他当时的状态，所以，饮用同量酒的驾驶人在行车中会出现不同程度的危险。

二、我国关于禁止酒后驾车的规定

1. 饮酒后驾车

饮酒后驾车是指机动车驾驶人饮用白酒、果酒、啤酒等含有酒精的饮料后，在酒精作用期间驾驶机动车的行为。确定机动车驾驶人是否饮酒，通常以酒精检测仪有酒精反应或者血液鉴定为依据。依据《车辆驾驶人员血液、呼气酒精含量阈值与检验》（GB 19522—2010），车辆驾驶人血液中的酒精含量大于或者等于20mg/100mL并且小于80mg/100mL的驾驶行为为饮酒后驾车。

车辆驾驶人呼气酒精含量检验结果可按照《呼出气体酒精含量检测仪》（GB/T 21254—2007）中的规定换算成血液酒精含量值，呼出气体中酒精浓度为0.0909mg/mL相当于血液中的酒精含量20mg/100mL，而呼出气体中酒精浓度为0.3636mg/L相当于血液中的酒精含量80mg/100mL。

2. 醉酒后驾车

醉酒后驾车是指车辆驾驶人血液中的酒精含量大于或者等于80mg/100mL的行为。车辆驾驶人呼气酒精含量检验结果可按照《呼出气体酒精含量检测仪》中的规定换算成血液酒精含量值。呼出气体中酒精浓度为0.3636mg/L相当于血液中的酒精含量80mg/100mL。醉酒后驾车更是我国法律、法规所不容许的行为，醉酒后驾驶人的驾驶能力、判断能力大大降低，极易发生道路交通事故，是道路交通安全的重大隐患，醉酒后驾车行为应该受到更加严厉的处罚。

3. 酒后驾车的处罚规定

（1）饮酒后驾车（酒驾）的处罚

1）饮酒后驾驶机动车的，暂扣6个月机动车驾驶证，并处1000元以上2000元以下罚款。此前曾因酒驾被处罚、再次酒后驾驶的，处10日以下拘留，并处1000元以上2000元以下罚款，吊销机动车驾驶证。

2）酒后驾驶营运车辆的，处15日拘留，并处5000元罚款，吊销机动车驾驶证，5年内不得重新取得驾驶证。

3）酒驾发生重大交通事故、构成犯罪的，依法追究其刑事责任，并吊销机动车驾驶证，终身禁驾。

（2）醉酒后驾车（醉驾）的处罚

1）醉酒驾驶机动车辆，由公安机关约束至酒醒。吊销机动车驾驶证，5年内不得重新获取驾驶证，经过判决后处以拘役，并处罚金。

2）醉酒驾驶营运车辆，由公安机关交通管理部门约束至酒醒。吊销机动车驾驶证，依法追究刑事责任，10年内不得重新取得驾驶证。终生不得驾驶营运车辆，经过判决后处以拘役，并处罚金。

3）醉驾发生重大交通事故、构成犯罪的，依法追究刑事责任。吊销机动车驾驶证，终生不得重新取得机动车驾驶证。

4）醉酒驾驶机动车，依照刑法第一百三十三条之一第一款的规定，以危险驾驶罪定罪处罚。

5）醉酒驾驶机动车，以暴力、威胁方法阻碍公安机关依法检查，又构成妨害公务罪等其他犯罪的，依照数罪并罚的规定处罚。

6）醉酒驾驶机动车，具有下列情形之一的，依照刑法第一百三十三条之一第一款的规定，从重处罚：

① 造成交通事故且负事故全部或者主要责任，或者造成交通事故后逃逸，尚未构成其

他犯罪的；

② 血液酒精含量达到 200mg/100mL 以上的；

③ 在高速公路、城市快速路上驾驶的；

④ 驾驶载有乘客的营运机动车的；

⑤ 有严重超员、超载或者超速驾驶，无驾驶资格驾驶机动车，使用伪造或者变造的机动车牌证等严重违反道路交通安全法的行为的；

⑥ 逃避公安机关依法检查，或者拒绝、阻碍公安机关依法检查尚未构成其他犯罪的；

⑦ 曾因酒后驾驶机动车受过行政处罚或者刑事追究的；

⑧ 其他可以从重处罚的情形。

三、酒后驾车检验

车辆驾驶人饮酒或醉酒后驾车时的酒精含量应通过呼气酒精含量检验或者血液酒精含量检验得出。对不具备呼气或者血液酒精含量检验条件的，应进行唾液酒精定性检测或者人体平衡试验评价驾驶能力。

1. 呼气酒精含量检验

呼气酒精含量采用呼出气体酒精含量检测仪进行检验，其技术指标和性能应符合《呼出气体酒精含量检测仪》的规定。呼出气体酒精含量检测仪主要有比色型、半导体型、电化学型、红外线型这四种类型。

（1）比色型呼出气体酒精含量检测仪　比色型呼出气体酒精含量检测仪是将被测试者的呼气样本注入酸性过锰酸钾溶液中，观察溶液颜色的变化程度。颜色变化越大，呼出气体中的酒精含量越高。由此可以看出，应用比色技术的呼气酒精测试不能作为酒后驾驶的定量分析，只能作为定性判断。目前采用比色技术的呼气酒精检测仪有一次性呼气酒精测试试管、酒精浓度筛选试剂等。

（2）半导体型呼出气体酒精含量检测仪　半导体型呼出气体酒精含量检测仪一般采用氧化锡半导体酒精含量传感器，利用氧化锡半导体传感器的气敏特性，当被测气体中气体酒精浓度增加时，半导体的电阻值就会降低。也有采用复合氧化物新型气敏材料的半导体传感器的，它是利用复合材料遇到酒精气体时，能与酒精气体分子结合成非化学配比化合物，从而导致电阻变化。但是，不论是氧化锡半导体还是复合氧化物气敏材料的传感器，在不同工作温度时，对酒精气体的敏感程度都不同，仅在特定的温度下，才对酒精具有较高的敏感度。

在现场交通执法中，半导体型呼出气体酒精含量检测仪的抗干扰能力差，受温度影响比较大，可作为一般性的饮酒量的定量分析，且易受到环境温度的限制。

（3）电化学型呼出气体酒精含量检测仪　电化学型呼出气体酒精含量检测仪是利用燃料电池型传感器的一种电化学装置，酒精燃料电池由一个多孔状的、两侧都涂上磨碎的铂（称为铂黑）的化学惰性圆盘组成。多孔圆盘里充满了一种酸性的电解质，铂线电气连接到铂黑层。将这个圆盘在一个塑料容器里完全封装起来，并留有一个孔，通过这个孔，可以将固定量的呼出气体导入其表面，如图4-12所示。

在电池表面发生的反应如下：酒精转化为乙酸，在这个过程中，每个酒精分子会产生两个自由电子，反应发生在燃料电池的上表面。释放的 H^+ 离子移到电池的下表面，和大气中

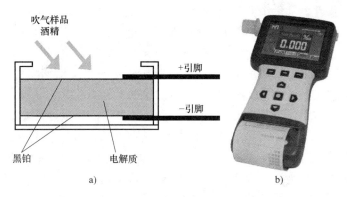

图 4-12 电化学型呼出气体酒精含量检测仪
a) 原理 b) 外形

的氧结合生成水,且每个 H+ 要消耗一个电子。因此,上表面出现过多的电子,下表面就相应缺乏电子。如果两个表面电连接起来,就会有电流通过外部电路。通过适当的放大,这个电流就可以有效表示在燃料电池中消耗的酒精量。

电化学型呼出气体酒精含量检测仪目前被广泛应用于交通警察的现场交通执法中。

(4)红外线型呼出气体酒精含量检测仪　红外线型呼出气体酒精含量检测仪是采用红外光谱学原理来测试呼出气体中的酒精含量的。当呼出气体通过测试装置时,利用酒精对红外线的吸收程度,通过光学电路、电子电路和模数转换对红外线的吸收的量进行分析,最终得出呼出气体中酒精浓度的大小。

图 4-13 所示为红外线酒精检测系统的一个简单示意图,包括红外光源、滤波器和探测器。

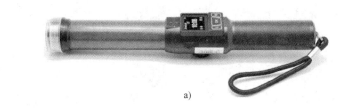

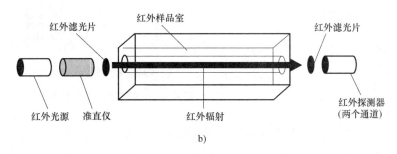

图 4-13　红外线酒精检测系统示意图
a) 外形 b) 原理

红外探测器上的两个滤波器为窄带滤波器。探测器包含两个通道,一个是二氧化碳通道，另一个是乙醇通道。每一个测试通道都由两个温差电堆组成，探测器会产生一个与温度成比例的电压。探测器的两个通道都可以探测红外线能量，并分别通过红外带通滤波器来选择固定波长的光。滤波器只能让被二氧化碳和酒精吸收的光辐射通过。当没有酒精或者二氧化碳时，两者都会有几乎相同的电压输出。当样本中含有酒精时，到达酒精通道探测器的辐射能量减少，而二氧化碳通道没有变化。类似地，二氧化碳的存在会使二氧化碳通道探测器的输出信号下降。不管是二氧化碳或者酒精通道信号减弱的量，都与酒精浓度成相应比例。这个信号变化遵循朗伯—比尔定律（Lambert-Beer Law），即酒精浓度和信号强度成指数关系。

红外线型呼出气体酒精含量检测仪的特点是，能够描绘呼气过程中呼出气体中酒精浓度变化的曲线，可有效区分由肺深部呼出的气体和口腔气体，准确性高，受人为因素影响较小，抗干扰能力强，相比抽血化验检测速度更快。

目前，我国已有许多地区开始把红外线型呼出气体酒精含量检测仪的测量数据作为执法证据使用。《深圳经济特区道路交通安全违法行为处罚条例》规定：驾驶人对呼气式酒精检测仪器的检测结果有异议的，采用国家计量认证的红外线酒精测试仪再次进行检测，并以该次检测结果作为确定违法行为性质依据。

2. 血液酒精含量检验

公共安全行业标准《血液酒精含量的检验方法》（GA/T 842—2009）规定了血液酒精含量的顶空气相色谱检验方法，适用于道路交通执法活动中对人员血液中酒精、正丙醇的定性和定量分析。

血液酒精含量检验是指现场采集驾驶人的血液，经实验室气相色谱仪（见图4-14）检验血样中酒精的含量来判断驾驶人是否属于酒后驾车或醉酒驾车。

气相色谱仪以气体作为流动相（载气）。当样品由微量注射器注入进样器汽化后，被载气携带进入填充柱或毛细管色谱柱。由于样品中的流动相（气相）和固定相（液相或气相）间分配或吸附系数的差异，在载气的冲洗下各组分在两相间作反复多次分配，使各组分在柱中得以分离，依次从柱后流出。然后通过接在柱后的检测器，根据组分的物理、化学特性，将各组分按顺序检测出来。

气相色谱仪的分析流程：样品制备→自动顶空进样器定量管→色谱分析→色谱工作站→数据血液中乙醇含量。

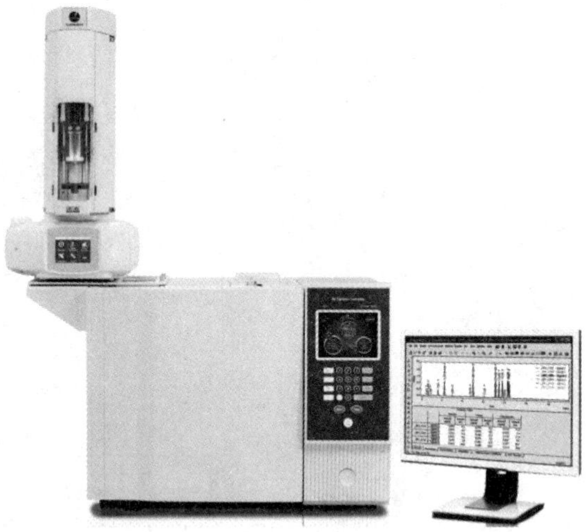

图 4-14　气相色谱仪（顶空气相色谱检验方法）

3. 唾液酒精检测

唾液酒精采用唾液酒精检测试纸条进行定性检测。唾液酒精检测试纸条的技术指标、性能应符合《唾液酒精检测试纸条》（GA/T 843—2009）的规定。唾液酒精检测试纸条携带方便，操作简便，具有一定的实用性。但由于对唾液与酒精之间的关系还缺乏相应的数据支撑，所以唾液检测在实践中的推广和运用有一定的难度。

（1）测试方法　打开真空包装，拿出唾液酒精检测试纸条（见图4-15），将有试纸条反应垫的一端放入酒后驾车嫌疑人的舌下，然后让其合上嘴巴，确保唾液浸透试纸条，或让受试者将唾液吐在包装袋中，将反应垫浸透在唾液中，立即开始计时，到达规定时间（通常为10s）后，拔出试纸条。

（2）衡量标准　将反应垫取出，放在白色的背景前，观察反应垫的颜色，反应垫如发生明显的颜色变化，表明受测试者的唾液中存在一定的酒精浓度。但30s后的观察结果可能不准确。

图4-15　唾液酒精检测试纸条

4. 人体平衡试验

人体平衡试验采用步行回转试验或者单腿直立试验，评价驾驶能力。步行回转试验和单腿直立试验应在结实、干燥、不滑、照明良好的环境下进行。对年龄超过60岁、身体有缺陷影响自身平衡的人不进行此项试验。被试人员鞋后跟不应高于5cm。在试验时，试验人员与被试人员应保持1m以上距离。

（1）步行回转试验

1）试验方法。步行回转试验即被试人员沿着一条直线行走九步，边走边大声数步数（1，2，3…9），然后转身按原样返回。试验时，分讲解和行走两个阶段进行。在讲解阶段，被试人员按照脚跟对脚尖的方式站立在直线的一端，两手在身体两侧自然下垂，聆听试验人员对试验过程的讲解。在行走阶段，被试人员在得到试验人员下达的行走指令后，开始行走。

2）衡量标准。试验中，试验人员观察以下8个指标，符合2个以上的，视为暂时丧失驾驶能力。

① 在讲解过程中，被试人员失去平衡（失去原来的脚跟对脚尖的姿态）。

② 讲解结束之前，开始行走。

③ 为保持自身平衡，在行走时停下来。

④ 行走时，脚跟与脚尖互相碰撞，或间隔小于1.5cm。

⑤ 行走时偏离直线。

⑥ 用手臂进行平衡（手臂离开原位置15cm以上）。

⑦ 失去平衡或转弯不当。

⑧ 走错步数。

（2）单腿直立试验

1）试验方法。单腿直立试验即被试人员一只脚站立，向前提起另一只脚距地面15cm以上，脚趾向前，脚底平行于地面，并大声用千位数计数（1001，1002，1003…），持续30s。试验时，分讲解、平衡与计数两个阶段。在讲解阶段，被试人员双脚同时站立，两手在身体两侧自然下垂，聆听试验人员对试验过程的讲解。在平衡与计数阶段，被试人员一只脚站立并开始计数。

2）衡量标准。试验中，试验人员观察以下4个指标，符合2个以上的，视为暂时丧失驾驶能力。

① 在平衡时发生摇晃，前后、左右摇摆15cm以上。

② 用手臂进行平衡，手臂离开原位置15cm以上。

③ 为保持平衡单脚跳。

④ 放下提起的脚。

[**案例分析**]　　张明某醉酒驾车炮制"6.30"特大惨案

2009年6月30日晚上，从事建筑工程承包的张明某在南京某饭店吃饭并饮酒后，开着那辆"苏A-TH900"的黑色别克君越轿车沿金盛路由南向北行驶，驶出137.5m后，将行人张某（男，27岁）撞倒（见图4-16）。张明某说"感觉撞到了东西，不是人就是物"，且他意识到发生撞击后并未停车，而是向左打方向继续加速向前行驶，穿越路中间双黄线驶入逆行车道，先后撞上路西侧西瓜摊前的一辆保洁车和西瓜摊摊主李某（女，31岁）和王某（男，45岁）。后经法医鉴定，张某、王某的损伤程度为轻微伤，李某的损伤程度为轻伤。此时，张明某仍未采取制动措施，而是向右打方向继续加速行驶。在双黄线西侧附近，又撞上了骑自行车的沈某（女，48岁），刚刚当上外婆的沈某被撞飞出去20m后坠地，当场死亡。张明某驾车继续向右行驶、穿越双黄线驶回正常行驶车道，与道路东侧的一辆汽车相擦后，以90km/h的车速（事后专家鉴定的车速）撞到了正满怀着对未来生活的美好憧憬的康某（男，27岁）和郑某（女，28岁）夫妇，郑某怀孕快7个月。康某被撞飞并抛到旁边一辆商务车的行李箱内，郑某被撞击后则抛至一辆轿车上坠地，当场死亡。令人目不忍视的是，她腹中的宝宝从身体内脱出，还没来得及看这个世界一眼，就随爸爸妈妈走了。

同时被撞的还有骑着电动自行车的汪某（男，56岁），颅脑损伤而死亡。黑色恶魔在连夺4命后还没有收手，张明某驾车继续前行，在前方华联超市附近，又撞上了董某（男，25岁）、洪某（女，26岁）夫妇。董某经抢救无效死亡，洪某受了轻伤。董某的女儿还在牙牙学语，他甚至还没听到女儿喊一声爸爸，就猝不及防地被死神夺去了年轻的生命。

之后，张明某驾车继续向前行驶，撞上一辆爱丽舍轿车尾部，致使该车与前方一辆轿车追尾。此时，张明某车上的安全气囊弹开，继续向前行驶437m后，停在明月港湾幼儿园门前。从后面追上来的见义勇为市民愤怒地将其摁住，巡逻民警迅速赶到，将其抓获。上述过程共有5人死亡，4人受伤。还有6辆机动车有不同程度的损坏，损失价值5万多元。

事发当晚，张明某即被警方控制，经血液鉴定，张明某血液中的酒精含量达381mg/100mL，超过了醉酒驾驶标准的近4倍。2009年11月27日以危险方法危害公共安全罪开庭审理，择日宣判。

a)　　　　　　　　　　　　　　　　　　b)

图4-16　张明某醉驾肇事过程与肇事车辆

a）肇事过程　b）肇事车辆

复习思考题

1. 何谓物证？交通事故中的物证是如何分类的？
2. 物证的基本检验方法有哪些？各有何特点？
3. 轮胎印痕有哪些类型？各有何特点？
4. 如何提取轮胎印痕？
5. 轮胎印痕鉴别有何作用？
6. 地面损伤痕迹有哪些类型？
7. 车体痕迹有哪些类型？
8. 车体痕迹有何特点？
9. 如何鉴别汽车的撞击痕迹？
10. 如何鉴别汽车的刮擦痕迹？
11. 如何鉴别汽车的分离痕迹？
12. 车体痕迹鉴别在汽车事故分析中有何作用？
13. 人体痕迹有哪些类型？
14. 何为法医物证勘验？人体痕迹中有哪些物证需要采用法医物证勘验？
15. 人体痕迹鉴别在汽车事故分析中有何作用？
16. 油漆物证有何作用？如何提取和检验？
17. 玻璃物证有何作用？如何提取和检验？
18. 塑料物证有何作用？如何提取和检验？
19. 纤维物证有何作用？如何提取和检验？
20. 橡胶物证有何作用？如何提取和检验？
21. 泥土物证有何作用？如何提取和检验？
22. 饮酒后驾车与醉酒后驾车有何区别？
23. 我国道路交通安全法对酒后驾驶的处罚规定有哪些？

第五章 / **Chapter 5**

汽车碰撞损伤的鉴定

第五章　汽车碰撞损伤的鉴定

教学提示：汽车碰撞损伤的鉴定是汽车定损评估、事故责任判定、事故原因分析的基础，具有很强的实践技能。因此，本章教学要采用理论与实践相结合的方法进行，通过典型案例增加学生的感性认识。

本章的教学重点是汽车碰撞时碰撞力的传递原理；非承载式车身的碰撞损伤特点；承载式车身的碰撞损伤特点；发动机损伤机理；底盘损伤机理；采用区位检查法进行汽车碰撞损伤鉴定的技巧。

本章的教学难点是汽车不同碰撞方式下碰撞力的传递原理；非承载式车身的车架损伤方式；承载式车身的锥体理论；区位检查法中五个区域的划分依据。

教学要求：

掌握汽车碰撞损伤的分类方法。

掌握不同碰撞现象中碰撞力的传递原理。

掌握车身的各结构件和非结构件的名称与功能。

掌握承载式车身的结构特征与损伤分析方法。

掌握非承载式车身的结构特征与损伤分析方法。

掌握发动机各部件在发动机舱内的布置位置及损伤形式。

掌握底盘各部件的布置位置及损伤形式。

掌握区位检查法在汽车碰撞损伤鉴定中的技巧。

第一节　汽车碰撞损伤的分类

汽车事故千奇百怪，事故车辆的损伤情况也千差万别。汽车碰撞损伤可根据碰撞损伤的程度、行为、现象等因素进行大致分类。

一、按照汽车碰撞损伤程度的不同分类

按照碰撞损伤程度的不同，通常将汽车碰撞损伤分为一般损伤、严重损伤和汽车报废。

1. 一般损伤

一般损伤又称为轻微损伤，是指只需更换或修理少数零部件，经喷漆后修复的损伤。一般损伤的事故现象有：

1）碰撞处周围产生弯曲变形。

2）碰撞处形成S形波浪状弯曲变形。

3）碰撞处形成S形包卷状弯曲变形。

4）局部收缩。

5）碰撞处被拉伸。

2. 严重损伤

严重损伤是指通过更换、修理和校正较大的车身部件，然后经喷漆后修复的损伤。有时

甚至需要对损坏的零件进行切割,然后焊接新件。虽然损伤严重,但是修理的费用仍低于换件的费用或是汽车本身的价值。严重损伤的事故有:

1)车身皱褶撕裂。
2)连接件脱落开裂。
3)车架大梁变形。
4)车体、底盘、车架、转向轮定位失准。

3. 汽车报废

汽车报废是指碰撞程度十分严重,足够达到全损标准的损伤。全损的标准还没有统一,各保险公司在确定"全损"时都有各自的原则和公式,但大多数公司都考虑下面三种情况:

1)当维修总费用等于或超过 ACV(Actual Cash Value,汽车实际现金价值)时。
2)当维修总费用等于或超过 ACV 的某个百分点时,如 75%或 80%。
3)当维修费用加上汽车的残值等于或超过 ACV 或 ACV 的某个百分比时。

汽车在意外事故中翻车、撞车、烧毁等,主要总成及零部件大部分损坏,无修复价值时;或挂车的车架、车身、前轴、后轴四个主要总成中,车架和其他任何一个主要总成严重损坏,无法修复时,均可由有关部门进行技术鉴定,并按规定程序报主管部门审批报废。

二、按照汽车碰撞行为的不同分类

按照汽车碰撞行为的不同,汽车碰撞损伤可分为直接损伤(或一次损伤)和间接损伤(或二次损伤)。

1. 直接损伤

直接损伤是指汽车直接碰撞部位出现的损伤。直接碰撞点多为汽车左前方,推压前保险杠使汽车左前翼子板、散热器护栅、发动机罩、左车灯等变形导致损伤。

2. 间接损伤

间接损伤也称为二次损伤,是离碰撞点有一段距离的损伤,包括因碰撞力传递而导致某些部件变形,如车架横梁、行李舱底板、护板和车轮外壳等,此外,还有弯曲变形和各种钣金件的扭曲变形等。

三、按照汽车碰撞损伤现象的不同分类

按照汽车碰撞损伤现象的不同,汽车碰撞损伤可归纳为五大类,即侧弯、凹陷、褶皱或压溃、错位损伤、扭曲(见图5-1)等。

第五章　汽车碰撞损伤的鉴定

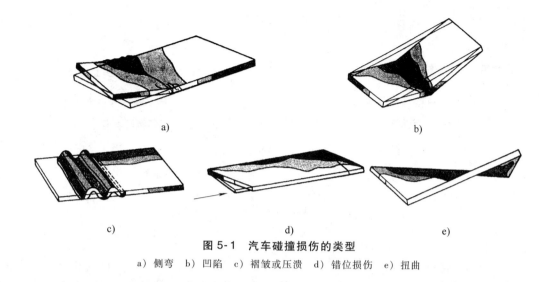

图 5-1　汽车碰撞损伤的类型
a）侧弯　b）凹陷　c）褶皱或压溃　d）错位损伤　e）扭曲

第二节　碰撞力对汽车损伤的影响

一、碰撞力

在事故中，汽车的直接损坏是由碰撞力引起的。碰撞力的大小和方向不同，对事故车辆造成的损坏也不同。

碰撞力越大，对汽车的损坏就越大，这是不言而喻的。汽车与被撞物体的相对速度越大、被撞物的刚度越大、接触面积越小，产生的碰撞力就越大，对事故车辆造成的损坏就越大。

碰撞力的方向对事故车辆的损坏程度也有很大的影响。在实际事故中，因为驾驶人在碰撞前的本能反应是躲让碰撞物和紧急制动，所以碰撞力的方向一般不会与车身的 x 轴（纵向）、y 轴（横向）和 z 轴（竖向）平行，而是有一个偏角。但是，为了分析碰撞力对汽车变形的影响，我们可以将碰撞力沿着 x 轴、y 轴和 z 轴三个方向分解成三个分力，如图5-2所示。x 轴方向的分力使汽车纵向产生挤压变形，y 轴方向的分力使汽车横向产生挤压和弯曲变形，z 轴方向的分力使汽车产生向上或向下的拱曲或凹陷变形。各个方向的损坏情况取决于分力的大小，而分力的大小与碰撞力的大小和作用方向有关。

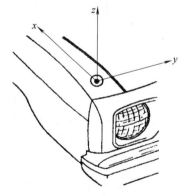

图 5-2　碰撞力可分解为三个相互垂直的分力

碰撞力造成大面积的损坏也同样取决于碰撞力与汽车质心相对应的方向。假设碰撞力的方向并不是沿着汽车的质心方向，即偏心碰撞，一部分碰撞力将形成使汽车绕着质心旋转的力矩，从而减少碰撞力对汽车零部件的损坏（见图5-3a）。

另一种情况是，碰撞力指向汽车的质心，即对心碰撞，汽车不会旋转，大部分能量将被汽车零件所吸收，造成的损坏是非常严重的（见图5-3b）。

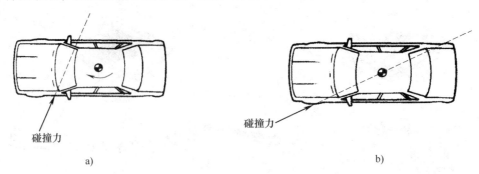

图5-3 碰撞力方向与汽车质心的关系
a) 偏心碰撞 b) 对心碰撞

驾驶人的反应经常影响碰撞力的方向，尤其对于正面碰撞。驾驶人意识到碰撞不可避免时，其第一反应就是旋转转向盘以避免正面碰撞（见图5-4a）。由这种反应所导致的汽车碰撞称为侧面损坏。在众多的碰撞类型中，人们应首先了解这种碰撞类型损坏。

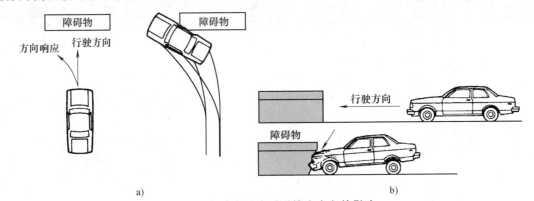

图5-4 驾驶人反应对碰撞力方向的影响
a) 旋转转向盘 b) 踩制动踏板

驾驶人的第二反应就是试图踩制动踏板，汽车进入制动状态，使汽车从前沿向下俯冲。这种类型的碰撞一般发生在汽车的前沿，比正常接触位置低（见图5-4b）。由这种反应所导致的汽车碰撞称为凹陷，经常在侧向损坏后立即发生。正面碰撞中的凹陷会导致碰撞点高于汽车的前沿，这将引起前罩板件和车顶盖向后移动及汽车尾部向下移动。如果碰撞点的位置低于汽车的前沿，汽车的车身质量将引起汽车的尾部向上变形，迫使车顶盖向前移动，这就是在车门的前上部和车顶盖之间形成一个大缝隙的原因（见图5-5）。

图5-5 典型正面碰撞的损伤

二、碰撞接触面积

碰撞力与碰撞面积成反比关系。同样的作用力，当撞击面积大时，单位面积所受碰撞力变小，即损伤范围大而变形量小。相反，若撞击面积小，单位面积所受的碰撞力变大。

假设汽车以相同的速度和相近的载货量行驶，碰撞的类型不同，损坏的程度也就不同。如果撞击的面积较大，损坏程度就较小，如撞击墙面（见图 5-6a）。接触面积越小，损坏就越严重。在图 5-6b 中，汽车撞击电线杆，则保险杠、发动机罩、散热器等都发生严重的变形，并且发动机也向后移动，碰撞所带来的影响甚至扩展到了后悬架。

图 5-6 不同的碰撞接触面积产生的损伤
a) 碰撞接触面积大　b) 碰撞接触面积小

另一种情况是，一辆汽车撞击另一辆正在运动的汽车。如图 5-7 所示，假设汽车 1 向正在运动的汽车 2 侧面撞击。汽车 1 的运动使汽车前端向后运动，然而汽车 2 的运动将汽车 1 向侧面拖动。尽管这仅是一次碰撞，但是碰撞损失却是两个方向的。此外，在一个方向也可能出现二次碰撞，例如，在高速公路上发生连环相撞。一辆轿车撞击另一辆轿车，然后冲向路边的立柱或栏杆，这是两种完全不同类型的碰撞。

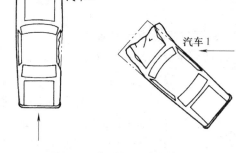

图 5-7 典型侧面碰撞的损伤
（箭头方向为碰撞前汽车行驶方向）

此外，还有许多其他的碰撞类型和混合碰撞的类型。要做出精确的损失评估，弄清楚汽车碰撞是如何发生的是非常重要的。通过获取大量的交通事故资料，并将它们同物理测量相结合，以判断汽车碰撞的类型，以及车身哪些零件发生扭曲或折断。

三、应力集中

物体受拉张、压缩等外力作用时，在物体断面上的任一处皆存在一样的应力。但是在某处断面有急剧变化时，就会产生不一样的应力。分别在板的中央部分切两个半圆、在板的中央部分开一个孔,当板的上、下端受到同样大小的张力时,应力的分布情况,如图5-8a、b所示。由图可知,在中央部分最小断面处,应力呈不规则分布,并在此处发生最大应力。通常将物体某一部分产生异常大的应力的现象称为应力集中。

整体式车身的前侧梁或前轮盖板的上缘处都有急剧的断面变化,这是对应力集中的利用,如图5-9所示。在汽车发生碰撞时,断面可将碰撞力集中,从而很好地提高能量吸收率。通常,将某些断面设计成孔洞状就是利用了这个原理。

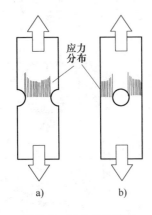

图 5-8 应力分布情况

a) 两侧半圆形 b) 中间圆孔

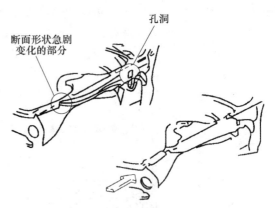

图 5-9 应力集中的示例

四、碰撞力的传递原理

现代汽车车身上有许多焊缝,这些焊缝可以作为汽车结构的刚性连接点。这些刚性连接点将碰撞力传递给整个汽车上与之连接的钣金件和汽车零部件,因此大大降低了汽车的结构变形。

1. 正面碰撞力的传递原理

如图5-10所示,假设汽车前角受到一个力F_0的作用,B区域将会变形,减小了F_1的冲击作用,剩下的碰撞力传递到C点,金属将发生变形,能量继续减小到F_2,F_2将分解成两个方向传递到D点,碰撞力继续减弱传递给F_3,所受到的力继续改变方向并冲击车身的支柱和车顶盖,E点的碰撞力继续减小到F_4,汽车车顶盖金属轻微变形,在F点几乎不再有碰撞力,也不再发生变形。碰撞能量大部分都被汽车零部件所吸收。刚性连接点、结构件、钣金件都可以吸收能量。不仅这些部分可以直接吸收碰撞能量,而且其他与该点相连的零部件也会发生变形,甚至在该点对面的零部件也会发生变形或偏离原来位置。

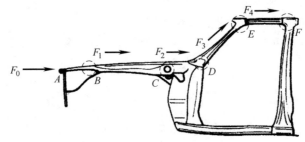

图 5-10 碰撞力传递原理

要想完全掌握现代汽车（特别是承载式车身）的碰撞损坏，了解汽车的碰撞力传递原理是非常重要的，否则就不能理解轻微损坏可能引起的汽车在操纵控制和运行性能上发生的严重故障。

通常，乘员舱用于向后传递纵向力的主要路径有两条，如图 5-11 所示。一条是通过乘员舱底部纵梁和门槛梁向后传递，这条路径承受纵向力的能力最大，因此，通常在其前端布置主要的吸能部件，如前纵梁。在碰撞中，纵向力经前纵梁、门槛梁和乘员舱底部纵梁向后传递。当前部结构的压缩变形较大时，前轮参与碰撞，纵向力经前轮、铰链柱下部结构和门槛梁向后传递，这样可以防止前部结构继续变形而使动力传动总成撞向乘员舱。另一条路径是纵向力经前梁和铰链柱、A 柱、车门及其抗撞侧梁和门槛梁而向后传递。此路径上较大的载荷会导致前门框的较大变形，使碰撞后车门开启困难，因此该路径前部结构的吸能能力通常较小。

图 5-11　正面碰撞载荷在车身结构中的传递路径

2. 侧面碰撞力的传递原理

当汽车侧面受到撞击时，车门在侧向撞击力的作用下，产生向车内运动的趋势，这种趋势受到车门框的阻挠，同时，车门框受到车门传递来的侧向力的作用。如果车门内布置了抗撞侧梁，前门受到的侧向撞击力将主要被传递到铰链柱和 B 柱，后门受到的侧向撞击力将主要被传递到 B 柱和 C 柱（见图 5-12）。

铰链柱在侧向力的作用下也有向车内运动的趋势，对于这种运动趋势的抵抗，在铰链柱上端主要由前风窗下横梁和仪表板安装横梁的轴向刚度提供；在铰链柱下端主要由该处车身底部横向结构的刚度提供。C 柱受到侧向力作用时，情况与此类似。

车门受到侧向撞击后，其向车内运动的趋势使 B 柱受到向车内弯曲的弯矩的作用。对 B 柱向车内变形的抵抗，主要来自其弯曲刚度和 B 柱上、下接头的刚度。

通过 B 柱上接头，作用在 B 柱上的部分力通过车顶边梁、车顶横梁和相关的接头结构

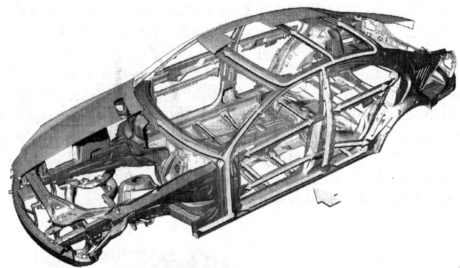

图 5-12 侧向碰撞载荷在车身结构中的传递路径

向非撞击侧传递。B 柱上接头对 B 柱向车内运动的抵抗由车顶结构提供,主要是车顶横梁的轴向刚度、车顶边梁的弯曲刚度、A 柱和 C 柱的弯曲刚度,还有在以上情况下各接头结构相应的刚度;通过 B 柱下接头,作用在 B 柱上的部分力被传递给门槛梁。

作用在门槛梁上的侧向力,一方面来自外部的直接撞击,另一方面来自 B 柱的作用。当 B 柱受到弯矩作用后,通过 B 柱下接头,门槛梁受到向车身内侧的推力、弯矩和绕门槛梁中心线的转矩的作用。在这些载荷的作用下,门槛梁将产生向车内侧的弯曲变形。对这种变形的抵抗来自两方面,一方面是门槛梁的弯曲刚度及其与铰链柱和 C 柱接头结构的弯曲刚度,另一方面是车身底部横向结构对门槛梁向车内运动的抵抗。最终,门槛梁受到的侧向力通过车身底部的横向结构被传递到非撞击侧。

3. 后面碰撞力的传递原理

后面碰撞中,撞击力向车前方传递的路径通常有两条,如图 5-13 所示。第一条由后保险

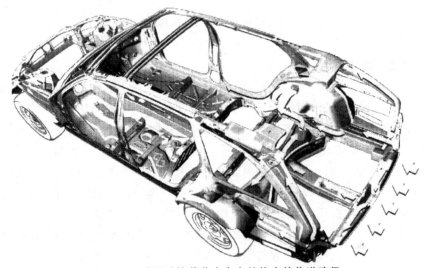

图 5-13 后面碰撞载荷在车身结构中的传递路径

杠，经后纵梁传递给门槛梁；第二条由后车轮后部结构，经后车轮传递给门槛梁。对于第二条传递路径，由于当轮胎参与碰撞后，它与其前面轴向刚度较大的门槛梁接触，导致对撞击的抵抗明显增加，所以碰撞吸能区通常被布置在后车轮后部，而将后轮作为变形限制器加以利用。通常后纵梁是后部结构的主要吸能部件。在以上情况中还要考虑备胎的影响。

图 5-14 所示为汽车前、后部分受碰撞时碰撞力的波及途径，用圆圈标注的部位是在波及途径上大量吸收冲击能量的车身部位。

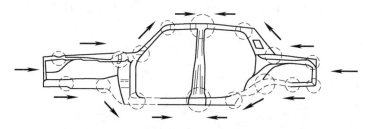

图 5-14　碰撞力波及途径和碰撞能量吸收部位

第三节　车身的损伤分析

一、车身的类型与构成

1. 车身的类型

按汽车车身的承载情况，车身结构主要有两种类型：有车架的非承载式结构和无车架的承载式结构。除此之外，还有一种介于两者之间的半承载式车身结构。

（1）非承载式车身　非承载式车身又称为车架式车身，其典型特征是在车身下面有一个车架结构，车身壳体通过螺栓安装在车架上，发动机、变速器、悬架等大总成也安装在这个车架上。这些大总成的重力和地面碰撞力主要由高强度的车架承载，而不是直接作用在车身上。在发生碰撞事故时，碰撞力可能会先作用在车架上，然后向车身传递。为了降低路面噪声，缓冲振动，提高舒适性，往往在车架与车身之间、车架与发动机和变速器之间安装一些橡胶衬垫。当前，非承载式车身在轿车上已很少应用，而主要用在一些SUV、大客车和货车上。

（2）承载式车身　承载式车身的典型特征是没有车架，发动机、变速器、悬架等大总成直接安装在车身结构上，它们的重力和路面载荷主要由车身结构承载。在发生碰撞事故时，碰撞力也直接作用在车身构件上，并沿着车身传播。

在承载式车身结构中，车身板件、横梁和纵梁通过点焊或激光焊焊接或粘接在一起，形成一个整体的车身箱体结构。这种结构既轻便又结实，乘员舱的刚度比非承载式车身更大，在碰撞中，汽车的前部和后部可以按照受控的方式溃缩，而乘客舱则得到最大程度的保护。

承载式车身结构需要更复杂的装配工艺，采用了一些新材料和新技术，如厚重的冷轧钢被更轻、更薄的高强度钢或铝合金所替代。因此，在维修事故车时也应当采取完全不同的修理方法，需要采用新的处理、矫直和焊接工艺。

目前，承载式车身因轻便安全、节能环保、技术成熟而在轿车上得到了广泛的应用。

（3）半承载式车身　半承载式车身又称为平台式车架结构，其特征是在车身的前后部有几根厚重的短纵梁，它们通过螺栓连接在一起，便于拆卸。这些纵梁不但是底盘机械件的安装基础，而且增强了碰撞时的车身强度。这种结构同时具备承载式结构和非承载式结构的一些优点，但应用不是很广泛，主要用在一些轻型货车上。

2. 车身部件

通常将一部汽车的车身分成三部分，即前部、中部和后部，如图5-15所示。

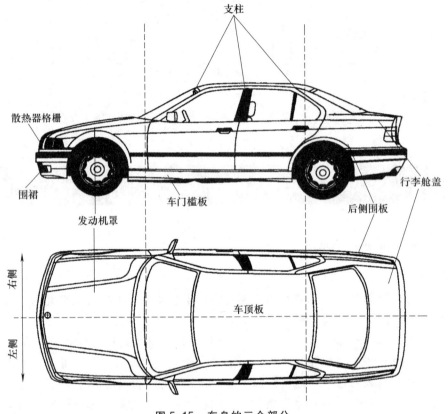

图5-15　车身的三个部分

（1）前部　前部即车身的车头部分，又称为前段或鼻部，它包括前保险杠到前隔板之间的所有部件，通常发动机也属于车身前部的一部分。前部的主要部件有车架纵梁、前罩板、前围板、减振器塔、散热器支架、发动机罩、前隔板、翼子板、保险杠总成等。

车架纵梁是指在车身前部底下延伸的箱形截面梁，通常是承载车身上最坚固的部件。

前罩板是车身前段后部的车身部件，在风窗玻璃的正前方，它包括顶罩板和侧罩板。

前围板是围绕着车轮和轮胎的内板，防止路面的瓦砾进入乘员舱。它们经常通过螺栓连接或焊接在车架纵梁和前罩板上。

减振器塔是被加强的车身部分，用以支撑悬架系统的上部分。螺旋弹簧、减振器安装在塔内，它们通常构成了前围板内部的一部分。

散热器支架是在车身结构前部周围的框架结构，用以支撑冷却系统的散热器以及相关部分。它通常紧固在车架纵梁和内前围板上。

发动机罩是一块铰接的板,这样可以打开发动机舱(发动机前置的汽车)或行李舱(发动机后置的汽车)。发动机罩的铰链用螺栓连接在发动机罩和前罩板上,使发动机罩可以打开。为了防止变形和振动,发动机罩通常由两块或两块以上的板焊接或粘接在一起。

前隔板是发动机罩和风窗玻璃之间的过渡段车身,有时也叫做"火墙"或"前脑门",是隔在车身前部与中部乘员舱之间的板,它通常是焊接在一起的。

翼子板从前门一直延伸至前保险杠,它盖住了前悬架部分和内围板,通常是由圆周的一圈螺栓固定在上面的。

保险杠总成用螺栓连接到车架前角或纵梁上,用以吸收小的撞击。

(2)中部 中部即车身的中间部分,又称为中段。中部主要包括构成乘员舱的车身部分。这部分包括地板、车顶板、前罩板、车门、车门支柱、风窗玻璃以及相关部分。

地板是乘员舱底部的主要构成部分,通常是一块大的钢板冲压件。对于前轮驱动的汽车,地板相对平坦一些;对于后轮驱动的汽车,地板必须为变速器和传动轴留出一条通道,因为传动轴需要空间通向后面的后桥总成。

支柱是汽车车身上用以支撑车顶板的梁,它还可以在发生碾轧事故时保护乘客安全。前支柱也称为A支柱,向上延伸到风窗末端,而且必须足够坚固以保护乘客,它是从车顶向下延伸到车身主干上的箱形钢梁。中间支柱也称为B支柱,是车顶的支撑件,在四门汽车上位于前门和后门之间,它增强了车顶的强度,并且为后门铰链提供了安装位置。后支柱也称为C支柱,它从后侧围板向上延伸,用以支撑车顶的后部和后窗玻璃,它的形状随车身的形式而变化。

(3)后部 后部又称为尾部、后箱、后尾或后段,通常由后侧围板、行李舱或后地板、后车架纵梁、行李舱盖、后保险杠以及相关部件组成。

行李舱地板是构成后贮存舱底的钢板冲压件。备胎通常放在这块冲压板的下面,行李舱地板通常焊接在后部纵梁上、轮罩里侧和后板下面。

行李舱盖是一块铰接在后贮存舱上面的板,举升架是一个与玻璃铰接到一起的大板,以便能够打开汽车后部行李舱。

后侧围板是一个大的侧面车身部分,它从侧门向后一直延伸到后保险杠,被焊接在上面,并形成后部车身结构的重要部分。

后地板安装在后保险杠之后,在两块后侧围板之间。后减振器塔支撑着后悬架的顶部。轮罩的内部包围着行李舱。

3. 车身板件的连接方式

车身板件包括金属板件(又称为钣金件)和塑料板件,一般是通过冲压或模制而成的。一辆汽车用到的板件有很多,通常它们的名称就说明了它们位置和主要功能。例如,发动机舱盖是发动机舱上面的盖板,行李舱盖是行李箱上面的盖板,前翼子板是车身前段两侧的板件,车顶板是汽车顶部盖板。

车身板件的连接方式有多种:第一种是焊接、粘接或铆接,主要用于安装永久固定的静止零件,如纵梁、散热器支架、地板、车顶、立柱和后侧围板等;第二种是用各种紧固件(如螺栓、螺母、卡夹等)连接,用于安装可以拆卸的静止零件,如进气格栅、保险杠、车身内饰等;第三种是铰接,用于安装可以转动或开闭的零件,如发动机舱盖、行李舱盖、车门等。

焊接是一种永久性连接，是通过加热熔化焊接材料，使两个零件交融到一起，冷却后便形成永久连接。金属和塑料零件都可以用焊接的方式进行连接。

压装或卡装是通过过盈配合或卡夹将零件固定到一起的。这种装配方式因有利于降低生产成本而得到越来越广泛的应用。

胶粘零件是利用高强度的环氧树脂或专用粘结剂将零件固定到一起的。金属和塑料零件都能用粘结剂粘合。

二、承载式车身的结构与损伤分析

1. 承载式车身的基本特征

承载式车身是将车架和车身合为一体，具有以下特征：

1）承载式车身是用点焊或激光焊接的方式，将形状各异的冲压薄板连接在一起，构成了一个整体。这种结构重量轻，刚度高，具有较强的弯曲或扭曲变形能力。

2）与非承载式车身相比，省去了车架，不但减轻了重量，而且增大了有效承载空间，使汽车更加轻便和紧凑。

3）动力传动系统和底盘各系统的振动和噪声直接传递到车身地板上，而承载式车身就像一个大音箱，具有放大噪声的作用。因此，在承载式车身内增加隔声材料显得格外重要。如果隔声材料安装不当，将会使乘员舱内有很大的噪声。

4）车身的金属薄板与路面很接近，容易受到水、盐等污物的沾染和腐蚀。而这些底盘钣金件又属于结构件，若严重锈蚀会影响汽车安全。因此，在汽车制造和修理过程中，必须对底盘钣金件进行有效的防腐处理。

在发生碰撞时，承载式车身结构中相对较硬的部位会将冲击能量传播到整个汽车，造成远离碰撞点的部位也产生变形。有些构件虽然在碰撞中通过变形吸收了部分碰撞能量，但可能在其变形之前就向相邻部位传递了部分碰撞力。这些间接损伤在事故勘察中很容易被忽略，但如果没有得到妥善修复，则可能会对汽车的操纵性能和行驶安全造成不良影响。

承载式车身的前段一般结构较复杂，不但有保险杠、车灯、翼子板、发动机舱盖等外覆件，还包含前悬架、转向系统、发动机、变速器和驱动桥等大总成。为了保护乘员舱，需要车身前段能够吸收大量碰撞能量。但为了保证转向系统和动力系统的正常工作，确保车轮定位参数不因变形过大而失准，车身前段的关键支撑部位又要有很好的刚性。

侧面车身与车身前段和车顶板相连，一起构成了乘员舱。这些板件可以将汽车底部承受的载荷分散到车身顶部，在侧面碰撞时防止左、右两侧发生弯曲。另外，车身侧面构件还有支撑车门的作用，在翻车事故中可以保护乘员舱的完整性。由于车身侧面有多个"大门洞"，其强度被大大削弱，因此，侧面构件通常由内板和外板连接在一起构成坚固的箱形结构。

2. 承载式车身构件

承载式车身构件按照功能和强度的不同可分成结构件和非结构件，结构件通过点焊或激光焊接工艺连接在一起，构成了一个高强度的整体式车身厢体，这就是车体焊接总成。对于损坏极其严重的事故车辆，有时可以通过更换车体焊接总成进行修复。非结构件是指车身面板、内饰和外饰件等，它们通过螺栓、胶粘、铰接或焊接等方式覆盖在车体外面，起到密封车身、减小空气阻力、美化汽车的作用，通常也称它们为车身覆盖件。在事故车辆维修中，非结构件通常可以单独更换。车身结构件和非结构件如图 5-16 所示。

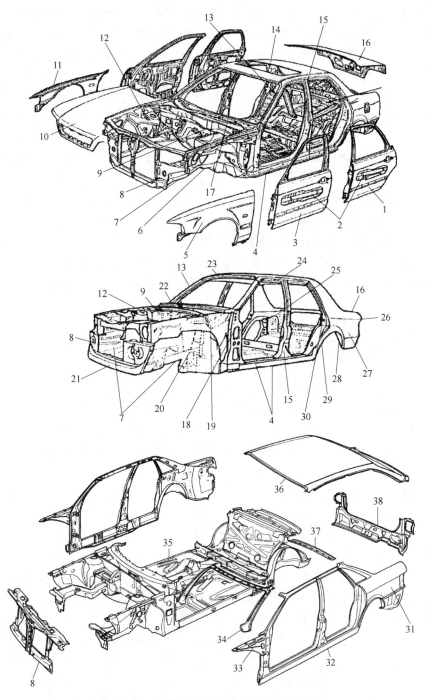

图 5-16 承载式车身的结构件和非结构件

1—后门 2—车门横梁 3—前门 4—门槛板 5—左翼子板 6—翼子板挡泥板 7—前纵梁 8—散热器支架 9—防火板 10—发动机舱盖 11—右翼子板 12—减振器塔座 13—前柱 14—车顶板 15—中柱 16—行李舱盖 17—车颈板 18—前门铰链立柱 19—挡泥板加强件 20—挡泥板 21—前横梁 22—车颈板上盖板 23—车顶横梁 24—车顶纵梁 25—后减振器塔座 26—腰线 27—后侧围板 28—轮罩 29—后柱下段 30—后柱 31—后翼子板 32—侧围总成 33—前指梁 34—顶盖支撑总成 35—底架总成 36—顶盖 37—顶盖后加强板 38—后围板总成

(1) 前段车身

1) 结构件。前段车身的主要结构件有前纵梁、横梁、车颈板、减振器塔座、前横梁和散热器支架等,它们构成一个封闭的厢体结构,为发动机、变速器等动力总成提供承载空间,同时也提供了承载这些大总成的强度。另外,汽车的转向系统、前悬架机构也安装在前段车体上,因此这里的受力形式非常复杂。

① 前纵梁:通常以点焊方式焊接在防火板前面、翼子板挡泥板的下面,车身左、右两侧各有一根,通常是箱形构件,是承载式车身上强度最大的构件。在一些高档轿车上,经常采用渐变形纵梁设计,即前纵梁内侧钢板的厚度是渐变的,靠近保险杠的一端较薄,靠近驾驶舱的一端较厚,如同两个楔块。在受到碰撞外力时,纵梁可以呈逐级线性变形,从而达到吸收碰撞能量的作用。

② 横梁:焊接在两侧纵梁之间,用于固定发动机和变速器总成,增大车身的横向强度。

③ 散热器支架:是一个相对独立的框架,位于车体结构的最前端,用来固定发动机散热器,通常用螺栓固定或焊接在纵梁和内翼子板之间。

④ 翼子板挡泥板:有时也称为内翼子板或翼子板裙板,包围在车轮上方,通常用螺栓或焊接方式固定在纵梁和防火板上,车身左、右两侧各有一个,对于增大前段车体强度具有重要作用。

⑤ 减振器塔座:有时也称为减振器拱形座或支柱塔,用来固定前悬架系统的减振器支柱和螺旋弹簧,其变形可能会影响车轮定位参数,因此对它的强度要求很高,通常与翼子板挡泥板一起加工成形。

⑥ 防火板:有时也称为前围板或前壁板,介于发动机舱和乘员舱之间,是车身前段和中段的分界线。它通常以焊接方式固定,对于保护车内乘员安全作用重大。

⑦ 车颈板:位于前风窗的正前方,防火板的上方,由上盖板和两侧盖板构成。

2) 非结构件。前段车身的非结构件主要有保险杠总成、散热器格栅、翼子板、发动机舱盖等。

① 保险杠总成:是车身前段重要的安全部件,也是最易损伤的部件,主要由杠皮、杠体、吸能装置、卡子等组成。它通常用螺栓或卡子安装在前段车体上,其作用是在碰撞时产生变形,吸收部分能量,保护后面的车体不受损坏。

现代轿车上广泛采用了吸能型保险杠,能够更有效地减少碰撞力进一步向车身构件传递。保险杠的吸能器有多种类型,比较常用的有橡胶或泡沫隔垫式、充气或充油式和弹簧储能式三种。橡胶隔垫式吸能器的工作原理与发动机橡胶垫的相同,在发生碰撞时,橡胶隔垫在碰撞力的作用下产生压紧变形,从而吸收碰撞能量。在碰撞力消失时,橡胶隔垫将恢复到原来的形状(除非被碰撞力损坏),使保险杠恢复到原来的位置。充气或充油式保险杠的工作原理类似于悬架系统中的减振器,在发生碰撞时,填满惰性气体的活塞被压向充满液压油的液压缸,在压力作用下,液压油通过一个小孔流到活塞中。这种受控的液压油的流动吸收了碰撞能量,随着液压油流进液压缸,它将挤压浮动活塞,对惰性气体产生压缩作用,在碰撞力消失之后,压缩的惰性气体将把液压油挤出液压缸,使保险杠恢复到原来的位置。弹簧储能式吸能器是通过弹簧而不是压缩气体将保险杠恢复到原位的。

② 散热器格栅:也称为进气格栅,是散热器支架的中心盖板。格栅上的百叶窗是为了让气流通过,以便帮助散热器散热。一般轿车的格栅上还带有厂家的徽标。

③翼子板：是包在前悬架和挡泥板外面的盖板，从前保险杠一直延伸到前车门处，遮盖在前车轮外面，因旧式车身上该部件的形状和位置类似鸟翼而得名，通常用螺栓固定在车体上。翼子板在事故中经常受损，能够单独更换。翼子板按照安装位置的不同分为前翼子板和后翼子板。

④发动机舱盖：是发动机舱的上盖板，通常用铰链连接在车颈板上。发动机舱盖通常由内、外两块金属板焊接或粘接而成，中间夹着隔热材料。内板主要起增强发动机舱盖强度的作用，其几何形状不定，但基本上都是骨架形式，这种发动机舱盖钣金修复的难度较大。发动机舱盖的开启方式有两种，即向后翻转或向前翻转。对于向后翻转的发动机舱盖，为了避免碰到前风窗玻璃，其安装位置在设计时设定了一个规定的角度，使它们之间至少能够保持10cm的距离。另外，为防止发动机舱盖在行驶中由于振动而自动开启，其前端都装有锁止装置，该锁止装置的拉手一般都安装在乘员舱内的仪表板左下方。

(2) 中段车身

1) 结构件。中段车身的主要结构件有地板、门槛板、立柱、车顶纵梁、车顶横梁等，它们焊接在一起构成了乘员舱，为乘员提供安全、舒适的乘坐空间，在事故中可以有效保护乘员安全。

①车身地板：车身地板是乘员舱底部的主要结构，通常是一整块冲压成形的大钢板。车身地板是全车焊接的基础件，是与各大总成连接的重要构件。它承受和传递汽车重量（自身重量、载重量）、地面反作用力、牵引力、制动力、惯性离心力、侧向力等各种交变碰撞力，因此对强度的要求很高。

②立柱：对于常见的四门轿车，左、右两侧各有三根立柱，分别称为前柱或A柱、中柱或B柱、后柱或C柱。前柱是从车顶向下一直伸到车体底部的钢制箱形构件，有时内部还装有加强件，所以非常坚固，一方面为前门提供铰接安装点，另一方面起到保护乘客的作用。中柱在前、后车门之间，一方面支撑着车顶支承，另一方面为后门提供铰接安装点，在侧面受到碰撞时还可起到保护乘员的作用，因此强度要求很高，一般在箱形构件中间装有加强件。后柱从后侧围板向上一直伸到车顶，用以固定车顶后部和后窗玻璃，其形状因车身形式的不同而有所不同。

③门槛板：又称为脚踏板，是装在车门框底部的加强梁。它通常是焊接在地板和立柱、踢脚板或后侧围板上，通常由内、外板件组成，对汽车底板和车身侧面具有加强作用，在侧面碰撞时能够对乘客进行保护。它通常与中柱连接。

④车顶纵梁：焊接在前柱、中柱和后柱之间，为车顶板提供支撑。它在翻滚事故中对乘客起到保护作用。

⑤车顶横梁：焊接在两侧车顶纵梁之间，为车顶提供支撑。它在翻滚事故中对乘客起到保护作用。

另外，因为前、后风窗玻璃对车身强度起着重要作用，通常也视为结构件。

2) 非结构件。中段车身的非结构件主要有后搁物板（窗台板）、车门、车顶板、仪表板等。

①后搁物板：又称为窗台板，是后座与后风窗之间的一块薄板，通常装有一对音响扬声器。

②车门：通常由门皮、门内骨架、门板、内饰等零件组成，门皮、骨架和门板通常用

点焊或蜷曲粘接的方式接合在一起。为加强侧面抗碰撞强度，门内通常还设有防撞杆。车门上通常还装有车窗玻璃、玻璃升降器、门锁及相关电控装置、按钮和开关等，可见，车门是一个非常复杂的总成。车门通过铰链与门柱相连，车门铰链通过螺栓或焊接方式固定在立柱和门框上。

③ 车顶板：是乘员舱顶部的盖板。从承载式车身的整体刚度考虑，车顶板不是关键部件，所以有些车型在车顶板上开设天窗。带天窗的车型在车顶板上设有一个天窗开口。车顶板通常焊接在立柱上。车顶板底部一般都装有隔垫和内衬，起到隔热、隔声和美化的作用。

④ 仪表板：也称为仪表盘，是一个非常复杂的总成，除了有仪表台板、组合仪表、收放机（CD播放机）、暖风和空调控制面板、通风口等零件之外，仪表板下面通常还装有安全气囊、电控单元、线束等电气元件，一些高级轿车还带有驾驶人信息显示屏。仪表台板一般是塑料件，质地较软，在碰撞事故中不会对乘客造成二次伤害。如果在事故中前乘员侧的安全气囊膨开，则仪表板就会遭到损坏，需要更换。

（3）后段车身　后段车身的很多构件与前段车身相似，如纵梁、后减振器塔座、后翼子板、行李舱盖、后保险杠。

1) 结构件。后段车身的结构件通常有后纵梁、行李舱地板、后减振器塔座等。

① 后纵梁：焊接在后段车身底部，通常是箱形构件，非常坚固，为汽车的后部提供足够的强度。

② 行李舱地板：通常由一整块钢板冲压而成，焊接在后纵梁、后轮罩内板和后背板之间，构成行李舱的底部。大多数轿车的行李舱地板上还冲压出一个备胎坑，用于安装备胎。

③ 后减振器塔座：也称为后减振器拱形座，与后轮罩内板和外板焊接在一起，用于固定后悬架减振器的顶部。后减振器塔座不但要承受来自地面的冲击载荷，而且其刚度和形状会影响后轮定位参数，因此强度和精度要求均比较高。

除以上结构件外，后风窗玻璃对后部车身刚度也起着非常重要的作用，因此也视为结构件。

2) 非结构件。后段车身的非结构件主要有行李舱盖、后背板、后部上盖板、后翼子板、后保险杠等，对于两厢轿车、MPV和SUV，车身尾部还有一个后舱门。

① 行李舱盖：是行李舱的上盖板，结构比较复杂，通常由外板和内板、内衬、锁闩隔板、支架盖锁内饰板等构成。为了提高行李舱盖的强度和吸能效果，在行李舱内板上装有加强筋。行李舱盖的内、外板件结构形式加大了钣金维修的难度，如果在事故中严重损坏，则一般只能更换内、外板件。行李舱盖以铰接方式连接在上部后盖板上。行李舱盖上通常留有安装后牌照的位置，有时还安装部分尾灯。

② 后背板：是焊接在行李舱后面以及左、右后翼子板之间的一块板件。

③ 后部上盖板：是后窗与行李舱盖之间的一块板件，用于安装行李舱盖铰链。

④ 后翼子板：又称为后侧围板，是后部车身两侧的大块板件，从后车门向后一直延伸到后保险杠位置，构成后段车身的侧面。后翼子板通常以焊接方式固定，是后段车身中的重要构件。

⑤ 后舱门：也称为尾门或背门，用于两厢车，是一整块冲压板件，以铰接方式安装在车顶板上。后舱门上通常还有玻璃窗、玻璃升降器、刮水器、门锁等零部件，也是一个复杂的总成。

3. 承载式车身的损伤分析

（1）锥体理论　碰撞对承载式车身造成的损伤可以用锥体理论来解释。承载式车身在发生碰撞时主要由车身吸收碰撞能量。

碰撞时，碰撞处的结构件发生一定的褶皱、弯曲等多种变形以吸收一部分碰撞能量。当碰撞力可能穿过车身的结构件时，车身结构件上的变形吸能区发生溃缩变形，进一步吸收碰撞能量，直到碰撞力全部消失为止。

碰撞力的这种扩散模式看上去就像一个"锥体"：碰撞点就相当于锥体的顶点，而锥体的中心线就是碰撞力方向，锥体的高度和张开的幅度表明了碰撞力穿过承载式车身的方向和范围（见图5-17）。锥体的顶点和碰撞点成为初次损伤区。

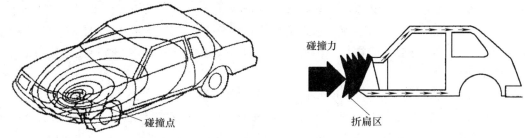

图 5-17　碰撞力以锥体模式在承载式车身上的传播

由于承载式车身是由薄金属板连接在一起的，因此碰撞能量被大部分车身板壳体吸收。碰撞波沿车身传播的作用称为二次损伤。通常，这种损伤是向车身内部结构或与车身碰撞相对的部位发展的。

为了控制二次损伤的分布区域，保护车内乘员的安全，在承载式车身汽车上设计了一些折扁区。折扁区在碰撞力的作用下按预先设定的方式变形，保持乘员舱的形状，并吸收二次损伤的能量。

具体地说，正面碰撞的能量将由车身的前部和折扁区共同吸收；后部碰撞的能量由车身后部吸收；侧面碰撞的能量将由撞击区的车身板、车顶边梁、侧面立柱和车门共同吸收。

（2）损伤分析

1）车身前部损伤分析。前部损坏是由于车头撞上另一辆车或其他物体引起的损坏，碰撞力的大小取决于车重、车速、撞击物及撞击面积。如果碰撞不严重，保险杠将后移，使前侧梁、保险杠座、前翼子板、散热器支架和发动机罩锁支柱等发生弯曲变形。

如果碰撞进一步增强，前翼子板将被撞到前门上，发动机罩铰链将上弯，接触到发动机罩；前侧梁褶皱，与悬架所在的横梁接触。如果碰撞再增强，前翼子板围裙和前车身支柱（特别是前门铰链上部区域）将发生弯曲变形，前门可能被撞掉。此外，前侧梁褶皱加大，使悬梁、横梁弯曲，发动机与驾驶区之间的隔板和地板也会变弯以吸收碰撞能量。

如果前部碰撞方向与整车轴线有一个夹角，还会发生侧向弯曲变形。而且，两侧的纵梁通过横梁连接在一起，受碰撞一侧纵梁上的力，将通过横梁传给另一侧的纵梁。

2）车身后部损伤分析。后部损伤是由于倒车时撞上其他物体，或被另一辆车从后面撞上引起的损伤。如果碰撞较轻，则后保险杠、后车身板、行李舱和地板等会变形，车轮上方的后侧围板也可能鼓出。

如果碰撞较严重，后侧围板将会上折撞到车顶，四门汽车的车身中支柱会变弯，碰撞还会使上部部件和后部纵梁发生变形。

需要特别注意的是，现代乘用车的燃油箱大多位于后排座椅下面，在发生较严重的追尾事故时，可能会使燃油箱产生裂纹而造成汽油泄漏，汽油极易燃烧，碰撞火星或静电火花都有可能造成严重的火灾，因此，在勘察汽油泄漏的事故时一定要十分小心。

3) 车身侧面损伤分析。承载式车身侧面在抵抗碰撞方面相对比较薄弱。一旦侧面被撞，可能会导致车门、门槛板、中柱、前翼子板以及后侧围板变形，严重时甚至会导致地板变形。如果是前翼子板部位遭到侧面碰撞，前轮往往会向内挤压，从而影响到前悬架横梁和前纵梁。如果碰撞比较严重，悬架系统的零部件可能会损坏，前轮定位参数遭到破坏，轴距发生变化，甚至会使转向器被撞坏。如果汽车的前翼子板或后侧围板部位遭到较大的垂直碰撞，冲击波会传递到汽车的另一侧，从而造成对面板件变形。如果是汽车中间部位遭到侧面碰撞，则主要是车门总成、门槛板、门柱、车身地板受损，严重时冲击波可能会使对面车门部位产生变形。

4) 车身顶部损伤分析。车身顶部损伤分析是由于落物砸伤汽车或汽车滚翻引起的损伤。车身顶部在事故中受损的概率比其他部位相对低一些。在汽车前部、后部或侧面碰撞中，只有当事故比较严重时，碰撞力才可能会传递到车身顶部，造成顶部梁和面板受损。

汽车滚翻时，车身支柱和车顶板会弯曲，相应的支柱也会受损。根据滚翻方式的不同，还可能造成车身前部或后部损伤，其辨认特征是车门及车窗附近发生变形，易于发现。

(3) 承载式车身碰撞变形顺序　承载式车身在发生前部或后部碰撞时，碰撞力将从碰撞点开始，沿着车身构件向外传播，从而造成更大面积的损坏。一般来说，车身发生变形的顺序如下：

1) 弯曲变形。在碰撞发生后的一瞬间，碰撞力达到最大，它首先会对构件产生挤压作用，使构件中部产生弯曲变形。但由于金属构件具有弹性，所以在碰撞力消失后金属构件可能会部分或全部恢复原状。在事故勘察时，如果发现测量的高度值超出允许范围，通常表示产生了弯曲变形。

2) 褶皱变形。随着碰撞的进一步延续，碰撞点处会出现明显的褶皱，从而进一步吸收碰撞能量，以保护乘员舱的安全。由于碰撞力沿着车身传递，导致远离碰撞点的部位也可能发生褶皱、撕裂或拉松。在事故勘察时，如果发现测量的长度值超出允许范围，通常表示发生了褶皱变形。

3) 扩宽变形。对于设计良好的承载式车身结构，乘员舱在事故中的变形量会很小，产生变形也是乘员舱的构件向外鼓，而不是侵入舱内，以保护乘员安全，这就是所谓的扩宽变形。在事故勘察时，如果发现测量的宽度值超出允许范围，通常表示发生了扩宽变形。

4) 扭曲变形。如前所述，碰撞点通常不是在汽车正中间的位置，因此碰撞力产生的力矩会使车身产生扭曲变形。即使碰撞发生在汽车正中间的位置，二次碰撞也可能会使车身产生扭曲变形。扭曲变形通常是最后发生的一种变形形式。在事故勘察时，如果发现测量的高度和宽度值都不在允许范围内，通常表示发生了扭曲变形。

虽然承载式车身与非承载式车身在碰撞事故中的损坏形式很相似，但是承载式车身的损坏往往更复杂。另外，承载式轿车在严重碰撞中通常不会产生错位损伤。

三、非承载式车身的结构与损伤分析

1. 非承载式车身的结构

非承载式车身是传统的汽车车身结构。在非承载式车身中，车架是整个汽车的结构基础，车身壳体通过螺栓安装在车架上，发动机、变速器、悬架等大总成也安装在车架上。车架必须有足够的强度，才能承载各大总成的重量，并保证在碰撞中汽车主要部件的固定位置不会产生较大的变动。车架通常是由高强度槽钢或箱形构件制成的，上面固定了一些横梁、支架和拉杆，用于安装汽车底盘部件，横梁、支架和拉杆通常是用焊接、铆接的方式或螺栓连接到车架纵梁上的。

（1）非承载式车身的结构特点　与承载式车身相比，非承载式车身具有以下结构特点：

1）非承载式车身结构的承载能力通常比承载式车身高，因此非承载式车身主要应用在SUV、大客车和货车上。

2）采用非承载式车身的汽车离地间隙相对较大一些，而且车身地板下面有厚重的车架保护着，因此适用于越野车。

3）车架有吸收路面振动的作用，而且车身与车架之间通常安装了一些橡胶衬垫，因此乘坐起来更加平稳、安静和舒适。

4）在发生碰撞事故时，大部分碰撞能量将由车架吸收，因此可有效保护乘员安全，车身损伤相对较小一些。

但是，非承载式车身因为采用了厚重的车架，所以汽车总重一般比承载式汽车重很多，影响了汽车的动力性和燃油经济性。

（2）非承载式车身的车架　非承载式车身的车架有梯形车架、周边式车架和X形车架三种。

1）梯形车架。梯形车架是由两根纵梁与几根横梁组成的，两纵梁可能是平行的，也可能不平行，整个车架看上去像一个梯子。梯形车架现在应用较少。

2）周边式车架。周边式车架在结构上与梯形车架类似，其特点是两根纵梁在车身底部基本上沿着周边布置，并在前轮后部和后轮前部分别设计了阶跃变形部位，以形成抗扭箱形结构。这种车架结构可以在侧面碰撞中更好地保护乘员安全。在受到正面碰撞时，车架的前部可以吸收大部分能量。在后端受到碰撞时，纵梁的后部通常会向上拱起，从而吸收大量冲击能量。为了防止汽车在碰撞中发生扭曲，在关键部位用横梁进行强化。

3）X形车架。X形车架的特点是中间窄，前、后宽，具有较高的抗扭性，但现在已经基本不再使用。

（3）非承载式车身的板件

1）前段车身。非承载式车身的前段结构如图5-18所示，主要零部件

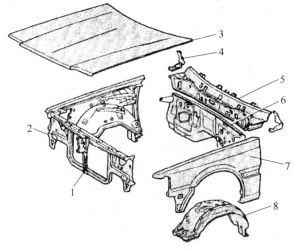

图5-18　非承载式车身的前段结构

1—发动机舱盖锁闩支架　2—散热器支架　3—发动机舱盖
4—发动机舱盖铰链　5—车颈板　6—防火板　7—前翼子板　8—挡泥板

与承载式车身相似，但连接方式却有很大不同，如散热器支架、前翼子板、前挡泥板通常都是用螺栓固定的，维修时比较容易拆装。

散热器支架一般是由上、下、左、右四根支架焊接起来的一个整体结构。而翼子板的上端和后端与内板通过点焊连接，这样不仅增大了翼子板的强度和刚度，还有利于降低振动和噪声，在侧面碰撞时保护悬架和发动机不受损坏。

2）车身本体。非承载式车身本体可分为乘员舱和行李舱两大部分，如图5-19所示。它主要由前围板、仪表板、地板、车顶板、立柱、车门、后翼子板、行李舱盖等部件组成。各个部件的结构与承载式车身中的相应结构类似，但车身本体是以车架为安装基础的，不是主要的承载部分，所以各个构件的连接方式可能与承载式车身不同。这里不再赘述。

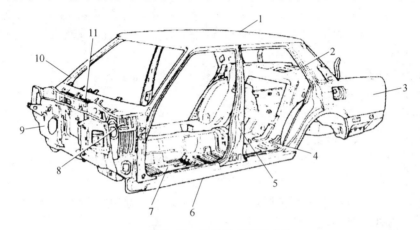

图5-19 非承载式车身本体

1—车顶板 2—上背板 3—后侧围板 4—乘员舱后部地板 5—中柱 6—门槛板
7—乘员舱前部地板 8—车颈板侧面外板 9—前围板 10—前柱 11—车颈板

2. 非承载式车身的损伤分析

当非承载式汽车发生碰撞时，其车身板件的损坏形式与承载式汽车基本类似；所不同的是，其车架作为承载件，可能会在严重的碰撞或倾翻事故中发生比较明显的变形，从而严重影响整车的操纵性能。车架最常见的变形损伤有歪曲、凹陷、挤压、错位和扭曲等，这几种损伤往往会在事故车上同时存在，在进行损伤鉴定时应仔细检查，逐一确认。

（1）歪曲变形 歪曲变形是指车架的前部或后部向一侧弯曲（见图5-20），通常在侧面碰撞中出现。一般通过查看车架纵梁的一侧是否向内或向外弯曲即可确定车架是否发生了歪曲变形。在事故勘察中，如果发现车门的长边缝隙变大而短边出现褶皱，或者发动机罩或行李舱盖的边缝变大或变小，就应当注意进一步查看车架是否发生了歪曲变形。

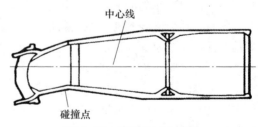

图5-20 车架的歪曲变形

（2）凹陷变形 凹陷变形是指车架某一处的离地高度低于正常值的现象，即向下凹陷（见图5-21）。此类变形通常在前部或后部正碰中出现。车架的凹陷变形常见于车架的前部和后部，有时是一侧凹陷，有时是两侧凹陷。在事故勘察中，如果发现翼子板和车门之间的缝隙是顶部变小、底部变大，或者车门下垂，就应当注意进一步查看车架是否发生了凹陷变形。

（3）挤压变形　挤压变形是指车架纵梁或横梁长度比正常值缩短的现象，一般伴随着褶皱变形（见图5-22）。车颈板前部和后风窗后部区域在前、后正碰中比较容易出现挤压变形。在事故勘察中，如果发现发动机舱盖、翼子板或车架纵梁有褶皱变形，轮罩上部的车架被抬高，则应当注意进一步查看车架是否发生了挤压变形。

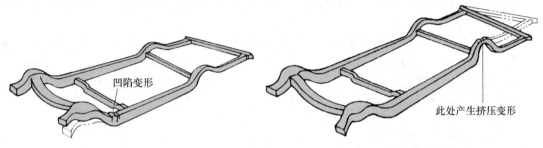

图5-21　车架的凹陷变形　　　　　图5-22　车架的挤压变形

（4）错位变形　错位变形是指汽车的左、右两侧发生前、后错位，使车架和车身从矩形变成平行四边形（见图5-23）。此类变形通常在汽车的一角发生剧烈碰撞时出现。错位损伤使整个车架都发生了移位变形，对汽车的操纵性能影响很大。在事故勘察中，如果发现发动机舱盖或行李舱盖的边缝不齐，乘员舱或行李舱地板出现褶皱，则应当注意进一步查看车架是否发生了错位变形。

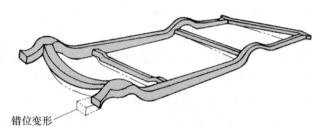

图5-23　车架的错位变形

（5）扭曲变形　扭曲变形是指汽车在对角线方向上发生变形的现象，即对角线上的一个角高出正常值，另一个角低于正常值（见图5-24）。此类变形通常在后部边角碰撞或翻滚事故中出现。如果汽车经常高速通过减速带或马路牙（道路旁边的台阶），也可能会导致车架产生扭曲变形。在事故勘察时，如果发现汽车的一角下垂，就应当注意进一步查看车架是否产生了扭曲变形。

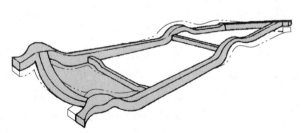

图5-24　车架的扭曲变形

与承载式车身一样，很多事故中车架会出现多种变形。除了直接碰撞导致的变形外，车架还可能会因惯性力作用产生二次变形。例如，在剧烈的碰撞中，发动机可能会因惯性作用前、后移动，这样会导致发动机支座（支撑发动机的横梁）产生变形损坏。在损伤鉴定中，通过比较车身门槛板与前、后车架之间的间隙情况，或者比较前翼子板与轮毂前、后部的间隙情况，可以初步判断车架是否发生变形。

车架损伤形式和损伤程度因碰撞力的大小、方向以及碰撞位置的不同而不同。因此，在事故勘察中应当收集尽可能多的信息，由此推断出事故发生的过程，这对于判断车架损伤情况十分重要。当然，最精确的损伤鉴定方法是科学的测量，例如，根据汽车制造厂的车身修复手册测量关键定位孔之间的距离，可以判断车架的变形情况。

第四节　发动机与底盘部件的损伤分析

汽车发生碰撞、倾翻等交通事故，车身因直接承受撞击力而造成不同程度的损伤，同时由于波及、诱发和惯性的作用，发动机和底盘各总成也存在着受损伤的可能。但由于结构的原因，发动机和底盘各总成的损伤往往不直观，因此，在汽车定损勘查过程中，应根据撞击力的传播趋势认真检查发动机和底盘各总成的损伤。

一、发动机的损伤分析

在一般的轻度碰撞事故中，发动机本体基本不会受到损伤，最多是汽车前端的散热器及其支架可能受到影响；但在比较严重的碰撞事故中，车身前部变形较严重时，发动机的一些辅助装置及覆盖件（如空气滤清器总成、冷却风扇、发动机正时盖罩、油底壳等），会因波及和诱发的影响而损坏，发动机支座也可能产生变形或移位。对于现代新型轿车，发动机舱内部都布置得十分紧凑，在碰撞事故中产生的关联损伤可能更大，例如，蓄电池、发电机和起动机、空调压缩机、转向助力泵、带轮及传动带、风窗清洗装置等总成、管路和支架等都可能受到损伤。更严重的碰撞事故会波及发动机的气缸盖、进/排气歧管、凸轮轴、曲轴等零部件，致使发动机缸体的薄弱部位破裂，甚至导致发动机报废。

在对发动机进行损伤检查时，应注意详细检查有关支架以及发动机缸体部位有无损伤，因为这些部位的损伤不易发现。若发动机的辅助装置和覆盖件损坏，可以直接观察到。当怀疑发动机内部零件有损伤或缸体有破裂损伤时，需要对发动机进行解体检验和维修。必要时应进行零件隐伤探查，但应正确区分零件形成隐伤的原因。

1. 冷却系统的损伤分析

当前汽车上最常用的汽油发动机或柴油发动机绝大多数都采用液冷方式进行冷却，即通过冷却液在缸体和缸盖内循环使发动机保持正常的工作温度。冷却系统由水泵、水套、散热器、风扇、软管、节温器、温度指示器、风扇护罩等零部件组成，如图 5-25 所示。

散热器处在进气格栅和发动机之间，因此它是冷却系统中最容易被撞坏的部件。散热器在碰撞中的损伤形式多种多样，最常见的一种是散热器芯损坏。依据碰撞的严重程度，风扇可能只会造成散热器芯的外观损伤（此类损伤很容易修理），也可能毁坏散热器芯。变形的翅片可以用专用工具拉直，没有严重损坏的管路可以重新焊接；但是如果大块的冷却翅片松脱，或是管路被压扁或撕裂，则需更换一个新的散热器芯。

有时碰撞后的散热器看上去没有任何明显的损伤，但是撞击力可能会在软管周围沿着散热器芯盖或管路接缝处造成极细的裂纹。如果怀疑存在隐蔽的损伤（散热器中冷却液不足，且无明显损伤），则应通过压力测试检测散热器有无泄漏。

对于散热器风扇，如果叶片弯曲或损坏，就不能再修理，只能换新。损坏或弯曲的风扇离合器也必须更换，这也是不可修理的项目之一。如果水泵的轮毂或轴已损坏，则应进行更换。散热器护罩通常是塑料制品，如果损坏不严重，可以通过塑料焊接工艺进行修理。传动带和软管由于自身的柔性，通常在碰撞中不会损坏。但是，有时为了松开一个受损部件，必须将好的传动带切开。此外，若传动带上出现裂纹、切口、划痕或磨损严重，则应当更换新的传动带。如果软管出现裂缝、刺孔、撕裂、老化开裂、烧灼、鳞片、变软，则应当更换新的软管。特别要注意散热器下部软管，下部软管内部有钢丝支撑，用以避免水泵高速转动产生的局部真空使其塌陷。如果下部软管已经被撞扁，则其内部的强化弹簧也已撞偏。如果不进行更换，汽车可能会在高速时出现过热问题。聚丙烯风扇护罩上的裂缝可以进行塑料焊接修理。

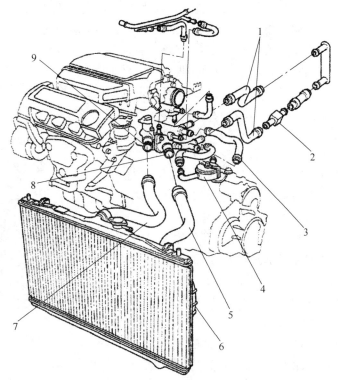

图 5-25 发动机冷却系统

1—加热器软管 2—加热器阀 3—水冷却旁通软管
4—自动变速器油加温器 5—散热器下部软管 6—散热器风扇
7—散热器上部软管 8—节温器盖 9—水管接头

正面碰撞往往会导致冷却液泄漏。冷却液不足会使冷却系统的冷却能力降低，并导致发动机过热。外部泄漏往往由于软管开裂、散热器损坏、水泵压碎及类似的故障引起。

内部冷却系统泄漏可能由气缸盖衬垫烧毁、进气歧管衬垫泄漏或缸盖翘曲所致。内部泄漏很少由碰撞损伤所引起。

还有一种内部泄漏是自动变速器油（ATF）冷却器油箱向散热器泄漏造成的。发生这种泄漏的一个明显迹象是：在散热器中出现一种较浓的粉红色液体，这种液体是由冷却液和变速器油混合所造成的。由于碰撞时散热器会受到冲击，因此在进行修理后的检查时，必须优先检查这个部位。

冷却液补偿罐通常由塑料制成，所以容易被损坏。检查补偿罐上有无裂纹或擦伤，并确保通向散热器的软管连接完好，形状正确。这些塑料罐通常不能修理，如果发生开裂或变形，就必须予以更换。

水泵的壳体一般比较坚固，因汽车碰撞造成损坏的可能性比较小。

2. 发动机机体部件的损伤分析

现代轿车大多采用发动机前置前轮驱动的布置形式，常用的发动机一般是横置的直列四缸、V6 和 V8 三种类型。

碰撞可能会对发动机部件造成损坏。如果横置发动机汽车受到来自保险杠上方的严重碰撞，缸盖和顶置凸轮轴就可能损坏。在碰撞中容易受损的发动机外部零件包括带轮、传动带、发动机支座、正时罩、油底壳和空气滤清器等。

曲轴带轮带动传动带转动，驱动各种动力附件，如空调压缩机、动力转向泵以及水泵等。发动机支座固定发动机并缓冲发动机的振动。支座通常位于发动机的左、右和前侧。有些发动机还有一个后支座，如图 5-26 所示。正时罩用于保护正时齿轮和正时带。油底壳是指储存发动机润滑油的金属壳体。空气滤清器用来过滤发动机的进气。

汽车发生碰撞、倾翻等交通事故，车身因直接承受撞击力而出现不同程度的损伤，同时由于波及、诱发和惯性的作用，发动机也存在着损伤的可能。但由于结构的原因，发动机的损伤往往不直观。因此，在汽车勘查定损过程中，应根据撞击力的传播趋势认真检查发动机的损伤。

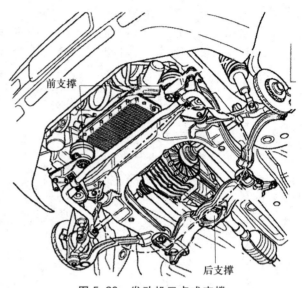

图 5-26　发动机三点式支撑

汽车的发动机，尤其是小型轿车的发动机，一般布置在汽车前部的发动机舱中。汽车发生迎面碰撞事故，不可避免地会造成发动机及其辅助装置的损伤。对于后置发动机的大型客车，当发生追尾事故时，有可能造成发动机及其辅助装置的损伤。

在侧面碰撞中，下车架横梁会发生大幅移动，使带轮弯曲然后反弹回来。在检查损伤时，应意识到即使在横梁和带轮之间还有间隙，带轮也可能已经损坏。最好是起动发动机并观察带轮有无摇摆。若受损的带轮无法修理，必须予以更换。同样，如果带轮损坏，那么装带轮的泵或压缩机也可能受损。检查零件是否工作正常、有无泄漏，并检查驱动传动带有无裂缝。

在严重的正面和侧面碰撞中，发动机支座可能受损。由于下横梁或散热器支架在碰撞中会移动，所以安装在上面的部件也会移动。发动机支座通常就是这样弯曲的。观察支座、发动机和车架横梁的位置变化。通常支座与发动机和横梁成直角，如果不是直角，则表明发动机或横梁发生了位移变化。通常，通过修理横梁可以将支座恢复到正确的角度。如果支座发生弯曲，则应予以更换。支座在严重的碰撞中可能会断裂，因此要检查支座是否断裂，检查时应将发动机支起。如果发动机向上移动，则支座可能断裂。要检查自动变速器汽车上的发动机支座是否断裂，则应起动发动机，踩下制动踏板，挂入行驶档位，在不松开制动踏板的情况下轻踩加速踏板。如果发动机弹起，则支座可能断裂，需要进行更换。

如果正时罩或油底壳是由冲压金属材料制成，在发生了轻型凹陷时，应拆下并进行金属加工。如果受损的正时罩和油底壳是由铸铁或铝合金板件制成，在损坏严重时，应进行更换。空气滤清器通常装在散热器支撑后方，正面或侧面碰撞时它们很轻易就会损坏。要仔细检查，因为损坏处可能很难发现。塑料的空气滤清器壳体或固定凸起可以通过塑料焊接粘结剂进行修复。

当怀疑发动机内部零件有损伤或缸体有破裂损伤时，需要对发动机进行解体检验和维修。必要时应进行零件隐伤探查，但需正确区分零件形成隐伤的原因。因此，在对发动机进行定损鉴定时，还应考虑到修复方法和修复工艺的选用。

3. 排气系统的损伤分析

排气系统的部件（见图5-27）有：排气歧管和衬垫、排气管、密封垫和连接管、中间连管、催化转化器、消声器、辅助消声器、尾管、隔热罩、卡子、衬垫和悬架。

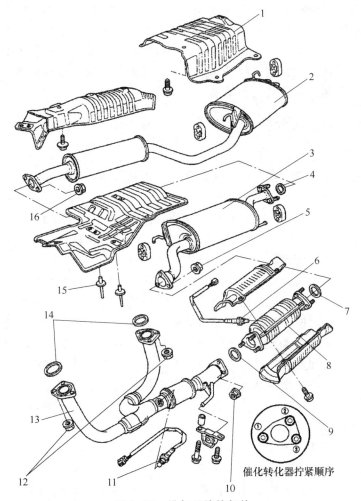

图5-27 排气系统的部件

1—隔热罩 2—排气尾管 3—消声器 4、7、9、14—垫圈 5、10、12、16—自锁螺母
6—副加热型氧传感器 8—三元催化转化器 11—主加热型氧传感器 13—排气管 15—铆钉

对于所有的发动机，废气都是从排气歧管流到排气管，排气管与催化转化器、消声器、中间连管组成完整的排气管路。有些大排量发动机的排气系统中还配有一个副消声器，用来进一步消除排气噪声。简单地说，消声器就是连着入口管和出口管的一个罐状零件，内部是一系列改变排气流向的阻隔物，排气流向的改变能够消除排气在排出尾管时燃烧的声音。

催化转化器是汽车发动机上普遍采用的一种机外废气净化装置，用来将有害的一氧化碳气体转化成二氧化碳，并将在发动机燃烧过程中未烧尽的碳氢化合物燃烧。它安装在排气歧管和消声器之间。

在判断排气系统有无损伤时，可以听发动机的噪声有无明显增大，看排气系统的零件有无裂纹或弯曲。只要损伤的程度超过了轻微的刮伤或非常轻微的弯曲，就需要将受损件进行更换。如果只是尾管末端的一小段受损，则可将这一小段拆下，换上尾管延长管。如果催化转化器损坏，则必须进行更换。

检查排气系统状况时，可用手抓住排气尾管（在不热时），试着让其上下、左右移动。每个方向都只应有轻微的移动。如果需要进一步检查，则可起动发动机（千万不能在封闭的车间内），然后将一块布塞入排气尾管，再检查各连接处有无泄漏。如果发现泄漏，试着将夹紧装置拧紧。如果泄漏依然存在，则必须予以更换。如果能听到很大的滴答声、咔嗒声或吹嘘声，则表明系统可能有较大的排气泄漏。首先确保管接头没有松动和泄漏，如果是部件损坏，则松开夹紧装置或管接头，单独更换各部件。

二、传动系统的损伤分析

1. 变速驱动桥

对于前轮驱动汽车，变速器与主减速器和差速器直接相连，称为变速驱动桥。变速驱动桥的位置使其在正面碰撞中容易受到损坏。

（1）手动变速驱动桥　大多数手动变速驱动桥为五速，也就是说有五个前进档（其中一个是超速档）和一个倒档。变速器的齿轮装在一个铸铝壳体内。变速器的内部有齿轮、离合器总成和换档拨叉。变速驱动桥的外部有变速操纵机构、变速杆、离合器主缸和离合器副缸。变速驱动桥和液压离合器的正常工作需要工作液，变速操纵机构必须调整对正。碰撞会使变速器壳体开裂、液压系统泄露或是变速操纵机构错位。用举升机将汽车升起，检查变速驱动桥四周有无液体泄漏，查看连杆是否弯曲。所有受损的部件都必须更换。

（2）自动变速驱动桥　自动变速驱动桥中包含一组或多组行星齿轮组、制动带、伺服机构、离合器、侧齿轮和油泵。这些零件封装在一个变速器壳体和罩盖中。如果壳体折断或开裂，则应进行更换。自动变速器油底壳为冲压钢板，装在变速器壳体的底部，用来储存机油。如果其密封部分发生损坏，则应将其拆下、矫直，并换用新的垫圈将其装回。当损坏的油底壳拆下后，应对内部零件进行检查。

如果外部件受到损坏或怀疑内部受损，则变速器需要进行拆解检查。由于正常使用中的磨损也可能会造成变速器故障，应加以注意。

如果汽车碰撞时，变速器位于驻车位置，则说明制动棘爪可能折断，因为该零件在设计时就保证要在其他零件受损坏前先折断。

（3）前轮驱动半轴　前轮驱动发动机所产生的动能通过驱动桥和两个半轴传到驱动轮，如图5-28所示。为实现驱动轮的转向功能，每个半轴两端都各有一个等速万向节，每个等速万向节都包括一个球笼、轴承、驱动器和支架、壳体和防尘套。防尘套的作用是保护润滑脂，对万向节的正常工作很重要。驱动轮处严重的撞击会将半轴从变速驱动桥中推出，甚至折断等速万向节。只要发现驱动轮受损，就应该对半轴进行检查，查看防尘套有无破裂，拉动半轴检查是否松动。受损的防尘套和等速万向节可以进行更换，有时需要更换整个半轴。

2. 万向传动轴

对于后轮驱动型汽车，由传动轴将发动机和变速器的动力传递给后桥的差速器。传动轴是一个中空管，两端各带一个万向节。有些汽车上采用的是两段式传动轴，这时会有三个万

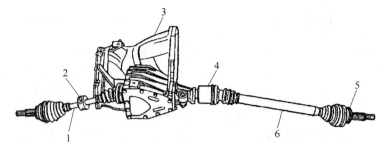

图 5-28 前轮驱动半轴

1—左半轴 2—平衡块 3—变速驱动桥 4—万向节 5—外侧等速万向节 6—右半轴

向节。在后桥受到严重撞击时,传动轴可能会在碰撞力的作用下从变速器中脱出。受损的传动轴一般需要更换整个总成。

3. 后驱动桥总成

后轮驱动型汽车是由后桥驱动的。后桥总成包括车桥壳体、主减速器、差速器、两根半轴。主减速器的作用是进一步降速增扭,差速器能够让两个后轮分别以不同的转速转动。后轮受到的撞击会使车桥弯曲,甚至折断车桥壳体。要检查车桥是否弯曲,应首先用千斤顶将车桥后端顶起并支撑住车桥壳体。如果车轮弯曲,则应安装一个好的车轮。转动车轮,站在后面查看车轮是否摆动。如果车轮摆动,则说明车桥弯曲。要检查弯曲的壳体,则应从一个参考点在两侧测量。弯曲的车桥或壳体应当进行更换。

对传动系统进行损伤检视分析后,将其结果填入传动系统损伤检视记录表中,见表5-1。

表 5-1 传动系统损伤检视记录表

检验项目		检验结果	判别标准	判别结论
离合器	离合器踏板高度	_____ mm	GB 18565	合格□ 不合格□
	离合器踏板自由行程	_____ mm	GB 18565	合格□ 不合格□
	离合器液压传动机构	有效□ 失效□ 效能或功能下降□	GB 18565	合格□ 不合格□
	离合器储液罐	完好□ 漏油□	GB 18565	合格□ 不合格□
	离合器功能	有效□ 失效□ 效能或功能下降□	GB 18565	合格□ 不合格□
变速器及分动器	手动变速器档杆所在位置	1□ 2□ 3□ 4□ 5□ 倒□ 空□	GB 18565	合格□ 不合格□
	变速器操纵联动机构	有效□ 失效□ 效能或功能下降□	GB 18565	合格□ 不合格□
	变速器功能	有效□ 失效□ 效能或功能下降□	GB 18565	合格□ 不合格□
	自动变速器变速杆位置	P□ R□ N□ D□ 3□ 2□ 1□	GB 18565	合格□ 不合格□
	电控自动变速器故障灯	有效□ 失效□ 效能或功能下降□	GB/T 18344	合格□ 不合格□
万向传动装置	传动轴	有效□ 失效□ 效能或功能下降□	GB 7258	合格□ 不合格□
驱动桥	主减速器	有效□ 失效□ 效能或功能下降□	GB/T 15746	合格□ 不合格□
	差速器	有效□ 失效□ 效能或功能下降□	GB/T 15746	合格□ 不合格□
	半轴	有效□ 失效□ 效能或功能下降□	GB/T 15746	合格□ 不合格□
	分动箱传动轴	有效□ 失效□ 效能或功能下降□	GB/T 15746	合格□ 不合格□
	分动箱操纵杆位置	结合□ 分离□	GB/T 15746	合格□ 不合格□
	分动箱功能	有效□ 失效□ 效能或功能下降□	GB/T 15746	合格□ 不合格□

三、行驶系统的损伤分析

行驶系统损伤分析的重点是悬架,下面主要介绍悬架的损伤分析。悬架的结构比较复杂,它必须能够保持车轮的正确定位,而且还能够左、右转向。此外,由于制动时的重心移动,悬架要吸收绝大多数制动转矩。要达到这一点,悬架必须要达到良好的操纵性和稳定性。目前轿车上常用的独立悬架有三种形式:螺旋弹簧式、扭杆弹簧式、单控制臂式(支柱式)。螺旋弹簧式和扭杆弹簧式是传统的悬架形式,现在最常用的是支柱式悬架,即麦弗逊支柱悬架。

1. 螺旋弹簧式悬架

螺旋弹簧式悬架中最常见的是不等长双横臂式独立悬架,如图 5-29 所示。每个车轮都是通过转向节、球节总成和上、下控制臂独立连接到车架上的。由于臂长不等,可以保证在行驶过程中车轮和主销的角度以及轮距变化都不大,从而获得较好的舒适性和平顺性,轮胎的使用寿命也有保障。在这种横臂式独立悬架中,主要工作元件有弹簧、减振器、横臂(控制臂)、球节和轮轴组件。转向节和车轮心轴是一个锻造的整体式零件。车轮心轴通过车轮轴承连接到车轮上。转向节通过球节连接到上、下控制臂上。在事故勘查中,可以借助直角尺或刻度盘指示器来判断该

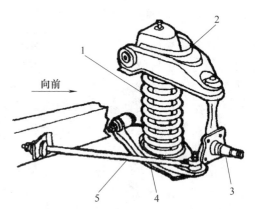

图 5-29 不等长双横臂式独立悬架
1—弹簧和减振器 2—上控制臂 3—心轴
4—下控制臂 5—撑杆

总成是否弯曲,一般公差范围是 0.007~0.012mm,如果超出这个规范,则必须更换新的总成。球节将转向节和控制臂连接起来,在汽车转向时,允许转向节在控制臂间转动。它还能保证转向节总成的上、下移动。球节由球和球窝构成,能够直接用肉眼查看是否扭曲、磨损或卡滞。如果发生损坏,则必须进行更换。它们可以分别进行维护,如果有了磨损的迹象,则应进行修理。上、下控制臂的作用主要是定位,用来固定悬架及与其相关的部件。它是由带凹槽的厚钢板制成的,凹槽有利于增加其强度和刚度。如果控制臂仅仅是错位,没有褶皱或弯曲,则只需做前端定位。但是,如果控制臂发生严重的弯折,就必须予以更换。横轴用于将控制臂固定在车架或车身上,位于控制臂的内端。如果没有明显的损伤,就可以通过前端定位进行修理,但是如果横轴弯曲,就必须更换。

减振器控制螺旋弹簧的偏转和回弹率,并且有助于防止汽车的摇摆。对于传统的车架,减振器的底部是连接下控制臂的,顶部则与车架相连。另一种设计则是将减振器放置在上控制臂与车架之间。在承载式车身上,减振器顶部与裙板相连,而底部则是与上、下控制臂相连。减振器通常位于螺旋弹簧里面,减振器有无弯曲或泄漏用肉眼即可发现。前轮崩起的路面碎石造成减振器的轻微凹坑不会影响其正常使用。减振器应当成对更换。

弹簧主要是螺旋弹簧。螺旋弹簧控制着汽车的行驶高度,它还提供驾乘时的支撑作用并保证平顺性。这种热处理的弹簧可以用肉眼检查是否有裂纹或永久性弯曲。要进一步检查有无永久性弯曲,可以在一个平面上滚动弹簧,如果弹簧损坏,则必须成对更换。

在某些悬架中,采用支柱来约束下控制臂的前、后运动,它装在下控制臂和车架之间。

通常情况下，支柱两端都有螺纹，这样就可以在车轮定位时调整主销后倾角。如果支柱未受到严重的损坏，则可以通过矫直或调整进行修理。

稳定杆（摆杆）是一个细长 U 形的弹簧钢杆，连接着两个下控制臂，它的用途是减少汽车在颠簸路面上行驶时的摆动。一个控制臂向上运动所带来的扭力会作用在平衡杆上。扭力传递到对侧的控制臂上，使其向上移动，以保持汽车的水平，减少摆动。如果稳定杆弯曲，就应该进行更换。

稳定杆通过稳定连杆与左、右下控制臂相连。如果这些连杆损坏，就必须进行更换。稳定杆同时还通过固定支架在左、右车架处进行支撑。如果受损，可以对这些支架进行修理，但大多数情况下则是更换。对于那些没有独立支架的车型，可能需要进行进一步的修理。

橡胶缓冲块装在上、下控制臂上。当汽车"下沉"，也就是弹簧完全被压缩时，例如汽车通过沟坎时的情况，这些橡胶块能够避免金属件相互接触造成的悬架零件损坏。它们通常是锥形或楔形，在汽车"下沉"时，它们会与固定在车架上的撞击板相接触，是否裂开或断裂可以直接通过目视检查到。如果橡胶块受损，则可以对它们分别进行更换。通过这些橡胶缓冲块，可以对所有的悬架进行快速的直观检查。通过观察这些橡胶块是否能正常地撞击，可以判断出来悬架是否错位。

2. 扭杆弹簧式悬架

扭杆独立前悬架中没有螺旋弹簧，一根能纵向扭转的钢杆取代了螺旋弹簧，起到了弹簧的作用，通常称之为扭杆弹簧，如图 5-30 所示。当扭杆扭转时，它会抵抗上、下运动。扭杆的一端固定在车架上，另一端固定在上控制臂上。

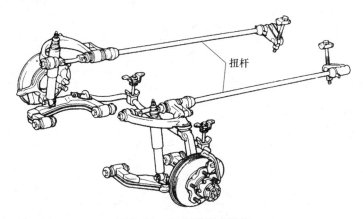

图 5-30　扭杆弹簧式悬架

如果扭杆弹簧弯曲，就应该进行更换。扭杆通过稳定连杆与左、右上控制臂相连。如果这些连杆损坏，就必须进行更换。扭杆同时还通过固定支架在左、右车架处进行支撑。如果受损，这些支架可以进行修理，大多数情况下则是更换。对于那些没有独立支架的车型，可能需要进行进一步的修理。

3. 麦弗逊支柱悬架

麦弗逊支柱悬架应用在整体结构的汽车上，在外观上与传统的独立前悬架截然不同（见图5-31），但组成部件的工作方式是类似的。它最大的特点是将主要的部件合成一个单一的总成。麦弗逊支柱总成通常由弹簧、上悬架定位器、减振器组成，垂直安装在转向节的上臂和内翼子板之间，这种悬架没有上控制臂或上球节。采用麦弗逊支柱悬架的汽车发生正面碰撞时，要进行正确的前轮定位是非常困难的，因为这种悬架缺少进行正确的前轮定位所必需的所有调整件。仅仅通过对角测量、矫直车架、悬起钣金件，将汽车送到定位车间已经很难达到令人满意的修理效果。由于悬架固定在车身上，所以要获得正确的车轮定位，车身和车架以及承载式车身必须按照原厂规范进行定位。

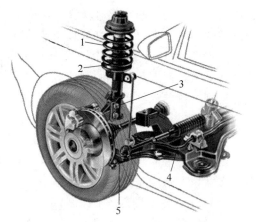

图 5-31　麦弗逊支柱悬架
1—螺旋弹簧　2—减振器　3—转向节
4—横向稳定器　5—横摆臂

由于悬架直接连接着车架（或承载式车身）与车桥（或车轮），其受力情况十分复杂，而且其安装位置也决定了它在碰撞事故中很容易受损。在碰撞时，悬架由于受车身或车架传导的撞击力，悬架弹簧、减振器、悬架上支臂、悬架下支臂、横向稳定器、纵向稳定杆以及球头等零部件会出现不同程度的变形和损伤。对于承载式车身，翼子板裙板作为悬架的上支座也可能产生变形，影响悬架的定位参数。悬架各部件的变形和损伤往往不易直接观察到，在对其进行损伤鉴定时，应借助必要的测量仪器及检验设备。这些元件的损伤一般不宜采用修复方法进行修理，应更换新件，在汽车定损时应引起注意。

对行驶系统进行损伤检视分析后，将其结果填入行驶系统损伤检视记录表中，见表 5-2。

表 5-2　行驶系统损伤检视记录表

	检验项目	检验结果	判别标准	判别结论
轮胎	轮胎规格	左前：___；右前：___；左后：___；右后：___	原厂技术条件	合格□　不合格□
	轮胎气压/kPa	左前：___；右前：___；左后：___；右后：___	原厂技术条件	合格□　不合格□
	胎冠花纹最小深度/mm	左前：___；右前：___；左后：___；右后：___	GB 7258	合格□　不合格□
	前轴轮胎花纹	一致□　不一致□	GB 7258	合格□　不合格□
	后轴轮胎花纹	一致□　不一致□	GB 7258	合格□　不合格□
	轮胎胎面及胎壁状况	左前：完好□　破损□　右前：完好□　破损□ 左后：完好□　破损□　右后：完好□　破损□	GB 7258	合格□　不合格□
	轮胎速度级别	符合□　不符合□	原厂技术条件	合格□　不合格□
	转向轮不得使用翻新胎	符合□　不符合□	GB 7258	合格□　不合格□
车轮	车轮动平衡	符合□　不符合□	GB 7258	合格□　不合格□
	左前车轮横向摆动量	___ mm	GB 7258	合格□　不合格□
	右前车轮横向摆动量	___ mm	GB 7258	合格□　不合格□
	左前车轮径向跳动量	___ mm	GB 7258	合格□　不合格□
	右前车轮径向跳动量	___ mm	GB 7258	合格□　不合格□
	轮胎螺母	有效□　失效□　效能或功能下降□	GB 7258	合格□　不合格□
	轮辋状况	有效□　失效□　效能或功能下降□	GB 7258	合格□　不合格□
	轮毂轴承油封	有效□　失效□	GB/T 18344	合格□　不合格□

第五章　汽车碰撞损伤的鉴定

（续）

	检验项目	检验结果	判别标准	判别结论
悬挂	减振弹簧	有效□　失效□　效能或功能下降□	GB 18565	合格□　不合格□
	弹簧紧固橡胶件	有效□　失效□　效能或功能下降□	GB 18565	合格□　不合格□
	减振器	有效□　失效□　效能或功能下降□	GB 7258	合格□　不合格□
	稳定杆及推杆	有效□　失效□　效能或功能下降□	GB 7258	合格□　不合格□
	橡胶衬套、防护套	有效□　失效□　效能或功能下降□	原厂技术条件	合格□　不合格□
	悬架杆件、摆臂	有效□　失效□　效能或功能下降□	GB 21861	合格□　不合格□
	后轴节	有效□　失效□　效能或功能下降□	原厂技术条件	合格□　不合格□
	杆件连接衬套防护套、球头防护套、轴承	有效□　失效□　效能或功能下降□	原厂技术条件	合格□　不合格□
	稳定杆衬套	有效□　失效□　效能或功能下降□	原厂技术条件	合格□　不合格□
	前轴（工字梁）	有效□　失效□　效能或功能下降□	原厂技术条件	合格□　不合格□
	转向节	有效□　失效□　效能或功能下降□	原厂技术条件	合格□　不合格□
	转向节与前轴间隙	＿＿mm	原厂技术条件	合格□　不合格□
	主销与前轴孔间隙	＿＿mm	原厂技术条件	合格□　不合格□
	主销	完好□　松旷□	原厂技术条件	合格□　不合格□
	球头销	完好□　松旷□	GB 7258	合格□　不合格□
	钢板弹簧销和吊耳销	有效□　失效□	原厂技术条件	合格□　不合格□
	弹簧衬套和吊耳衬套	有效□　失效□	原厂技术条件	格□　不合格□
	钢板弹簧	有效□　失效□　效能或功能下降□	GB 21861	合格□　不合格□
	U型螺栓	有效□　失效□　效能或功能下降□	原厂技术条件	合格□　不合格□
车架	车架变形状况	变形□　未变形□	GB 7258	合格□　不合格□
	车架裂纹	有□　没有□	GB 7258	合格□　不合格□
车桥	车桥变形	有□　没有□	GB 7258	合格□　不合格□
	车桥裂纹	有□　没有□	GB 7258	合格□　不合格□

四、转向系统的损伤分析

1. 损伤情况

转向系统通过转向器和连杆机构将转向盘的转动力传递给转向车轮（一般是前轮），使转向车轮产生转动。转向系统的核心部件是转向器，其他重要部件有转向盘、转向柱、转向摇臂、转向拉杆、转向节等，如图5-32所示。转向系统的技术状况直接影响着行车安全，而且由于转向系统的部件都布置在车身前部，因此在前部碰撞中可能会受到损伤。在较轻的碰撞事故中，撞击力一般不会波及转向系统的零部件。但发生较严重的碰撞事故时，碰撞力可能会传递到转向系统零部件上，造成转向传动机构和转向器的损伤。值得一提的是，现在的汽车上转向管柱都是可溃缩式的，在严重碰撞事故中，转向管柱可能发生溃缩而需要更换。

转向系统容易受损伤的部件有转向横拉杆、转向梯形机构、转向助力储油罐、转向助力油管、转向管柱、转向器、转向节等。转向系统部件的损伤不太容易直接查看到,在汽车定损鉴定时,应配合拆检进行,必要时作探伤检验。

对齿轮齿条转向系统进行检查时,必须将汽车升高,使前悬架不承重,用肉眼检查转向系统有无机械损坏。检查防尘套是否泄漏,检查转向横拉杆,并检查安装位置有无变形,还应检查横拉杆球头。在靠近轮胎处抓住转向横拉杆,并试着将它上、下推动,如果出现纵向松动,则表明已经磨损或损坏。检查转向横拉杆球节时,可以挤压波纹管,直到可以感觉到球节。用另一只手推拉轮胎,如果球节松动,则表明已经磨损或损坏。再用两只手各抓住一个前轮胎,看它们能否沿着相反的方向移动。如果轮胎的移动量过大,就有可能产生了磨损或损坏。在做上述检查的同时,还要检查齿轮齿条系统,如果出现松旷,就可能有故障。

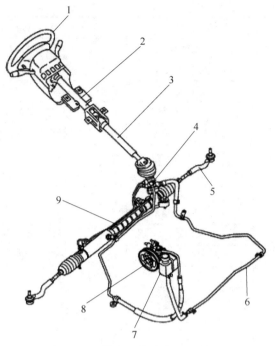

图 5-32 转向系统的主要零部件
1—转向盘 2—转向轴 3—转向万向传动装置
4—转向控制阀 5—转向横拉杆 6—油管
7—转向油罐 8—转向液压泵 9—机械转向器

如果认为转向系统损坏,则应检查转向盘转动余隙并测量转向力。转动余隙检查是测量转向盘的自由转动量,即不引起前轮或轮胎移动的转动量。起动发动机,来回转动转向盘,不要使前轮转动。在不会导致轮胎转向的情况下,比较转向盘的转动量。转向余隙一般应不超过12mm,但一定要参考制造厂的技术规范。转向力检查涉及使用弹簧秤测量转动转向盘需要的力。如果转动转向盘需要的力高于制造厂的规范,则说明某些部件可能在碰撞中损坏了,最常发生的是转向齿条总成弯曲,造成转向力增加,此时必须更换或整修转向齿条。齿轮齿条未校正好会导致颠簸或跳跃行驶中转向几何结构发生改变,此时,不能通过改变横拉杆的长度来修复这种故障。

2. 快速检查法

(1) 转向盘中心检查法 转向盘中心检查包括确定转向轮未离开中心造成的部件损坏,按下述方法操作:

1) 将转向盘从一端打到另一端,转向全行程。

2) 记下从一个锁住位置到另一个锁住位置的转向圈数。

3) 用2除这个圈数,并将转向盘移到这个位置。现在,转向盘应该是对中的,用一条胶带记录在转向盘的中心上方。

4) 检查转向盘的位置。

5) 检查前轮位置。

接着分析转向盘位置:将转向盘放在极左和极右位置的中点,然后检查轮胎是否指向正前方,如果有一个没指向正前方,则说明一定有损坏,如图5-33a所示;当从一个方向向另一个方向转动转向盘时，从车身前部观察，如果车身有轻微抬起和落下，则表明一定有机械损坏，如图 5-33b 所示。根据转向盘和前轮的实际情况，可判断机械部件的损坏情况，具体情况如下：

1) 如果转向盘在中心位置而前轮不指向正前方，则转向转动装置、转向柱和转向臂都有损坏。

2) 如果转向盘稍有一点偏离中心而前轮指向正前方，则转向传动机构有可能损坏。

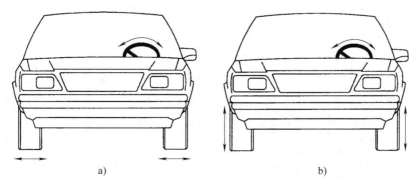

图 5-33 两种能够发现转向和悬架损坏的快速检查方法

3) 如果转向盘是正的，而前轮却没有指向正前方，则转向臂可能损坏。

（2）振动/回跳检查 转向器振动/回跳检查包括按下汽车的前部或后部给悬架施加载荷，让汽车回跳（见图 5-34）。这项检查用以帮助识别转向器、转向器柱或连杆的损坏。具体操作过程为：

1) 确定转向盘边缘上端中心。

2) 用一块胶带标记转向盘上端中心。

3) 在车前部，连续做几次振动/回跳，观察转向盘的位置。如果转向盘在连续几次振动/回跳中向后或向前转动，则表明转向系统可能损坏。这项检查可以发现碰撞引起的转向齿杆齿条机构的损坏。

图 5-34 转向系统的振动/回跳检查

对转向系统进行损伤检视分析后，将其结果填入转向系统损伤检视记录表中，见表 5-3。

表 5-3 转向系统损伤检视记录表

检验项目		检验结果	判别标准	判别结论
转向操纵机构	转向节、转向臂	有效□ 失效□ 效能或功能下降□	GB/T 18344	合格□ 不合格□
	转向盘最大自由转动量	_____度	GB 7258	合格□ 不合格□
转向传动机构	转向梯形臂	完好□ 变形□ 失效□	GB 7258	合格□ 不合格□
	转向直拉杆	完好□ 变形□ 失效□	GB 7258	合格□ 不合格□
	转向横拉杆	完好□ 变形□ 失效□	GB 7258	合格□ 不合格□
	拉杆球销	松旷□ 不松旷□	GB 7258	合格□ 不合格□
	左转向节	有效□ 失效□ 效能或功能下降□	GB 7258	合格□ 不合格□
	右转向节	有效□ 失效□ 效能或功能下降□	GB 7258	合格□ 不合格□
	转向轮轮毂轴承	有效□ 失效□ 效能或功能下降□	GB/T 18344	合格□ 不合格□
转向器	转向器定位与紧固	有效□ 失效□ 效能或功能下降□	GB 7258	合格□ 不合格□
	转向器密封状况	完好□ 漏油□	GB 7258	合格□ 不合格□
转向助力装置	助力液压缸	完好□ 漏油□	GB 7258	合格□ 不合格□
	液压油管	完好□ 漏油□	GB 7258	合格□ 不合格□
	助力液压泵	完好□ 漏油□	原厂技术条件	合格□ 不合格□
	液压油储液罐	完好□ 漏油□	原厂技术条件	合格□ 不合格□
	储液罐液面高度	合格□ 不合格□	原厂技术条件	合格□ 不合格□
	储液罐液压油油质	合格□ 不合格□	原厂技术条件	合格□ 不合格□
	助力泵传动带	有效□ 失效□ 效能或功能下降□	原厂技术条件	合格□ 不合格□
	助力泵传动带张紧度	_____mm	原厂技术条件	合格□ 不合格□
	电动助力装置	有效□ 失效□ 效能或功能下降□	原厂技术条件	合格□ 不合格□

五、制动系统的损伤分析

制动系统的主要零部件有制动主缸、制动助力器、制动管路和软管、制动轮缸、制动钳或制动蹄、制动盘或制动鼓等，如图 5-35 所示。

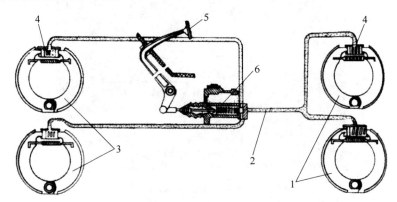

图 5-35 制动系统的主要零部件
1—后轮制动器 2—油管 3—前轮制动器 4—制动轮缸 5—制动踏板 6—制动主缸

第五章 汽车碰撞损伤的鉴定

对于普通制动系统,在碰撞事故中,经常会出现车轮制动器的元器件及制动管路损坏,这些元器件的损伤程度需要进一步地拆解和检验。如果制动踏板受压后贴在地板上,则表明制动管路断裂。对于装有 ABS(制动防抱死系统)的制动系统,在进行汽车损失鉴定时,除了查看制动元器件、ABS 轮速传感器、ABS 液压调节器、ABS ECU(电子控制单元)以及相关电路是否有外观损坏之外,还要借助解码器等诊断设备对 ABS 进行电子诊断,查看是否存在故障码。若仪表板上的 ABS 灯亮,则表示该系统已损坏。

对制动系统进行损伤检视分析后,将其结果填入制动系统损伤检视记录表中,见表 5-4 和表 5-5。

表 5-4 制动系统损伤检视记录表(液压制动)

检验项目		检验结果	判别标准	判别结论
传动装置	踏板及总泵推杆	有效□ 失效□ 效能或功能下降□	原厂技术条件	合格□ 不合格□
	踏板自由行程	_____ mm	原厂技术条件	合格□ 不合格□
	踏板有效行程	_____ mm	原厂技术条件	合格□ 不合格□
助力装置	助力器气管真空度	_____ kPa	原厂技术条件	合格□ 不合格□
	真空助力器功能	有效□ 失效□ 效能或功能下降□	GB 7258	合格□ 不合格□
	真空助力器管路、接头	完好□ 漏气□ 失效□	GB 7258	合格□ 不合格□
控制装置	制动液储液罐	完好□ 漏气□ 失效□	GB 7258	合格□ 不合格□
	储液罐制动液液面高度	合格□ 不合格□	原厂技术条件	合格□ 不合格□
	储液罐制动液油质	合格□ 不合格□	原厂技术条件	合格□ 不合格□
	制动主缸	完好□ 漏气□ 失效□	GB 21861	合格□ 不合格□
	ABS 控制器线路接头	完好□ 漏气□ 失效□	GB 7258 GB/T 13594	合格□ 不合格□
	ABS 控制器	有效□ 失效□ 效能或功能下降□	GB 7258 GB/T 13594	合格□ 不合格□
	ABS 轮速传感器系统	有效□ 失效□	GB/T 13594	合格□ 不合格□
	ABS(电子制动力分配系统)故障警告灯	有效□ 失效□	GB/T 13594	合格□ 不合格□
	制动灯系统	有效□ 失效□	GB 7258	合格□ 不合格□
	主缸输出油压	_____ MPa	原厂技术条件	合格□ 不合格□
传能装置	制动管路及接头	完好□ 漏气□ 失效□	GB 7258	合格□ 不合格□
	制动主缸	完好□ 漏气□ 失效□	GB 7258	合格□ 不合格□
	轮缸入口压力	_____ MPa	原厂技术条件	合格□ 不合格□
制动器	制动盘损坏记录	有效□ 失效□	GB/T 18344	合格□ 不合格□
	制动鼓损坏记录	有效□ 失效□	GB/T 18344	合格□ 不合格□
	半轴油封	完好□ 损伤□ 磨损□ 漏油□	GB/T 18344	合格□ 不合格□
	轮毂油封	完好□ 损伤□ 磨损□ 漏油□	GB/T 18344	合格□ 不合格□
	制动盘原始厚度	左前:____ mm 右前:____ mm 左后:____ mm 右后:____ mm	原厂技术条件	合格□ 不合格□
	制动盘工作面厚度	左前:____ mm 右前:____ mm 左后:____ mm 右后:____ mm	原厂技术条件	合格□ 不合格□
	制动臂	有效□ 失效□ 效能或功能下降□	GB 7258	合格□ 不合格□

（续）

检验项目		检验结果	判别标准	判别结论
制动器	制动盘端面跳动量	_____ mm	原厂技术条件	合格□ 不合格□
	摩擦元件一致性	一致□ 不一致□	原厂技术条件	合格□ 不合格□
	制动蹄异常损坏记录	完好□ 失效□	GB/T 18344	合格□ 不合格□
	制动鼓工作面状况	无油污□ 有油污□	GB/T 18344	合格□ 不合格□
驻车制动	驻车制动系统构件	有效□ 失效□ 效能或功能下降□	GB/T 18344	合格□ 不合格□
	补偿机构	有效□ 失效□ 效能或功能下降□	GB 7258	合格□ 不合格□
	回位弹簧	有效□ 失效□ 效能或功能下降□	原厂技术条件	合格□ 不合格□

表 5-5 制动系统损伤检视记录表（气压制动）

检验项目		检验结果	判别标准	判别结论
供能装置	空气压缩机	有效□ 失效□ 效能或功能下降□	GB 7258	合格□ 不合格□
	气压表指示压力	_____ MPa	GB 7258	合格□ 不合格□
	储气筒	有效□ 失效□	GB 7258	合格□ 不合格□
控制装置	制动阀	有效□ 失效□	GB/T 18344	合格□ 不合格□
	应急制动阀	有效□ 失效□	GB 7258	合格□ 不合格□
	挂车制动阀	有效□ 失效□	GB 7258	合格□ 不合格□
	制动踏板自由行程	_____ mm	原厂技术条件	合格□ 不合格□
	制动踏板有效行程	_____ mm	原厂技术条件	合格□ 不合格□
传动装置	双管路气压系统	完好□ 漏气□ 失效□	GB 7258	合格□ 不合格□
	制动软管	合格□ 不合格□	GB 7258	合格□ 不合格□
	储气筒	有效□ 失效□	GB 7258	合格□ 不合格□
	制动气室推杆行程	左前：____ mm 右前：____ mm 左后：____ mm 右后：____ mm	原厂技术条件	合格□ 不合格□
制动器	制动鼓异常损坏记录	左前□ 右前□ 左后□ 右后□	GB/T 18344	合格□ 不合格□
	制动鼓工作面状况	无油污□ 有油污□	GB/T 18344	合格□ 不合格□
	制动鼓内径原始尺寸	左前：____ mm 右前：____ mm 左后：____ mm 右后：____ mm	原厂技术条件	合格□ 不合格□
	制动鼓工作面直径	左前：____ mm 右前：____ mm 左后：____ mm 右后：____ mm	原厂技术条件	合格□ 不合格□
	制动摩擦片宽度	左前：____ mm 右前：____ mm 左后：____ mm 右后：____ mm	原厂技术条件	合格□ 不合格□
	制动摩擦片厚度	左前：____ mm 右前：____ mm 左后：____ mm 右后：____ mm	原厂技术条件	合格□ 不合格□
	半轴油封	完好□ 漏油□	GB/T 18344	合格□ 不合格□
	摩擦元件材料一致性	一致□ 不一致□	原厂技术条件	合格□ 不合格□
	制动蹄异常损坏记录	左前□ 右前□ 左后□ 右后□	GB/T 18344	合格□ 不合格□
驻车制动	驻车制动装置	完好□ 有效□ 失效□	GB 7258	合格□ 不合格□
	驻车制动拉杆行程	齿数____	原厂技术条件	合格□ 不合格□
	制动器磨损补偿机构	有效□ 失效□ 效能或功能下降□	GB 7258	合格□ 不合格□

第五节　碰撞分区与损伤鉴定

一、区位检查法

区位检查法是由美国汽车厂和汽车碰撞维修国际工业委员会（I-CAR）共同创立的，在北美已经应用多年，其科学性和有效性已得到充分验证。区位检查法是将事故汽车分成多个区域，逐一对各区域进行损伤鉴定，不同的区域应采用不同的鉴定方法。通常将碰撞事故汽车分成五个区域，分别是：

① 一区，直接碰撞损伤区，又称为一次损伤区（图5-36a）。

② 二区，间接碰撞损伤区，又称为二次损伤区（图5-36b）。

③ 三区，机械损伤区，即汽车机械零件、动力传动系统零件、附件等损伤区（图5-36c）。

④ 四区，乘员舱区，即车厢的各种损坏，包括内饰件、灯、附件、控制装置、操纵装置和饰层等（图5-36d）。

⑤ 五区，外饰和漆面区，即车身外饰件及外部各种零部件的损伤（图5-36e）。

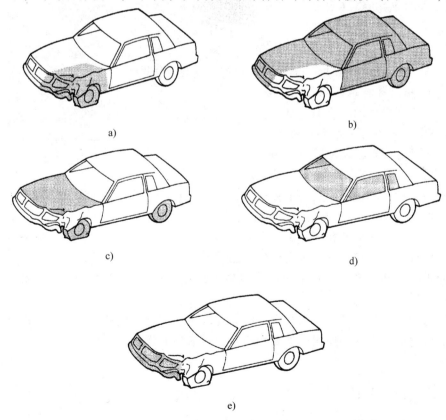

图5-36　汽车损伤分区

a）一区（一次损伤区）　b）二区（二次损伤区）　c）三区（机械损伤区）
d）四区（乘员舱区）　e）五区（外饰和漆面区）

在对事故车辆进行损伤鉴定时，应当从一个区域到另一个区域逐个、仔细地检查，同时按顺序记录汽车的损伤情况。无论是用区位检查法还是其他方法，在检查事故车时都应遵循以下顺序：

（1）从前到后　从前到后是指从事故车辆的前面到后面依次检查，但对于后端碰撞，则应当从后到前检查。

（2）从外到内　从外到内是指先查看外部零部件的损坏情况，如装饰件，然后检查内部结构件和连接件的损坏情况。

（3）从主到次　从主到次是指先查看主要分总成的损坏情况，然后再查看小元件和其他部件的损坏情况。

二、一区损伤鉴定

一区又称为一次损伤区，或直接损伤区。一区域系统性检验的第一步是检视，然后列出汽车碰撞直接接触点的车身一次损坏。由于汽车结构、碰撞力和角度以及其他因素的差异，一次损坏区域存在多种情况。大致上，一次损坏会造成翼子板变形和开裂以及零件破碎（见图5-37）。一次损坏是可见的，不需要测量。

对于前部碰撞事故，一区应检查的项目通常包括：前保险杠总成、散热器格栅、发动机罩、翼子板、前车灯、玻璃、前车门、前车轮、油液泄漏。

对于后部碰撞，一区应检查的项目通常包括：后保险杠总成、后侧围板、行李舱盖、后车灯、玻璃、后车轮、油液泄漏。

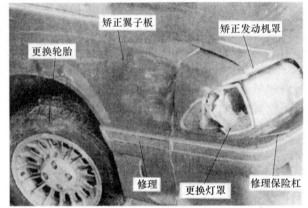

图 5-37　一次损坏

对于侧面碰撞，一区应检查的项目通常包括：车门、车顶、玻璃、立柱、前车身地板、支撑件、油液泄漏。

在列出受损的外部板件和部件后，有时要将事故车辆举升起来，检查以下部位的损伤情况：车身底部板件、发动机支架等支撑件、结构性支撑、横梁和纵梁。

为了检查哪些部位受到损伤，应当查找以下线索或痕迹：缝隙、卷边损坏、裂开的焊点、扭曲的金属板。

一定要密切关注结构横梁，因为汽车的强度取决于所有结构件的状况。在修复事故车辆时，必须对所有的小裂缝、划伤或裂开的焊点进行适当的修理，这样才能保证汽车性能恢复到设计要求。

三、二区损伤鉴定

二区又称为二次损伤区，或间接损伤区。

1. 二次损伤机理

二次损坏是指发生在一区之外，并离碰撞点有一段距离的损坏。二次损坏是在碰撞力向汽车移动的过程中形成的,也就是碰撞力从冲击区域延伸到车身毗连区,并且碰撞能量在向毗邻钣金移动的过程中被吸收。碰撞力传递到较大范围的区域,使汽车的任何零件均可能受到影响。

撞击力在汽车上传递的距离和二次损坏程度取决于碰撞力的大小和作用方向以及吸收碰撞能量的各个结构件的强度。许多承载式汽车的车身被设计成能压溃并能吸收碰撞能量的结构,以便于保护车内乘员。这些区域是二次损坏的多发区。

二次损坏也可由动力传动系统和后桥的惯性力造成。由于汽车因碰撞突然停止,惯性质量向前运动,机械零部件的惯性力全部作用到固定点和支撑构件上,毗邻金属可能发生褶皱、撕裂或开焊。因此,必须注意检查悬架、车桥、发动机和变速器固定点。

二次损坏有时不容易发觉,但它仍有一些可见迹象,二次损坏分析一般依赖于测量。

2. 二次损伤的变形痕迹

通常,以下变形痕迹预示着事故车可能存在一些二次损伤或隐蔽损伤(见图5-38):
1) 板件产生褶皱或变形。
2) 油漆产生褶皱或裂纹。
3) 板件之间的间隙变得不均匀。
4) 接缝密封开裂。
5) 焊点断开。

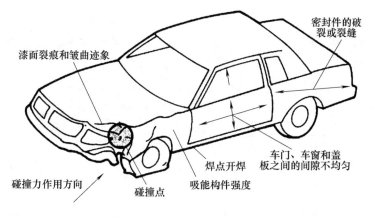

图5-38 二次损伤的变形痕迹

在勘查前部被撞的事故车辆时,可以查看翼子板、发动机罩和车门等板件之间的间隙是否不规则,如图5-39所示。汽车后部也可能受到二次损伤,以至于行李舱盖或背门无法打开和关闭。对于严重的前部碰撞,应当查看前风窗立柱上部与车门窗框前上角之间的缝隙是否增大,比较左、右两边的缝隙。如果缝隙变大,则说明前围板向上推动了立柱,并且可能已使车顶受损。

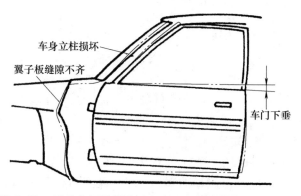

图5-39 板件之间的缝隙不齐表明内部结构件有二次损伤

查看外部板件是否产生褶皱。在严重碰撞事故中，中柱正上方的车顶板常常会产生褶皱。对于装有天窗的汽车，还要检查天窗窗框的各个边角是否有变形。外部板件的变形通常预示着内部结构件受到了二次损伤。

查看后轮罩上方、后门后部的后立柱下段是否开裂和变形，以及后角窗立柱正下方的后侧围板是否产生褶皱，这些痕迹都预示着后部车身纵梁可能弯曲。

打开发动机罩和行李舱盖，查看漆面是否产生褶皱，焊点密封剂是否开裂，以及焊点是否断开。碰撞力可能会使金属板在焊点处撕裂，并且使油漆松脱。

3. 二次损伤的测量

（1）测量工具　测量二次损伤部位可使用钢卷尺和轨道式量规（见图5-40）进行。

轨道式量规一次测量一个尺寸，测量值必须记录，并通过另外两个控制点互相校核，其中至少有一个为对角线测量值。轨道式量规的最好测量区是悬架上的附件和机械零部件的装配点，因为它们对校准至关重要。

（2）车身前部的测量　如果前部车身在事故中受到损伤，则在确定其损伤程度时要对前部金属板进行测量。即使只有一侧车身受到碰撞，另一侧也可能受到损伤，因此也要检查另一侧车身的变形情况。图5-41给出了一些典型的前部车身测量点，可以对照原厂车身尺寸图进行检查。

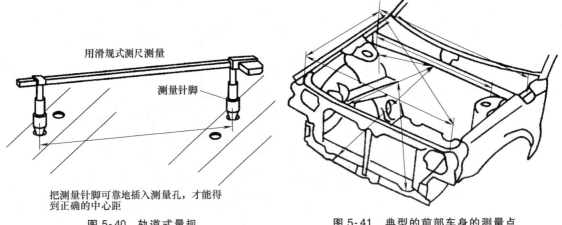

图5-40　轨道式量规　　　　图5-41　典型的前部车身的测量点

注意检查那些对称的尺寸。对称是指测量点相对中线是相等的。在某些情况，被测量的两点是不对称的。当汽车有对称的测量点时，不用逐一检查每一个尺寸。在这种情况下，只需测量说明书中规定的几个测量点。

当用轨道式量规检查汽车前部尺寸时，测量点的最好区域应选在悬架系统装配点和机械构件上，因为这些点对正确定位和调整至关重要。每个尺寸应用两个参考点进行校验，其中至少有一个参考点由对角线测量获得。尺寸越大，测量就越准确。例如，从发动机下前围区到发动机托架前支座的测量比从一个下前围区到另外一个前围区测量得到的结果更准确，这是因为比较长的尺寸是在汽车比较大的区域中得到的。每个控制点测量两次或多次可以保证数据的准确性，并有助于识别嵌板损坏的范围和方位。

（3）车身侧面的测量　在鉴定车身侧面构件的损伤情况时，可以对车门进行打开和关闭操作，因为车身侧面构件的变形可能会影响车门的正常开闭；另外还要注意，有些部位变形可能会导致车身漏水。因此，损伤鉴定时必须进行精确测量。用轨道式量规测量车身侧面的主要尺寸时，常用的测量点如图 5-42 所示。

如果车身（零件安装孔或参考孔）左、右对称，通常测量对角线即可发现是否存在变形。如果缺少发动机舱和车身下部的数据，或者没有车身尺寸图或汽车在翻车中严重损坏，则可以使用这种测量方法。汽车的两侧都受到损坏或发生挠曲时，对角线测量法就不适用了，因为左、右对角线尺寸出现差别，所以不能测量。如果左边和右边的损坏一样，显然左、右对角线尺寸差也不会明显。

测量并比较左侧和右侧的长度，可以更好地说明损坏情况（此方法应与对角线测量法同时使用）。这个方法可以应用于左侧和右侧对称零部件的情况。

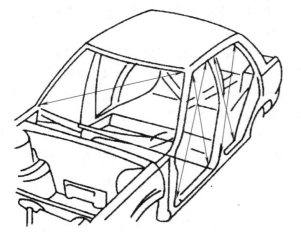
图 5-42　车身侧面常用的测量点

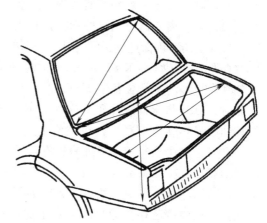
图 5-43　车身后部常用的测量点

（4）车身后部的测量　在检查后部车身的变形情况时，可以通过打开和关闭行李舱，查看行李舱的开闭操作是否顺畅自如。为了查看变形的具体部位，检查是否有可能漏水，最好进行精确测量，常用的测量点如图 5-43 所示。另外，后地板的褶皱通常是由后纵梁的变形引起的，所以在测量后部车身时应同时测量底部车身，这样也有利于更有效地对车身进行校正维修。

注意，在使用轨道式量规时，一定要牢记以下几点：

1）测量点一定要选择汽车上的固定点，如螺栓、螺塞或孔。

2）量规测量的不是点到点的实际距离。

3）量规杆应与车身平行，为了达到这个要求，有时需要将量规的指针设为不同的长度。

4）为了绕过障碍物，可以使用较长一点的指针。

5）有些车身尺寸手册给出的是量规尺寸，有些手册则给出的是点到点的长度尺寸，还有些二者都有。在查看尺寸手册时，一定要注意手册中给出的是哪种尺寸，以便采用相应的测量方法，否则容易出错。

6）在对事故车辆进行测量时，一定要参照车身尺寸手册对指定的点进行测量。将规范值减去实测值就可以得到汽车的受损程度。不过，对于估损来说，板件的偏移量是多少并不重要，重要的是这些偏移量意味着车身已经发生损伤，估损单中必须考虑其维修工时和费用。

四、三区损伤鉴定

三区损伤区又称为机械损伤区。在检查完车身的直接损伤和间接损伤之后,鉴定人员的下一个检查重点应当是三区,即汽车的机械部件。对于前部碰撞的事故车辆,应当检查发动机罩下的散热器、风扇、动力转向泵、空调器组件、发电机、蓄电池、燃油蒸发炭罐、前风窗玻璃清洗器储液罐以及其他机械和电子元件是否损坏。查看油液是否泄漏、带轮是否与传动带不对正、软管和电线是否错位以及是否有凹坑和裂纹等。

如果碰撞比较严重,发动机和变速器也可能受损。若条件允许,应当起动发动机,怠速到正常工作温度。举升汽车,使车轮离开地面,在各个档位运转发动机,听一听有没有异常的噪声。对于安装手动变速器的汽车,要检查换档是否平顺,离合器的工作是否正常。查看节气门拉索、离合器操纵机构和换档拉索是否卡滞。

打开空调,确保空调正常运转。查看充电指示灯、机油压力指示灯等仪表板灯和仪表,如果检查发动机(CHECK ENGINE)灯或类似的灯点亮,则说明发动机存在机械或电控故障。

现在很多汽车都装备了车载诊断系统(OBD),具有自诊断能力,当电控系统出现某些故障时,ECU将存储故障码。这些故障码可以通过解码器或其他诊断设备读出,其所表示的具体故障和维修步骤可以在维修手册中查到。故障码表示汽车的某个系统或部位存在故障,它对于快速诊断和故障维修很有帮助。但是,鉴定人员应当知道,有些故障码可能在事故之前就已经存储在ECU中了,这些故障码并不是事故引起的。对于这些故障码,其维修费用不应当包含在保险估损单中,因为保险公司只负责将汽车修复到碰撞前的状况,而没有责任修复以前本已存在的故障。对于这些事故前已经存在的故障,在修复之前应当告知车主,征得其同意,并应当由车主自己付费。

机械损坏有时是间接损伤,而不是直接碰撞的结果。发动机和变速器的重量很重,在碰撞中会因惯性向前移动多达15cm,从而造成其附件和相关元器件的损坏。因为发动机和变速器在事故后能够回到原来的位置,所以它们造成的间接损伤通常不太容易被注意到。应当仔细检查发动机座是否损坏,带轮和传动带是否不对正以及软管和拉索是否松动。

在完成发动机舱的检查后,用千斤顶举起事故车辆,钻到汽车下面检查转向系统和悬架元件是否弯曲、制动软管是否扭绞、制动管路和燃油管路及其接头是否泄漏。检查发动机、变速器、差速器、转向器和减振器是否泄漏。将转向盘向左和向右打到头,检查是否卡滞,是否有异常噪声。转动车轮,检查车轮是否跳动,轮胎是否有裂口、刮痕和擦伤。降下汽车,使轮胎着地,转动转向盘,使车轮处于正直向前的位置,测量前轮毂到后轮毂的距离,左、右两侧的测量值应当相同,否则就是转向系统或悬架元件有损伤。

进行轮胎弹跳试验,快速检查车轮定位情况。

(1)车轮上跳 当车轮滚过一个鼓包时,向上压缩悬架弹簧的动作即为车轮上跳,如图5-44所示。也就是说,车轮上跳时会向车身靠近。在修理车间,坐在翼子板上向下压汽车即可模拟车轮上跳的动作。汽车两侧的上跳量应当相等。

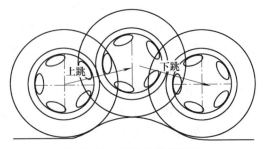

图5-44 轮胎的弹跳运动

(2) 车轮下跳 当车轮滚过一个凹坑或在上跳后回位时，向下拉伸悬架弹簧的动作即为车轮下跳。也就是说，车轮在下跳时会远离车身。在修理车间，向上抬起翼子板即可模拟车轮下跳的动作。汽车两侧的下跳量应当相等。

车轮的弹跳试验可以检查出齿条齿轮式转向器是否对正。

在快速检查时，解开转向盘锁，查看转向盘在车轮跳动试验中是否晃动。如果要做更仔细的检查，则可以用粉笔在胎面上做一个标记，将一个指针平齐地指向这个标记。然后由一个人做轮胎弹跳试验，由另一个人观察粉笔标记和指针，如果在多次弹跳试验后，粉笔标记向左或向右的移动量超过了一个胎面花纹的宽度，则说明转向臂或转向器没有正确定位。测试完一侧轮胎后再用同样的方法测试另一侧轮胎。

另外一种定位试验是测量转向角。对转向角的检查可用来评估两个前轮在转向时是否保持合适的位置关系。为了测量转向角，将两个前轮放在相同的转动盘或量角器上，将左侧车轮转动一个角度，查看右侧车轮的转动量，然后再转动右侧车轮，查看左侧车轮的转动量。比较左、右两侧的测量结果，确定两个前轮的转动角度是否相同。

在检查转向角时，左前轮应该向外转动20°，测量右前轮的转动。右前轮应该向内转动相同的度数或少2°，这个转角差会引起转弯时内、外侧车轮转弯半径的不同。然后再对右侧车轮重复以上步骤，右侧车轮向外转动20°，用量角器或转动盘测量左侧车轮的转动量，左侧车轮向内转动的角度应当相同或少2°。

有的汽车向左和向右的转弯半径本来就是不同的（就是这样设计的），在检测时如有疑问，可参考原厂规范值。如果多次测量的转向角度不相同（相差超过2°），则说明转向臂或转向器已经损坏。通过测量转向角，还可以帮助判断前束不正是由车轮定位不当引起的，还是由悬架零件损坏引起的。

通过检查外倾角可以确定悬架是否损坏。为了诊断悬架滑柱的状况，可以进行以下外倾角的检查，检查时也可以使用外倾角测试仪或四轮定位仪。外倾角测量的一种方法称为弹跳测量，就是给悬架加压（与上面测量前束的弹跳试验相似），测量一个车轮的外倾角。然后松开悬架上的压力（与上面测量前束的弹跳试验相似），第二次读取同一个车轮的外倾角，比较这两个读数。对于麦弗逊式悬架，二者之差应不超过3°，如果超过3°，则说明悬架滑柱在横向上受到损伤。

悬架的纵向弯曲可以通过外倾角的摆动测量进行检查。方法是：将前轮向右转到底，读取外倾角值；然后再将前轮向左转到底，再次读取外倾角值；如果两次读数之差超过6°，则说明悬架滑柱可能前后弯曲。

为了检查悬架而进行外倾角测量时，汽车并非必须置于水平地面上，也不是要测量实际的外倾角值，而是要查看外倾角的两次读数之差。因此，每次读取外倾角值必须从车轮的同一点读取。

五、四区损伤鉴定

四区损伤区又称为乘员舱损伤区。乘员舱的损坏可能是由碰撞力直接引起的，如在侧碰时；而内饰和车内附件的损坏也可能是由乘员舱内的乘客和物品的碰撞能量引起的。

首先应检查仪表板。如果碰撞导致前围板或车门立柱受损，那么仪表板、暖风机芯卷和管道、声像系统、电子控制模块和安全气囊等就有可能受损。所有在三区检查中没有被查看的元器件都要进行检查。

检查转向盘是否损坏。查看其安装紧固件、倾斜和伸缩性能、扬声器控制按钮、前照灯和转向信号灯开关、点火钥匙以及转向盘锁是否良好。转动转向盘，将车轮打到正直向前的位置，查看此时转向盘是否对中。对于吸能型转向盘，应查看它是否已经发生溃缩。

检查车门手柄、变速杆、仪表板玻璃和内饰是否受损。打开、关闭并锁住杂物箱，查看杂物箱是否在碰撞中变形或损坏。检查制动踏板是否变形、卡滞或松脱等。掀开地毯，查看地板和踢脚板，看铆钉是否松脱、焊缝是否裂开。

检查座椅是否受损。当汽车前端发生碰撞时，乘客的身体质量会产生较大的惯性力，由于乘客被安全带捆绑在座椅上，所以这个惯性力可能会对座椅框架调节器和支撑件造成损害。当汽车后端发生碰撞时，座椅靠背的铰链点可能受到损害。将座椅从最前位置移动到最后位置，查看其调节装置是否完好。

检查车门的状况。乘客的惯性力可能会损坏肘靠、内饰板件和车门内板。如果发生侧碰，则门锁和车窗调节器也可能受损。即使是前端碰撞，车窗玻璃产生的惯性力也可能使车窗轨道和调节器受损。将车窗玻璃降到底后再完全升起，检查玻璃是否卡滞或受到干扰。将车窗下降4cm，查看车窗玻璃是否与车门框平齐。查看电动门锁、防盗系统、车窗和门锁控制装置以及后视镜的电控装置等所有附件是否正常。

检查乘员约束系统。现代汽车大都装备了被动式约束系统，应当检查安全带是否能够正常扣紧和松开，安全带插舌和锁扣是否都完好。对于主动式安全带系统，应检查其两点式和三点式安全带是否都能轻松地扣紧和解开。查看卷收器、D形环和固定板是否损坏。有些安全带有张力感知标签。如果安全带在碰撞中磨损，或者安全带的张力超过设计极限，张力感知标签撕裂，则必须予以更换。将安全带从卷收器中完全拉出，就可以看到这个张力感知标签。

此外，还应当列出车内的非原装附件，如GPS导航、DVD、磁带播放机、立体声扬声器等。

六、五区损伤鉴定

在车身、机械结构件、内饰和附件都检查完毕之后，再围绕汽车检查一圈，查看并列出受损的外饰件、嵌条、乙烯车顶板、轮罩、示廓灯以及其他车身附件。

打开灯光开关，检查前照灯、尾灯、转向信号指示灯和危险指示灯。车灯的灯丝通常在碰撞力的作用下断裂，如果碰撞时车灯处于点亮状态，则灯丝更容易断裂。

如果在一区和二区检查中没有查看保险杠，那么现在就应该对保险杠进行检查。查看保险杠皮和防尘罩是否开裂，吸能装置是否受损或泄漏，橡胶隔振垫是否开裂。

仔细检查油漆的状况。记录下哪块油漆必须重新喷涂，并列出那些需要特别注意的事项，如清漆涂层、柔性塑料件和表面锈迹。轻度损坏的板件可能只需进行局部喷涂，而有些维修项目则需要喷涂整块板件甚至多块板件。无论是哪种情况，都需要考虑新油漆与原有油漆的配色和融合工时。如果事故车的损坏非常严重，或者原有漆面已经严重老化，则可能需要进行整车喷漆。

检查漆面是否在事故前就已经损坏也很重要。这些事故前已有的凹痕、裂缝、擦伤和油漆问题应当不在保险公司的理赔范围内，其维修费用应当由客户自行承担。

复习思考题

1. 汽车碰撞中一般损伤与严重损伤有何区别？判断碰撞事故中汽车报废的原则是什么？
2. 何谓偏心碰撞？何谓对心碰撞？二者有何区别？
3. 分析汽车正面碰撞时碰撞力的传递原理。
4. 分析汽车侧面碰撞时碰撞力的传递原理。
5. 分析汽车后面碰撞时碰撞力的传递原理。
6. 承载式车身有何特征？
7. 何谓锥体理论？如何在承载式车身碰撞损伤分析中应用？
8. 承载式车身的前段有哪些部件？前部碰撞时哪些部件容易受到损伤？
9. 承载式车身的中段有哪些部件？侧部碰撞时哪些部件容易受到损伤？
10. 承载式车身的后段有哪些部件？后部碰撞时哪些部件容易受到损伤？
11. 非承载式车身有何特征？
12. 非承载式车身前部发生碰撞时，哪些部件容易受到损伤？
13. 非承载式车身发生碰撞时，车架损伤主要有哪些表现形式？
14. 当汽车发生前面碰撞时，发动机冷却系统中的哪些部件会受到损伤？
15. 当汽车发生前面碰撞时，发动机机体上的哪些部件会受到损伤？
16. 当汽车发生碰撞时，排气系统中的哪些部件会受到损伤？
17. 当汽车发生碰撞时，变速驱动桥中的哪些部件会受到损伤？
18. 当汽车发生碰撞时，悬架系统中的哪些部件会受到损伤？
19. 当汽车发生碰撞时，如何进行转向系统的损伤检查？
20. 当汽车发生碰撞时，如何进行制动系统的损伤检查？
21. 何谓区域检查法？通常将碰撞事故车分为哪五个区域？
22. 何谓二次损伤？如何对二次损伤进行测量？

第六章 / Chapter 6
汽车碰撞速度计算

第六章　汽车碰撞速度计算

教学提示：

本章介绍汽车碰撞的基本理论、汽车一维碰撞速度计算、汽车二维碰撞速度计算，以及汽车碰撞事故的典型案例分析。注重理论和实践相结合，讲解各个案例时应预习相关理论知识。

本章的教学难点是汽车一维碰撞速度计算、汽车二维碰撞速度计算、汽车与二轮摩托车或自行车侧面碰撞案例、汽车与行人碰撞事故案例。

本章的教学重点是汽车与汽车正面的一维和二维碰撞。

教学要求：

掌握汽车与汽车正面碰撞、汽车与汽车追尾碰撞、汽车与汽车直角侧面碰撞等案例的分析方法。

掌握摩托车与汽车车身侧面碰撞、汽车与二轮摩托车或自行车侧面碰撞、摩托车与汽车追尾碰撞等案例的分析方法。

理解汽车与行人碰撞事故案例分析。

了解汽车单车碰撞事故案例分析。

第一节　汽车碰撞的基本理论

交通事故中的汽车碰撞有其自身的特点，其中部分公式来源于实验室中的经验公式，其公式的应用存在一定范围，若公式应用的条件不当，可能计算出错误的结果。另一方面，也需要讨论一下碰撞的基本过程，可以应用一些基本公式解决一些复杂的问题。

一、汽车碰撞过程与碰撞动力学特点

1. 汽车碰撞过程

在交通事故中，汽车碰撞分为三个过程：

（1）碰撞前过程　从驾驶人察觉危险开始到两车刚接触，称为碰撞前过程。

（2）碰撞过程　从两车刚接触到两车刚分离，称为直接碰撞过程。

（3）碰撞后过程　从两车刚分离到完全停止，称为碰撞后过程。

在碰撞过程中，从两车刚接触开始，便在接触面上产生碰撞压力和压缩变形。这个压力由小到大使碰撞汽车的速度逐渐接近，直至两车出现相同的速度，压缩变形达到最大。紧接着由于弹性逐渐恢复，两车压紧的程度逐渐放松，两车速度出现相反的方向，直至两车分离。这个过程可分为前后两个阶段，即变形阶段和恢复阶段。

1）变形阶段。从两车刚接触开始，到压缩变形达到最大、两车速度相等时，称为变形发展阶段（简称变形阶段）。

2）恢复阶段。从变形最大、两车速度相等开始，到两车刚刚分离，称为变形恢复阶段（简称恢复阶段）。

有时塑性变形很大，弹性变形很小而忽略不计，这时只有变形阶段，没有恢复阶段。变形阶段末瞬时两车具有相同的速度，就是碰撞后的过程开始。如果在碰撞过程中，塑性变形很小，弹性变形很大，则忽略塑性变形阶段，而考虑弹性变形。

2. 汽车碰撞的动力学特点

从动力学的角度分析汽车碰撞事故，可以发现其具有其他物体碰撞所不具有的特性，这是理解汽车相互碰撞原理的基础。在动力学上，汽车碰撞事故具有如下特点：

（1）**碰撞时间短** 汽车碰撞接触瞬间到分离瞬间的时间间隔即为碰撞作用时间。在这一作用时间内包含了汽车相互挤压变形和汽车间弹性恢复两个阶段。大量试验研究表明，该段时间非常短暂，一般在70ms～120ms之间。而且碰撞作用时间的多少与汽车碰撞接触部位的刚度相关，刚度越小，作用时间越长久。

（2）**汽车所受的碰撞冲力大** 大量事故案例表明，碰撞发生前后，汽车相撞经历的时间极短，速度变化巨大，产生的加速度特别大，因此，碰撞时汽车承受的冲击力也特别大，可以产生相当于全车重力的十几倍、几十倍，甚至更大的冲击力。

（3）**汽车的碰撞近似于塑性碰撞** 基于汽车自身的结构特性，即便是汽车的同一接触部位，在不同事故碰撞过程中，也会产生不同程度的塑性变形，因此，碰撞性质近似于塑性碰撞。

（4）**汽车碰撞伴随有不同程度的能量损失** 汽车碰撞作用会导致碰撞点处发生塑性变形，同时还伴随有发热、发光、振动和发声等物理现象，同样必定伴随能量的消耗和损失。

二、汽车碰撞的基本假设

根据汽车碰撞的动力学特点，建立汽车碰撞动力学模型时，进行了如下基本假设。

1. 在碰撞过程中只考虑两汽车间的碰撞力

因为碰撞作用瞬间，汽车承受的碰撞冲力巨大，而此时在二维平面内施加于汽车的驱动力、空气阻力、车身重力及地面摩擦力等常见力的数值远远小于瞬时冲力，在计算过程中可以忽略不计。基于上述论据，在建立碰撞模型时可以应用角动量守恒定律及动量守恒定律。因为汽车在碰撞前和碰撞后的这段时间内，不存在碰撞冲击力，所以不能忽略起主要作用力的地面作用力。

2. 在碰撞过程中汽车的位移小到可忽略不计

由于车身相较于碰撞接触点的横摆角位移非常小，可以看作在汽车碰撞作用瞬间，汽车在大地坐标系中的位置保持不变。同样，由于汽车碰撞作用瞬间极其迅速，时间与速度的乘积所得的位移就很小，因此可以认为，在二维事故碰撞现场，发生事故瞬间汽车的碰撞位置，不仅为碰撞接触瞬间汽车的位置，也是碰撞分离瞬间汽车的位置。

3. 汽车碰撞后的运动视为刚体运动

在碰撞过程中，车体的塑性变形仅限于碰撞接触部位，车身的其他结构没有受到碰撞损失。因此，可将汽车碰撞后的运动视为刚体运动。

注意：因为汽车碰撞伴随有不同程度的能量损失，所以使用动能定理和能量守恒定律在理论分析过程中会产生误差。

三、汽车碰撞事故的分类

汽车碰撞动力学模型是基于汽车碰撞事故的动力学特点及在此基础上进行的模型假设的前提下构建并使用的。而汽车碰撞事故除具备汽车碰撞的动力学特点所介绍的共同特点之外，不同的碰撞类型还具备自身的特点。因此，有必要根据汽车碰撞事故的动力学特点对其进行分类。

汽车碰撞事故的分类方法有很多,本章主要以事故动力学特点来进行分类,可分为以下几类。

1. 汽车一维碰撞事故

汽车一维碰撞事故是指汽车发生碰撞的瞬间及在碰撞前后运动过程中,其质心始终沿碰撞前汽车行驶方向所在直线运动。汽车一维碰撞事故根据事故汽车行驶方向又细分为正面碰撞与追尾碰撞两类形态。

2. 汽车二维碰撞事故

汽车二维碰撞事故的定义是汽车发生碰撞事故,且在碰撞的三个阶段中均作平面运动。根据碰撞瞬间事故汽车受力特点,汽车二维碰撞事故又可分为二维对心碰撞事故与二维非对心碰撞事故两类。

在汽车二维碰撞事故中,当碰撞冲击力向量通过汽车的质心时,称该类碰撞为二维向心碰撞。在该类碰撞事故碰撞后的阶段,事故汽车仅作平移运动而不发生横摆转动。当一辆车的碰撞冲击力未通过另一辆车的质心,即对于另一辆车的质心产生力矩时,不仅作平移运动,而且作横摆转动。转动程度取决于碰撞冲击力相对汽车质心力矩的大小。

3. 汽车三维碰撞事故

汽车三维碰撞事故是指事故汽车在碰撞前、碰撞瞬间及碰撞后的运动过程中,其质心高度和车体方位角发生改变的复杂事故类型。该类碰撞事故的主要特点是碰撞后汽车的运动,不仅有平移运动与横摆运动,还伴随有绕汽车纵轴的侧翻旋转与绕汽车横轴的纵倾旋转运动。

4. 汽车碰撞固定物事故

在汽车碰撞事故中,将汽车与某一固定物(如护栏、树木、挡土墙等)发生碰撞的事故类型定义为汽车碰撞固定物事故。

5. 汽车与两轮车碰撞事故

汽车与摩托车、自行车等两轮车发生碰撞的事故,称为汽车与两轮车碰撞事故。

6. 汽车与行人碰撞事故

碰撞事故双方一方为汽车,另一方为行人的事故类型,称为汽车与行人碰撞事故。

四、汽车碰撞过程中的守恒定律与弹性恢复系数

1. 碰撞过程中的守恒定律

根据上面的假设,忽略外力作用,碰撞过程中只分析碰撞力,而碰撞力为内力,因此,两车碰撞过程中动量守恒、冲量矩守恒,即

$$m_1 v_1 + m_2 v_2 = m_1 v_{10} + m_2 v_{20} \tag{6-1}$$

$$J\omega - J\omega_0 = PR \tag{6-2}$$

式中　m_1、m_2——汽车1和汽车2的质量;

v_1、v_2——汽车1和汽车2碰撞后的速度;

v_{10}、v_{20}——汽车1和汽车2碰撞前的速度;

J——汽车相对于质心的转动惯量;

P——碰撞力的冲量;

ω——汽车碰撞后的角速度；

ω_0——汽车碰撞前的角速度；

R——冲量到汽车质心的距离。

在碰撞过程中，一定存在塑性变形、摩擦生热等情况，实际上机械能是不守恒的，所以用能量守恒时应特别注意。

【例1】 某轿车由西向东行驶与由东向西行驶的吉普车相撞，已知轿车质量为1600kg，吉普车质量为2200kg，碰撞后轿车由西向东滑行18m，吉普车由西向东滑行12m，且碰撞前的速度为60km/h，根据现场勘查可知，汽车正碰没有旋转，碰撞后汽车基本在同一直线上，道路附着系数为0.7。求轿车碰撞前的速度。

解：轿车、吉普车碰撞后的速度。

$$v_1 = \sqrt{2g\varphi s_1} = \sqrt{2\times9.8\times0.7\times18}\ \text{m/s} = 15.7\text{m/s}$$

$$v_2 = \sqrt{2g\varphi s_2} = \sqrt{2\times9.8\times0.7\times12}\ \text{m/s} = 12.8\text{m/s}$$

$$v_{10} = v_1 + \frac{m_2}{m_1}(v_2 - v_{20}) = \left[15.7 + \frac{2200}{1600}\times(12.8 + 60/3.6)\right]\text{m/s} = 38.6\text{m/s} = 138.96\text{km/h}$$

式中　v_1——轿车碰撞后的速度；

　　　v_2——吉普车碰撞后的速度；

　　　v_{10}——轿车碰撞前的速度；

　　　v_{20}——吉普车碰撞前的速度；

　　　m_1——轿车的质量；

　　　m_2——吉普车的质量；

　　　s_1——轿车碰撞后的滑动距离；

　　　s_2——吉普车碰撞后的滑动距离；

　　　φ——道路附着系数；

　　　g——重力加速度。

上述计算只是两车碰撞前的速度，并非轿车行驶速度，轿车碰撞前过程中有制动印迹时，可以通过能量法进一步求轿车行驶时的速度。

2. 碰撞过程中的弹性恢复系数

设有一个钢球垂直下落到某一固定平面时，刚接触时的速度为v_{10}，此时的碰撞力为0，进一步下落时，钢球和固定平面都发生变形，且变形逐渐增大，因此，碰撞力也逐渐增大。碰撞力增大的效果是使钢球作减速运动，当钢球的速度为零时，即钢球与固定平面具有相同的速度时，变形停止（固定平面速度为零）。这一时刻的变形包含了塑性变形和弹性变形，其中弹性变形要恢复弹性形变，钢球和固定平面之间的弹力做功使钢球加速向上运动。可见钢球碰撞前、后速度不等的原因是塑性变形吸收能量、弹性变形吸收部分能量以热能的形式散失在空间中。

钢球碰撞前、后的速度比，称为碰撞弹性恢复系数，即

$$k = \left|\frac{v_1}{v_{10}}\right| \tag{6-3}$$

式中　v_1——碰撞后的速度；

v_{10}——碰撞前的速度。

可见，$k \in [0, 1]$。

1）当 $k = 0$ 时，说明钢球没有弹起来，碰撞前所具有的动能都被塑性变形所吸收了。

2）当 $k = 1$ 时，说明钢球发生的变形完全是弹性变形，没有塑性变形，且没有任何机械能量的损失（实际情况下，$k \approx 1$）。

3）当 $k = (0, 1)$，说明钢球在碰撞过程中既有弹性变形又有塑性变形，其中损失的能量被塑性变形所吸收了。

常用材料的恢复系数见表6-1。

表6-1 常用材料恢复系数

碰撞的材料	铁对铅	木对胶木	木对木	钢对钢	玻璃对玻璃
恢复系数	0.14	0.26	0.50	0.56	0.94

【例2】 试求钢球与固定平面发生碰撞时的能量损失。

解： 碰撞前钢球所具有的能量

$$E_1 = \frac{mv_{10}^2}{2}$$

钢球碰撞后所具有的能量

$$E_2 = \frac{mv_1^2}{2}$$

弹性碰撞系数为

$$v_1 = kv_{10}$$

$$k = \left| \frac{v_1}{v_{10}} \right|$$

碰撞后的能量损失 ΔE 为

$$\Delta E = E_1 - E_2 = \frac{mv_{10}^2(1-k^2)}{2}$$

则钢球碰撞后的能量损失为 ΔE。

【例3】 质量为 m_1 和 m_2 的钢球以速度 v_{10} 和 v_{20} 相对碰撞，碰撞后的速度为 v_1 和 v_2，且同向，试求两钢球碰撞后的能量损失。

解： 以钢球1为参考系，则碰撞前钢球2相对于钢球1的速度为

$$v_{120} = v_{20} + v_{10}$$

碰撞后钢球2相对于钢球1的速度为（两钢球的共同参考系为碰撞前钢球速度，其证明略）

$$v_{12} = v_2 - v_1$$

令弹性恢复系数为

$$k = \frac{v_{12}}{v_{120}} = \frac{v_2 - v_1}{v_{20} + v_{10}} \tag{1}$$

根据碰撞过程中动量守恒

$$m_1 v_{10} - m_2 v_{20} = m_1 v_1 + m_2 v_2 \tag{2}$$

由式（1）和（2）整理得

$$v_{20} = \frac{(m_1 - km_2)v_2 - (1+k)m_1 v_1}{k(m_1 + m_2)}$$

$$v_{10} = \frac{(km_1 - m_2)v_1 + (1+k)m_2 v_2}{k(m_1 + m_2)}$$

在非弹性碰撞中，碰撞前钢球具有的总动能 E_1 为

$$E_1 = \frac{m_1 v_{10}^2 + m_2 v_{20}^2}{2} = \frac{m_1[(km_1 - m_2)v_1 + (1+k)m_2 v_2]^2 + m_2[(m_1 - km_2)v_2 - (1+k)m_1 v_1]^2}{2k^2(m_1 + m_2)^2}$$

碰撞后的总动能 E_2 为

$$E_2 = \frac{m_1 v_1^2 + m_2 v_2^2}{2}$$

碰撞中的能量损失 ΔE，应为碰撞前、后总动能之差，即

$$\Delta E = E_1 - E_2$$

整理得

$$\Delta E = \frac{m_1 m_2 (1-k^2)(v_2 - v_1)^2}{2k^2(m_1 + m_2)} = \frac{m_1 m_2 (1-k^2)(v_{20} + v_{10})^2}{2(m_1 + m_2)}$$

讨论：

1）上述公式为两钢球碰撞后的能量损失。当 $k=1$（弹性碰撞）时，$\Delta E = 0$，说明碰撞过程中无能量损失。

2）例题 2 中假设固定平面质量很大，碰撞前速度为零，可见例题 2 是例题 3 的特例，证明如下：

$$\lim_{\substack{v_{20} \to 0 \\ m_2 \to +\infty}} \Delta E = \lim_{\substack{v_{20} \to 0 \\ m_2 \to +\infty}} \frac{\dfrac{\partial m_1 m_2 (1-k^2)(v_{20} + v_{10})^2}{\partial m_2}}{\dfrac{\partial 2(m_1 + m_2)}{\partial m_2}} = \frac{m_1 v_{10}^2 (1-k^2)}{2}$$

第二节　汽车一维碰撞速度计算

在汽车的一维碰撞事故发生时，两车在碰撞瞬间以及在碰撞前后汽车运动的过程中，汽车速度的方向始终沿着同一直线，即均沿碰撞前汽车行驶方向所在的直线运动。通常把发生碰撞的两车速度矢量间的夹角在 10°以内的碰撞称为一维碰撞，或是称为一维直线碰撞。正面碰撞和追尾碰撞属于一维碰撞。

一、汽车正面碰撞速度计算

将事故汽车碰撞前、后行驶速度方向相反的一维碰撞定义为正面碰撞，如图 6-1 所示。现设事故汽车为车 1 与车 2，v_{10}、v_{20} 分别为车 1 与车 2 在碰撞接触瞬间的速度，v_1、v_2 分别为两车碰撞分离瞬间的速度，m_1、m_2 分别为两车的质量。

在碰撞过程中，既存在弹性变形，又存在塑性变形，如果已知弹性变形的弹性恢复系

数，则可求出碰撞前的速度（已知碰撞后速度的情况下）。但是由于交通事故中汽车的结构复杂，不同车型的弹性恢复系数是不同的，且汽车的弹性恢复系数和汽车的碰撞后的变形量有关系，不像均质物体的弹性系数保持不变，而是塑性变形越大，其弹力越大，

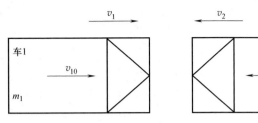

图 6-1 汽车一维正面碰撞

弹性恢复系数也越大，但是两者吸收能量相比较，弹性变形吸收的能量可以忽略。

由于应用弹性恢复系数计算的复杂性，则通常采用实验法推导经验公式，以满足工程上的需要。

1. 最大变形时的共同速度 v_c

两车互相接触时，由于 v_{10} 和 v_{20} 不同，便互相压缩变形，使两车速度越来越接近。当变形达到最大时，两车具有相同的速度 v_c，如图 6-2 所示。根据这一变形阶段的动量守恒得到

$$(m_1+m_2)v_c = m_1 v_{10} + m_2 v_{20}$$

因此，共同速度为

$$v_c = \frac{m_1 v_{10} + m_2 v_{20}}{m_1 + m_2} \tag{6-4}$$

2. 有效碰撞速度 v_e

两车在碰撞变形过程中产生的速度变化即为有效碰撞速度。已知变形阶段末瞬时的共同速度 v_c，就可以计算变形阶段内速度的变化。车 1 和车 2 的有效碰撞速度为

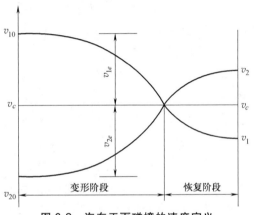

图 6-2 汽车正面碰撞的速度定义

$$v_{1e} = v_{10} - v_c = \frac{m_2}{m_1 + m_2}(v_{10} - v_{20}) \tag{6-5}$$

$$v_{2e} = v_{20} - v_c = \frac{m_1}{m_1 + m_2}(v_{20} - v_{10}) \tag{6-6}$$

3. 碰撞变形量 x 与有效碰撞速度 v_e 的关系

根据国内、外实车碰撞结论总结，分析已有的碰撞试验数据，可得出有效碰撞速度与碰撞变形量之间存在如下经验公式：

$$v_{1e} = 29.25 x_1 \tag{6-7}$$

$$v_{2e} = 29.25 x_2 \tag{6-8}$$

式中 v_{1e}、v_{2e}——车 1 与车 2 的有效碰撞速度，单位为 m/s；

x_1、x_2——车 1 与车 2 的正面碰撞变形量的平均值，单位为 m。

汽车正面碰撞变形量 x 的计算方法如图 6-3 和图 6-4 所示。

汽车前部完全碰撞变形时，变形量计算公式为

$$x = \frac{x_1 + x_2}{2} \tag{6-9}$$

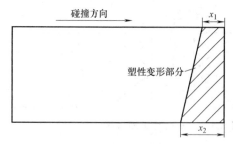

图 6-3 汽车前部完全碰撞变形

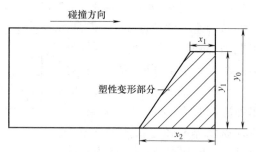

图 6-4 汽车前部部分碰撞变形

汽车前部部分碰撞变形时,变形量计算公式为

$$x = \frac{y_1}{y_0} \cdot \frac{x_1 + x_2}{2} \tag{6-10}$$

4. 汽车碰撞分离瞬时速度 v_1 与 v_2

由于碰撞事故发生后,事故汽车均沿直线作纵滑运动,事故汽车与路面间的摩擦力做负功,全部用于转化碰撞分离瞬时事故汽车的动能。因此,利用制动印痕公式,可以计算事故汽车碰撞分离瞬时速度,即

$$v_1 = \sqrt{2gs_1(\varphi_1 a_1 - i)} \tag{6-11}$$

$$v_2 = \sqrt{2gs_2(\varphi_2 a_2 - i)} \tag{6-12}$$

式中 v_1、v_2——车 1 与车 2 碰撞分离瞬时速度,单位为 m/s;

g——重力加速度,取 9.8m/s²;

φ_1、φ_2——车 1 与车 2 对路面的附着系数;

a_1、a_2——车 1 与车 2 的附着系数修正值;

i——道路纵坡度(%),汽车纵滑过程上坡取正值,下坡取负值;

s_1、s_2——车 1 与车 2 的纵滑距离,单位为 m。

附着系数修正值 a 的选择原则如下:

1)全轮制动时,$a = 1$。

2)一前轮一后轮制动时,$a = 0.5$。

3)只有前轮或后轮制动时 a 的取值视汽车形式而定,对于发动机前置的轿车在良好路面上行驶且只有前轮制动时,$a = 0.6 \sim 0.7$,而只有后轮制动时,$a = 0.2 \sim 0.3$。

5. 汽车碰撞接触时速度计算

根据已经计算得到的汽车碰撞分离瞬时速度 v_1、v_2,事故汽车的有效碰撞速度 v_{1e},利用动量守恒定律,可以计算得到事故汽车碰撞接触瞬时的行驶速度。即

$$v_{10} = v_{1e} + \frac{m_1 v_1 + m_2 v_2}{m_1 + m_2} \tag{6-13}$$

$$v_{20} = \frac{m_1 v_1 + m_2 v_2 - m_1 v_{10}}{m_2} \tag{6-14}$$

由上述推导过程,可以归纳出汽车正面碰撞接触瞬时速度计算的流程图,如图 6-5 所示。

【例 4】 轿车 1 和轿车 2 在平坦路面上发生正面碰撞,轿车 1 碰撞后向前滑行 6m,轿

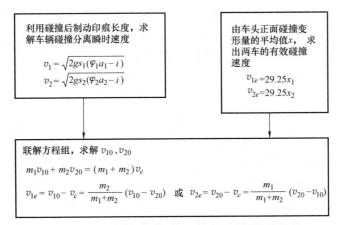

图 6-5　汽车正面碰撞接触瞬时速度计算的流程图

车 2 碰撞后与轿车 1 同向滑行 8m，轿车 1 塑性变形深度为 0.46m，质量为 1200kg，轿车 2 塑性变形深度为 0.4m，质量为 1000kg，其中道路附着系数为 0.7。试求两车碰撞前的速度。

解：首先计算轿车 1 和轿车 2 碰撞后的速度

$$v_1 = \sqrt{2gs_1(\varphi_1 a_1 - i)} = \sqrt{2\times 9.8\times 6\times (0.7\times 1 - 0)}\ \text{m/s} = 9.1\text{m/s}$$

$$v_2 = \sqrt{2gs_2(\varphi_2 a_2 - i)} = \sqrt{2\times 9.8\times 8\times (0.7\times 1 - 0)}\ \text{m/s} = 10.5\text{m/s}$$

计算轿车 1、轿车 2 碰撞过程中的共同速度

$$v_c = \frac{m_1 v_1 + m_2 v_2}{m_1 + m_2} = \frac{1200\times 9.1 + 1000\times 10.5}{1200 + 1000}\ \text{m/s} = 9.7\text{m/s}$$

计算轿车 1、轿车 2 的有效碰撞速度

$$v_{1e} = 29.25 x_1 = 29.25\times 0.46\ \text{m/s} = 13.5\text{m/s}$$

$$v_{2e} = 29.25 x_2 = 29.25\times 0.4\ \text{m/s} = 11.7\text{m/s}$$

计算轿车 1、轿车 2 的碰撞前速度

$$v_{10} = v_{1e} + v_c = (13.5 + 9.7)\ \text{m/s} = 23.2\text{m/s}$$

$$m_1 v_{10} + m_2 v_{20} = (m_1 + m_2)v_c$$

$$v_{20} = \frac{m_1 v_{10} - (m_1 + m_2)v_c}{m_2} = \frac{1200\times 23.2 - 2200\times 9.7}{1000}\ \text{m/s} = 6.5\text{m/s}$$

计算轿车 2 的碰撞前速度和轿车 1 的碰撞前速度

$$v_{20} = v_{2e} - v_c = (11.7 - 9.7)\ \text{m/s} = 2\text{m/s}$$

$$v_{10} = \frac{(m_1 + m_2)v_c + m_2 v_{20}}{m_1} = \frac{2200\times 9.7 + 1000\times 2}{1200}\ \text{m/s} = 19.5\text{m/s}$$

上述计算出轿车 1 和轿车 2 的两个速度，其碰撞前汽车的速度范围：$v_{10} = 19.5 \sim 23.2\text{m/s}$；$v_{20} = 2 \sim 6.5\text{m/s}$。

【例 5】 李××驾驶轿车（下称车 1）由北向南行驶，与由南向北行驶的、赵××驾驶的轿车（下称车 2）发生碰撞，造成车 1 李××、车 2 赵××和王××受伤，两辆事故车不同程度受损的道路交通事故。

解：（1）现场勘查

1) 确定车1、车2碰撞后纵滑附着系数

发生事故的路面为沥青路面,路面平坦、光滑,根据事故现场车1、车2制动印痕距离,可推断碰撞前速度大于48km/h,参照不同路面附着系数参考值,选取纵滑附着系数 $\varphi'_1 = \varphi'_2 = 0.65$。由于碰撞后车1、车2均作侧滑,根据侧滑公式可得车1、车2碰撞后的侧滑附着系数

$$\varphi_1 = \varphi_2 = 0.65 \times 0.95 + 0.08 = 0.711$$

2) 车1、车2碰撞后侧滑距离的确定

经现场测量和参考车1、车2的尺寸参数,计算得车1碰撞分离后的侧滑距离 $s_1 = 0.58\text{m}$,车2碰撞分离后的侧滑距离 $s_2 = 0.63\text{m}$。

3) 车1、车2质量的确定

碰撞发生时车1、车2的全部质量,主要为汽车整备质量、装载货物质量、驾驶人及乘车人质量之和。车1质量 $m_1 = 1379\text{kg} + 65\text{kg} = 1444\text{kg}$,车2质量 $m_2 = 1900\text{kg} + 65 \times 2\text{kg} = 2030\text{kg}$。

4) 车2前部碰撞变形量的计算

本起事故为车1、车2发生正面碰撞,根据变形量计算公式得,车2前部碰撞变形量 $x_2 = 0.59\text{m}$。

(2) 碰撞速度计算

1) 碰撞分离瞬时速度计算

$$v_1 = \sqrt{2gs_1(\varphi_1 a_1 - i)} = \sqrt{2 \times 9.8 \times 0.58 \times (0.711 \times 1 - 0)}\text{ m/s} = 2.84\text{m/s}$$

$$v_2 = \sqrt{2gs_2(\varphi_2 a_2 - i)} = \sqrt{2 \times 9.8 \times 0.63 \times (0.711 \times 1 - 0)}\text{ m/s} = 2.96\text{m/s}$$

2) 车2有效碰撞速度计算

$$v_{2e} = 29.25 x_2 = 17.26\text{m/s}$$

3) 碰撞接触瞬时速度计算。根据动量守恒原理及车2有效碰撞速度公式可得

$$m_1 v_1 + m_2 v_2 = (m_1 + m_2) v_c = m_2 v_{20} - m_1 v_{10}$$

$$v_{20} = v_{2e} - v_c$$

联解方程组得

$$v_{10} = 21.35\text{m/s}, v_{20} = 20.17\text{m/s}$$

4) 发生交通事故前行驶速度计算。因车1、车2碰撞前均未留下制动痕迹,故车1、车2碰撞前的行驶速度 v'_1、v'_2 与其碰撞接触前瞬时速度 v_{10}、v_{20} 相同,即

$$v'_1 = v_{10} = 21.35\text{m/s} = 76.86\text{km/h}$$

$$v'_2 = v_{20} = 20.17\text{m/s} = 72.62\text{km/h}$$

(3) 结论

发生交通事故路段为省级公路,道路限速80km/h,通过勘验、计算两车均未超速。导致本起事故发生的主要原因为车2占用车1行车道逆向行驶发生碰撞。

二、汽车追尾碰撞速度计算

将事故汽车碰撞前行驶速度方向相同的一维碰撞定义为追尾碰撞。追尾碰撞也是一维碰撞,因此,正面碰撞中的方程式也适用于追尾碰撞,但追尾碰撞有如下特点:

1) 被碰撞车驾驶人认知的时间很晚,很少有回避操作。因此,追尾碰撞中斜碰撞少,碰撞现象与正面碰撞相比比较单纯。

2) 恢复系数比正面碰撞小得多。因为汽车前部装有发动机,刚度高,而车身后部(指轿车)是空腔,刚度低,追尾变形主要是被碰撞车的后部,故恢复系数比正面碰撞小得多。

当有效碰撞速度达到 20km/h 以上时,恢复系数近似为零,有效碰撞速度与恢复系数的关系如图 6-6 所示。碰撞车停止后,有时被碰撞车还会继续向前滚动一段距离。

如图 6-7 所示,现设定车 1 为追尾汽车,车 2 为被追尾汽车,v_{10} 和 v_{20} 分别为车 1 与车 2 在碰撞接触瞬间的速度,v_1 和 v_2 分别为两车碰撞分离瞬间的速度,m_1 和 m_2 分别为两车的质量。

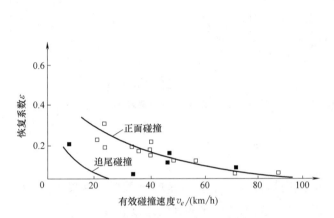

图 6-6　有效碰撞速度与恢复系数的关系

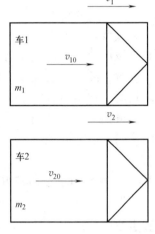

图 6-7　汽车一维追尾碰撞

1. 最大变形时的共同速度 v_c

追尾碰撞与正面碰撞之间有着本质不同,轿车的头部和尾部在结构上也存在差异,头部的刚度较大,而尾部刚度较小。此外,头部的弹性恢复系数也比尾部大,尾部的弹性系数几乎可以忽略掉,其塑性变形很大。因此,认为追尾碰撞后两车速度相等,不存在弹性变形恢复阶段。

在这种情况下,碰撞后两车成一体(黏着碰撞)运动。另外,碰撞车(车 1)驾驶人在发现有追尾碰撞发生的可能时,必定要采取紧急制动措施,而在路面上留下明显的制动印迹(非 ABS 汽车)。被碰撞车(车 2)因为没有采取制动措施,碰撞后两车的运动能量几乎由碰撞车(车 1)的轮胎和地面的摩擦来消耗。最大变形时的共同速度计算公式为

$$\frac{1}{2}(m_1+m_2)v_c^2 = \varphi_1 m_1 g s_1 a_1 \tag{6-15}$$

式中　m_1、m_2——碰撞车和被碰撞车的质量,单位为 kg;

v_c——碰撞后两车的共同速度,单位为 m/s,因为 $\varepsilon=0$,两车的速度相等;

φ_1——碰撞车的轮胎与路面的纵滑附着系数;

s_1——碰撞车碰撞后的滑移距离,单位为 m;

a_1——附着系数的修正值。

2. 利用塑性变形量经验公式来求解有效碰撞速度 v_e

相对于正面碰撞,追尾碰撞的弹性恢复系数 ε 要小很多。原因是被撞车的尾部发生了变

形，而汽车尾部要比前部塑性大。经过大量实验表明，弹性恢复系数 ε 接近于零时，有效碰撞速度 $v_e > 20\text{km/h}$。

在同型车追尾碰撞中，v_{2e}（被碰撞车的有效碰撞速度）和 x_2（被碰撞车的塑性变形量）的关系如图 6-8 所示。

当有效碰撞速度 $v_{2e} < 32\text{km/h}$ 时，有效碰撞速度与塑性变形量的关系式为

$$v_{2e} = 4.97x_2' + 1.28 \quad (6\text{-}16)$$

$$x_2' = \frac{2m_1}{m_1 + m_2} x_2 \quad (6\text{-}17)$$

式中 x_2'——被碰撞车尾部等效变形量。

当有效碰撞速度较高时，被碰撞车尾部空腔已被压扁，变形触及刚性很强的后轴部分，因此，随着有效碰撞速度的增加，塑性变形量的增加不大（图 6-8 中的虚线部分）。

被碰撞车有效碰撞速度 v_{2e} 与最大变形时的共同速度 v_c 的关系为

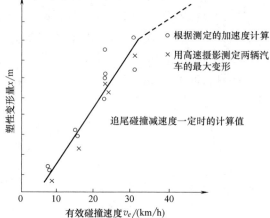

图 6-8　追尾碰撞中有效碰撞速度和塑性变形量的关系

$$v_{2e} = v_c - v_{20} \quad (6\text{-}18)$$

3. 汽车碰撞接触时速度计算

根据已经计算得到的汽车碰撞后的共同速度 v_c、事故汽车的有效碰撞速度 v_{2e}，在追尾碰撞事故中，运用动量守恒定律，可以推导出汽车碰撞接触瞬时速度，即

$$v_{20} = v_c - v_{2e} \quad (6\text{-}19)$$

$$v_{10} = \frac{m_1 v_1 + m_2 v_2 - m_2 v_{20}}{m_1} \quad (6\text{-}20)$$

由上述推导过程可以归纳出汽车追尾碰撞接触瞬时速度计算的流程图，如图 6-9 所示。

【例 6】　轿车 1 在平坦路面上与轿车 2 发生追尾碰撞事故，轿车 1 碰撞后向前滑行 16m，轿车 2 碰撞后与轿车 1 同向滑行 10m，轿车 1 质量为 1200kg，轿车 2 的尾部塑性变形深度为 0.6m，质量为 1000kg，其中道路附着系数为 0.6，无坡度。试求两车碰撞前速度。

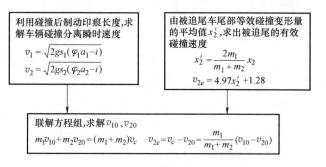

图 6-9　汽车追尾碰撞瞬时速度计算的流程图

解：首先计算轿车 1 和轿车 2 碰撞后的速度

$$v_1 = \sqrt{2gs_1(\varphi_1 a_1 - i)} = \sqrt{2 \times 9.8 \times 16 \times (0.6 \times 1 - 0)}\ \text{m/s} = 13.7\ \text{m/s}$$

$$v_2 = \sqrt{2gs_2(\varphi_2 a_2 - i)} = \sqrt{2 \times 9.8 \times 10 \times (0.6 \times 1 - 0)}\ \text{m/s} = 10.8\ \text{m/s}$$

计算两车碰撞后的共同速度

$$v_c = \frac{m_1v_1+m_2v_2}{m_1+m_2} = \frac{1200\times13.7+1000\times10.8}{1200+1000}\text{m/s} = 12.4\text{m/s}$$

计算被撞车（轿车 2）的等效塑性变形量

$$x_2' = \frac{2m_1}{m_1+m_2}x_2 = \frac{2\times1200}{2200}\times0.6\text{m} = 0.66\text{m}$$

计算被撞车（轿车 2）的有效碰撞速度

$$v_{2e} = 4.97x_2'+1.28 = (4.97\times0.66+1.28)\text{m/s} = 4.56\text{m/s}$$

计算被撞车（轿车 2）的碰撞前速度

$$v_{20} = v_c - v_{2e} = (12.4-4.56)\text{m/s} = 7.84\text{m/s} = 28.22\text{km/h}$$

计算主撞车（轿车 1）的碰撞前速度

$$v_{10} = \frac{(m_1+m_2)v_c - m_2v_{20}}{m_1} = \frac{2200\times12.4-1000\times7.84}{1200}\text{m/s} = 16.2\text{m/s} = 58.32\text{km/h}$$

通过上述计算，轿车 1 和轿车 2 发生追尾碰撞前的速度分别为 16.2m/s（28.22km/h）和 7.84m/s（58.32km/h）。

【例 7】 魏××驾驶小型轿车（下称车 1）由西向东行驶，与同方向前方行驶的、由徐××驾驶的小型轿车（下称车 2）发生追尾碰撞，造成车 2 驾驶人徐××死亡、乘车人吕××受伤，两辆事故车不同程度受损的道路交通事故。

解：（1）现场勘查

1）车 1、车 2 碰撞后的纵滑附着系数。碰撞发生后，车 1 推动车 2 共同向前行驶，此时车 1 与地面的纵滑附着系数由于车 2 的阻碍作用而增加，参照相关路面附着系数参考值，近似选取车 1 碰撞后的纵滑附着系数 $\varphi_1 = 0.85$。

2）车 2 碰撞后的纵滑距离。经现场测量并参考车 1、车 2 的尺寸参数，计算得车 1 追尾车 2 后的纵滑距离 $s_1 = 22\text{m}$。

3）车 1、车 2 质量

碰撞发生时车 1、车 2 的全部质量主要为汽车整备质量、装载货物质量、驾驶人及乘车人质量之和。车 1 质量：$m_1 = 1518\text{kg}+65\times2\text{kg} = 1648\text{kg}$；车 2 质量：$m_2 = 1265\text{kg}+65\times2\text{kg} = 1395\text{kg}$。

4）车 1 尾部等效碰撞变形量。本起事故为车 1 追尾车 2 碰撞，车 2 尾部碰撞变形量的平均值 $x_2 = 0.7\text{m}$，则车 2 尾部等效碰撞变形量

$$x_2' = \frac{2m_1}{m_1+m_2}x_2 = 0.76\text{m}$$

（2）车速计算

1）车 1、车 2 碰撞后的共同速度

$$v_c = \sqrt{\frac{2(\varphi_1 m_1 g s_1 a_1)}{m_1+m_2}}$$

式中，$m_1 = 1648\text{kg}$，$m_2 = 1395\text{kg}$，$\varphi_1 = 0.85$，$g = 9.8\text{m/s}^2$，$s_1 = 22\text{m}$，$a_1 = 1$，则

$$v_c = 14.09\text{m/s}$$

2）车 2 的有效碰撞速度

$$v_{2e} = 4.97x'_2 + 1.28 = (4.97 \times 0.76 + 1.28) \text{m/s} = 5.06 \text{m/s}$$

3) 车 2 碰撞前速度 v_{20}

$$v_{20} = v_c - v_{2e} = (14.09 - 5.06) \text{m/s} = 9.03 \text{m/s} = 32.5 \text{km/h}$$

4) 车 1 碰撞前速度 v_{10}

$$v_{10} = \frac{(m_1 + m_2)v_c - m_2 v_{20}}{m_1} = \frac{(1648 + 1395) \times 14.09 + 1395 \times 9.03}{1648} \text{m/s}$$
$$= 18.37 \text{m/s} = 66.14 \text{km/h}$$

5) 发生交通事故前行驶速度计算

因车 1、车 2 碰撞前均未留下制动印痕，故车 1、车 2 发生交通事故前的行驶速度 v'_1、v'_2 与其碰撞接触瞬时速度 v'_{10}、v'_{20} 相同，即

$$v'_1 = v_{10} = 66.14 \text{km/h}, v'_2 = v_{20} = 32.5 \text{km/h}$$

（3）结论

本起交通事故发生在乡村道路内，依照国家法律规定，小型轿车在该路段限速 50km/h。通过计算得出，车 2 行驶速度符合法律规定，属正常行驶，车 1 行驶速度大于规定的最大限定速度是导致本起事故发生的主要原因。

第三节 汽车二维碰撞速度计算

交通事故中的碰撞过程通常为二维平面碰撞，二维平面碰撞过程又分为碰撞后没有转动情况和碰撞后存在转动情况。其中，碰撞后没有发生转动的过程称为对心碰撞，即碰撞时碰撞力通过了两车质量中心，不会使汽车旋转。部分情况下有转动，但是转动不大，可以忽略不计，因此这类碰撞符合质心对碰动量守恒定理。但是绝大部分都是非对心碰撞，碰撞后车体既平动又转动，平动和转动都消耗动能。

二维对心碰撞与二维非对心碰撞之间的最大区别在于碰撞后事故汽车是否发生横摆转动。因此，汽车二维碰撞动力学模型，应针对不同事故类型分别予以构建。

一、汽车二维对心碰撞的车速计算

假设质量为 m_1 的车 1 与质量为 m_2 的车 2 在 O 点处发生二维对心碰撞，如图 6-10 所示。

车 1 由西偏南向北偏东方向行驶，车 2 由南偏东向北偏西方向行驶，以东西方向为 x 轴，东为正，南北方向为 y 轴，北为正，建立直角坐标系。碰撞前车 1 的速度为 v_{10}，其速度方向与 x 轴的夹角为 α_{10}；车 2 的速度为

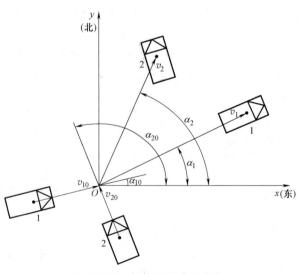

图 6-10 汽车二维对心碰撞

第六章 汽车碰撞速度计算

v_{20}，其速度方向与 x 轴的夹角为 α_{20}。

碰撞后，车 1 的速度为 v_1，其速度方向与 x 轴的夹角为 α_1；车 2 的速度为 v_2，其速度方向与 x 轴的夹角为 α_2。

根据动量守恒定律，把车 1 和车 2 碰撞前、后的速度分别投影到 x 轴和 y 轴上，得

$$m_1 v_{10} \cos\alpha_{10} + m_2 v_{20} \cos\alpha_{20} = m_1 v_1 \cos\alpha_1 + m_2 v_2 \cos\alpha_2 \tag{6-21}$$

$$m_1 v_{10} \sin\alpha_{10} + m_2 v_{20} \sin\alpha_{20} = m_1 v_1 \sin\alpha_1 + m_2 v_2 \sin\alpha_2 \tag{6-22}$$

将这两个方程式联立起来可以求解两个未知量。如果已知车 1 和车 2 速度的方向，再已知碰撞前的两车速度，就可以求出两车碰撞后两车的速度 v_1 和 v_2。但是，在交通事故分析中，常常先按滑行距离算出碰撞后的速度，然后再按上述两式求出碰撞前的速度 v_{10} 和 v_{20}，即

$$v_{10} = \frac{m_1 v_1 \cos\alpha_1 + m_2 v_2 \cos\alpha_2 - m_2 v_{20} \cos\alpha_{20}}{m_1 \cos\alpha_{10}} \tag{6-23}$$

$$v_{20} = \frac{m_1 v_1 \sin\alpha_1 + m_2 v_2 \sin\alpha_2 - m_1 v_{10} \sin\alpha_{10}}{m_2 \sin\alpha_{20}} \tag{6-24}$$

$v_1 = \sqrt{2gs_1(\varphi_1 a_1 - i)}$，或 $v_1 = \sqrt{2gs_1\varphi_1}$（全车制动 $a_1 = 1$，平路无坡 $i = 0$）

$v_2 = \sqrt{2gs_2(\varphi_2 a_2 - i)}$，或 $v_2 = \sqrt{2gs_2\varphi_2}$（全车制动 $a_2 = 1$，平路无坡 $i = 0$）

α_1、α_2 为车 1 和车 2 的碰撞分离偏向角，其确定方法为：根据事故现场图中所描绘的尺寸信息，确定碰撞瞬间汽车质心位置坐标（x_{10}，y_{10}）与（x_{20}，y_{20}），事故汽车最终静止时的质心坐标（x_1，y_1）与（x_2，y_2）。确定出 α_1 和 α_2 的数值，即

$$\alpha_1 = \arctan\left(\frac{y_1 - y_{10}}{x_1 - x_{10}}\right) \tag{6-25}$$

$$\alpha_2 = \arctan\left(\frac{y_2 - y_{20}}{x_2 - x_{20}}\right) \tag{6-26}$$

【例 8】 某轿车（1 号车）质量为 2.35kg，沿平坦路面的 x 轴行驶（$\alpha_{10} = 0$），与另一轿车（2 号车）发生碰撞后向前滑行 18m，碰撞后与 x 轴的夹角 $\alpha_1 = 31°$，道路附着系数为 0.5。2 号车质量为 1.63kg，行驶方向与 x 轴夹角 $\alpha_{20} = 120°$，碰撞后与 x 轴夹角 $\alpha_2 = 77°$，道路附着系数为 0.6。试求碰撞前两车的行驶速度。

解：首先计算 1 号车和 2 号车碰撞后的速度

$$v_1 = \sqrt{2gs_1\varphi_1} = \sqrt{2 \times 9.8 \times 0.5 \times 8}\,\text{m/s} = 8.85\,\text{m/s}(31.9\,\text{km/h})$$

$$v_2 = \sqrt{2gs_2\varphi_2} = \sqrt{2 \times 9.8 \times 0.6 \times 12}\,\text{m/s} = 11.90\,\text{m/s}(42.8\,\text{km/h})$$

计算 1 号车和 2 号车碰撞前的速度

$$v_{20} = \frac{m_1 v_1 \sin\alpha_1 + m_2 v_2 \sin\alpha_2 - m_1 v_{10} \sin\alpha_{10}}{m_2 \sin\alpha_{20}}$$

$$= \frac{2.35 \times 31.9 \times \sin31° + 1.63 \times 42.8 \times \sin77° - 2.35 \times v_{10} \times \sin0°}{1.63 \times \sin120°}\,\text{km/h} = 75.4\,\text{km/h}$$

$$v_{10} = \frac{m_1 v_1 \cos\alpha_1 + m_2 v_2 \cos\alpha_2 - m_2 v_{20} \cos\alpha_{20}}{m_1 \cos\alpha_{10}}$$

215

$$= \frac{2.35 \times 31.9 \times \cos 31° + 1.63 \times 42.8 \times \cos 77° - 1.63 \times 75.4 \times \cos 120°}{2.35 \times \cos 0°} \text{km/h} = 60.3 \text{km/h}$$

由计算分析可知,在发生碰撞事故前,1号车的行驶速度为60.3km/h,2号车的行驶速度为75.4km/h。

二、汽车二维非对心碰撞的车速计算

对汽车二维非对心碰撞进行如下假设:

1) 车体仅有纵向 x 轴上的平动、横向 y 轴上的平动和绕 z 轴的横摆运动三个自由度。
2) 汽车碰撞与路面在同一平面。
3) 仅考虑车体间惯性碰撞力的作用,忽略其他外力,碰撞遵循动量守恒。
4) 碰撞过程极短,是瞬时完成的,忽略时间的影响。
5) 车体为有质量的刚体,不考虑碰撞变形。
6) 车体运动的约束条件由汽车切向和法向的恢复系数来描述。
7) 碰撞前后,汽车质量分布和几何结构参数不变。
8) 汽车合冲量作用在汽车碰撞中心。

1. 汽车碰撞中心

交通事故中的汽车碰撞变形多为非完全弹性碰撞变形,碰撞冲量的焦点位置和方向会随着汽车的位移及变形而改变,而其碰撞合冲量的作用点即为碰撞中心点。一般认为碰撞中心点在汽车的最大变形区域附近。

为了便于交通事故的分析,选取两车的碰撞中心为坐标原点,建立相应二维碰撞坐标系,如图6-11所示。

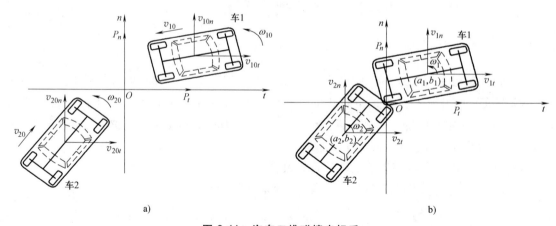

图6-11 汽车二维碰撞坐标系

a) 碰撞前 b) 碰撞后

2. 汽车碰撞的动量守恒

根据动量定理,在法向、切向可建立方程组

$$m_1(v_{1n} - v_{10n}) = P_n \tag{6-27}$$

$$m_1(v_{1t} - v_{10t}) = P_t \tag{6-28}$$

$$m_2(v_{2n} - v_{20n}) = -P_n \tag{6-29}$$

$$m_2(v_{2t}-v_{20t}) = -P_t \qquad (6\text{-}30)$$

式中 m_1、m_2——汽车1和汽车2的质量；

v_{1n}、v_{2n}——汽车1和汽车2的碰撞后法向速度；

v_{10n}、v_{20n}——汽车1和汽车2的碰撞前法向速度；

v_{1t}、v_{2t}——汽车1和汽车2的碰撞后切向速度；

v_{10t}、v_{20t}——汽车1和汽车2的碰撞前切向速度；

P_n、P_t——汽车1和汽车2的碰撞过程中法向、切向冲量。

3. 汽车碰撞的角动量守恒

因为汽车碰撞遵循角动量定理，P_n 和 P_t 分别向坐标系原点取力矩，则有

$$m_1 J_1(\omega_1 - \omega_{10}) = -P_n a_1 + P_t b_1 \qquad (6\text{-}31)$$

$$m_2 J_2(\omega_2 - \omega_{20}) = P_n a_2 - P_t b_2 \qquad (6\text{-}32)$$

式中 J_1、J_2——汽车1和汽车2的横摆转动惯量；

ω_1、ω_2——汽车1和汽车2碰撞后的横摆角速度；

ω_{10}、ω_{20}——汽车1和汽车2碰撞前的横摆角速度；

a_1、a_2——汽车1和汽车2碰撞接触面的切向坐标；

b_1、b_2——汽车1和汽车2碰撞接触面的法向坐标。

根据动量守恒和角动量守恒定理，合并上式，得

$$m_1(v_{1n}-v_{10n}) + m_2(v_{2n}-v_{20n}) = 0 \qquad (6\text{-}33)$$

$$m_1(v_{1t}-v_{10t}) + m_2(v_{2t}-v_{20t}) = 0 \qquad (6\text{-}34)$$

$$m_1 J_1(\omega_1-\omega_{10}) + a_1 m_1(v_{1n}-v_{10n}) - b_1 m_1(v_{1t}-v_{10t}) = 0 \qquad (6\text{-}35)$$

$$m_2 J_2(\omega_2-\omega_{20}) + a_2 m_2(v_{2n}-v_{20n}) - b_2 m_2(v_{2t}-v_{20t}) = 0 \qquad (6\text{-}36)$$

4. 法向恢复系数 k_n 和切向恢复系数 k_t

交通事故碰撞为非完全弹性碰撞，一部分动能转化为车体的变形能，所以在进行计算时需根据汽车变形和汽车结构提供用于描述碰撞前后动能比的恢复系数，即法向恢复系数 ε_n 和切向恢复系数 ε_t。恢复系数大小除了与材料相关外，还和物体的形状、碰撞角度等相关。

碰撞点 O 处的法向恢复系数 ε_n 为

$$\varepsilon_n = -\frac{v_{2n}-a_2\omega_2-v_{1n}+a_1\omega_1}{v_{20n}-a_2\omega_{20}-v_{10n}+a_1\omega_{10}} \qquad (6\text{-}37)$$

碰撞点 O 处的切向恢复系数 ε_t 为

$$\varepsilon_t = -\frac{v_{2t}-b_2\omega_2-v_{1t}+b_1\omega_1}{v_{20t}-b_2\omega_{20}-v_{10t}+b_1\omega_{10}} \qquad (6\text{-}38)$$

5. 求碰撞车速

根据动量守恒、角动量守恒定理，以法向、切向恢复系数为约束，整理以上方程组，可得到汽车二维非对心碰撞的动力学矩阵，即

$$\begin{bmatrix} m_1 & 0 & 0 & m_2 & 0 & 0 \\ 0 & m_1 & 0 & 0 & m_2 & 0 \\ a_1 m_1 & -b_1 m_1 & J_1 & 0 & 0 & 0 \\ 0 & 0 & 0 & a_2 m_2 & -b_2 m_2 & J_2 \\ -1 & 0 & a_1 & 1 & 0 & -a_2 \\ 0 & -1 & -b_1 & 0 & 1 & b_2 \end{bmatrix} \begin{bmatrix} v_{1n} \\ v_{1t} \\ \omega_1 \\ v_{2n} \\ v_{2t} \\ \omega_2 \end{bmatrix}$$

$$= \begin{bmatrix} m_1 & 0 & 0 & m_2 & 0 & 0 \\ 0 & m_1 & 0 & 0 & m_2 & 0 \\ a_1 m_1 & -b_1 m_1 & J_1 & 0 & 0 & 0 \\ 0 & 0 & 0 & a_2 m_2 & -b_2 m_2 & J_2 \\ \varepsilon_n & 0 & -a_1 \varepsilon_n & -\varepsilon_n & 0 & a_2 \varepsilon_n \\ 0 & \varepsilon_t & b_1 \varepsilon_t & 0 & -\varepsilon_t & -b_2 \varepsilon_t \end{bmatrix} \begin{bmatrix} v_{10n} \\ v_{10t} \\ \omega_{10} \\ v_{20n} \\ v_{20t} \\ \omega_{20} \end{bmatrix} \quad (6\text{-}39)$$

联立解此动力学矩阵,可计算出碰撞前两车的车速 v_{10} 和 v_{20}。

6. 相关参数及其确定

(1) 事故汽车质量 事故汽车的质量包括事故发生时汽车的自身质量、驾驶人员质量与车载货物的质量,该数据可在事故调查阶段获得。

(2) 事故汽车绕质心转动惯量 转动惯量与汽车几何参数、车型和汽车载荷等因素密切相关,是碰撞模拟计算中一个难以确定而又非常重要的参数。由于汽车在出厂时,没有给出转动惯量这一参数的详细计算方法,而且到目前为止,尚未找到一种能够实际测量汽车转动惯量的方法。转动惯量对汽车事故再现计算结果有很大影响,选择合适的转动惯量,可使再现模型的模拟效果与实际情况更加符合。

对于空载的汽车,求解转动惯量时可将汽车看作一个长方体,由其宽度 W 与长度 L 的平方和乘以车身质量 m 的十二分之一来计算,即

$$J = m \frac{L^2 + W^2}{12} \quad (6\text{-}40)$$

利用上述方法求解的转动惯量误差较大。综合大量参考文献,根据不同的汽车种类,得出一种较准确地计算转动惯量的公式。

① 轿车:$J = 0.1478 mBL \pm 4.8\%$;
② 载货汽车:$J = 0.1525 mtL \pm 7.4\%$;
③ 大型客货两用车:$J = 0.958 mcd \pm 4.6\%$;
④ 多用途车(MPV):$J = 0.4622 mBW \pm 6.7\%$。

式中 m——汽车质量,单位为 kg;
B——车轮轮距,单位为 m;
W——汽车宽度,单位为 m;
c、d——质心到前、后轴的距离,单位为 m。

(3) 碰撞恢复系数的选择 碰撞恢复系数采用 ε_t 和 ε_n 进行描述。当 ε_t 和 ε_n 均为零时,碰撞损失的能量最大,碰撞为完全塑性碰撞;当 ε_t 和 ε_n 均为1时,碰撞为完全弹性碰

撞，碰撞过程没有能量损失。除上述两种类型外，其他类型的碰撞能量损失介于 $0 \sim E_{L\max}$ 之间。碰撞恢复系数也表现为碰撞能量的损失，同时，车体运动维数将影响碰撞中的回弹能量，车体结构特点和碰撞条件决定着碰撞能量损失的变化和储存在车体中的能量大小。

【例 9】 王××驾驶小型轿车（下称车 2）在平坦路面上由南向北行驶，与对向行驶的、由张××驾驶的小型轿车（下称车 1）发生碰撞，造成车 2 乘车人张××死亡、车 1 驾驶人张××受伤、两辆事故车不同程度受损的道路交通事故。碰撞前、后两车的位置示意图如图 6-12 所示。

解：（1）车 1、车 2 碰撞后的纵滑附着系数

发生事故段的路面为沥青路面，路面平坦、光滑，根据事故现场车 1、车 2 的制动印痕距离，可推断碰撞前速度大于 48km/h，参照路面附着系数参考值，选取纵滑附着系数 $\varphi'_1 = \varphi'_2 = 0.65$。由于碰撞后车 1、车 2 均作侧滑，根据侧滑公式得，车 1、车 2 碰撞后的侧滑附着系数

$$\varphi_1 = \varphi_2 = 0.65 \times 0.97 + 0.08 = 0.711$$

（2）车 1、车 2 碰撞后的纵滑距离

经现场测量并根据车 1、车 2 的尺寸参数，计算可得车 1 碰撞分离后的侧滑距离 $s_1 = 7.41$m，车 2 碰撞分离后的侧滑距离 $s_2 = 17.50$m。

（3）车 1、车 2 碰撞前、后的偏向角

1）车 1、车 2 碰撞前的偏向角。根据事故现场痕迹以及车 1、车 2 驾驶人的陈述，车 1 碰撞前相对南北方向的角度 $\alpha_{10} = 0°$；根据车 2 前部碰撞变形状况，测量碰撞接触面长度，查询车 2 相关尺寸参数，计算得出车 2 碰撞前相对南北方向的角度 $\alpha_{20} = 0.09°$。

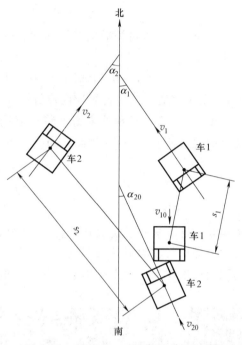

图 6-12 碰撞前、后两车的位置示意图

2）车 1、车 2 碰撞后的偏向角。根据事故现场测量的车 1、车 2 碰撞后的侧滑距离，事故现场分析得出的碰撞接触点、碰撞前车 1、车 2 位置，以及车 1、车 2 最终停止位置，查询车 1、车 2 尺寸参数，可得出，车 1 碰撞后相对南北方向的偏向角 $\alpha_1 = 21.11°$，车 2 碰撞后相对南北方向的偏向角 $\alpha_2 = 23.46°$。

（4）车 1、车 2 质量

碰撞发生时车 1、车 2 全部质量，主要为汽车整备质量、装载货物质量、驾驶人及乘车人质量之和。车 1 质量 $m_1 = 1820 + 65 = 1885$kg，车 2 质量 $m_2 = 1286 + 65 \times 5 = 1611$kg。

（5）车 1 前部碰撞变形量

本起事故为正面碰撞，测量得到车 1 前部碰撞变形量 $x_1 = 0.40$m。

（6）车速计算

1）车 1、车 2 碰撞分离瞬时速度计算

$$v_1 = \sqrt{2gs_1\varphi_1} = \sqrt{2 \times 9.8 \times 7.41 \times 0.711} \text{ m/s} = 10.16 \text{ m/s}(36.58 \text{ km/h})$$

$$v_2 = \sqrt{2gs_2\varphi_2} = \sqrt{2\times9.8\times17.5\times0.711}\,\text{m/s} = 15.62\,\text{m/s}(56.22\,\text{km/h})$$

2）车 1 有效碰撞速度计算

$$v_{1e} = 29.25x_1 = 29.25\times0.4\,\text{m/s} = 11.7\,\text{m/s}(42.12\,\text{km/h})$$

3）车 1、车 2 碰撞接触瞬时速度计算

根据动量守恒原理及车 1 有效碰撞表达式得

$$m_1v_{10}\cos\alpha_{10} + m_2v_{20}\cos\alpha_{20} = m_1v_1\cos\alpha_1 + m_2v_2\cos\alpha_2 = (m_1+m_2)v_c$$

$$v_{10} = v_c - v_{1e}$$

v_c 为车 1、车 2 碰撞后的共同速度，计算为 $v_c = 11.71$ m/s（42.16km/h）；

联解方程组得

$$v_{10} = 0.11\,\text{m/s}(0.04\,\text{km/h}),\ v_{20} = 25.42\,\text{m/s}(91.50\,\text{km/h})$$

4）发生交通事故前行驶速度计算

因车 1、车 2 碰撞前均未留下制动痕迹，故车 1、车 2 碰撞前的行驶速度 v_1'、v_2' 与其碰撞接触前瞬时速度 v_{10}、v_{20} 相同，即

$$v_1' = v_{10} = 0.04\,\text{km/h}$$
$$v_2' = v_{20} = 91.50\,\text{km/h}$$

（7）结果分析

本起交通事故碰撞位置处于省级公路内，道路限速 80km/h。碰撞发生前车 1 逆向行驶，越过中央隔离带驶向对向行车道，导致与车 2 发生碰撞，同时车 2 行驶速度超过国家规定的最高限定速度，上述两点是本起事故发生的主要原因。

第四节　汽车碰撞事故案例分析

汽车碰撞事故主要包括汽车与汽车正面碰撞、汽车与汽车追尾碰撞、汽车与汽车直角侧面碰撞、摩托车与汽车车身侧面碰撞、汽车与二轮摩托车或自行车侧面碰撞、摩托车与汽车追尾碰撞、汽车与行人碰撞、路外坠车以及汽车撞固定物等。

一、汽车与汽车正面碰撞

1. 事故概况

××××年××月××日，胡××驾驶湘 F0446 * 依维柯轻型客车（以下简称"轻型客车"）由岳阳向常德方向行驶，在 S306 线 152km+13.9m 处，为避让突然横穿马路的段××，左转转向盘，越过道路的中心线，与相对行驶的湘 F6136 * 亚星中型客车（以下简称"中型客车"）相撞，造成重大交通事故。

2. 事故分析

此汽车事故为轻型客车与中型客车的正面碰撞事故，根据车辆变形分析和变形估算情况分析鉴定如下。

（1）事故车辆基本资料及变形情况

1）轻型客车。外形尺寸（长×宽×高）：6870mm×2000mm×2752mm；最高车速：

110km/h；满载总质量：5000kg；整车整备质量：3060kg。

两车发生碰撞后，轻型客车主要变形发生在车前左部区域，损坏范围包括发动机舱和驾驶区前部，车前部发动机舱严重变形。

基本变形数据如下。

前横梁变形：横向尺寸×纵向尺寸=805mm×110mm。

发动机后移：左侧后移830mm，右侧后移550mm。

左前纵梁变形：纵向尺寸×横向尺寸=860mm×50mm。

左驾驶门变形折叠，右驾驶门严重变形。

发动机前固定横梁已断裂。

2）中型客车。外形尺寸（长×宽×高）：8810mm×2450mm×3340mm；最高车速：110km/h；满载总质量：11450kg（最多载客数39人时）；整车整备质量：8600kg。

两车发生碰撞后，中型客车变形发生在车前左下角区域，变形范围近似立体三角形。基本变形数据如下。

前保险杠变形：横向尺寸×纵向尺寸=2370mm×900mm（见图6-13）。

左前横梁向后变形：横向尺寸×纵向尺寸=300mm×170mm。

左前储气罐支架断裂。

图6-13 碰撞后受损的中型客车

（2）变形量计算及其他参数的确定

1）轻型客车。根据相关变形资料和事故车辆照片（见图6-14）损伤状况分析，左侧纵向最大变形深度为1800mm，右侧纵向最大变形深度为110mm，前保险杠横向变形为1690mm。

变形量 $x_1 = \dfrac{110+1800}{2} \times \dfrac{1690}{2000}$ mm ≈ 807.0mm = 0.807m。

碰撞时总质量 $m_1 = (3060+16\times73)$ kg = 4228kg（据国家标准，长途客车每位乘员质量以73kg计算）。

碰撞后倒退距离 $s_1 = 14.40$m（以该车传动轴拖滑距离计，实测数据）。

2）中型客车。

变形量 $x_2 = \dfrac{900}{2} \times \dfrac{2370}{2450}$ mm ≈ 435.3mm = 0.4353m。

碰撞时总质量 $m_2 = (8600+9\times73)$ kg = 9257kg（每位乘员质量按73kg计算）。

碰撞后滑移距离 $s_2 = 12.00$m（以该车左前轮抱死拖滑距离计，不含该车侧翻后的距离）。

事故发生时该车子午线轮胎与水泥路面的滑动附着系数取 $\varphi \approx 0.8$。

3）其他参数。事故现场坡度：纵向为 $i_{纵} \approx 0.015$（西高东低，实测数据），横向为 $i_{横} \approx 0.03$（北高南低，实测数据）。

重力加速度 $g \approx 9.8 \mathrm{m/s}^2$。

（3）车速计算

1）碰撞后车速。对于轻型客车，有

$$v_1 = \sqrt{2g(\mu_1 + i_1)s_1}$$

图 6-14 碰撞后受损的轻型客车

式中，$g \approx 9.8 \mathrm{m/s}^2$，$s_1 = 14.40\mathrm{m}$ 均已确定。

μ_1 为该车碰撞后与道路的滑动附着系数，一般车轮滚动阻力系数约为 0.012，考虑该车碰撞后传动轴断裂在路面发生刮擦，故取 $\mu_1 = 0.2$。

i_1 为碰撞后该车走过轨迹的坡度，上坡取正、下坡取负代入上式计算；事故现场坡度西高东低（$i_{纵} \approx 0.015$）且北高南低（$i_{横} \approx 0.03$），碰撞后该车纵向移动 11000mm，横向移动 1800mm（实测数据），综合计算 $i_1 \approx 0.01$。

计算得

$$v_1 = \sqrt{2g(\mu_1 + i_1)s_1} = \sqrt{2 \times 9.81 \times (0.2 - 0.01) \times 14.40} \mathrm{m/s}$$
$$\approx 7.3267 \mathrm{m/s} = 26.38 \mathrm{km/h}$$

对于中型客车，该车碰撞分离后，左前轮被断裂的左前储气罐支架抵死而发生滑移，相当于该轮被制动，其他车轮的滚动阻力较小，忽略不计，故根据能量守恒定理有

$$\frac{1}{2}m_2 v_2^2 = N\varphi s_2 - m_2 g \sin\theta \cdot s_2$$

式中，$g \approx 9.8 \mathrm{m/s}^2$，$s_2 = 12.00\mathrm{m}$，$m_2 = 9257\mathrm{kg}$，$\varphi \approx 0.8$ 均已确定。

N 为制动轮载重，此处即左前轮载重，该车空载时前轴载荷为 3000kg，考虑事故发生时乘客较少，一般位于车辆前部，且考虑发生碰撞后的惯性作用，故取前轴载荷为（3000 + 9 × 73）kg = 3657kg，因此取 $N = \dfrac{g}{2} \times 3657$。

θ 为碰撞后该车走过轨迹的坡度角度，$i_2 = \tan\theta \approx \sin\theta$，事故现场坡度西高东低（$i_{纵} \approx 0.015$）且北高南低（$i_{横} \approx 0.03$），碰撞后该车纵向移动约 10000mm，横向移动至路边约 4200mm，综合计算 $i_2 \approx 0.025$，下坡。

计算得

$$v_2 = \sqrt{2\left(\frac{N\varphi}{m_2} - g i_2\right)s_2} = \sqrt{2 \times 9.81 \times \left(\frac{1}{2} \times \frac{3657}{9257} \times 0.8 - 0.025\right) \times 12.00} \mathrm{m/s}$$
$$\approx 5.5963 \mathrm{m/s} = 20.15 \mathrm{km/h}$$

2）碰撞前车速。

① 按照轻型客车的变形量计算。根据碰撞理论，该车的有效碰撞速度 v_{1e} 为

$$v_{1e} = \frac{105.3x_1}{3.6} = \frac{105.3 \times 0.807}{3.6} \text{m/s} = 23.6040 \text{m/s}$$

设轻型客车和中型客车碰撞发生时车速分别为 v_{10}、v_{20}，根据动量守恒定律可得

$$v_{1e} = \frac{m_2}{m_1+m_2}(v_{10}+v_{20}) \tag{6-41}$$

同时也有

$$m_2 v_{20} - m_1 v_{10} = m_2 v_2 + m_1 v_1 \tag{6-42}$$

以 $v_{1e} = 23.6040 \text{m/s}$，$m_1 = 4228 \text{kg}$，$m_2 = 9257 \text{kg}$ 代入式（6-41），以 $m_1 = 4228 \text{kg}$，$m_2 = 9257 \text{kg}$，$v_1 = 7.3267 \text{m/s}$，$v_2 = 5.5963 \text{m/s}$ 代入式（6-42），联立式（6-41）和式（6-42）可得

$$v_{10} = 17.4652 \text{m/s}，即 v_{10} = 62.87 \text{km/h}$$
$$v_{20} = 16.9196 \text{m/s}，即 v_{20} = 60.91 \text{km/h}$$

② 按照中型客车的变形量计算。根据碰撞理论，该车的有效碰撞速度 v_{2e} 为

$$v_{2e} = \frac{105.3x_2}{3.6} = \frac{105.3 \times 0.4353}{3.6} = 12.7327 \text{m/s}$$

设轻型客车和中型客车碰撞发生时车速分别为 v_{10}、v_{20}，根据动量守恒定律可得

$$v_{2e} = \frac{m_1}{m_1+m_2}(v_{10}+v_{20}) \tag{6-43}$$

同时也有

$$m_2 v_{20} - m_1 v_{10} = m_2 v_2 + m_1 v_1 \tag{6-44}$$

以 $v_{2e} = 12.7327 \text{m/s}$，$m_1 = 4228 \text{kg}$，$m_2 = 9257 \text{kg}$ 代入式（6-43），以 $m_1 = 4228 \text{kg}$，$m_2 = 9257 \text{kg}$，$v_1 = 7.3267 \text{m/s}$，$v_2 = 5.5963 \text{m/s}$ 代入式（6-44），联立式（6-43）和式（6-44）可得

$$v_{10} = 21.7388 \text{m/s}，即 v_{10} = 78.26 \text{km/h}$$
$$v_{20} = 18.8715 \text{m/s}，即 v_{20} = 67.94 \text{km/h}$$

3. 结论

综上分析和计算，碰撞发生时，轻型客车车速为 $v_{10} = 62.87 \sim 78.26 \text{km/h}$，中型客车车速为 $v_{20} = 60.91 \sim 67.94 \text{km/h}$。

二、汽车与汽车追尾碰撞

1. 事故概况

前后两辆小轿车 A、B 均以较高的时速在高速公路上自西向东行驶。后车 B 的左前轮轮胎突然爆破，发出很大声响，B 车驾驶人确认自车左前轮轮胎爆破后，立即紧握转向盘稳住车辆，准备向路肩区靠拢。前车 A 驾驶人听到轮胎爆破声后，怀疑自己的车轮胎出了问题，于是立即减速，但未注意观察后方，当车速降至 50km/h 左右时，B 车恰好从后面赶来撞在 A 车后部，发生追尾碰撞事故（图 6-15）。

图 6-15 追尾撞车事故

2. 事故分析

经实测、估算和经验取值,可得如下参数:

1)碰撞车 B 车、被碰撞车 A 车碰撞时车辆质量分别为 1350kg 和 1280kg,即 m_1 = 1350kg,m_2 = 1280kg。

2)取碰撞车 B 车纵滑附着系数 $\varphi_1 = 0.65$(参见附录,因干燥沥青路面)。

3)取碰撞车 B 车附着系数修正值 $k_1 = 1$(因全轮制动时 $k = 1$)。

4)碰撞车 B 车、被碰撞车 A 车碰撞后的滑移距离 $s_1 = 50$m,$s_2 = 50.5$m。

5)被碰撞车 A 车的滚动阻力系数 $f_2 \approx 0.01$(参见附录,因良好的平滑沥青铺装时取 $f_2 \approx 0.01$)。

6)被碰撞车 A 车塑性变形量 $x_2 = 0.55$m。

根据轿车与轿车追尾碰撞类型车辆碰撞前的瞬时速度的经验计算公式,可得

$$v_1 = \sqrt{2g(\varphi_1 m_1 s_1 k_1 + f_2 m_2 s_2)/(m_1+m_2)} \times 3.6 + m_2[2\times17.9 x_2/(m_1+m_2)+4.6/m_1]$$
$$= \{\sqrt{2\times9.8(0.65\times1350\times50+0.01\times1280\times50.5)/(1350+1280)} \times 3.6 +$$
$$1280[2\times17.9\times0.55/(1350+1280)+4.6/1350]\} \text{km/h} = 79.51 \text{km/h}$$

$$v_2 = \sqrt{2g(\varphi_1 m_1 s_1 k_1 + f_2 m_2 s_2)/(m_1+m_2)} \times 3.6 - 2\times17.9 m_1 x_2/(m_1+m_2)-4.6$$
$$= \{\sqrt{2\times9.8(0.65\times1350\times50+0.01\times1280\times50.5)/(1350+1280)} \times 3.6 -$$
$$2\times17.9\times1350\times0.55/(1350+1280)-4.6\} \text{km/h} = 50.86 \text{km/h}$$

3. 结论

综上分析和计算,碰撞发生时,碰撞车 B 车的车速约为 80km/h,被碰撞车 A 车的车速约为 50km/h。

三、汽车与汽车直角侧面碰撞

1. 事故概况

事故发生于××××年××月××日,在某省会城市某双向六车道十字路口处,刘××酒后驾驶一辆宝来轿车自东向西行驶,到达十字路口处时,交通信号灯已变为红灯,刘××因酒后反应不及时,仍旧驾车高速向前通行,与一辆自南向北通过十字路口的本田雅阁轿车发生直角侧面碰撞,造成两车受损并有一人重伤、一人轻伤的交通事故。

2. 事故分析

(1)事故分析依据 事故分析依据有:事故现场勘查案卷(包括事故现场草图、照片、询问笔录);事故现场(恢复现场)补充勘查,主要是事故现场环境,包括道路状况、道路

环境等;在停车场勘测事故汽车损坏情况;宝来和本田雅阁汽车技术参数;汽车检测站关于制动性能的检测结果;汽车道路制动试验结果。

(2) 事故基本数据

1) 现场勘查。宝来轿车碰撞后的滑移距离为 11.5m,滑移偏向角为 85°;雅阁轿车碰撞后的滑移距离为 17.5m,滑移偏向角为 75°。

2) 宝来轿车尺寸为 4383mm×1742mm×1446mm,轴距 2513mm,汽车整备质量 1280kg,两名乘员共 140kg(可根据实际情况确定)。

3) 雅阁轿车尺寸为 4945mm×1845mm×1480mm,轴距 2800mm,汽车整备质量 1430kg,一名乘员 70kg(可根据实际情况确定)。

根据当时的路面情况选取路面附着系数(即汽车纵滑附着系数)$\varphi = 0.65 \sim 0.7$。

根据经验公式进行计算,得

$$v_1 = (\sqrt{2g\varphi_1 k_1 s_1}\cos\alpha + \frac{m_2}{m_1}\sqrt{2g\varphi_2 k_2 s_2}\sin\beta) \times 3.6$$

$$= [(\sqrt{2 \times 9.8 \times (0.65 \sim 0.7) \times 1 \times 11.5}\cos 85° + \frac{1430+70}{1280+140}\sqrt{2 \times 9.8 \times (0.65 \sim 0.7) \times 1 \times 17.5}\sin 75°) \times 3.6] \text{km/h} = 58.6 \sim 60.9 \text{km/h}$$

$$v_2 = (\frac{m_1}{m_2}\sqrt{2\varphi_1 g k_1 s_1}\sin\alpha + \sqrt{2\varphi_2 g k_2 s_2}\cos\beta) \times 3.6$$

$$= [(\frac{1420}{1500}\sqrt{2 \times 9.8 \times (0.65 \sim 0.7) \times 1 \times 11.5}\sin 85° + \sqrt{2 \times 9.8 \times (0.65 \sim 0.7) \times 1 \times 17.6}\cos 75°) \times 3.6] \text{km/h} = 55.0 \sim 57.1 \text{km/h}$$

3. 结论

事故分析和计算结果表明:事故发生前,雅阁汽车行车速度约为 56km/h,且前方为绿灯放行状态,汽车行驶完全正常;宝来轿车不按交通信号灯行驶,行驶车速约为 60km/h,此次事故责任完全在宝来轿车一方。

四、摩托车与汽车车身侧面碰撞

本案例是摩托车撞上正常行驶通过十字路口的轿车,属于摩托车与汽车车身侧面碰撞类型。

1. 事故概况

该事故发生在清晨时分,天气良好,干燥沥青路面。李××驾驶无牌证摩托车高速通过十字路口时与横向正常通过路口的爱丽舍轿车发生侧面碰撞,碰撞后李××越过被碰撞轿车车顶后落地重伤致残。

2. 事故分析

(1) 事故分析依据 事故分析依据有:事故现场勘查案卷(包括事故现场草图、照片、询问笔录);事故现场(恢复现场)补充勘查,主要是事故现场环境,包括道路状况、道路环境、摩托车驾驶人血迹的现场定位等;在停车场勘测事故汽车与摩托车及驾驶人接触痕迹及损坏情况;爱丽舍汽车技术参数;汽车检测站关于制动性能的检测结果;汽车道路制动试验结果。

（2）事故基本数据　事故现场为沥青路面，双向四车道十字路口，路口有红绿灯指挥交通。事故发生时摩托车驾驶人李××无视红灯指示，认为清晨车辆较少，于是高速通过该路口，与横向正常通过路口的爱丽舍轿车发生侧面碰撞，碰撞后李××越过被碰撞轿车车顶后落地。

1）现场勘查：爱丽舍轿车碰撞后的滑移距离为9.20m，滑移偏向角为7°。

2）汽车尺寸：4367mm×1708mm×1413mm，轴距2540mm，汽车整备质量1110kg，一名乘员70kg（可根据实际情况确定）。

无牌证摩托车整备质量105kg。

根据路面情况取路面附着系数（即汽车纵滑附着系数）$\varphi = 0.65 \sim 0.7$。

根据经验公式进行计算，有

$$v_1 = \sqrt{2g\varphi ks} \cos\theta \times 3.6$$
$$= \sqrt{2\times 9.8 \times (0.65 \sim 0.7) \times 1 \times 9.2} \times \cos 7° \times 3.6 \text{km/h} = 38.7 \sim 40.1 \text{km/h}$$

$$v_2 = \left(1 + \frac{m_1}{m_2}\right)\sqrt{2g\varphi ks} \sin\theta \times 3.6$$
$$= \left(1 + \frac{1110+70}{105}\right)\sqrt{2\times 9.8 \times (0.65 \sim 0.7) \times 1 \times 9.2} \times \sin 7° \times 3.6 \text{km/h} = 58.1 \sim 60.3 \text{km/h}$$

3. 结论

根据分析和计算结果表明：事故发生前，汽车行车速度约为40km/h，且前方为绿灯放行状态，汽车行驶完全正常；摩托车不按交通指示灯行驶，且行驶车速约为60km/h，此次事故责任完全在摩托车一方。

五、汽车与二轮摩托车或自行车侧面碰撞

本案例是轿车碰撞突然左转弯的自行车，属于汽车与二轮摩托车或自行车侧面碰撞类型。

1. 事故概况

图6-16a是根据处理事故的警察提供的事故现场图绘制的。图中给出了事故轿车（欧宝KADATT型汽车）停止位置，6岁骑自行车儿童的位置，童车的位置，儿童帽子的位置以及其携带纸袋的终止位置。

该事故发生在盛夏中午时分，天气阴，因刚下过小雨，沥青路面潮湿。事故后立即进行道路制动试验，事故汽车的平均制动减速度为6.5m/s²。事故现场草图上还用点画线画上了自行车转弯运动轨迹，图中清楚地表明，自行车的意图是左转，驶向住宅前的庭院入口。轿车驾驶人否认自行车转弯时，骑车儿童曾打出手势，事故处理结果也未确定自行车转弯时，骑车儿童是否打出手势。

2. 事故分析

在这种曲线行驶的情况下，自行车速度为4m/s（或14km/h）。通常儿童骑自行车的侧向加速度不大于4m/s²。

在事故现场草图上直接绘出事故状态的曲线图，事故研究人员有理由推断，自行车突然

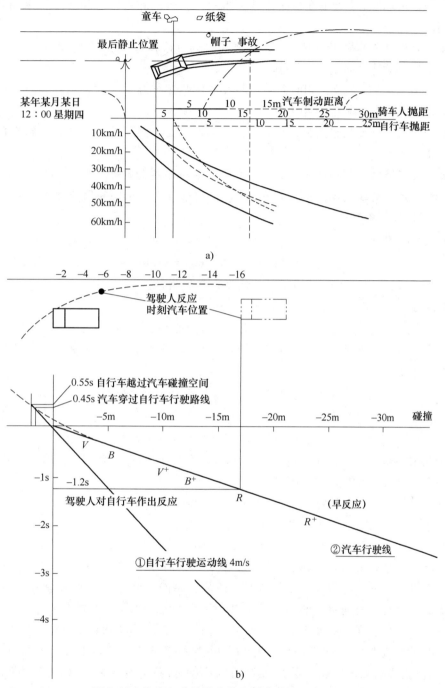

图6-16 汽车与突然转弯的自行车碰撞示意图

转弯,向院内行驶的意图不清楚,可视为突然猛拐。

在图6-16a中用虚线、点画线和实线表示的横坐标分别是汽车制动距离、自行车抛距和骑车人抛距;图中用虚线、点画线和实线表示的曲线,分别为轿车制动距离与碰撞速度、自行车抛距与碰撞速度以及骑车人抛距与碰撞速度的关系。

根据图 6-16a 进一步绘出在事故现场中事故前自行车和汽车之间的互相运动状况，如图 6-16b 所示。

从自行车和汽车的损坏情况，可确定碰撞时刻自行车与汽车的碰撞状态，即自行车的运动轨迹与汽车的运动方向呈 15°夹角。

在图 6-16b 的下半部分，用时间—位移曲线图描述参与事故的轿车和自行车的相互运动关系，并描述了事故可避免的变化条件。

对于自行车的行驶状态而言，以大约 4m/s 的速度等速运动，可得到自行车的时间—位移线为直线。

碰撞后汽车仍处于制动状态，4 个车轮在潮湿路面的制动印痕长度为 11.6m，由此，可作出汽车的行驶运动线（即时间—位移线），进而推算出汽车碰撞后速度以及重要时刻点 V、B、R 的汽车速度等参数。

汽车碰撞后速度为

$$v' = \sqrt{2 \times 11.6 \times 6.5} \text{ m/s} = 11.8 \text{ m/s}$$

式中，6.5m/s^2 是事故汽车的平均制动减速度，参见附录。

考虑自行车对汽车的质量比（约 5%），则碰撞速度为

$$v_C = 1.05 \times v' = 1.05 \times 11.8 \text{ m/s} = 12.4 \text{ m/s}$$

在碰撞前汽车前轮已经有 2.8m 长的制动拖印痕，所以，汽车前轮抱死拖滑时的汽车速度为（参见附录）

$$v_V = \sqrt{12.4^2 + 2 \times 2.8 \times 6.5} \text{ m/s} = 13.79 \text{ m/s}$$

在碰撞前的制动时间为

$$t_{VC} = (13.79 - 12.4)/6.5 \text{ s} = 0.214 \text{ s}$$

取制动系统制动力上升的协调时间 $t_{BV} = 0.2$ s，汽车在 2.6m 的路程上速度下降 0.65m/s，所以，制动起作用时刻 B 数据为

$$v = 14.44 \text{ m/s}, \quad t_B = -0.414 \text{ s}, \quad s_B = -5.4 \text{ m（碰撞前）}$$

取驾驶人平均反应时间为 0.8s（时刻 t_R），则

$$t_R = -1.214 \text{ s}, \quad s_R = -16.9 \text{ m（碰撞前）}$$

从自行车停驶线上可知，在这一时刻，自行车处于碰撞前 5m 的位置；在时间—位移图上标出汽车驾驶人反应时刻自行车的位置，即从原始的直线行驶改变为偏 15°方向行驶，并且骑车儿童也没有打转向手势的动作。所以，不可避免地使驾驶人做出自行车直行的错误判断，而使驾驶人只能在事故发生前 2m 或 0.5s 前，才有可能注意到自行车的危险动态。

采用不同方法求汽车碰撞速度，如图 6-16b 所示。该图分别利用自行车抛距与速度关系（横坐标和曲线用点画线曲线表示）、汽车制动距离与碰撞速度关系（横坐标和曲线用虚线表示）以及骑车人抛距与碰撞速度关系（横坐标和曲线用实线表示）求算汽车碰撞速度。

通过上述三种方法研究自行车行驶运动线，如果骑车人与汽车行驶线保持一定距离，那么事故就可以避免。就是说，自行车斜向行驶必须保持远离汽车 2m；汽车必须远离其行驶线（平移）1.9m。如果汽车比实际滞后 0.45s 到实际出事位置，则在这段时间自行车仅能行驶 1.8m。

即使汽车驾驶人早反应 0.5s，自行车后轮仍将会被汽车左翼子板所碰撞。在这种情况

下,这起交通事故仍然不可避免,自行车和汽车还是要发生碰撞。

在上述三种方法中,均是以汽车超速不大(计算为1.9m/s)为基础计算的。

六、摩托车与汽车追尾碰撞

本案例是摩托车撞上转向行驶的轿车,属于摩托车与汽车追尾碰撞类型,可按照轿车与轿车追尾碰撞的方法来分析处理。

1. 事故概况

××××年××月××日,柯××驾驶力帆牌二轮摩托车带乘一人,沿兴国大道向白杨方向行驶。5时10分许,在兴国镇面粉厂路段与牌照为粤S牌照的北京现代伊兰特轿车右后尾发生碰撞,造成两车受损和两人受伤事故。撞击发生后,伊兰特轿车向前运动约22.8m后停车,二轮摩托车倒地后在地面拖滑,形成道路上的划痕,划痕长度4.1m。道路为干燥、清洁混凝土路面。

2. 事故分析

(1) 伊兰特轿车碰撞痕迹检查情况 右侧后部受撞击,致使:

1) 后保险杠右侧末端断裂脱落。
2) 右后翼子板后端向内折叠变形。
3) 右后尾灯严重破损。
4) 行李舱盖后部右侧凹陷变形。
5) 后风窗玻璃破裂塌陷。

撞击范围:车辆后部变形深度为360mm,宽度为340mm,离地高为350~950mm,如图6-17所示。

(2) 力帆牌摩托车碰撞痕迹检查情况

1) 前减振器向后弯曲变形。
2) 前照灯及仪表板破损脱落。
3) 右左、右后视镜断脱。
4) 左车把有擦撞痕迹。
5) 前护杠左侧可见明显擦撞痕迹。

图6-17 轿车变形区域

(3) 变形量计算及其他参数的确定

1) 轿车(该车外形尺寸(长×宽×高)为4525mm×1725mm×1425mm,整车整备质量为1350kg,乘员质量以75kg计算)。

根据勘测数据,该轿车右后变形深度为360mm,宽度为340mm。

变形量 $x_2 = 360 \times \dfrac{340}{1725}$mm $= 70.96$mm ≈ 0.071m。

碰撞时总质量 $m_2 = (1350+75\times2)$kg $= 1500$kg。

碰撞后前行距离 $s_2 = 22.8$m(按照交通事故现场图估算)。

2) 摩托车(整车整备质量为103kg,乘员质量以75kg计算)。

碰撞时总质量 $m_1 = (103+75\times2)$kg $= 253$kg。

碰撞后滑移距离 $s_1 = 4.1$m(按照交通事故现场图)。

事故发生时该车倒地后在地面拖滑,形成道路上的划痕,取该车纵滑附着系数 $\varphi_1 = 0.7$

（参见附录）。

3）其他参数。

被碰撞车（轿车）滚动阻力系数：$f_2 = 0.011$（参见附录）。

碰撞车（摩托车）附着系数修正值：$k_1 = 1$（参见附录）。

(4) 车速计算 根据经验公式（参见附录），计算碰撞车和被碰撞车碰撞前的瞬时速度，即摩托车和轿车碰撞前的瞬时速度 v_1、v_2 为

$$v_1 = \sqrt{2g(\varphi_1 m_1 s_1 k_1 + f_2 m_2 s_2)/(m_1+m_2)} \times 3.6 + m_2[2 \times 17.9 x_2/(m_1+m_2) + 4.6/m_1]$$
$$= \{\sqrt{2 \times 9.8(0.7 \times 253 \times 4.1 \times 1 + 0.011 \times 1500 \times 22.8)/(253+1500)} \times 3.6 +$$
$$1500[2 \times 17.9 \times 0.071/(253+1500) + 4.6/253]\} \text{km/h} = 42.1 \text{km/h}$$

$$v_2 = \sqrt{2g(\varphi_1 m_1 s_1 k_1 + f_2 m_2 s_2)/(m_1+m_2)} \times 3.6 - 2 \times 17.9 m_1 x_2/(m_1+m_2) - 4.6$$
$$= [\sqrt{2 \times 9.8(0.7 \times 253 \times 4.1 \times 1 + 0.011 \times 1500 \times 22.8)/(253+1500)} \times 3.6 -$$
$$2 \times 17.9 \times 253 \times 0.071/(253+1500) - 4.6] \text{km/h} = 6.7 \text{km/h}$$

（5）分析 上述计算结论是以交通事故现场图和事故车辆变形数据为依据，并假定被碰撞车在发生碰撞后未采取制动或加速操作的情况下得出的结论。若考虑被碰撞车在发生碰撞后采取制动（一般情况下）措施，则可根据制动强度的大小、制动系统制动反应时间的相关数据进行估算，这时计算得到的碰撞前车速会比上述计算值稍大。

3. 结论

根据分析和计算结果表明：事故发生前，汽车行车速度较低，可能是刚从其他岔路口转向到该路面上，而摩托车行驶车速约为42km/h，处于正常行驶状态。

七、汽车与行人碰撞

1. 事故概况

××××年××月××日，杨××驾驶吉ＡＥ＊＊＊＊捷达（Jetta）CI出租车，沿磐石路由东向西行驶，于工大西南角小门南，与由北向南横过道路的年老行人董××相撞，导致董××死亡，汽车部分损坏。事故现场道路平直，但行车道的路面轻微损坏不平，道路中心有残余冰雪，路右侧有残余冰雪，行车道上有少量冰雪斑块。

2. 事故分析

（1）事故分析依据 事故分析依据有：事故现场勘查案卷（包括事故现场草图、照片、询问笔录）；事故现场（恢复现场）补充勘查，主要是事故现场环境，包括道路状况、道路环境、行人血迹的现场定位等；在停车场勘测事故汽车与行人接触痕迹及损坏情况；捷达（Jetta）CI汽车技术参数；汽车检测站关于制动性能的检测结果；汽车道路制动试验结果。

（2）事故基本数据 事故基本数据为：事故现场附近道路平直，但行车道的路面轻微损坏不平，道路中心有残余冰雪，路右侧有残余冰雪；行车通道为干燥沥青路面（铺装多年），但有少量冰雪斑块。

汽车制动拖印痕长17.50m，汽车左前轮中心距离行人血迹4.90m。

汽车以30km/h在事故现场制动试验，制动距离为6m。

检测站制动测试汽车前轴制动力系数为56%。

汽车尺寸：4385mm×1674mm×1415mm，轴距为2471mm，汽车整备质量为1060kg，两

名乘员的重量为 2×60=120kg（可根据实际情况确定）。

行人与汽车发动机罩前端接触变形，纵向×横向×深度＝200mm×220mm×6mm，中心距车标中心 160mm，距地面高度 850mm。在转向盘上方，行人与风窗玻璃接触破碎的中心距发动机罩接触变形中心纵向距离 1300mm，横向偏移 150mm，距风窗玻璃下缘 380mm，如图 6-18 所示。

图 6-18　行人与汽车接触情况

由事故现场比例图和汽车技术规格数据，可知行人抛距为

$$l=(4.90+4.385-0.80+5.70)\text{m}=14.2\text{m}$$

（3）汽车速度分析计算

1）根据道路制动试验计算，有

$$\varphi=\frac{v_{试验}^2}{2gs_{试验}}=\left(\frac{30}{3.6}\right)^2\frac{1}{2\times 9.8\times 6}\approx 0.6$$

考虑碰撞过程的动能损失以及试验误差，取 $\varphi=0.6\sim 0.65$，则

$$v_0=\sqrt{2g\varphi s}=\sqrt{2\times 9.8\times(0.6\sim 0.65)\times 17.5}\text{m/s}$$
$$=14.3\sim 14.9\text{m/s}=51.5\sim 53.6\text{km/h}$$

从事故环境分析和事故现场比例图可确定碰撞前制动距离为

$$s'=(17.5-8.7)\text{m}=8.8\text{m}$$

2）据 Dietmar Otte 的结论，若行人头部与汽车相撞击，则类似捷达轿车形状的轿车碰撞行人时刻的速度大于 45km/h，对于身高 1.70m 的行人，轿车碰撞行人时刻的速度为

$$v_c=45\sim 55\text{km/h}$$

$$v_0=\sqrt{2g\varphi s'+\left(\frac{v_c}{3.6}\right)^2}=\sqrt{2\times 9.8\times(0.6\sim 0.65)\times 8.8+\left(\frac{45\sim 50}{3.6}\right)^2}\text{m/s}$$
$$=16.1\sim 17.5\text{m/s}=58.0\sim 63.0\text{km/h}$$

3）根据 Helgo Schneider 的试验结果，轿车碰撞行人时刻的速度为 40～45km/h。行车速度为

$$v_0 = \sqrt{2g\varphi s' + \left(\frac{v_c}{3.6}\right)^2} = \sqrt{2\times 9.8\times(0.6\sim0.65)\times 8.8 + \left(\frac{40\sim 45}{3.6}\right)^2}\ \text{m/s}$$
$$= 15.1\sim 16.4\ \text{m/s} = 54.4\sim 59.0\ \text{km/h}$$

4) 根据 John Searle 以及 Alfred Slibar 的结果,轿车碰撞行人时刻的速度为
$$v_c = 44\ \text{km/h}$$
$$v_0 = \sqrt{2g\varphi s' + \left(\frac{v_c}{3.6}\right)^2} = \sqrt{2\times 9.8\times(0.6\sim 0.65)\times 8.8 + \left(\frac{44}{3.6}\right)^2}\ \text{m/s}$$
$$= 15.9\sim 16.2\ \text{m/s} = 57.2\sim 58.3\ \text{km/h}$$

5) 根据人体统计结果(Milan Civic),身高 1.70m 时,重心高度为 1.01m。根据 H. Appel 的行人模型,求得轿车碰撞行人时刻的速度为
$$v_c = \sqrt{2g\mu}\left(\sqrt{l+h_s\mu} - \sqrt{h_s\mu}\right)$$
$$= \sqrt{2\times 9.8\times(0.6\sim 1.1)}\left(\sqrt{14.2+1.01\times(0.6\sim 1.1)} - \sqrt{1.01\times(0.6\sim 1.1)}\right)\ \text{m/s}$$
$$= 10.5\sim 13.3\ \text{m/s} = 37.8\sim 47.9\ \text{km/h}(其中\ \mu = 0.6\sim 1.1)$$
$$v_0 = \sqrt{2g\varphi s' + \left(\frac{v_c}{3.6}\right)^2} = \sqrt{2\times 9.8\times(0.6\sim 0.65)\times 8.8 + (10.5\sim 13.3)^2}\ \text{m/s}$$
$$= 14.6\sim 17.0\ \text{m/s} = 52.6\sim 61.2\ \text{km/h}$$

6) 根据 Jurgen Detting 试验得到的经验公式,求得轿车碰撞行人时刻的速度为
$$l = 2.5 + 0.1068 v_c + 0.00452 v_c^2 = 14.2\ \text{m}$$

反解得到
$$v_c = 33.5\sim 41.5\ \text{km/h}$$
$$v_0 = \sqrt{2g\varphi s' + \left(\frac{v_c}{3.6}\right)^2} = \sqrt{2\times 9.8\times(0.6\sim 0.65)\times 8.8 + \left(\frac{33.5\sim 41.5}{3.6}\right)^2}\ \text{m/s}$$
$$= 13.7\sim 15.7\ \text{m/s} = 49.3\sim 56.5\ \text{km/h}$$

综合以上各种分析方法,汽车发生事故前制动时刻的车速范围为 49.3~63.0km/h,比较可信的速度约为 56km/h。

3. 行人在碰撞时刻的运动状态

从行人与汽车两个明显的碰撞接触点的位置关系,即横向偏置 150mm,可以得出行人在汽车碰撞瞬间处于正常行走状态,既不是处于停止站立状态,也不是处于奔跑状态。

4. 结论

根据分析和计算结果表明:事故发生前,汽车行车速度高于 50km/h,约为 56km/h,行人处于正常横过道路状态。

八、路外坠车

1. 事故概况

××××年××月××日,330 国道线高沙路段发生一起致二人重伤、二人轻伤、车辆严重损坏的客车坠车事故。当日早晨 8 时许,驾驶人孙××驾驶宇通牌浙 KK201* 中型客车,车上载有 18 名旅客,从永嘉桥头驶往丽水,在 330 国道高沙路段,冲出桥面,坠落到落差 8m 的桥

下，造成二人重伤、二人轻伤、车辆严重损坏的交通事故。

据查，当时天下小雨，当车辆行经事故路段时，有一辆小货车从公路北侧的小路驶上公路，为了避免与小货车发生碰撞，驾驶人就采取向右急转转向盘并踩制动踏板的紧急措施，但由于车速过快，路面湿滑，车辆失去控制，瞬间冲出桥右侧的栏杆，驶离路面，车头撞上桥下防洪护墙后，坠落到沟底。

2. 事故分析

（1）事故分析依据　事故分析依据有：事故现场勘查案卷（包括事故现场草图、照片、询问笔录）；事故现场（恢复现场）补充勘查，主要是事故现场环境，包括道路状况、道路环境等；在停车场勘测事故汽车损坏情况；宇通 KJ6605D 汽车技术参数；汽车检测站关于制动性能的检测结果；汽车道路制动试验结果。

（2）事故基本数据　现场勘查的相关数据：汽车坠落地点至停止地点的距离 $x=28\text{m}$；汽车落下高度 $h=8.0\text{m}$；汽车坠落后与地面的滚动阻力系数 $f=0.2\sim0.3$，因坠落的沟底为松散的砂石或粘土道路（参见附录）；车辆坠落前路面纵滑附着系数 $\varphi=0.45\sim0.6$；因潮湿混凝土路面，附着系数修正值取 $k=1$（参见附录）。

其他相关数据：取制动协调时间 $t=0.2\text{s}$，车辆制动减速度为 6.5m/s^2。

（3）车速计算　根据经验公式，汽车坠车前的瞬时速度可以计算得到

$$v=\sqrt{2gf}(\sqrt{h+x/f}-\sqrt{h})\times 3.6$$
$$=\sqrt{2\times 9.8}\times(0.2\sim 0.3)(\sqrt{8+28/(0.2\sim 0.3)}-\sqrt{8})\times 3.6\text{km/h}=29.8\sim 34.6\text{km/h}$$

注意：上述计算出的是该车坠车前的瞬时速度，因该车坠落前有滑移痕迹，则进一步根据滑移距离计算出车辆行驶速度 v'，即

$$v'=\frac{1}{2}\varphi gkt+\sqrt{v^2+2as}$$
$$=\frac{1}{2}(0.45\sim 0.6)\times 9.8\times 1\times 0.2+\sqrt{\left(\frac{29.8\sim 34.6}{3.6}\right)^2+2\times 6.5\times 7.2}\text{m/s}$$
$$=13.2\sim 14.2\text{m/s}=47.5\sim 51.1\text{km/h}$$

3. 结论

根据分析和计算结果表明：事故发生前，汽车行车速度约为 50km/h，车速较快，又因雨天路滑，且紧急制动避险，造成车辆失去控制，发生坠车事故。

九、汽车撞固定物

1. 事故概况

2008 年 3 月发生在汕头华侨新村路的汽车撞墙事故。一辆飞度（驾校车辆）撞墙，将墙撞倒。原因是驾驶人系驾校学员，在教练不在场的情况下私自驾车，误将加速踏板当做制动踏板，从驾校学车区域冲上人行道，再将墙撞倒。

2. 事故分析

（1）事故分析依据　事故分析依据有：事故现场勘查案卷（包括事故现场草图、照片、询问笔录）；事故现场（恢复现场）补充勘查，主要是事故现场环境，包括道路状况、道路环境等；在停车场勘测事故汽车损坏情况；飞度汽车技术参数；汽车检测站关于制动性能的

检测结果；汽车道路制动试验结果。

（2）事故基本数据　现场勘查的相关数据：该车前部损毁严重，前保险杠断裂脱落，前梁向后缩进 0.55m，左、右前照灯总成，散热风扇及散热器等损毁。得到该汽车塑性变形量 $l = 0.55\text{m}$。

（3）车速计算　根据经验公式，可计算得到汽车撞墙前的瞬时速度为
$$v = 67l = 67 \times 0.55 \text{km/h} = 36.9 \text{km/h}$$

由于墙倒也吸收了部分能量，因此实际撞墙前的瞬时速度应大于上述计算值，应在 40km/h 以上。

3. 结论

根据分析和计算结果表明：事故发生前，汽车行车速度约为 40km/h，因无证驾驶，误将加速踏板当做制动踏板，车辆加速后将墙撞倒，造成事故。

复习思考题

1. 汽车碰撞的动力学特点有哪些？
2. 建立汽车碰撞动力学模型时，为何要进行一些基本假设？
3. 何谓汽车一维碰撞？如何计算汽车正面碰撞速度？
4. 汽车追尾碰撞有何特点？如何计算汽车追尾碰撞速度？
5. 何谓汽车二维碰撞？如何计算汽车二维对心碰撞的车速？
6. 如何计算汽车二维非对心碰撞的车速？
7. 交通事故的典型形态有哪些？
8. 简述汽车—行人交通事故过程。
9. 两辆小轿车发生追尾碰撞，$m_1 = 1.4\text{t}$，$m_2 = 1.2\text{t}$，追尾车 1 车碰撞后从碰撞点至停止位置留下了 7.0m 长的制动印痕，2 车在 1 车前方 5.0m 远处停下。现场勘查测出 2 车尾厢形变深度为 0.5m，路面附着系数为 0.7，试求两车碰撞前的车速。
10. 在交叉路口，一辆摩托车从侧面撞击一辆转弯中的面包车。碰撞后，面包车沿偏离原来运动方向 7°的方向滑行，从碰撞点至停车位置留下了 10.5m 的制动印痕。已知摩托车质量为 140kg，驾驶人质量为 65kg，面包车质量为 2350kg，路面附着系数为 0.7，试求两车碰撞前的速度。
11. 假设某车以 50km/h 的速度行驶，碰撞一固定物体，车上装载的货物为钢球，其中一个钢球以约为 50km/h 的速度水平飞出，距离地面高度为 3m，钢球与地面之间的弹性恢复系数为 0.4，钢球的滚动摩擦系数为 0.02，钢球的质量为 1.5kg。试问钢球距离碰撞点的距离，以及钢球在此过程中跳跃了多少次？
12. 试分析汽车相对于道路的附着系数与制动距离是否有关。如有关系，试说明理由。
13. 两车正面碰撞时，通常两车要发生旋转，请分析说明发生旋转的原因。
14. 当两车碰撞时，车上的散落物为什么是近似水平抛物运动，而非严格的水平抛物线运动呢？能否建立严格的近似水平抛物动力学方程？

第七章 / Chapter 8
汽车事故再现

教学提示：

本章介绍汽车事故再现的概念、研究内容，典型汽车碰撞事故再现分析，不确定性汽车事故再现的方法，并介绍了汽车碰撞试验的相关知识和法规。注重讲解的层次感，先易后难。

本章教学难点是典型汽车碰撞事故再现分析中，直角侧面碰撞和斜碰撞会因碰撞部位的不同而产生不同的碰撞结果，分析时涉及较多的力学知识和数据拟合；不确定性汽车事故再现方法中，动量平衡法和数理统计法由于考虑各种不确定因素对输入参数的影响，相对较为复杂。

典型汽车碰撞事故再现分析中，正面碰撞类型的再现分析较为直观，但通过分析其碰撞过程及碰撞速度的计算，对汽车碰撞事故再现的分析方法和研究的重点问题有较深刻的认识，因此是教学的重点之一。在不确定性汽车事故再现方法中，教学重点是冲量平衡法和边界值法。在汽车碰撞试验的介绍中，教学重点是欧洲和美国法规的关系以及汽车实车碰撞方法。

教学要求：

掌握汽车事故再现的目的和研究内容。

掌握事故案例分析的步骤。

了解国内外的汽车碰撞法规。

掌握实车碰撞试验方法。

掌握正面碰撞、直角侧面碰撞和斜碰撞三种碰撞事故再现分析。

理解不确定性汽车事故再现的方法。

第一节 概 述

一、汽车事故再现的概念

汽车事故再现是以事故现场中车辆损坏情况、停止状态、人员伤害情况和各种形式痕迹为依据，参考当事人和证人（目击者）的陈述，对事故发生的全部经过做出推断的过程。对每一次事故进行正确而全面的再现分析，就相当于进行了一次"实车碰撞"实验，从中可获得许多用其他方法难以或者无法得到的宝贵资料。

汽车事故再现的关键在于发现、提取事故现场中遗留的各种物证（包括人、车和道路的各种物证），并做出科学、合理的解释。有时事故分析专家并不能出席现场，因此事故现场的取证就成为一项至关重要的工作。

为了正确地进行事故再现，必须掌握与事故有关的各种数学、力学、工程学的基本原理。但必须注意，数学、力学和工程学的计算结果只能在符合经验和不违背常识的基础上才能发挥其重要作用。

二、汽车事故再现的目的

汽车事故再现的基本目的在于，研究一个具体的汽车事故的特殊性，从空间和时间上确定事故每个阶段的过程，并对其进行分析和评价。汽车事故再现的目的大致分为交通安全和事故调查。

在我国，交通警察调查事故的主要目的是依据有关法规追究事故当事人的责任，并对有关赔偿进行调解。另外，交通警察的事故调查结果也适用于判断交通事故涉及的一般安全问题和某些事故的因果关系。

对于特殊事故的调查，绝大多数事故专家是以事故的专门勘查结果为依据，进一步进行医学、心理学、工程技术以及法律问题方面的分析。

为了对事故运动过程进行再现，需要相关位移和地点（如接触点、受力方向、碰撞后的分离方向）、速度（如车辆初速度、碰撞速度和碰撞后分离速度）以及时间（如反应时间）等数据，因此事故再现的任务是尽可能清楚地描述事故的运动学过程。例如，汽车与行人事故再现规律的应用基础是痕迹，特别是以下痕迹：

1) 事故车辆的静止位置。
2) 碰撞地点位置。
3) 被撞行人的静止位置。
4) 制动印痕。
5) 挫痕的位置、大小和形状。
6) 汽车的损坏情况。
7) 汽车上擦痕的位置、大小和形状。
8) 路面状况。
9) 路面滚动阻力系数、附着系数。
10) 受伤分布图。
11) 行人的受伤种类。
12) 衣服的损坏和衣着痕迹。
13) 痕迹的不规则性等。

三、汽车事故再现的研究内容

做好汽车事故鉴定工作，正确处理好汽车交通事故，这就需要提供一套科学的事故分析和鉴定方法，即汽车事故的案例分析方法。此外，为掌握事故发生的各种规律，为交通管理和交通事故防治提供可靠的依据，就要对交通事故的发生、发展、分布及其因果关系进行调查。

1. 汽车事故案例分析的概念

汽车事故案例分析是指针对汽车交通事故个体所进行的具体分析，其目的在于再现事故的全过程，为汽车交通事故的正确处理和改善汽车设计的安全性提供科学的论证和依据。

2. 汽车事故案例鉴定分析的内容

在交通事故处理中，应作鉴定分析的内容取决于事故个体的具体情况。但从有关碰撞工程学来看，应包括下列内容：

（1）有关汽车结构性能的内容　有关汽车结构性能的内容有：参与碰撞车辆的制动性能，有无结构缺陷造成瞬时制动失灵，转向系统是否灵活、可靠，悬架断裂的原因等。

（2）速度和制动情况的推算　紧急制动前的车速，起步后到达某一速度时所需要行驶的距离，按制动印痕推算驾驶人采取紧急制动的地点到碰撞的时间、停车距离，根据车辆损坏情况推算的碰撞速度等。

(3) 事故因果关系的内容　事故因果关系的内容包括：依据车辆的损坏情况，鉴别碰撞参与者的行驶方向和接触部位，碰撞车辆的作用力与被碰撞车辆的速度变化，碰撞时乘员身体的移动和受伤害部位；受害人是被撞击致死的，还是被碾轧致死的；有无二次碾轧致死的可能；印痕是否是事故车辆留下来的等。

(4) 与酒后驾车有关的内容　与酒后驾车有关的内容包括血液中的酒精浓度及其随时间的变化、酒精浓度与驾驶机能的关系、酒精浓度检测的准确性、事故时驾驶人的醉酒程度等。

(5) 与视认性有关的内容　与视认性有关的内容有：风、雨、雪、冰雹、雾天等天气情况以及黎明、黄昏与灯光有关的能见度时，能否看清车辆前方一定距离内的障碍物；被对方车灯照射所产生的炫目程度；超车时的视野遮蔽；驾驶人的视线盲区；后视镜的视野等。

(6) 与人体工程学有关的内容　与人体工程学有关的内容有：驾驶人的疲劳程度；出车前的心理状态；碰撞前有无瞌睡，有无精神不集中；碰撞后驾驶人的心理状态等。

(7) 与道路环境有关的内容　与道路环境有关的内容包括事故与道路附着系数的关系、纵坡与横坡对事故形成的影响、弯道半径与视距的关系以及路面的坑洼、塌陷、施工以及堆放物等的影响。

3. 事故案例分析的步骤

事故案例分析的主要步骤为：收集信息（证据）、整理资料（数据）、进行分析和计算、计算结果与原始资料进行比较、确定合理的方案、写出鉴定分析结论等。

第二节　汽车碰撞试验

汽车实车碰撞试验按照试验车辆的状态（静止或移动）分为固定壁碰撞试验和移动壁碰撞试验；按照碰撞方位分为正面碰撞试验、侧面碰撞试验和后面碰撞试验。

一、汽车碰撞法规简介

1. 正面、侧面和后面碰撞标准

主要国家和地区的汽车正面、侧面和后面的碰撞标准见表7-1。

表7-1　主要国家和地区的汽车正面、侧面和后面的碰撞标准

名称	标准号	适用范围
美国正面碰撞标准	FMVSS 208	总质量不大于4536kg的乘用车、货车和多用途乘用车
欧洲正面碰撞标准	ECE R94	总质量不超过2.5t的M1类车辆
中国正面碰撞标准	GB 11551	M1类车辆
美国侧面碰撞标准	FMVSS 214	所有乘用车和总质量不大于4536kg的多用途乘用车、货车和客车
欧洲侧面碰撞标准	ECE R95	座椅R点与地面距离不超过700mm的M1和N1类车辆
中国侧面碰撞标准	GB 20071	座椅R点与地面距离不超过700mm的M1和N1类车辆
美国后面碰撞标准	FMVSS 301	总质量不大于4536kg的乘用车、多用途乘用车、货车和客车
欧洲后面碰撞标准	ECE R34	乘用车辆
中国后面碰撞标准	GB 20072	M1类车辆

2. NCAP（New Car Assessment Program，新车评价规程）**简介**

NCAP 的碰撞试验在世界各地都在开展，通过对新车进行碰撞测试，得出保护乘客安全程度的调查结论。NCAP 一般由政府或具有权威性的组织机构，按照比国家法规更严格的方法对在市场上销售的车型进行碰撞安全性能测试、评分并划分星级，并向社会公开评价结果。最早的 NCAP 是 1978 年美国高速公路安全管理局（National Highway Traffic Safety Administration，NHTSA）开始对美国国内常见车型进行碰撞测试。之后，世界各大厂商开始注重车辆的安全结构，于是有了美国 IIHS 标准，欧洲的 E-NCAP 标准，中国的 C-NCAP 标准等。

（1）美国 NHTSA 标准　NHTSA 是美国政府部门汽车安全的最高主管机关。起初，NHTSA 标准只有正面和侧面两项碰撞。随着汽车安全技术的发展，目前的 NHTSA 保留了之前的 56km/h 正面刚性壁障碰撞试验、62km/h 侧面可移动壁障 27° 碰撞试验和 SUV 的翻滚试验。NHTSA 新增加的柱碰试验为：试验车辆以 32km/h 的速度撞击静止的直径为 25cm 的柱壁障。和欧洲 E-NCAP 不同的是，NHTSA 的柱碰试验不是试验车辆垂直撞击柱壁障，而是以 75° 的角度撞击，NHTSA 认为这种试验形式能更好地模拟实际路面上的交通事故。

在侧面撞击中，为了模拟真实的情况，NHTSA 使用了铝制材料。另外，考虑到女性驾驶人在副驾驶乘坐的概率较高，女性驾驶人的假人也首次被引用到碰撞测试中，其体型要小于男性假人模型。总的来看，最新的评价标准相比旧版难度更大。ESP、FCW（Forward Collision Warning，前方碰撞警告功能）、LDW（Lane Departure Warning，车道偏离警示系统）被列为新的考核项目。

（2）美国 IIHS 标准　美国公路安全保险协会（Insurance Institute for Highway Safety，IIHS）的碰撞标准也是世界安全标准的重要组成部分。IIHS 是一个非政府的非营利组织，碰撞标准的主要项目是传统的左右 30° 倾角范围内的正面碰撞，结果用"最小接受指数"来表示，并提供给保险公司，从而为各车型定保提供依据。

IIHS 的特点在于会额外增加一些其他机构没有的项目，比如 128km/h 高速正面壁障碰撞、64km/h 小偏置率碰撞（25%）、保险杠效能测试（测试低速状态下保险杠的损坏程度）等。另外对车顶强度有着自己的评判标准，即用金属板以一定的角度和速度撞击车顶，然后测量车顶凹陷程度。IIHS 的另一个特点在于在测试中 ESP 必须为标配才有资格参与评判。与国内碰撞测试不同的是，IIHS 只会选择最低配车型进行测试，如果厂家有要求，可以对选装后的高配车重新测试，但是成绩必须与低配车型一起公布。

（3）欧洲 E-NCAP 标准　欧洲 E-NCAP 标准由欧洲各国汽车联合会、政府组织、消费者权益组织、汽车俱乐部等组织组成，并得到国际汽车联合会（FIA）的协助。E-NCAP 不依附于任何汽车生产企业，所需经费由欧盟提供，每年都组织几次不定期地对已上市新车（含进口车）的碰撞试验。目前 E-NCAP 已经取消了 100% 重叠的正面碰撞项目，因为这在现实中大部分情况下不会发生，只保留了 40% 重叠的可变性壁障碰撞，速度为 64km/h。侧面碰撞的侧面移动障碍的速度为 50km/h，相对保守。同时，新版的 E-NCAP 增加了柱碰的碰撞项目，在该测试中，车辆侧面与直径 254mm 的固定硬度柱体发生垂直碰撞，以此来模拟车辆撞到电线杆之类的情况，撞击速度为 29km/h。E-NCAP 新增加的项目还有鞭打试验，模拟车辆的追尾情况，并通过对驾驶人颈椎的保护来判断车辆的安全标准。与此同时，E-NCAP 还特别强调对行人的保护和儿童乘车安全。

在车辆碰撞试验时，会邀请生产企业直接参与，以示公正性，还允许其产品有两次碰撞机会，当厂家获知初次碰撞结果不理想时，可对产品进行改进或安装安全装置，再进行第二次碰撞，以最好成绩为准。E-NCAP评价的前提是同质量等级的汽车之间碰撞安全性能的比较，不同质量等级的汽车之间进行碰撞安全性能比较是无意义的。

（4）中国C-NCAP标准　在碰撞安全标准方面，中国起步较晚，2006年建立的C-NCAP标准很大程度上借鉴了欧洲E-NCAP碰撞标准。根据汽车行业的发展，在2009、2012和2015年对C-NAP进行了改版，2017年4月，《C-NCAP管理规则（2018年版）》已正式发布，2018年7月1日开始正式实施。

C-NCAP的碰撞项目有正面100%重叠刚性壁障碰撞试验（50km/h）、正面40%重叠可变形壁障碰撞试验（64km/h，2012版以前为56km/h）、可变形移动壁障侧面碰撞试验（50km/h）和后碰颈部保护试验。在所有主流碰撞标准中，它的速度要求是相对较低的。另外，驾驶人安全带提醒装置（2015版取消）、侧面安全气囊和气帘、儿童座椅固定装置（2015版取消）和ESC被列为额外的加分项目，因此送测车辆的配置起到很关键的作用，在一定程度上显得不够合理。

2018版C-NCAP的主要变化包括：增加行人保护试验及评价，增加车辆自动紧急制动系统（AEB）试验及评价，修改了侧面碰撞可变形壁障的参数，修改了碰撞试验中后排假人的得分权重，提高了鞭打试验速度，修改了鞭打试验中假人各部分得分权重，增加了关于侧气帘加分的技术要求，增加了对于后排安全带提醒装置的加分及要求，增加了纯电动汽车/混合动力电动汽车的试验程序和评价方法以及构建了全新的评分体系。

（5）新车碰撞测试标准测试项目对比　表7-2列出了目前全球主流的新车碰撞测试的主要测试项目。

表7-2　新车碰撞测试的主要测试项目

美国 NHTSA 标准	美国 IIHS 标准	欧洲 E-NCAP 标准	中国 C-NCAP 标准
正面100%重叠刚性壁障碰撞测试（56km/h）	无	无	正面100%重叠刚性壁障碰撞测试（50km/h）
无	正面40%重叠可变形壁障碰撞试验（64km/h）	正面40%重叠可变形壁障碰撞试验（64km/h）	正面40%重叠可变形壁障碰撞试验（64km/h）
无	正面小范围重叠碰撞试验（64km/h）	无	无
侧面可移动壁障27度碰撞试验（61km/h）	可变形移动壁障侧面碰撞试验（50km/h）	可变形移动壁障侧面碰撞试验（50km/h）	可变形移动壁障侧面碰撞试验（50km/h）
75°侧面柱碰试验（32km/h）	无	柱状物侧面碰撞试验（29km/h）	无
无	无	行人保护测试（40km/h）	无
翻滚几率测试	车顶静压测试	无	无
无	后碰颈部保护试验（32km/h）	后碰颈部保护试验	后碰颈部保护试验

二、固定壁碰撞试验

实车碰撞试验与事故的情况最接近，是综合评价车辆安全性能的最基本方法，其试验结果说服力最强,但试验费用非常昂贵。

固定壁碰撞试验是指将试验车辆加速到指定的碰撞速度,然后与固定壁进行碰撞。欧洲碰撞试验基本类型如图 7-1 所示。通常,汽车碰撞方向与固定壁垂直。由于固定壁的情况是不变的,可取固定试验特性,并可重复同样的撞车试验,因此可用固定壁碰撞试验评价汽车的安全性,这是固定壁碰撞试验方法的优点。

根据碰撞范围的不同可将碰撞分为全宽碰撞和偏置碰撞,如图 7-2 所示。汽车碰撞方向也可与固定壁成一定角度,有时还可在固定壁前面附加各种形状的障碍物,以研究汽车在不同碰撞情况下的特征。

为了将试验车辆加速到碰撞速度,可采用各种不同的方法。表 7-3 列出了国内外撞车试验普遍采用的几种加速方法及特点。

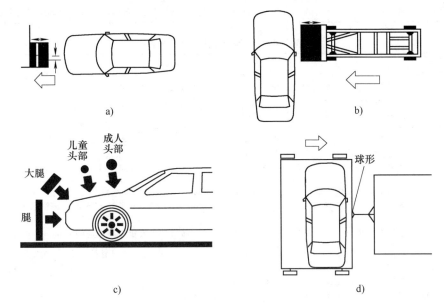

图 7-1 欧洲碰撞试验基本类型

a) 正面碰撞 b) 侧面碰撞 c) 行人碰撞 d) 头部保护或"圆球试验"

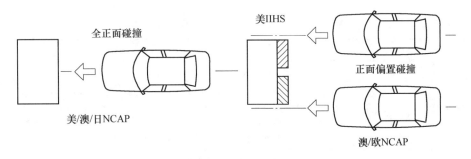

图 7-2 全宽碰撞和偏置碰撞

(1) 试验要求 SAE J850 和 FMVSS 208 对固定壁碰撞试验做了规定,主要项目见表 7-4。

表 7-3　国内外撞车试验普遍采用的几种加速方法及特点

类型	分类	特点
牵引式	使用牵引车	需要大型牵引车,动力损失大;需要较长的路段,撞车速度要靠驾驶人调整;需要训练驾驶人;试验容易,成本低
	使用绞盘	需要准备较长的行车距离,容易调节撞车速度,并且可以精确调整撞车速度
	使用直线电动机	汽车在较短的距离即可达到较高的速度;试验车直接牵引,不会因钢索等产生故障,适合于室内试验;试验成本较高
重力式	重锤下落	如果提高动滑轮的速比,则在较短行程中可达到较高的速度;在重锤、钢索、滑轮和试验车的连接传动过程中产生较多的动力损失,速度精度不高
	下坡行驶	为达到撞车速度,行驶距离要长,并且试验车的碰撞姿态不是水平的;速度调节比较困难;无需特殊加速装置
发射式	橡皮绳弹射	可在较短的加速距离内产生较高的碰撞速度;速度控制较为困难
自行式	遥控驾驶	需要在试验车上安装特殊的自动驾驶设备,成本较高,但速度控制容易

表 7-4　固定壁碰撞试验要求

项目	要求
测试场所	应该有足够的测试场地来放置固定壁、测试设备以及车辆加速设备 碰撞前的场地应该是水平的,而且路面要经过专门铺设 碰撞壁前应该有地沟以对汽年底部进行摄像
固定壁	固定壁宽度至少 3m,高度至少 1.5m,且必须能覆盖被试验车辆的前部 固定壁表面应当垂直于车辆前进方向,而且要铺设 1.9cm 厚的木板 碰撞时固定壁的运动不能大于车辆永久变形的 1%(ECE 要求固定壁的质量不能小于 70t)
试验要求	按照 FMVSS208 要求,试验车速为 30mile/h(1mile/h=1.609km/h) 为了防止加速或者减速过程对试验车以及人体姿态的影响,试验车在撞击固定壁之前应该处于匀速运动状态 试验车的纵向中心平面应该垂直于固定壁表面,而且应该在固定壁中心线±300mm 范围内
测试设备	车体加速度测量、加速度传感器应该安装在汽车地板、框架或者车身部件上,不能安装在有变形或者振动的位置 车速测量应该在固定壁之前进行 摄影测量应该在车辆侧面、上面、底面进行,另外在车厢内部还应该安装一个耐冲击的摄像机以记录乘员的运动

（2）试验评价标准　按照美国 FMVSS 中相应条款的要求,固定壁正面碰撞试验的评价标准见表 7-5。

表 7-5　固定壁正面碰撞试验的评价标准

	评价标准	评价指标
车体部分	转向盘后移量	FMVSS 204 要求,碰撞后转向盘水平后移量不能大于 12.7mm
	燃油泄漏性能	FMVSS 301 规定,碰撞开始到汽车停止燃油泄漏不能超过 1oz(1oz=28.35g),1min 不能超过 1oz,5min 不能超过 5oz,25min 内每分钟间隔的燃油泄漏量不超过 1oz 另外,还要求对碰撞后的车辆进行翻转试验,规定每转动 90°的最初燃油泄漏量 5min 内在 5oz 之内,剩下的每分钟在 1oz 以下
乘员部分	假人	在试验过程中,假人各个部分自始至终须包容在车厢内
	头部	假人头部的 HIC(头部损伤指标)不超过 1000
	胸部加速度	当作用时间超过 3ms 时,假人胸部质心处合成加速度不能大于 $60g$(FMVSS 208)
	人腿受力	假人每条大腿轴向的合力不能超过 10000N

(续)

评价标准		评价指标
FMVSS 208	胸部变形	假人胸骨相对于脊椎的压缩变形不能超过 3 in(仅适用于 Hybrid Ⅲ 型假人)
	颈部	1997 年 9 月 1 日后生产的汽车必须安装安全气囊。2011 年前生产的低功率气囊中假人颈部伤害指标： 1）弯曲转矩为 190N·m 2）外翻转矩为 57N·m 3）轴向拉力为 3300N(峰值) 4）轴向压力为 4000N(峰值) 5）轴向剪力为 3100N(峰值)

三、移动壁碰撞试验

移动壁碰撞试验是指在可行走的台车上装上具有一定撞车面积的可移动壁，将其加速到一定的速度后来碰撞处于静止状态的试验车。这种试验方法在检查被试验车的侧撞和尾撞安全性时使用。为了能够进行重复使用，台车的构造需要坚固耐用。在 SAE J972 和美国安全标准中对可移动壁碰撞试验做了规定。欧洲试验标准和美国标准有所不同，移动壁的碰撞形式均为侧面碰撞，如图 7-3 所示。试验时应该给碰撞后的试验车留出足够的滑动范围。

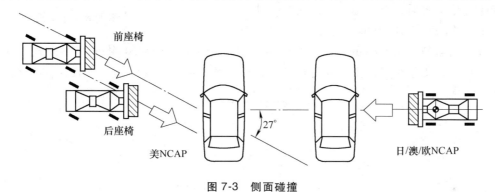

图 7-3 侧面碰撞

（1）车对车碰撞试验　为了检查撞车后双方车辆的外形和刚度变化情况，要进行车对车的碰撞试验。试验一般有正面撞、侧面撞和尾撞三种。

1）等速正面撞车试验。这种试验是指两台试验车等速正面撞车的试验法，如图 7-4 所示。为了安置各种测量仪器和高速摄像机，首先应该正确地估计撞车地点，撞车地点应该有足够的宽度容纳试验车的加速装置，具体设置可以参考固定壁碰撞试验。

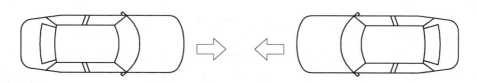

图 7-4 等速正面撞车试验

2）等速 T 形撞车试验。这种试验是指在直角交叉的 T 形道路上，使用等速的两台试验车，以一辆车的正面冲撞另一辆的侧面进行试验，如图 7-5 所示。撞车后两车的移动范围相当大，移动方向也不能确定。因此，撞车地点需要有足够的面积，否则无法安装各种测量仪器和高速摄像机。

（2）翻车试验 现在广泛采用的翻车试验方法是对车体的试验，特别是以车身顶部的强度检查为主的静压试验。此外，还有如下几种实际的翻车试验方法：

1）试验车的下落试验。为了确保乘员在翻车后有足够的生存空间，对车辆的结构，特别是对车身顶部和支柱的强度进行鉴定时，本试验方法是有效的。试验方法是将试验车用钢索吊到要求的高度，放到规定的位置后，使其自由下落到混凝土地面上，如图7-6所示。SAE推荐的这个试验方法已经被作为安全试验车（ESV）试验条件的一项。

2）试验车沿斜坡翻滚的试验。在斜面上把试验车平行地放置后，对它施加静翻转矩，使试验车沿斜面翻滚。SAE中也推荐了这种试验方

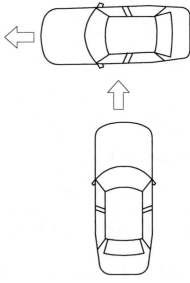

图 7-5 等速 T 形撞车试验

法。它规定沿着斜度为60%的斜面，使试验车滚落至80ft（1ft=30.48cm）的距离。这种试验操作简单，但由于试验车不存在行进车速，因此和路面上的实际翻车事故有所不同。

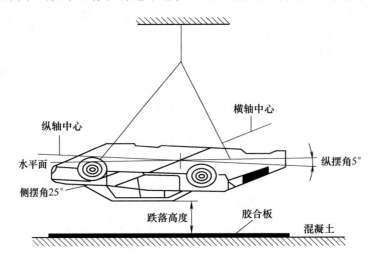

图 7-6 车辆下落试验

3）平台翻车试验。平台翻车试验是在台车上装上试验车，用台车紧急制动的方法使试验车翻滚，如图7-7所示。试验过程为：使台车上的货台斜度为23°，把试验车装在货台上，并使它的方向和平台车的行驶方向垂直。平台车加速到要求的速度后，用紧急制动停车，试验车靠惯性掉到混凝土路面而翻滚。美国安全标准规定将翻车试验作为标准试验，台车的加速、导向可以参照固定壁试验，但在适当的位置上需安装制动装置。按照美国安全标准要求，台车制动减速度应在0.04s内达到20g以上。在这种试验方法中，试验车没有行进方向

的速度，易于进行重复性试验，试验操作也简单。在日本，这种试验是安全试验翻车试验项目中的一个规定项目。

四、模拟人

模拟人（标准假人）是汽车碰撞试验最基本的用具。模拟人最初用于飞机座椅弹出试验，1960年美国开发了汽车碰撞试验

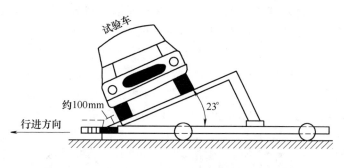

图 7-7 平台翻车试验

模拟假人 VIP。美国汽车工程师协会标准 SAE 对 50th 模拟假人（即第 50 百分位的假人——据统计，美国 50% 男子的体重和坐高等体格参数比该假人的低）的尺寸、重量、弹簧常数等进行了规定。用于撞车试验的模拟假人所要求的性能如下：

1) 尺寸、质量分布、关节的活动、胸部等各部分在受载荷时的变形特性应与人体很相似。
2) 应能对人体相对应的各部分的加速度、负荷等参量进行测定。
3) 个体间的差异小，反复再现性好，并且具有优良的耐久性。

美国于 1972 年开发出了混合 Ⅱ 型假人 Hybrid Ⅱ，并于 1973 年在 FMVSS 208 标准（乘员碰撞保护）中将 Hybrid Ⅱ 50th 假人作为评定汽车碰撞试验中乘员碰撞保护性能的标准设施，1976 年美国对 Hybrid Ⅱ 进行了改进，开发了更接近人体特性的 Hybrid Ⅲ 型假人。美国目前已经研究开发了一个试验假人系列，包括汽车侧面碰撞用假人 SID 和儿童假人，以及立姿行人假人 RSPD，主要规格见表 7-6。

表 7-6 汽车碰撞试验用假人主要规格

规　格	体重/kg	坐高/mm
Hybrid Ⅲ 50%	78.15	884
Hybrid Ⅲ 5%	49.98	790
Hybrid Ⅲ 95%	101.31	935
Hybrid Ⅱ 50%	74.37	907
CRABI 六个月婴儿	7.90	442
CRABI 十二个月婴儿	9.70	475
CRABI 十八个月婴儿	11.20	505
三岁儿童假人	15.10	572
六岁儿童假人	21.46	650
SID（侧面碰撞假人）	89.80	765
BioSID（仿真侧撞假人）	88.40	761

模拟人大多采用金属与塑料制作，其胸腔是钢制的，肩胛骨是铝制的，盆骨是塑料的；模拟人不仅具有和真人一样的外形和内脏，还有复杂的脊柱、肋骨和合成肌肉。在模拟人的身体上，遍布着各种各样的传感器（大约装有 60 个传感器），最多可以为 180 多个信道提供数据，并以每秒 2000 次的速度刷新数据。

中国对正面碰撞的试验条件和模拟人测试指标规定如下：测试假人的头部损伤指标 HIC 等于或小于 1000，胸部变形小于或等于 75mm，腿部轴向力等于或小于 10kN；碰撞时车门不能打开，前门的锁止系统不能自动锁上，前、后门至少能打开其中的一个（不借助工具）；燃油不得泄漏，漏油速率小于 30g/min。美国的安全法规除了要求测试以上指标外，还有以下几个要求：胸部合成减速度小于 60g，风窗玻璃的脱落不能超过 50%，假人身体的任何部分不能越出车外；外部任何部分不得侵入风窗玻璃。

第三节　典型汽车碰撞事故再现分析

汽车交通事故鉴定中事故再现分析和汽车碰撞前、后速度的确定是十分关键的问题。国家标准 GA/T 643—2006《典型交通事故形态车辆行驶速度技术鉴定》对几种典型交通事故形态的车辆行驶速度的计算推荐了计算方法。下文中的有关术语均参照附录《典型交通事故形态车辆行驶速度技术鉴定》中的规定。

在国标中，典型汽车碰撞事故形态主要包括如下类型：

1）汽车与汽车碰撞类型（包括汽车与汽车正面碰撞类型、汽车与汽车追尾碰撞类型以及汽车与汽车直角侧面碰撞类型）。

2）汽车与二轮车碰撞类型（包括摩托车与汽车车身侧面碰撞类型、汽车与二轮摩托车或自行车侧面碰撞类型以及汽车与自行车追尾碰撞类型）。

3）汽车与行人碰撞类型。

4）汽车单车碰撞事故类型（包括路外坠车类型和汽车撞固定物类型）。

在实际鉴定工作中，可以将汽车与汽车碰撞事故划分为正面碰撞（包括追尾碰撞）、直角侧面碰撞和斜碰撞三大类型。

一、正面碰撞类型

正面碰撞（包括追尾碰撞）属于一维碰撞，即发生在汽车纵轴线上的碰撞，而且车辆的变形和运动也是沿着纵轴线方向的。

1. 汽车与汽车正面碰撞类型车辆行驶速度的计算

1）正面碰撞是汽车与相向行驶中的汽车迎面发生的碰撞。

2）根据汽车碰撞地点至停止地点的滑移距离，依据能量守恒定律，计算出两车碰撞后的瞬时速度。如果两车发生正面碰撞后的滑移距离分别为 s_1、s_2，单位为 m，则依据能量守恒定律，有

$$\frac{mv^2}{2} = \varphi mgsk \Rightarrow v = \sqrt{2\varphi gsk}$$

式中　v——汽车碰撞时的瞬时速度，单位为 km/h；

　　　m——汽车质量，单位为 kg；

　　　φ——汽车纵滑附着系数；

　　　k——汽车附着系数修正值；

　　　g——重力加速度，取 9.8m/s²，下同。

第七章 汽车事故再现

则可计算出两车碰撞后的瞬时速度 v_1'、v_2' 为

$$v_1' = \sqrt{2\varphi_1 g s_1 k_1}, \quad v_2' = \sqrt{2\varphi_2 g s_2 k_2} \tag{7-1}$$

3) 根据任一车辆塑性变形量与有效碰撞速度的关系式和动量守恒定理关系式,计算出两车碰撞前的瞬时速度。

为了解车身变形与碰撞速度的关系,可通过试验的方法求证。根据轿车正面碰撞试验,车身塑性变形量 x (凹损部下陷的深度) 与有效碰撞速度 (参见第六章相关内容) 的关系可用方程式表示为 $x = 0.0095 v_e \Rightarrow v_e = 105.3x$。

如果发生正面碰撞的汽车塑性变形量分别为 x_1、x_2,单位为 m,则两车的有效碰撞速度分别为

$$v_{1e} = 105.3 x_1, \quad v_{2e} = 105.3 x_2 \tag{7-2}$$

根据动量守恒定理关系式,有

$$v_{1e} = \frac{m_2}{m_1 + m_2}(v_1 - v_2)$$

$$v_{2e} = \frac{m_1}{m_1 + m_2}(v_2 - v_1)$$

$$m_1 v_1 + m_2 v_2 = m_1 v_1' + m_2 v_2' \tag{7-3}$$

式中 v_1、v_2——汽车碰撞前的瞬时速度,单位为 km/h;

v_1'、v_2'——汽车碰撞后的瞬时速度,单位为 km/h;

m_1、m_2——汽车质量,单位为 kg。

将式 (7-1)、式 (7-2) 和式 (7-3) 三式联立,可计算得到轿车与轿车正面碰撞类型车辆碰撞前的瞬时速度的经验计算公式为

$$v_1 = 105.3 x_1 + \frac{m_1 \sqrt{2\varphi_1 g s_1 k_1} \pm m_2 \sqrt{2\varphi_2 g s_2 k_2}}{m_1 + m_2} \times 3.6$$

$$v_2 = \frac{105.3 x_1 m_1}{m_2} - \frac{m_1 \sqrt{2\varphi_1 g s_1 k_1} \pm m_2 \sqrt{2\varphi_2 g s_2 k_2}}{m_1 + m_2} \times 3.6 \tag{7-4}$$

注意:式 (7-4) 中用到了轿车正面碰撞有效碰撞速度和塑性变形量的经验公式,实际工作中可以对其进行修正。碰撞后 2 车沿原有方向运动时,取 "-" 号;碰撞后 2 车随 1 车沿 1 车方向运动时,取 "+" 号。

4) 如果汽车碰撞前无滑移痕迹,则碰撞前的瞬时速度可视为等于车辆行驶速度;如果汽车碰撞前有滑移痕迹,则进一步根据滑移距离计算出车辆行驶速度。

2. 汽车与汽车追尾碰撞类型车辆行驶速度计算

汽车追尾碰撞类型车辆行驶速度的计算公式的推导和汽车与汽车正面碰撞类型相类似,计算公式参见附录《典型交通事故形态车辆行驶速度技术鉴定》。

二、直角侧面碰撞类型

侧面碰撞包括迎头侧面碰撞、右转侧面碰撞和左转侧面碰撞。一般迎头侧面碰撞较多,

而右转时的碰撞较少，其比例为迎头侧面∶左转∶右转＝5∶3∶1。迎头侧面碰撞是直角侧面碰撞，而右转和左转碰撞一般是斜碰撞。由于被碰撞车多数是在行驶状态，因而相互碰撞的车辆除受碰撞力的力矩作用外，还受摩擦力矩的作用。

1. 直角侧面碰撞运动学的分析

在直角侧面碰撞中，相互碰撞的两车碰撞后不仅要作平移运动，而且还有回转运动，故为二维碰撞，甚至有的时候还可能成为三维碰撞，所以碰撞后的运动是相当复杂的。

图7-8给出了直角侧面碰撞的三种形式，即碰撞车向被碰撞车的前部、中部和后部碰撞。对于发动机前置前驱动的轿车，车辆质心一般位于车长的前1/3处，即前排座的中间。

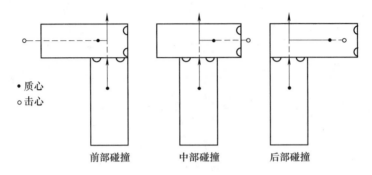

图7-8 直角侧面碰撞的形式（被撞车停止）

假设被碰撞车处于停止状态。前部碰撞时，冲击力作用在被碰撞车质心的前边，被碰撞车以左侧的某点为瞬心回转，称该瞬心为击心。因为冲击力距离被碰撞车质心的距离较短，所以被碰撞车的回转半径较大。此时，若将被碰撞车的运动分解为平移运动和质心回转运动，则回转运动少而平移运动较大。

中部碰撞时，冲击力作用在被碰撞车质心的后侧，被碰撞车以右侧的击心为中心，向右回转。后部碰撞与中部碰撞一样，但后部碰撞的冲击力作用点与被碰撞车质心相距很远，故击心靠近质心，回转运动较大。

图7-9给出了直角侧面碰撞的试验结果。试验车是1.5t轿车，侧面碰撞速度约为50km/h。在前部碰撞情况下，被碰撞车约左转80°，碰撞车由于受被碰撞车的作用稍向右有些偏驶。在中部碰撞中，被碰撞车约右转120°，与前部碰撞比较偏心距离变长，故回转运动加强。但在后部碰撞中，被碰撞车的回转运动非常激烈，被碰撞车又猛烈地冲击碰撞车的右侧面，迫使碰撞车向左偏驶。

图7-10a、b所示为被碰撞车在行驶状态下的直角侧面碰撞。由于被碰撞车处于行驶状态，所以碰撞发生后，在被碰撞的冲击表面要产生一个向左的摩擦力，其值等于冲击力乘以摩擦系数。冲击力和摩擦系数时刻都在变化，其中摩擦系数最初是零，随时间的增加可达到0.5~1.0。

前部碰撞时，冲击力产生的力矩和摩擦力产生的力矩相互抵消而削弱，故回转运动较弱；而在中部碰撞和后部碰撞时，这两个力矩方向相同，使回转运动加强。

其次，由于被碰撞车处于行驶状态，则碰撞车所受的反作用力不同于被碰撞车处于停止状态时所受的反作用力。碰撞发生后，被碰撞车给碰撞车一个冲击反力，由于被碰撞车是行

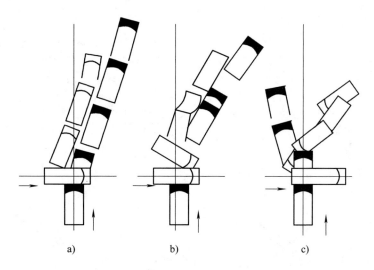

图 7-9 直角侧面碰撞的试验结果
a）前部碰撞 b）中部碰撞 c）后部碰撞

驶的，故碰撞车还要受到使其本身回转的摩擦力作用，如图 7-10c 所示。

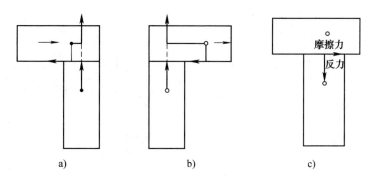

图 7-10 直角侧面碰撞（两车在行驶状态）
a）前部碰撞 b）后部碰撞 c）作用在碰撞车上的力

  作用到被碰撞车上的偏心距离短时，冲击力大，冲击的反作用力也就大，摩擦力就会增大，使碰撞车的回转运动加强。

  两车处于行驶状态时直角侧面碰撞的试验结果，如图 7-11 所示。两试验车质量约为 1.5t，碰撞速度约为 50km/h。

  图 7-11a 是前部碰撞，这种情况下，冲击力产生的向左的回转力矩和由摩擦力产生的向右回转力矩相互抵消，没有引起碰撞车的回转运动。碰撞车在摩擦力矩的作用下，一边向右平移，一边向右转过 90°。

  图 7-11b 也是前部碰撞，但冲击点略向后移。这时施加在被碰撞车上的摩擦力矩超过冲击力矩，使被碰撞车一边向右平移，一边向右回转。碰撞车也是一边向右平移，一边向右回转一定的角度。

  图 7-11c 和图 7-11d 是中部碰撞，图 7-11e 和图 7-11f 是后部碰撞，有类似的运动，但最

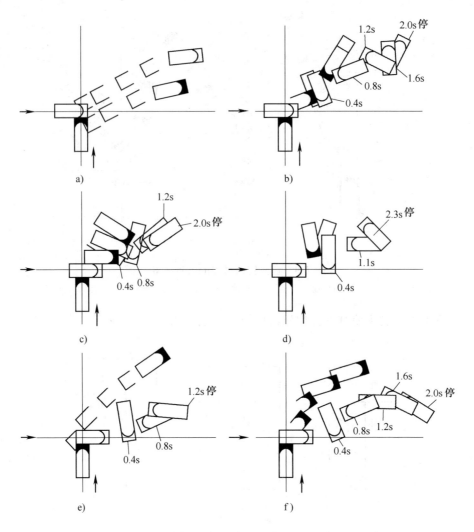

图 7-11 两车处于行驶状态时直角侧面碰撞的试验结果
a)、b) 前部碰撞　c)、d) 中部碰撞　e)、f) 后部碰撞

终的回转角度却不相同。

2. 直角侧面碰撞的碰撞速度计算

在直角侧面碰撞中，被碰撞车在碰撞方向上的速度分量是零，故碰撞时，碰撞车的速度就是有效碰撞速度。

图 7-12 所示为直角侧面碰撞中变形量的关系。计算时使用损坏的长度（损坏部分深度）、损坏面积（损坏部分的水平投影面积）及损坏体积来表示变形量。试验（被碰撞车静止或行驶状态用相同的速度碰撞）结果表明：相对于被碰撞车质心，碰撞点偏心距离短的前部碰撞变形最大；被碰撞车处于行驶状态时的变形量比静止状态时的变形量大。

可以将前、中、后部碰撞的试验结果用一个近似方程式表示。

（1）两车行驶时的直角侧面碰撞速度（km/h）　利用总损坏长度 $L(m)$，推算碰撞车速度 v_1 为

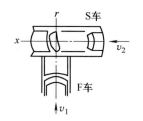

总损坏长度=L_5+L_3

总损坏面积=$L_5 \times L_8 + L_2 \times L_4$

总损坏体积=$L_5 \times L_8 \times L_6 + L_2 \times L_4 \times L_7$

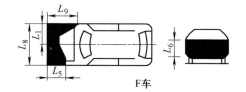
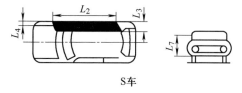

图 7-12　直角侧面碰撞中变形量的关系

$$v_1 = 30(\sqrt{10L+1}-1) \tag{7-5}$$

利用总损坏面积 $A(m^2)$，推算碰撞车速度 v_1 为

$$v_1 = 49.7(\sqrt{3.9A+1}-1) \tag{7-6}$$

利用总损坏体积 $C(m^3)$，推算碰撞车速度 v_1 为

$$v_1 = 16.9(\sqrt{40C+1}-1) \tag{7-7}$$

（2）停止车直角侧面碰撞的碰撞速度（km/h）　利用总损坏长度 $L(m)$，推算碰撞车速度 v_1 为

$$v_1 = 7.12(\sqrt{93.6L+1}-1) \tag{7-8}$$

利用总损坏面积 $A(m^2)$，推算碰撞车速度 v_1 为

$$v_1 = 10(\sqrt{75A+1}-1) \tag{7-9}$$

利用总损坏体积 $C(m^3)$，推算碰撞车速度 v_1 为

$$v_1 = 15(\sqrt{80C+1}-1) \tag{7-10}$$

两车用大体相同的速度行驶发生碰撞时，使用式（7-5）~式（7-7）；被碰撞车停止或缓慢行驶时，使用式（7-8）~式（7-10）。

碰撞车和被碰撞车均行驶而产生直角侧面碰撞时，碰撞车前部受摩擦力的作用，会出现弯鼻式变形，如图 7-13 所示。

弯鼻式变形量 x 和被碰撞车的速度 v_2（km/h）之间的关系式为

$$v_2 = 17.8(\sqrt{70.3x+1}-1) \tag{7-11}$$

注意，式（7-5）~式（7-11）适用于轿车和轿车之间碰撞的计算。

对于通常典型的汽车与汽车直角侧面碰撞，也可按照国标《典型交通事故形态车辆行驶速度技术鉴定》推荐的方法进行碰撞速度的计算，参见附录。

三、斜碰撞类型

正面碰撞（包括追尾碰撞）用一维碰撞描述，直角侧面碰撞也有一定量的试验数据，而在实际交通事故中，较多的碰撞并非是一维碰撞和直角侧面碰撞，而是斜碰撞。为此，深

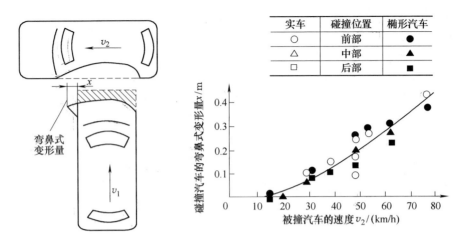

图 7-13 被碰撞车的碰撞速度和弯鼻式变形量的关系

入研究斜碰撞就更有现实意义。斜碰撞的形成有下列三种情况:

1) 在正面碰撞中,碰撞车在超越中心线或返回本车道的过程中,多形成斜碰撞。

2) 在直角侧面碰撞中,碰撞车的驾驶人总是力图摆脱事故的发生而急剧地转动转向盘,从而形成斜碰撞。

3) 在左转和右转碰撞中,多数也会形成斜碰撞,但在这种情况下,被碰撞车多数是处于停止状态或近似停止的缓慢行驶状态。

斜碰撞也是二维碰撞,汽车的运动是平面运动,即运动的方向不是确定的。在碰撞中,除冲击力外还存在摩擦力,这两种力均会产生力矩,故碰撞车和被碰撞车除有平移运动外,还有回转运动,且碰撞点也是固定不变的,碰撞后的作用点将随车辆的损坏而变化。这些均使碰撞后汽车的运动变得更为复杂。

1. 斜碰撞中的受力关系

如图 7-14 所示,A 车和 B 车发生正面斜碰撞。A 车作用于 B 车的冲击力 P_1,方向与 A 车的行驶方向相同。根据牛顿第二定律,B 车给 A 车一个反作用力 P_1',两者大小相等方向相反。同理,B 车作用于 A 车的冲击力 P_2,方向与 B 车的行驶方向相同,A 车给 B 车的反作用力 P_2',两者大小相等方向相反。因此,A 车受到力 P_2 和 P_1' 的矢量和 P_3 的作用;B 车受到的力是 P_1 和 P_2' 的矢量和 P_4,两者也是大小相等方向相反。

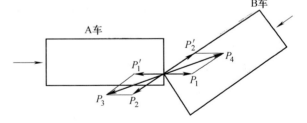

图 7-14 斜碰撞的受力关系(1)

此外,在碰撞车和被碰撞车的接触表面上,还受摩擦力的作用。作用到 A 车的摩擦力 F_1 等于摩擦系数 μ 和 P_3 法向力 P_3' 的乘积,而作用到 B 车的摩擦力 F_2 等于摩擦系数 μ 和 P_4 法向力 P_4' 的乘积,作用力的方向如图 7-15 所示。

结果作用在 A 车上的力是 P_3 和 F_1 的矢量和 P_5,作用在 B 车上的力是 P_4 和 F_2 的矢量和 P_6。

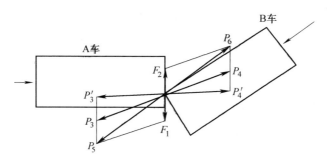

图 7-15 斜碰撞的受力关系（2）

如图 7-16 所示，把 P_5 分解为作用到 A 车质心的分力 P_5' 和使 A 车回转的力矩 $P_5''L_1$，L_1 是 A 车质心到接触点的距离。将 P_6 分解为作用到 B 车质心的分力 P_6' 和使 B 车回转的力矩 $P_6''L_2$，L_2 是 B 车质心到接触点的距离。

碰撞后，A 车和 B 车都围绕各自的质心顺时针回转，A 车车尾向左上方移动，B 车车尾向右下方移动，故不会引起二次碰撞。

图 7-17 所示为轿车与货车斜碰撞的受力关系图，若货车向着轿车的质心冲击时，也不一定不引起回转。

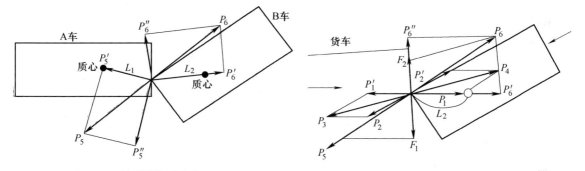

图 7-16 斜碰撞的受力关系（3）　　图 7-17 轿车与货车斜碰撞的受力关系图

货车的冲击力 P_1 和轿车冲击力 P_2 的反力 P_2' 合成 P_4，P_4 再和摩擦力 F_2 合成 P_6。将 P_6 再分解为使轿车向右移动的 P_6' 和使轿车回转的力矩 $P_6''L_2$。故此时的轿车一边向右移动，一边向右回转。如果 P_6 指向轿车的质心，则轿车只有平移运动而无回转。

2. 斜碰撞的速度推算

斜碰撞的车，一般在碰撞后有纵滑、横滑和回转的复杂二维运动，运动中轮胎与路面摩擦，耗尽其运动能量后才最终停止。这些运动又是重叠进行的，因此给事故分析带来一定的困难，但不管怎样，在做定量分析之前，应首先进行充分的定性分析，对碰撞车的运动有一个概括性的了解。

图 7-18 所示为直线行驶的 A 车与 B 车发生斜正面碰撞的实例。B 车与 A 车以碰撞角 θ_2 进行斜正面碰撞，其结果是 A 车向右上方以 θ_1 角滑移 L_1 的距离，并向左转 θ_3 角才停止；而 B 车右转 180°，滑移 L_2 的距离后停止。

由图 7-18 可知，B 车对 A 车碰撞的冲量大致经过 A 车的质心，故 A 车的回转运动少，前轮的滑移距离长，后轮的滑移距离短，平均滑移距离约为 L_1。

图 7-19 所示是根据碰撞形式和最后停止的位置而推测出的 A 车碰撞后的运动轨迹。图 7-20 所示是 B 车碰撞后的运动轨迹，而实际 B 车的回转速度是逐渐下降的。

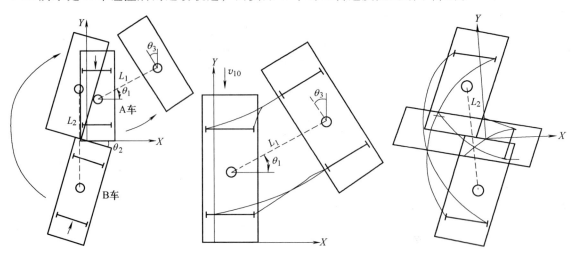

图 7-18　斜正面碰撞实例　　图 7-19　A 车碰撞后的运动轨迹　　图 7-20　B 车碰撞后的运动轨迹

A 车碰撞后的速度 v_1 为

$$v_1 = \sqrt{2g\varphi L_1} \quad (7\text{-}12)$$

式中　φ——地面的纵滑附着系数。

v_1 在 X 轴、Y 轴上的分量分别为

$$v_{x1} = v_1 \cos\theta_1 \quad (7\text{-}13)$$

$$v_{y1} = v_1 \sin\theta_1 \quad (7\text{-}14)$$

v_{y1} 使 A 车的碰撞速度 v_{10} 下降（两者方向相反），同时 A 车以 v_{x1} 速度横向滑移。A 车在 Y 轴上的动量为 $(v_{y1}+v_{10})m_1$，在 X 轴上的动量是 $v_{x1}m_1$。A 车的冲击力作用在 B 车质心的右侧，故 B 车一边向右回转，一边滑移，由于伴随有回转运动，所以运动轨迹较复杂。碰撞后 B 车的质心是沿 Y 轴移动的，如图 7-20 所示。B 车的动量 $v_{20}m_2$ 在 X 轴上的分量是 $v_{20}m_2\sin\theta_2$，与 A 车在 X 轴上的动量 $v_{x1}m_1$ 等价，即

$$v_{20}m_2\sin\theta_2 = v_1 m_1 \cos\theta_1 \Rightarrow v_{20} = v_1 m_1 \cos\theta_1 / m_2 \sin\theta_2 \quad (7\text{-}15)$$

B 车的动量 $v_{20}m_2$ 在 Y 轴上的分量是 $v_{20}m_2\cos\theta_2$，其中一部分作用到 A 车上，其值是 $(v_{y1}+v_{10})m_1$，剩余部分消耗在 B 车滑移 L_2 并向右回转 180°的过程中。

假设碰撞后 B 车没有回转，B 车碰撞后沿 Y 轴的速度为

$$v_{y2} = \sqrt{2g\varphi L_2} \quad (7\text{-}16)$$

则

$$v_{20}m_2\cos\theta_2 = (v_{y1}+v_{10})m_1 + v_{y2}m_2 \quad (7\text{-}17)$$

由式（7-14）、式（7-15）和式（7-17）得

$$v_{10} = v_1\left(\frac{\cos\theta_2}{\tan\theta_1} - \sin\theta_1\right) - v_{y2}\frac{m_2}{m_1} \quad (7\text{-}18)$$

上述结论是在忽视了 B 车的回转运动下得出的。如果考虑 B 车的回转运动，v_{10} 应比式（7-18）的计算值小。

现在考虑 B 车一边滑移，一边回转。设 4 个轮胎的印迹总长是 $4L_2$ 的 1.3 倍，这时用 $1.3L_2$ 代替式（7-16）中的 L_2 进行计算，则

$$v_{y2} = \sqrt{2g\varphi \times 1.3L_2} \tag{7-19}$$

显然，斜碰撞不像一维碰撞那样有固定的解法，要根据具体事故确定。正面碰撞和追尾碰撞可按对心的直线碰撞处理，理论上尚能解决；直角侧面碰撞也有一定的实验数据，可以做某种类推分析；然而，斜碰撞实验数据很少，理论与实际的验证也极不充分。

为了不出现更大的误差，当事故发生后，要充分地对证现场，并作定性分析，再进行必要的计算。另外，对于货车和轿车碰撞的问题，根据事故实际情况，可看成对刚性屏壁的碰撞或汽车楔入货车底部的钻碰。

第四节　不确定性汽车事故再现的方法

对于汽车一维碰撞事故，运用动量原理和动量守恒原理比较容易计算出两车碰撞后的瞬时速度和碰撞前的瞬时速度；但对于汽车二维碰撞事故，不确定因素对输入参数的影响较大。本节主要介绍基于不确定性的汽车事故再现方法。

一、汽车碰撞事故再现的作图法

作图法再现以动量平衡理论为理论基础，结合汽车碰撞事故的特点发展成矢量四边形法、动量平衡法、动量反射截面法、角动量反射截面法、能量截环法、多角形截面法等多种方法。作图法是从碰撞后的状态推算碰撞前的速度的事故再现方法，其突出优点是能够考虑各种不确定因素对输入参数的影响，解决了单参数的局限性。这里重点介绍矢量四边形法和动量平衡法。

1. 冲量平衡原理及其应用

（1）冲量平衡原理　动量原理和动量守恒原理适用于解决质点和质点系碰撞问题。然而，现实中发生碰撞事故的汽车都具有一定的外形尺寸，并且还存在变形、质量损失等，人们关注的重点不是计算碰撞力及其随时间的变化，而是依据输入速度来确定输出速度，反之亦然。汽车参与碰撞的过程极短，一般为 0.1~0.2s，动量交换可以近似地看成在瞬间完成。因此，可对汽车进行简化，并利用动量守恒原理，求解汽车间的碰撞问题。因为实际碰撞过程与理论存在一些差异，故在处理实际碰撞问题时，需进行一些简化，但必须建立在以下假设条件的前提下。

1）碰撞时间非常短（通常约为 0.1~0.2s），冲力很大，即时间 $t \to 0$，冲力 $F \to \infty$。

2）作用于碰撞车辆系统的外力（如地面摩擦力或附着力、车体间的摩擦力等）远远小于碰撞力，可忽略不计。

3）冲量 P 存在，即 $P = \int F dt$。

4）在碰撞过程中，汽车的运动学结构特征保持不变，汽车变形产生的几何尺寸变化可不予考虑，即汽车可简化为刚体。

经过上述假设后，碰撞汽车就被简化成一个只有质量、没有大小的质点。这样，汽车的

运动就可以用质点的平移运动来描述。

斜碰撞简化示意图如图 7-21 所示，一般汽车碰撞事故可用动量原理描述，即

$$I_{11} - I_{10} = P \text{ 或 } m_1(v_{11} - v_{10}) = P$$
$$I_{21} - I_{20} = P' \text{ 或 } m_2(v_{21} - v_{20}) = P' \quad (7\text{-}20)$$
$$P = -P'$$

式中 I_{10}、I_{11}——车辆 1 碰撞前、后的动量；

I_{20}、I_{21}——车辆 2 碰撞前、后的动量；

m_1、m_2——参与碰撞的车辆 1 和车辆 2 的质量；

v_{10}、v_{11}——车辆 1 碰撞前、后的速度；

v_{20}、v_{21}——车辆 2 碰撞前、后的速度；

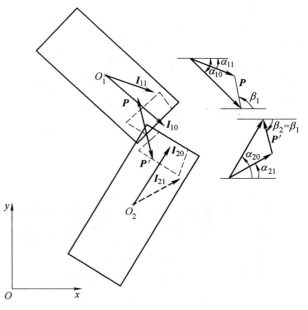

图 7-21 斜碰撞简化示意图

P、P'——在碰撞过程中车辆 1 和车辆 2 获得的冲量。

由式（7-20）可导出

$$I_{10} + I_{20} = I_{11} + I_{21} \quad (7\text{-}21)$$

式（7-20）、式（7-21）是动量平衡方法和动量反射方法的理论基础。

（2）汽车碰撞前动量的计算　将式（7-21）中的动量分解成 x 方向和 y 方向的分量形式，即

$$I_{10x} + I_{20x} = I_{11x} + I_{21x}$$
$$I_{10y} + I_{20y} = I_{11y} + I_{21y}$$

即

$$I_{11}\cos\alpha_{11} + I_{21}\cos\alpha_{21} = I_{10}\cos\alpha_{10} + I_{20}\cos\alpha_{20}$$
$$I_{11}\sin\alpha_{11} + I_{21}\sin\alpha_{21} = I_{10}\sin\alpha_{10} + I_{20}\sin\alpha_{20} \quad (7\text{-}22)$$

式中 I——$\boldsymbol{I}$ 的标量，$I = |\boldsymbol{I}|$。

在汽车事故分析再现的实际中，一般通过现场图测量和计算，可较精确地得到碰撞车辆在碰撞前速度（或动量）的方向以及碰撞后速度（或动量）的大小和方向，而碰撞前汽车动量（或速度）的大小却未知，而其是最重要的事故参数。因此，式（7-22）中的 α_{11}、α_{21}、α_{10}、α_{20} 为已知，同样，碰撞后动量 I_{11}、I_{21} 也是已知量，且有

$$I_{11} = m_1 v_{11}, \quad I_{21} = m_2 v_{21} \quad (7\text{-}23)$$

结合式（7-23），将式（7-22）变形为矩阵形式，可得

$$\begin{pmatrix} m_1\cos\alpha_{11} & m_2\cos\alpha_{21} \\ m_1\sin\alpha_{11} & m_2\sin\alpha_{21} \end{pmatrix} \begin{pmatrix} v_{11} \\ v_{21} \end{pmatrix} = \begin{pmatrix} m_1 v_{10}\cos\alpha_{10} + m_2 v_{20}\cos\alpha_{20} \\ m_1 v_{10}\sin\alpha_{10} + m_2 v_{20}\sin\alpha_{20} \end{pmatrix} \quad (7\text{-}24)$$

由此可得碰撞后两车的速度为

$$\begin{pmatrix} v_{11} \\ v_{21} \end{pmatrix} = \begin{pmatrix} m_1 v_{10} \cos \alpha_{10} + m_2 v_{20} \cos \alpha_{20} \\ m_1 v_{10} \sin \alpha_{10} + m_2 v_{20} \sin \alpha_{20} \end{pmatrix} \Bigg/ \begin{pmatrix} m_1 \cos \alpha_{11} & m_2 \cos \alpha_{21} \\ m_1 \sin \alpha_{11} & m_2 \sin \alpha_{21} \end{pmatrix} \quad (7\text{-}25)$$

或可得式（7-26），并求出碰撞前的两车速度

$$\begin{pmatrix} m_1 \cos \alpha_{10} & m_2 \cos \alpha_{20} \\ m_1 \sin \alpha_{10} & m_2 \sin \alpha_{20} \end{pmatrix} \begin{pmatrix} v_{10} \\ v_{20} \end{pmatrix} = \begin{pmatrix} m_1 v_{11} \cos \alpha_{11} + m_2 v_{21} \cos \alpha_{21} \\ m_1 v_{11} \sin \alpha_{11} + m_2 v_{21} \sin \alpha_{21} \end{pmatrix} \quad (7\text{-}26)$$

$$\begin{pmatrix} v_{10} \\ v_{20} \end{pmatrix} = \begin{pmatrix} m_1 v_{11} \cos \alpha_{11} + m_2 v_{21} \cos \alpha_{21} \\ m_1 v_{11} \sin \alpha_{11} + m_2 v_{21} \sin \alpha_{21} \end{pmatrix} \Bigg/ \begin{pmatrix} m_1 \cos \alpha_{10} & m_2 \cos \alpha_{20} \\ m_1 \sin \alpha_{10} & m_2 \sin \alpha_{20} \end{pmatrix} \quad (7\text{-}27)$$

如果以车辆1的碰撞前行驶方向建立 x 轴，即 $\alpha_{10}=0$，式（7-27）可简化为

$$v_{10} = \frac{m_1 v_{11} \cos \alpha_{11} + m_2 v_{21} \cos \alpha_{21} - m_2 v_{20} \cos \alpha_{20}}{m_1}$$

$$v_{20} = \frac{m_1 v_{11} \sin \alpha_{11} + m_2 v_{21} \sin \alpha_{21}}{m_2 \sin \alpha_{20}} \quad (7\text{-}28)$$

根据矢量图解法原则，求得图7-22中冲量 P 的大小和方向分别为

$$P = \sqrt{(m_1 v_{11})^2 + (m_1 v_{10})^2 - 2 m_1^2 v_{11} v_{10} \cos(\alpha_{11} - \alpha_{10})} = P'$$

$$\beta_1 = \arctan^{-1}\left(\frac{m_1 v_{11} \sin \alpha_{11} - m_1 v_{10} \sin \alpha_{10}}{m_1 v_{10} \cos \alpha_{10} \cos \alpha_{11}}\right) = \beta_2 \quad (7\text{-}29)$$

2. 矢量四边形法

矢量四边形法所需参数包括参与碰撞车辆的质量、碰撞前两车速度的方向、碰撞后两车的速度方向和大小。

依据事故现场草图可得出相应汽车碰撞矢量四边形法所需的参数，其理论基础为动量守恒定律的向量表达式（式7-21）。式（7-21）中的4个矢量 I_{10}、I_{20}、I_{11}、I_{21} 组成一个封闭的四边形，利用此四边形作图推算碰撞前速度的方法即为矢量四边形法。

下面利用矢量四边形法推算碰撞前汽车动量以及速度，并建立其计算方法。

1) 选择适当的比例尺，再选定 x-y 坐标系，根据实际需要确定比例尺。如选取比例尺 Scale = 1∶250。

2) 在 x-y 平面内任意选择 A 点，由 A 点出发作线段 $AB = I_{11}$Scale $= m_1 v_{11}$Scale，并与 x 轴成 α_{11} 角。

3) 由 B 点出发作线段 $BC = I_{21}$Scale $= m_2 v_{21}$Scale，并与 x 轴成 α_{21} 角。

4) 过 A 点作射线 $\overline{AE}$ 与 x 轴成 α_{10} 角，此射线表示动量 I_{10} 作用的方向。

5) 过 C 点作射线 $\overline{CF}$ 与 x 轴成 α_{20} 角，此射线表示动量 I_{20} 作用的方向，并且两射线交于 D 点。

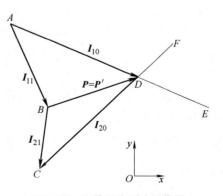

图 7-22　矢量四边形法示意图

6）由此可知$\overrightarrow{AD}$代表I_{10}，$\overrightarrow{DC}$代表I_{20}（见图7-22）。且有

$$v_{10} = \frac{AD}{m_1 \text{Scale}} (\text{m/s}) \text{ 或 } v_{10} = \frac{3.6 AD}{m_1 \text{Scale}} (\text{km/h})$$

$$v_{20} = \frac{DC}{m_2 \text{Scale}} (\text{m/s}) \text{ 或 } v_{20} = \frac{3.6 DC}{m_2 \text{Scale}} (\text{km/h}) \tag{7-30}$$

3. 动量平衡法

冲量平衡方程$P = -P'$可用冲量的分量方程表示。如果将P和P'分解成平行于动量I_{10}和I_{20}两个方向的分量，则有

$$P = P(//I_{10}) + P(//I_{20})$$
$$P' = P'(//I_{10}) + P'(//I_{20}) \tag{7-31}$$

式中　$P(//I_{10})$、$P(//I_{20})$——P在I_{10}、I_{20}两个方向的投影分量；

$P'(//I_{10})$、$P'(//I_{20})$——P'在I_{10}、I_{20}两个方向的投影分量。

由于两车受到的冲量大小相等、方向相反，故有

$$P(//I_{10}) = -P'(//I_{10})$$
$$P(//I_{20}) = -P'(//I_{20}) \tag{7-32}$$

动量平衡作图法的模型为：

1）选择适当的作图比例尺 Scale，在x-y平面作射线OI_{10}与x轴成α_{10}角，作射线OI_{20}与x轴成α_{20}角，并且使得它们的箭头相交于O点。

2）在射线OI_{10}上任意选取一点A'，作线段$A'C$且使$A'C = I_{11}\text{Scale}$，并与x轴成α_{11}角；在射线OI_{20}上任意选取一点B'，作线段$B'D$且使$\overline{B'D} = I_{21}\text{Scale}$，并与$x$轴成$\alpha_{21}$角。

3）经过C点作直线CC'平行于OI_{10}，并在OI_{10}的另一侧作另一直线，使其与CC'关于OI_{10}对称。

4）同理，过D点作直线DD'平行于OI_{20}，并在OI_{20}的另一侧作另一直线，使其与DD'关于OI_{20}对称。

5）这四条直线相交并形成一个四边形，并由两直线OI_{10}、OI_{20}将其平分为四个完全相等的小四边形（见图7-23），其顶点为O点，$E_1 \sim E_8$共8个点，所以$E_2 E_3 = E_6 E_7$，$OE_2 = OE_6$。

6）过E_3点作一条与$A'C$平行的直线，交OI_{10}于A点，过E_7点作一条与$B'D$平行的直线，交OI_{20}于B点，可得$\overrightarrow{AO} = I_{10}$，$\overrightarrow{BO} = I_{20}$，$\overrightarrow{OE_7} = \overrightarrow{OE_3} = P$。

7）由此得

$$v_{10} = \frac{AO}{m_1 \text{Scale}} (\text{m/s}) \text{ 或 } v_{10} = \frac{3.6 AO}{m_1 \text{Scale}} (\text{km/h})$$

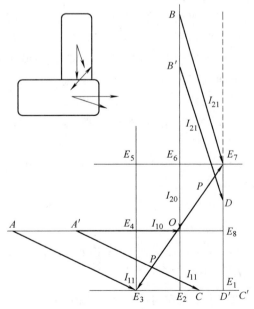

图7-23　动量平衡图解法示意图

第七章　汽车事故再现

$$v_{20}=\frac{BO}{m_2\text{Scale}}\text{ （m/s）} \quad \text{或} \quad v_{20}=\frac{3.6\,BO}{m_2\text{Scale}}\text{ （km/h）} \tag{7-33}$$

二、处理不确定性事故参数的方法

在汽车碰撞事故再现过程中，使用公式进行计算时，一部分事故参数值是常数，这部分参数具有准确性，这就是参数的确定性；而另一部分参数具有一定的物理意义，但通常并不是一个定值，具有一定的变动范围，这便是分析参数的不确定性。

在实际交通事故再现过程中，许多现场参数可能不是唯一的准确值，而是处于一定的范围。例如，现场制动拖印痕长度一般不可能是 7.6m，而经常是 7.4~7.7m。所以，由此得出的碰撞后速度大小也将位于一个范围内，而不是一个定值。

导致这种不确定性的因素主要有：重复测量、具有一定物理意义但无法测量，或可通过特殊值大概估计的物理量，公认有限定范围的参数以及汽车交通事故发生的环境条件和人为因素造成各参数的不确定性等。

在处理这种不确定性事故参数时，常用的三种方法是边界值法、偏差法和数理统计法，这里重点介绍边界值法和数理统计法。

1. 边界值法

边界值法是指在处理事故参数时，因一些相互独立的变量的变动导致相关变量具有不确定性，此时只处理相应变量的最大值（用下标 max 表示）和最小值（用下标 min 表示）两个边界值即可。边界值法是一种处理事故参数不确定性最简单的方法，也是最常用的方法。

首先必须明确所求参数相关的变量数量，再确定相关变量的变动范围，然后依据变量的最大值和最小值，计算所求参数的可能值范围。

例如，以制动拖印痕计算碰撞后的汽车速度为例，说明其处理过程。计算碰撞后车辆速度的公式为

$$v_1^2-v_{1F}^2=2\varphi gs \tag{7-34}$$

式中　v_1——碰撞后分开瞬时车辆的速度，单位为 km/h；

　　　v_{1F}——碰撞后滑行距离 s 时的车速，单位为 km/h；

　　　φ——地面附着系数；

　　　s——碰撞后汽车滑行的制动拖印痕长度，单位为 m。

在实际交通事故中，通常 $v_{1F}=0$，即碰撞后经过 s 距离的制动才静止。故式（7-34）变为

$$v_1=\sqrt{2\varphi gs} \tag{7-35}$$

式中的重力加速度 g 为常数，而 φ 和 s 均具有不确定性，其取值为 $\varphi_{\min}\leqslant\varphi\leqslant\varphi_{\max}$，$s_{\min}\leqslant s\leqslant s_{\max}$。故可得

$$\sqrt{2\varphi_{\min}gs_{\min}}\leqslant v_1\leqslant\sqrt{2\varphi_{\max}gs_{\max}} \tag{7-36}$$

通过式（7-36）可求出碰撞后分开瞬间车辆的速度，并写成形如 $v_1\pm\Delta v_1$ 或 $v_{1\min}\leqslant v_1\leqslant v_{1\max}$ 的形式，其中 $\Delta v_1=(v_{1\max}-v_{1\min})/2$。

例如，$\varphi_{\min}=0.55$，$\varphi_{\max}=0.75$，$s_{\min}=24.6\text{m}$，$s_{\max}=26.5\text{m}$，则通过式（7-36）计算得：16.3m/s $\leqslant v_1\leqslant$ 19.7m/s 或 $v_1=18.0\pm1.7\text{m/s}$。

这个例子较简单，但不论多复杂的计算公式，其处理的原则相同，如果再结合计算机进

行处理，工作会变得十分容易。但必须指出，求不确定参数的最小值时，并不是其相关的各变量参数均取最小值，而应根据实际计算公式进行具体分析。

边界值法具有一定的局限性，它没有考虑参数的统计特性，即假定不确定参数范围中的值具有相同的存在概率。边界值分布应当运用统计方法，建立在统计数据的基础上才更加合理。

2. 数理统计法

在上述边界值法中，涉及附着系数的取值。假设没有事故现场附着系数测量值，而只有类似的事故现场参数值或经验值，对于这种特殊的变动范围必须进行合理估计。但附着系数的上、下限值（即最大、最小值）并不明确。对于实际再现时选取的确定值，人们主要关注所选取值是否超出了所限定的范围，超出范围的可能性有多大。如边界值法中所举的例子，附着系数取 0.58、0.63、0.71、0.74 的可能性是否一样大？变动范围究竟取多大合适？考虑此类问题时，必须应用数理统计的理论。由此，问题就转化为找出不确定性参数这种随机变量的分布。在统计中，通常用正态分布和高斯分布来处理这种不确定性参数。假设不确定性参数满足正态分布，即

$$y = N(\mu_y, \sigma_y^2) \tag{7-37}$$

式中 μ_y——不确定性参数的数学期望；

σ_y——不确定性参数的均方差。

对一般通用的不确定性参数，其所求 y 满足以下关系

$$y = f(u, v, \cdots, w)$$

式中 $u, v, \cdots, w$——随机变量，且服从正态分布。

通过泰勒展开并略去高次项，可得

$$\mu_y = f(\mu_u, \mu_v, \cdots, \mu_w) \tag{7-38}$$

$$\sigma_y^2 = \left(\frac{\partial y}{\partial u}\right)^2 \sigma_u^2 + \left(\frac{\partial y}{\partial v}\right)^2 \sigma_v^2 + \cdots + \left(\frac{\partial y}{\partial w}\right)^2 \sigma_w^2 \tag{7-39}$$

根据标准正态分布，可估计速度在 $v \pm 1.645\sigma_v$ 中有 90%的可能性，在 $v \pm 1.96\sigma_v$ 中有 95%的可能性，在 $v \pm 3\sigma_v$ 中有 99.73%的可能性。

例如，多次测量得到碰撞后汽车滑行的制动拖印痕长度分别为 24.9m、25.1m、25.2m、25.3m、25.5m，则 $\mu_s = 25.2\text{m}$，$\sigma_s = \sqrt{\dfrac{1}{N-1}\sum_{i=1}^{N}(s_i - u_s)^2} = 0.224\text{m}$；若地面附着系数服从正态分布，$0.6 \leq \varphi \leq 0.8$，则按 3σ 准则，可得 $\mu_\varphi = 0.7$，$\sigma_\varphi = 0.1/3 = 0.033$；由式（7-35）、式（7-38）及式（7-39）可求得 $\mu_{v_1} = 18.6\text{m/s}$，$\sigma_{v_1} = 0.45\text{m/s}$。因此可得到结论，所求速度在 $18.6 \pm 0.74\text{m/s}$ 区间有 90%的可能性，在 $18.6 \pm 0.88\text{m/s}$ 区间有 95%的可能性，在 $18.6 \pm 1.35\text{m/s}$ 区间有 99.73%的可能性。

在处理交通事故再现问题中，上述方法对不确定性计算十分有效。边界值法最简单，但提供的信息最少，因未考虑达到上、下边界值的可能性，故其结果的现实意义较小；数理统计方法提供了较多信息，但所需输入参数的信息也较多，需考虑各相关参数的分布。在工程实际中，对非线性的公式常可用近似的分布函数进行简化，这对较多复杂的再现问题具有较大的实际意义。

同时，在进行事故再现中，应将这种参数的不确定性思想贯穿于整个事故勘测过程，如

在对制动拖印痕进行测量时,当拖印痕的模糊长度约为1m时,应将其写成 $s\pm0.5$m。

复习思考题

1. 什么是汽车事故再现?
2. 汽车交通事故物证主要有哪些?
3. 汽车事故案例鉴定分析的内容有哪些?
4. 说明欧美安全法规之间的关系。
5. 简述中国安全法规的现状。
6. 简要说明实车碰撞的试验方法。
7. 分析正面碰撞后汽车的运动状态,并导出碰撞前速度的计算公式。
8. 直角侧面碰撞有哪些类型?分析碰撞后可能出现的汽车运动状态。
9. 试用冲量平衡原理分析斜碰撞。
10. 分析边界值法和数理统计法的异同。

第八章 / Chapter 8
汽车火灾与水灾的鉴定

第八章　汽车火灾与水灾的鉴定

教学提示：

汽车火灾和水灾是常见的汽车灾害，所造成的经济损失难以鉴定，原因难以判断。

本章重点是电气故障引发汽车火灾的原因分析、汽车放火火灾的特征分析、汽车油品泄漏引发火灾的特征分析、排气系统引发火灾的原因分析、汽车碰撞事故引发火灾的原因分析、汽车停驶静态水灾的损失鉴定以及汽车行驶时动态进水部件的损伤鉴定。

本章难点是汽车火灾现场物证的鉴定方法、汽车动态进水时部件的损伤鉴定。

教学要求：

掌握汽车电气故障引发火灾的原因，并能进行现场勘查与物证鉴定。

掌握汽车放火火灾的特征，并能进行现场鉴定。

掌握汽车油品泄漏引发火灾的原因，并能进行现场勘查与物证鉴定。

了解排气系统引发火灾的原因，并能进行现场勘查与物证鉴定。

掌握汽车碰撞事故引发火灾的原因，并能进行现场勘查与物证鉴定。

掌握汽车停驶静态水灾的等级判断和损失鉴定。

掌握汽车行驶时动态进水部件的损伤鉴定。

第一节　汽车火灾的鉴定

随着汽车数量的增加，汽车火灾的发生呈现上升的趋势。汽车火灾是道路交通事故中最为严重的事故之一，不仅会造成严重的经济损失，还会危及人们的生命安全（见图8-1）。

图8-1　汽车火灾

汽车集电路、油路、气路以及多种机械、电气、功能构件于一个有限的空间内，运行时同时工作，各部分都存在火灾危险性。汽车火灾发生的原因有很多：一方面是本身原因，主要有电气故障、油品泄漏、进排气因素、机械故障、操作因素等；另一方面是外部原因，主要有人为放火、遗留火种、外来飞火、物质自燃等。

汽车火灾原因的多样性和复杂性，决定了火灾勘查人员需要具备较为全面的综合性技术分析能力，不仅要了解和掌握有关汽车构造、汽车原理、汽车电气、车用材料等知识，还要掌握较好的火灾现场勘查技术，具备较高的痕迹物证的鉴别能力，更需要拥有较长时间的实践经验。

一、汽车电气系统火灾

1. 电气故障引发汽车火灾的原因

汽车电气系统火灾通常指因电气故障引发的汽车火灾，即由于汽车自身的电气线路和电气设备等发生故障而引发的汽车火灾。由于汽车电气系统十分复杂，各系统、装置发生故障的原因各不相同，所以引发火灾的原因也多种多样。因电气故障引发汽车火灾的原因主要有：汽车电气线路或设备发生的短路、接触不良、过载和漏电等。

（1）电气线路接触不良　接触不良使接触电阻过大，产生局部过热进而引发火灾，此现象是一种长期恶性循环造成的结果。接触不良产生的原因主要有以下几点：一是在电气线路之间、电气线路与用电设备及其他接插件连接处，由于表面接触松动或在使用过程中长期的电腐蚀作用，金属的蠕变性造成接触电阻过大，使局部过热而引起着火；二是维修人员在对汽车电气线路及设备进行安装、改造时，可能会造成各种接头处有松动或线路上有断线处，易出现打火；三是汽车在平时的颠簸、振动中，很容易出现接头处的松动，当汽车在行驶时，松动的接头（或线路断头）处受到振动，就会引起电路的瞬间通断，此时在接头处将出现连续打火现象，而且温度会很快升高，有时甚至在几分钟内就会导致接头处部分金属熔化或因火花作用点燃周围的可燃物质而引起火灾。

例如，某轿车处于行驶状态时，驾驶人发现仪表板和暖风口处冒出大量黑烟，而后起火成灾。经现场勘查，确定起火部位在仪表板处，并提取该处的电气线路等残骸进行技术鉴定。经检查，发现送检的电气线路及其连接的插接件上，均有熔化痕迹并有少量的金属熔化物。通过金相分析等技术鉴定方法，认定金属融化物的金相组织呈现为铜线路迸溅形成熔珠的显微组织特征，插接件上熔痕的金相组织呈现电热作用形成熔化痕迹的显微组织特征。根据现场勘查和痕迹技术鉴定的结果，认定引发汽车火灾的原因为车内电气线路插接件接触不良，局部过热引燃车内可燃物。

（2）电气线路过载　汽车线路过载所引发的火灾，一般是由于线路实际的载荷超过其额定载荷，引起整条线路发热，线路外绝缘层燃烧或破损，进而引起线路间的短路，点燃周围可燃物质引发火灾。汽车的内部装饰使得电气设备和装置相对增加（如大功率声像设备、自动报警系统、自动门等），在增加这些设备时，由于接线位置不正确或接线不规范等原因，经常造成部分线路过载，留下了火灾隐患。

例如，某轿车处于行驶状态时，驾驶人发现仪表板下方冒出浓烟，随即打开机箱盖并把蓄电池线拔掉，然后用灭火器将火扑灭。经勘查人员现场勘查，发现新安装的位于仪表板下方的防盗器部位烧损严重，故提取该烧损汽车上的防盗器残骸进行痕迹物证的鉴定。经检查发现，从车内电气线路总线上缠绕式地接入了防盗器连接的多股铜导线，防盗器接线端附近的多股铜导线上有熔断痕迹，防盗器的保险片上也有熔断痕迹。对防盗器残骸中多股铜导线的熔断痕迹进行技术鉴定，其熔断痕迹呈现出由过电流形成的短路熔痕的显微组织特征。由此可以认定，该起汽车火灾是电气线路过载引发的。

（3）电气线路漏电、短路　汽车在行驶过程中的颠簸、振动，易造成车内线路间的相互摩擦，加上车内温度、湿度等因素的影响，很容易造成车内电气线路绝缘层的自然老化或破损，可能发生漏电或线路间短路的现象，引起可燃物的燃烧进而起火成灾。

例如，某轿车在停放2h后发生火灾。经查询，该车在使用过程中曾发现车喇叭时常发出响声，发电机曾经出现故障并进行过更新。经勘查人员现场勘查，认定起火部位位于该车发电机附近，故提取发电机残骸进行物证鉴定。在发电机与蓄电池连接线上提取熔痕，经金相分析，该熔化痕迹呈现一次短路熔痕的显微组织特征。由此可以认定，该起汽车火灾是由于电气线路短路而引发的。

2. 电气系统火灾现场勘查

对于每一起汽车火灾，同勘查建筑火灾一样，首要工作是根据火灾燃烧蔓延的痕迹特征和规律，确定起火部位和起火点。

（1）全方位观察和拍摄车身整体烧损状态　按照六个方位（即正前、左前、左后、正后、右后、右前）观察和拍摄车身整体烧损状态，重点勘查车身金属外壳的变形、变色、锈蚀等状态以及四个车轮轮胎和轮辋的烧损程度，基本可以确定出起火部位为车辆的前部、中部或后部，即发动机舱、驾驶室和行李舱。

（2）起火部位在发动机舱内时　起火部位在发动机舱内时，重点勘查的部位主要有：

1）观察发动机舱盖内外侧烧损状态，是否有局部变形、变色、锈蚀等情况。

2）对照相同车型或查询有关维修手册，了解发动机舱内各系统部件及其（电）管路的安放方式、位置、走向以及各构件的材质。

① 观察发动机是横置还是纵排，是直列还是V形，是四缸、六缸还是八缸。

② 检查电路，从蓄电池正、负极开始，然后中央接线盒、通向起动机和发电机、发动机线束、发动机室线束、点火线圈、高压线、火花塞等。

③ 检查油（液）路。供油系统从燃油箱的进油管开始，然后回油管、油蒸气管、炭罐、燃油分配器、喷油器等；冷却系统从散热器开始，然后进出水管、水泵、发动机水套、冷热水管等；空调系统从压缩机开始，然后冷却器、蒸发器、冷媒进出管等。

④ 检查气路，观察进、排气系统是在一侧，还是相对布设，是左右相对还是前后相对，从空气滤清器开始，然后进气管、进气歧管、排气歧管、排气管等。

观察机舱内各系统实际构造和位置以及大致受损情况，同时要考虑机舱内几个液罐（制动液、冷却液、玻璃水、转向液等）的位置，可能对火灾燃烧有一定的影响作用。

（3）起火部位在驾驶区时　起火部位在驾驶室内时，重点勘查的部位主要有：

1）根据火灾燃烧蔓延特征和规律，进一步缩小起火部位，是前排仪表板，还是前排座位或后排座位。

2）细项检查重点部位的有关电气线束和电气构件，如仪表板下左侧的接线盒及其连接线路、仪表板线束、空调线束、车顶电线束、电动车窗电线束、电动座椅线束、电动门线束等，以及拆解分析可疑电器构件。

（4）起火部位在行李舱内时　起火部位在行李舱内时，重点勘查的部位主要有：

1）行李舱内的电气线路和用电设备较少，且主要分布于行李舱周围，如后尾灯线束、高位制动灯、音响。

2）这个部位起火的情况较少，即使有也比较容易查清。除去仔细检查有关线路及电器元件外，还要考虑行李舱内存放的物质是否存在自燃特性。

总之，要根据实际火灾烧损程度，总体上采用比对方法，确定火灾发生、发展、蔓延的规律和特征。重点观察可燃物的烟熏、炭化、烧损程度和不燃物的变色变形锈蚀情况等。当基本上确定了起火点之后，就要进行细项勘查，一般来讲，对于电气线路或电气设备引起的火灾，大都会有局部过热或金属熔化痕迹，如导线熔痕、插接件熔痕、线圈过热熔痕、电弧痕等，应对重点部位的电气线路和设备进行重点检查。有时现场发现此类熔痕有几处，需要经过宏观分析，特别是技术鉴定，对它们的熔化次序和性质加以区别。如果重点检查中确实没有发现可能的金属过热熔化痕迹，那么需要及时调整调查方向，考虑会不会是油品泄漏或其他因素。当然，每一起汽车火灾都有一定的背景情况和调查情况，这些对于大致判断火灾的发生原因都会有较大的帮助，然后再根据实际情况确定火场勘查路线，而不是盲目地去拆解电气线路和设备。

3. 电气系统火灾物证鉴定

（1）痕迹物证的提取　痕迹物证的提取要点如下：

1）为确定电气故障引发的汽车火灾的原因，需要在现场提取汽车电气线路或电气设备上具有熔化痕迹的残留物作为痕迹物证。

2）检查并提取汽车电气线路上是否有熔断或熔化痕迹。

3）检查并提取电气线路中插接件上是否有熔断或熔化痕迹。

（2）现场鉴定　确定了起火部位和起火点，在重点部位提取到带有导线熔痕或插接件熔痕、线圈过热熔痕、电弧熔痕等的痕迹物证，采用宏观分析的方法，观察熔痕的外观形态、过渡区等，可以确定为电热作用形成的熔痕，而不是火烧熔痕。同时，有依据可以排除外来火源的因素，又不具备油品泄漏引起火灾的痕迹特征和前兆特征，当事方又没有纠纷和异议，一般就可以现场认定原因。但是，这种分析鉴定主要采用的是排除法和可能性推理方法，应用起来应慎重，特别是存在纠纷和赔偿问题时。

（3）实验室鉴定　作为火灾原因认定中非常重要的技术环节，关键时候还需要对火灾现场痕迹物证通过相关的仪器设备进行样品处理和分析鉴定。委托鉴定的现场提取的痕迹物证应尽量全面和系统，需要特别注意的是，要在基本能够确定起火点的情况下收集和提取现场痕迹物证。

1）对提取的痕迹物证，利用宏观检查和金相分析等技术方法进行痕迹物证的鉴定。

2）参照国家标准《电气火灾痕迹物证技术鉴定方法　第1部分：宏观法》（GB/T 16840.1—2008），根据其熔化痕迹所呈现的外观形态、金相显微组织特征等判断熔痕形成的性质，为确定汽车故障引发原因提供科学的技术依据。

3）所用仪器设备主要包括外观形态观察（数码相机）和金相组织观察（金相显微镜）。

二、汽车放火火灾

汽车放火案件主要涉及车辆保险赔偿问题，其次是车主与放火嫌疑人之间的矛盾。通常将汽油或其他易燃液体，如柴油、油漆稀料等直接泼在车厢内、车头发动机部位或汽车轮胎上。多数放火者以车厢内作为主要放火目标，因为车厢内可燃物较多，其次是车头发动机部位、汽车四个轮胎和油箱，但不论在什么部位放火，燃烧后都会遗留下明显的不正常的燃烧痕迹特征。

1. 车厢内放火

（1）火灾特点　由于驾驶区有许多可燃材料，被点燃后能使火灾迅速蔓延，且在点燃的初期具有一定的隐蔽性，因而成为犯罪分子经常选择的放火部位。在非封闭的驾驶区内放火，氧气一般能够得到及时补充，如果门窗全部关闭，则不能将汽车点燃。原因是汽油在燃烧过程中要消耗大量的氧气（1g 的汽油要消耗 15g 的氧气），而封闭的驾驶区内空气不流通，氧气不能得到及时补充，火源会因缺少氧气而自动熄灭。

（2）痕迹特征　驾驶区放火一般都是将汽油泼洒在驾驶区的前、后座椅上，因此，从燃烧的整个痕迹特征看，呈现出自下而上的低位燃烧特征。靠近起火点处的可燃材料基本全部烧尽，呈现出以起火点为中心向四周蔓延的炭化痕迹，起火部位金属发生变色、变形的情况较其他部位严重，并且部分发生脱落。如果起火部位在前部座椅上，那么前部的仪表板基本会被全部烧毁，仪表板下部的元器件大部分脱落，并且前部金属变色情况要比后部严重，整个车厢内的玻璃全部碎裂。由于使用汽油作为助燃剂，因此在起火初期火势比较猛烈，靠近起火点的玻璃受高温影响首先大块地跌落、融化在车厢内部，特别是前风窗玻璃。如果在勘查现场发现大块融化的玻璃，则表明起火初期火势比较猛烈，一般情况下是因为有助燃剂的参与。而玻璃在碎裂时大部分会在重力的作用下掉向驾驶区，即使是在爆燃的情况下，玻璃全部向外炸裂的情况也并不多见。大部分车窗在高温的作用下会因发生严重的变形而不能恢复原位，并且在火势从驾驶区向外蔓延的过程中，会沿着车门开启处的两侧边缘窜出，此处温度较高，因此，其表面的漆皮脱落要比其他部位严重。

如果未用易燃液体放火，车厢内可燃物缓慢燃烧，则多数前、后风窗玻璃会出现慢火烧熔变形，脱落覆盖在车厢内某一部件燃烧残留物上。如果仅用打火机或点燃棉纱、纸张等物作为引火物时，车厢内多数情况下仅为局部燃烧，并且车厢内烟尘痕迹非常明显，这一点很容易与用易燃液体放火的痕迹特征区分。

（3）痕迹物证的提取　痕迹物证提取的部位主要包括：①起火座椅周围车窗玻璃上附着的烟尘；②起火点处的炭化物；③座椅上部顶平板附着的烟尘。

经过鉴定分析，在车窗玻璃附着的烟尘中检测出较明显的汽油燃烧残留物成分，此表面附着的烟尘大部分是火灾初期汽油燃烧生成的烟尘，由于这些玻璃碎片是在火灾初期炸裂掉落到地面上的，因此干扰成分很少。

而车厢内本不应该有这些易燃液体汽油，现在却被检测出来，这就说明车厢内的汽油来源于外部，如果车厢内存放有汽油，则另加考虑，否则就是伪放火。如果车头发动机漏油着火，着火小会在车厢内出现这种情况，并且可在前风窗玻璃外层表面附着的烟尘中检测出汽车本身使用的汽油成分，与此同时也可从机盖内侧附着的烟尘中检测出汽油成分。对本身油箱内尚存的汽油或油箱内壁附着的烟尘进行技术检测，便可了解和解决这些问题。

对于起火点处的炭化物，当燃烧比较彻底时，通常检测不出汽油成分的存在，只有在燃烧不是很充分、扑救比较及时的情况下才能检测出来。而对于座椅上部顶层铁板附着的烟尘，由于大部分是由其他可燃材料燃烧生成的，所以干扰成分非常大，大大增加了鉴定工作的难度。因此，在现场要根据火场实际的燃烧情况来提取痕迹物证，在燃烧不严重的情况下可提取起火点处的炭化物；如果燃烧比较严重，就需要提取烟尘。

另外，要注意汽车车门处及该车门下面的地面（泥、水泥地）物证的提取。对于汽车其他部位放火痕迹物证的提取，也要注意这一点。

2. 发动机部位放火

发动机舱是汽车的核心部位，内部各种设备和电气元件众多，结构复杂，经常会出现一些设备或电气故障。犯罪分子为了混淆汽车起火原因，往往会在此部位放火。在发动机舱汽油放火试验中，由于发动机舱空间小，相对密闭，空气不充分，发动机罩也将减缓火的扩散速度。因此，开始阶段将汽油泼洒到发动机舱内点燃时并不是十分猛烈，只是有大量的烟从发动机舱盖的缝隙中冒出，但由于发动机舱内部有许多塑料管线及元器件，它们被点燃后也参与燃烧。当发展到一定的阶段后，一旦火势转为发动机舱内可燃材料控制，火势将迅速向外扩散。在试验中，火灾首先从发动机舱下部的铁隔板的穿线孔洞向驾驶区蔓延，然后发动机舱盖表面的漆皮在高温作用下发生起鼓、爆裂，接着开始燃烧，这就大大加速了火灾蔓延的速度。当漆皮开始燃烧后，前风窗玻璃因受高温影响而爆裂，火也由此蔓延到驾驶区。从痕迹上看，由于火是以发动机舱为中心向四周扩散，因此，轮胎内侧炭化程度要比外侧严重。由于发动机舱盖表面及两侧的铁板受高温影响都要发生变色，因此，颜色上的变化也可以帮助勘查人员判断最先起火的位置；而根据发动机舱盖表面漆皮的燃烧爆裂程度，可以判断出火灾过程中发动机舱内各部位温度的高低。由于被烧落的漆皮处铁板漏出，失去保护，因此，经过一段时间后，铁板表面会氧化锈蚀，一般锈蚀程度越重的地方在火灾中受热的温度也越高。发动机舱内部的各塑料管件被烧后部分或全部脱落，部分金属管件发生变色或变形，铝合金材料的发动机有时受高温作用而发生变色熔融现象，这些都可以帮助确定起火位置。

提取汽车发动机盖内侧表面附着的烟尘，或金属附件表面附着的烟尘，便可检测出用于放火的汽油或汽油燃烧残留物，或其他易燃液体燃烧残留物。

3. 轮胎部位放火

由于摩擦生热或制动片部分过热等原因，轮胎会出现局部受热炭化或局部着火。如果放火嫌疑人在轮胎上泼洒汽油放火；情况就不同了，这时，轮胎烧损严重，几乎全部烧损或烧蚀，甚至将金属轮毂局部烧熔，直接与地面接触部位的轮胎也不复存在，而汽车其他部位的烧损则并不严重。

提取轮胎燃烧残留炭化物以及轮胎下面的泥土进行鉴定，均可检测出汽油及汽油燃烧残留物成分，尤其是泥土，从中可检测出未烧的汽油，这样汽油型号也可得到鉴别。

如果在水泥地面上，则在汽油用量多、燃烧完全的情况下可检测出汽油成分；而当汽油用量少时，由于渗透水泥内部的能力也弱。在燃烧彻底的情况下则检测不出汽油成分的存在。在挡泥槽及外侧周围的附着烟尘中可检测出汽油燃烧残留物成分，但是干扰成分很大，原因是许多轮胎本身燃烧的烟尘也附着在上面。因此，在鉴定时要非常仔细地加以识别。在轮胎燃烧残留物中很少能检测出汽油成分的存在，因为轮胎表面比较致密，汽油不容易渗透进去，而轮胎燃烧后非常猛烈，通常会将汽油燃烧干净，因此，很少有汽油残留下来。

如果放火时未将汽油直接泼洒在轮胎上，而是泼洒在车体的其他部位上，则轮胎会出现向火面一侧烧损严重而背火面一侧烧损较轻的痕迹特征。从轮胎烧残痕迹可进一步证实与判断火的蔓延方向与泼洒汽油的方位。

在现场勘查时，一定要注意上风口方向的轮胎，如果在上风口方向的轮胎被烧损得很严重，那么这个位置就非常可疑，很可能是使用了助燃剂，并且此轮胎就是放火部位。

4. 油箱部位放火

从很多汽车火灾案例中可以发现，当放火位置不在油箱，而在其他部位时，不论火烧得有多大（油箱外软质油管除外），一般情况下，油箱会完好保存（油箱盖打开时除外），而油箱内汽油尚存。原因很简单，油箱在车体的下面，贴近地面，燃烧时，上面温度高，下面温度低，因此油箱内的汽油得以保存。如果针对油箱放火，情况就完全不同了，可能会出现下面几种情况：

（1）油箱盖被打开时　在这种情况下，一般油箱不会发生爆炸，但油箱内的汽油会烧光，同时会听到轻微的爆鸣声，同时还会将靠近油箱的可燃物（如汽车、货垛等）引燃。提取油箱内壁上附着的烟尘时可检测出汽油及汽油燃烧残留物成分。

（2）油箱盖被拧松动，但未打开时　在这种情况下，有可能因受高温燃烧的作用油箱内压力增大而产生较大的冲击力，将油箱盖冲出很远，此时会发出较大的爆鸣声，同时会发现一团火球从油箱喷发出去，进而引燃汽车油箱一侧近距离的可燃物，如汽车、货垛。在勘查现场时，可在不太远处找到油箱盖。提取油箱内壁附着的烟尘时可检测出汽油及汽油燃烧残留物成分。

（3）油箱盖紧锁时　因火烧高温作用，油箱内汽油膨胀使其发生很大的爆鸣声，并会将油箱盖炸飞或油箱局部出现裂口。对于高级豪华车型，采用特殊塑料油箱来代替金属油箱，这种塑料油箱受高温即融化，燃油流出，只能发生燃烧，而不会发生爆炸事故，可尽量减少人员伤亡和财产损失。

三、油品泄漏火灾

汽车是一个复杂的系统，包含油路、电路、气路以及多种机械结构。汽车除了本身提供动力所需要的汽油（柴油）外，还要使用转向助力油、制动油、自动变速器油等，这些油品都具有很高的火灾危险性。国外统计资料表明，由于油品泄漏引发的火灾起数占所有汽车火灾起数的近一半。

1. 燃油泄漏火灾

燃油泄漏是引发汽车火灾的重要因素之一。燃油一旦泄漏，当混合气达到一定的浓度，此时若有明火出现，如点火系统产生的高压火花、蓄电池外部短路时产生的高温电弧以及发动机排气产生的灼热高温或喷出的积炭火星等，汽车火灾事故将不可避免。燃油泄漏引发火灾的主要表现原因有：油管因长时间使用发生老化，耐热性、耐压性降低造成油管龟裂漏油，或者由于橡胶管老化、接口处松动漏油、遇到电气打火或导致线路短路，以及与排气管接触时高温引起火灾。

2. 润滑油泄漏火灾

发动机油底壳内有3~5L的润滑油，靠液压泵的压力输送到需要润滑的零件或靠发动机工作时运动溅起的油滴或油雾润滑。润滑油泄漏的主要部位有气缸盖罩、气缸垫、气缸体等处。

（1）气缸盖罩处漏油　气缸盖罩垫为橡胶制成，起密封作用，若长时间使用，橡胶发生老化，会导致润滑油泄漏，若发动机润滑油过量，也会从密封垫和气缸盖罩之间的缝隙流出润滑油。泄漏的润滑油溅到位于其下部的高温排气歧管上会引燃起火，也有因忘记盖加油口盖起火的案例。

（2）气缸垫处漏油　气缸盖螺栓安装顺序错误使气缸垫褶皱而产生缝隙，发生泄漏；或因冷却液不足，使气缸体过热，气缸盖变形，其前、后向上反翘，润滑油从气缸盖与气缸体的缝隙间流出。

（3）气缸体处漏油　气缸体处漏油的主要原因有：

1) 发动机润滑油老化或油量不足，连杆大头烧结（抱瓦），导致连杆承受的力超负荷而使连杆折断，折断的连杆将气缸体击破，使燃油泄漏出来，遇到发动机舱内炽热表面就会引燃起火。

2) 发动机温度过高会引起冷却用的润滑油升温，内压增大，当机油标尺未插好时，热的润滑油会从插口处喷发出来，落到高温排气歧管上，立刻冒烟着火。

汽车机体组漏油引起的火灾，故障往往发生在汽车内部，被火烧的发动机舱往往被可燃物残骸或掉落的不燃构件遮蔽，使得漏油的部位很隐蔽，加之起火点不一定就是故障点，更增加了火灾调查的难度。如果火灾勘查人员怀疑有这方面的起火痕迹，那么就应进行细致耐心的检查，有必要对整个发动机进行拆解，找到真正的起火原因。

四、排气系统火灾

车辆的高温排气歧管是汽车火灾中的主要着火源，造成的火灾很多，但往往不被人们重视。

1. 排气系统引发汽车火灾的原因分析

排气系统引发汽车火灾的主要原因有：

1) 在汽车运行时，由于各个气缸内燃油的燃烧使排气歧管的温度很高。在普通公路上行驶时，排气歧管温度可达 300~400℃；在高速公路上行驶时，排气歧管温度可达 400~500℃；在山路上行驶时，排气歧管温度可达 500~650℃。

这样高的温度，足以引起任何油品着火，此时如果汽车有漏油（包括汽油和润滑油），则油滴落在排气歧管上立刻就会引起冒烟起火。

2) 当气缸出现故障，燃油在气缸内不能充分燃烧而被排出气缸时，这些混合气体经过排气歧管内的触媒（三元催化）装置时会发生进一步氧化放热，又称第二次燃烧，这时会使排气歧管温度迅速升高，有可能引起排气歧管周围可燃的树脂塑料部件着火。

3) 当汽车的点火装置发生故障而不能正常点火时，如果不能及时发现更换，则会造成气缸内燃油混合气在气缸内不能充分燃烧，而未燃烧的燃油混合气进入排气歧管中与触媒装置接触发生反应，会引起第二次燃烧，造成排气歧管高温，引燃周围可燃物。

4) 如果将柴油误加入汽油箱中，点不着火时，也会出现如 3) 中所说的情况。当以上几种情况中的任何一种发生时，如果将带有高温排气歧管的汽车停放在可燃物上或干草地上，都会引起可燃物燃烧，造成汽车火灾。

5) 如果燃料质量不好，燃烧时会形成有害气体，腐蚀或锈蚀排气歧管，使排气歧管形成漏孔，从排气歧管漏孔中吹出的高温气体可能会引起周围可燃物着火。

2. 预防排气系统火灾的措施

1) 采用自动报警装置监测排气歧管过热温度，或采用隔热板将排气歧管与周围可燃物分隔开来。

2) 采用不锈钢排气歧管，可解决因腐蚀、锈蚀形成的漏孔。

3) 停车时避开地面上堆放的可燃物或干草等易燃物质。

4) 给油箱加油时，不可将汽油、柴油混合加入油箱中，以防不着火的燃油在排气歧管内造成第二次燃烧，引燃排管附近的可燃物。

5) 在车辆检修时，注意千万不要将油棉纱、布类等可燃物遗留在发动机附件上，以免

第八章　汽车火灾与水灾的鉴定

开车振动时油棉纱、布类等可燃物落在高温排气歧管上，引起火灾事故。

以上防止措施，也正是查找汽车由于排气系统所引发的相关故障的重要因素。

例如，一辆加装废气涡轮增压系统的汽油车，在正常行驶时突然发动机舱起火，整车全部烧毁。通过现场勘查发现：该车加装的涡轮增压器的废气控制系统（为防止增压过度，适度地使废气旁通过排气涡轮装置）由于堵塞，致使增压异常上升，混合气的压缩温度大幅上升，引起发动机爆燃，自点火的点火时间逐渐提前，最终在进气门关闭之前就已点火。由此产生的变热气体逆流到进气系统内，把进气歧管与发动机相连的橡胶软管烧坏，火苗喷到发动机舱内，再蔓延到发动机舱内的可燃物上。引起爆燃的证据，可从发动机燃烧室内壁面上的炭黑是否烧尽来判断。

五、汽车碰撞引起火灾

汽车在互相碰撞或滚落路面外与地面碰撞时，有时会突然起火燃烧，这是为什么呢？什么原因会导致汽车燃烧呢？

车辆火灾产生的三个要素为：产生起火源、提供可燃物以及起火源与可燃物相结合。为了探明车辆火灾发生的原因，首先必须验证上述三个要素是否具备。例如，剧烈追尾的车辆起火时，起火源是追尾车辆破裂的前照灯，可燃物则是从被追尾车受损的油箱内泄漏出的汽油。

1. 起火源

起火源主要有：

1）破损的配线发生短路（电弧火花）。

2）破损的蓄电池"+"端子搭铁短路（电弧火花）。

3）前照灯破裂（电弧火花、电热）。当然这种火灾都发生在夜间。

4）排气歧管、排气管、催化消声器、消声器（排气热）。

5）翻倒滑行的车身与路面或墙壁之间的摩擦（摩擦热）。

6）车身静电放电（电弧火花）。

7）香烟火源。

8）排气等。

以碰撞破坏为契机，究竟上述哪一条是真正的起火源，则是首要的着眼点。

2. 可燃物

在发生汽车火灾时，可燃物一般是燃料，特别是汽油。柴油机的燃料为轻油，轻油与汽油相比挥发性低，所以不易起火。

燃料泄漏的主要原因有：

1）油箱破坏、被挤碎。

2）油箱加油口盖脱落。

3）油箱加油管脱落。

4）燃油管、软管龟裂、脱落。

5）燃油滤清器等破裂。

6）LPG（液化石油气）软管的龟裂、脱落等。

除燃料之外的可燃物有：

1）润滑油的泄漏。
2）配线包皮。
3）座椅的纤维材料。
4）车外的可燃物（例如，枯草因接触到贮存大量热量的催化式排气消声器而燃烧）。
5）车辆维修保养阶段遗忘在发动机舱内的可燃物（棉纱等）。

上述材料如若换成阻燃物，就不会成为引起燃烧的原因。

3. 起火源与可燃物相结合

判断车辆火灾的重要方法是"起火部位"的判定与"蔓延"（着火）路线的推断。起火部位主要有发动机舱、客舱、行李舱和车外四处。最关键的是车辆起火源与可燃物是否是同时产生的。

蔓延（着火）路线可以根据可燃物的燃烧状况、阻燃物的熏黑状况以及不燃物的熔融状况（达到的湿度）等来推断，同时还必须考虑燃烧所必需的空气（氧气）供给条件。

[案例分析]

一辆行驶中的汽车突然冲下路面，车身边擦着石壁边滑到最后停止。之后救援人员立即接近该车辆，往驾驶区观看，发现驾驶人正昏迷倒在里面，驾驶人的膝盖附近正蹿着火苗燃烧。然而当救援人员打开车门时，突然开始爆燃，猛烈的燃烧约持续了 20min，汽车全部烧毁，驾驶人被烧焦。

首先研究了"起火源的产生""可燃物的供给"与"同时成立"的可能性。最后先得出了在客舱内，这三个条件无法同时成立而造成这一事故的结论。

进一步判定该事故为人为事故的理由如下：

1）该事故车是在加满汽油后行驶到事故现场的，根据加满油行驶到事故现场的距离与该车的耗油率以及油箱内的油剩余量计算，发现有约 15L 的汽油去向不明。

2）如上所述，打开车门立即引起剧烈燃烧的事实，暗示客舱内存有大量的汽油；由于客舱呈封闭状态造成缺氧，燃烧不会剧烈；一旦打开车门后，氧气供给迅速增加，立即引起剧烈燃烧。

3）经化验在客舱前、后座椅下的地板上，存有大范围的汽油。通过压力试验，证实穿过客舱内的燃油管并不会漏油。这样断言，如果不是人为故意将这么大量的汽油带进客舱内，则别无其他理由。

4）从被烧死的驾驶人心脏中提取血液，化验出有大量的汽油成分。

也就是说，在该驾驶人到达事故现场之前，已经有约 15L 的汽油被放出并抛撒在了客舱内，行驶一段时间（在此期间，驾驶人吸入了充满客舱内蒸发的汽油）后，用火柴点燃，产生的热和缺氧状态导致驾驶人昏迷，所以汽车失去控制，冲下道路。

后来证实该驾驶人事业失败，有一笔巨大的借款，最近又异常地加入几笔高额的人身保险，自杀嫌疑较大。

第二节　汽车水灾的鉴定

遇有暴风雨、洪水、海啸等自然灾害时，汽车有可能部分或全部被淹，造成电气装置、机械部件等损害,另外,车主或勘查人员采取的施救措施或具体操作不当,会进一步扩大汽车损失。因此,正确判断因水灾引起的汽车各零部件的损坏情况,确定汽车的损失率,以及区分汽车自然损失和人为扩大损失等,是汽车水灾现场勘查与损失评估的主要内容。

一、汽车水灾现场勘查

1. 确定水灾时的汽车状态

水灾损失时汽车处于行驶状态还是停置状态,这是区别是否是保险责任的主要前提。若汽车是处于停置状态受损,此时发动机不运转,如果发动机内部机件产生机械性损伤,如连杆打弯、活塞打碎,则可以认定为施救措施不当,使水灾造成的损失扩大。若汽车处于行驶状态,如果水位低于发动机进气口,则通常不会造成发动机损伤,但这不是绝对的。由于水是液体,受到一定的挠动会产生波浪,其他车辆的行驶也会造成水面高低变化,甚至会造成水花飞溅,飞溅的水花也会被其他汽车吸入气缸,造成发动机机件严重受损。例如下雨天,路面积水,前车会激起水花,如果后车的进气口较低,则当后车超越前车时,会将前车激起的水花吸入气缸。

2. 水质情况勘查

汽车水淹的水质通常有淡水、泥水、污水、油水和海水等类型,不同的水质对汽车造成的损失是不一样的。

水淹高度是确定水淹损失程度的一个重要参数,水淹高度通常不以高度的计量单位米或厘米为单位,而以重要部件的具体位置作为参数。以轿车为例,如图8-2所示,水淹高度通常分为6级,即

图 8-2 轿车水淹高度分级

1级:制动盘和制动轮毂下沿以上,车身地板以下,客舱未进水。
2级:车身地板以上,客舱进水,而水面在驾驶人座椅坐垫以下。
3级:客舱进水,而水面在驾驶人座椅坐垫面以上,仪表工作台以下。
4级:客舱进水,仪表工作台中部。
5级:客舱进水,仪表工作台面以上,顶篷以下。
6级:水面超过车顶。

每级的损失程度差异较大,在后面的损失评估时再进行定性和定量分析。

3. 水淹高度勘查

多数水淹损失中的水为雨水和山洪形成的泥水,但也有由于下水道倒灌而形成的浊水,

其中有油、酸性物质和各种异物。油、酸性物质和各种异物对汽车的损伤各不相同，必须在现场勘查时仔细检查，并作明确记录。

4．水淹时间勘查

水淹时间（H）也是水淹损失程度的一个重要参数，水淹时间的长短对所造成的汽车损伤的差异很大，在现场勘查时确定水淹时间是一项重要的工作。水淹时间的计量单位常以小时为单位，通常分为6级，即

1级：$H \leq 1h$。

2级：$1 < H \leq 4h$。

3级：$4 < H \leq 12h$。

4级：$12 < H \leq 24h$。

5级：$24 < H \leq 48h$。

6级：$H > 48h$。

每级的损失程度差异较大，在后面的损失评估时再进行定性和定量分析。

5．被淹汽车的施救

如果勘查人员到现场时汽车仍处于水淹状态，则必须对水淹汽车进行施救。在对进水汽车进行施救时，一定要遵循"及时、科学"的原则，既保证进水汽车能够得到及时的救援，又能避免汽车损失进一步扩大。施救汽车时的注意事项如下：

（1）严禁水中起动汽车　汽车因进水熄火以后，驾驶人绝对不能抱着侥幸心理贸然起动汽车，否则会造成发动机进水，导致损坏。在汽车被水淹入的情况下，驾驶人最好马上熄火，及时拨打保险公司的报案电话，或者同时拨打救援组织的电话，等待拖车救援。

实践证明，暴雨中受损的汽车，大多数是因为汽车在水中熄火后，驾驶人会再次起动发动机，从而造成发动机损坏。据统计，大约有90%的驾驶人，当发现自己的汽车在水中熄火后，会再次起动汽车，这是导致发动机损失扩大的主要原因。

（2）科学拖车　在对水淹汽车进行施救时，一般应采用硬牵引方式拖车，或将前驱汽车前轮托起后进行牵引，一般不要采用软牵引的方式。如果采用软牵引方式拖车，一旦前车减速，被拖汽车往往只有选择挂档或利用发动机制动的方式进行减速。这样一来，就会导致被拖汽车的发动机转动，最终导致发动机损坏。如果能将汽车前轮托起后牵引，则可以避免因误挂档而引起的发动机损坏。

汽车排水处理的具体步骤是：拖车时一定要将变速器置于空档，以免车轮转动时反拖发动机运转，导致活塞、连杆、气缸等部件的损坏。对于安装自动变速器的汽车，注意不能长距离的拖曳（通常不宜超过30km），以免损伤变速器。将整车拖出水域后，应尽快将蓄电池的负极线拆下来，以免车上的各种电器因进水而发生短路。

（3）谨慎起动　在未对汽车进行排水处理前，严禁采用起动机、人工推车或拖车方式起动被淹汽车的发动机。只有在对被淹发动机进行了彻底的排水处理，并进行了相应的润滑处理后，才能进行起动尝试。

6．汽车水淹状况的检查与处理

（1）检查气缸是否进水　将汽车从水中施救出来以后，要对发动机进行检查，先检查发动机气缸有没有进水。气缸进水会导致连杆被顶弯，损坏发动机。

检查润滑油中是否进水，润滑油进水会导致其变质，失去润滑作用，使发动机过度

磨损。

将发动机油尺抽出，查看油尺上润滑油的颜色。如果油尺上的润滑油呈乳白色或有水珠，就要将润滑油全部放掉，在清洗发动机后，更换新的润滑油。

将发动机上的火花塞全部拆下，用手转动曲轴，如果气缸内进了水，则从火花塞螺孔处会有水流出来。如果用手转动曲轴时感到有阻力，则说明发动机内部可能存在某种程度的损坏，不要借助其他工具强行转动，要查明原因，排除故障，以免引起损坏的进一步扩大。

如果通过检查未发现发动机润滑油有异常现象，可以从火花塞螺孔处加入 10~15mg 的润滑油，用手转动曲轴数次，使整个气缸壁都涂上一层油膜，以起到防锈、密封的作用，同时也有利于发动机的起动。

（2）检查变速器、主减速器及差速器　查看变速器、主减速器及差速器是否进水，如果上述部位进了水，则会使其内的齿轮油变质，造成齿轮磨损。对于采用自动变速器的汽车，还要检查ECU是否进水。

（3）检查制动系统　对于水位超过制动油壶的，应更换全车制动液，制动油中有水会使制动油变质，致使制动系统的制动效能下降，甚至失灵。

（4）检查排气歧管　如果排气歧管进了水，则要尽快地把积水排除，以免水中的杂质堵塞三元催化转化器和损坏氧传感器。

（5）检查受损的电气设备　容易受损的电器（各类ECU、声像系统、仪表、继电器、电动机、开关等）应尽快从车上卸下，进行排水清洁，电子元器件用无水酒精清洗（不要长时间用无水酒精清洗以免腐蚀电子元器件）并晾干，避免因进水引起电器短路。某些价值昂贵的电气设备，如果清洗晾干及时，完全可以避免损失；如果清洗晾干不及时，就有可能导致报废。

汽车ECU最严重的损坏形式就是芯片损坏。汽车的前风窗处通常设有流水槽及排水孔，可以及时排掉积水，当汽车被水泡过以后，流水槽下往往沉积了许多泥土及树叶，这时极易堵住排水孔，因此应及时疏通排水孔，以免排水不畅造成积水。当积水过多时，水会进入车内，还可能危及汽车ECU，导致电控系统发生故障，甚至损坏。一些线路因为沾水，其表皮会过早老化，出现裂纹，引起金属外露，最终导致电路产生故障。尤其是装有电喷发动机的汽车，其发动机ECU更是害怕受潮。车主应随时注意ECU的密封情况，避免因ECU进水，使控制系统紊乱而导致全车瘫痪。

安全气囊的保护传感器有时与ECU做成一体，如果ECU装于车的中间，则一般为该结构，维修时只要更换了安全气囊，就无需再额外更换保护传感器。部分高档车（如排量在3.0L以上）的安全气囊传感器一般用硅胶密封，其插头为镀银，水淹后一般无需更换，低档车插头为镀铜，水浸后发绿，可用无水酒精擦洗，并用刷子刷干净，再用高压空气吹干。

对于可以拆解的电动机，可以采用"拆解—清洗—烘干—润滑—装配"的流程进行处理，如发电机、天线电动机、步进电动机、风扇电动机、座位调节电动机、门锁电动机、ABS电动机、油泵电动机等。对于无法拆卸的电动机，如雨刷电动机、喷水电动机、玻璃升降电动机、后视镜电动机、鼓风机电动机、隐藏式前照灯电动机等，则无法按上述办法进行，进水后即使当时检查是好的，但使用一段时间后也可能会发生故障，一般说来应该考虑一定的损失率，损失率通常在20%~40%。

（6）清洗、脱水、晾晒、消毒及美容内饰　如果车内因潮湿而出现霉味，则除了在阴凉处打开车门让车内水气充分散发出去，以消除车内的潮气和异味外，还需对汽车内部进行大扫除，要注意换上新的或晾晒后的地毯及座套。此外，还要注意车内锈蚀的痕迹，查看一下车门的铰链部分、行李舱地毯之下、座位下的钢铁部分以及备用轮胎的固定锁部位有没有锈蚀的痕迹。

车内清洁不能只使用一种清洁剂和保护品。由于车内各部位的材质不同，因此应注意选择不同的清洁剂。多数做车内美容的装饰店会选用碱性较大的清洁剂，这种清洁剂虽然有增白、去污的功效，但会有一定的隐患，碱性过强的清洁剂会浸透绒布、皮椅、顶篷，最终出现板结、龟裂的现象。专业的做法应该是选择 pH 值不超过 10 的清洗液，配合车内美容专用的抽洗机，在清洁的同时有大量的循环清水将污物和清洗剂带出来，并将此部位内的水汽抽出。还有一种方法是采用高温蒸汽对汽车内的真皮座椅、车门内饰、仪表板、空调风口、地毯等进行消毒，同时清除车内的烟味、油味、霉味等各种异味。

7. 填写水灾现场勘查报告

汽车水灾损失的现场勘查报告见表 8-1。格式化的现场勘查报告是实施快捷勘查的前提，专业的保险知识和汽车专业知识是实现快捷勘查的保证。

表 8-1 汽车水灾损失的现场勘查报告

标的车辆情况	号牌号码：		车架号码(VIN)：			
	车辆类型：		厂牌号码：		初次登记年月日：	
	行驶证车主：		驱动形式：□前驱 □中驱 □后驱		行驶里程：	
	出险时车辆状态：□静止 □运动 □其他（　　　　　）					
	发动机种类	□汽油 □单点电喷 □多点电喷 □缸内直喷 □柴油 □非增压 □增压 □共轨			变速器类型：□手动 □自动 □手自一体 □CVT	
	电控动力转向(EPS)：□有 □无		防抱死装置：□有 □无		驱动防滑(ASR)：□有 □无	
	电控悬架(TEMS)：□有 □无		安全气囊(SRS)：□无 □有 □单气囊 □双气囊 □多气囊			
	倒车镜种类：□手动 □自动 □一手一电		电动座椅：□是 □否 真皮座椅：□是 □否			
	内饰：□真皮 □桃木 □CD □DVD □GPS □车载电话		油漆种类： 是否受损：□是 □否			
水质情况：□海水 □淡水 □泥水 □污水 □油水						
水浸高度	1级 □ 制动盘和制动轮毂下沿以上，车身地板以下，客舱未进水					
	2级 □ 车身地板以上，客舱进水，而水面在驾驶人座椅坐垫以下					
	3级 □ 客舱进水，而水面在驾驶人座椅坐垫面以上，仪表工作台以下					
	4级 □ 客舱进水，仪表工作台中部					
	5级 □ 客舱进水，仪表工作台面以上，顶篷以下					
	6级 □ 水面超过车顶					
	□ 其他（　　　　　　　）					
水淹时间：□H≤1h □1<H≤4h □4<H≤12h □12<H≤24h □24<H≤48h □H>48h						
勘查时间	(1) 是否第一次现场		(2)		(3)	
勘查地点	(1)		(2)		(3)	
出险时间：		保险期限：		出险地点：		
出险原因：□暴雨 □洪水 □其他（　　　　　　　　）						
事故涉及险种：□交强险 □车辆损失险 □第三者责任险 □附加险（　　　　　）						
事故原因：						
施救情况：						
备注说明：						

被保险人签字：　　　　　　　　　　　　　　勘查人员签字：

二、汽车水灾的损坏分析

1. 汽车静态进水的损坏分析

汽车在停放过程中被暴雨或洪水侵入甚至淹没的情况属于静态进水，图 8-3 所示为停车场被淹图，属于典型的静态进水。

图 8-3 停车场被淹图

汽车在静态条件下，如果车内进水，会造成内饰、电路、空气滤清器、排气管等部位受损，有时发动机气缸内也会进水。在这种情况下，即使发动机不起动，也可能会造成内饰浸水、电路短路、ECU 芯片损坏、空气滤清器、排气管和发动机泡水锈蚀等损失。对于采用电喷发动机的汽车来说，一旦电路遇水，极有可能导致线路短路，造成整车无法着火；如果发动机被强行起动，极有可能导致严重损坏。就机械部分而言，汽车被水泡过之后，进入发动机的水分在高温作用下，会使内部的运动机件锈蚀加剧，当进气吸水过多时，容易变形，严重时导致发动机报废。

另外，汽车进水后，车内饰容易发霉、变质。如果不及时清理，则当天气炎热时会出现各种异味。

2. 汽车动态进水的损坏分析

汽车在行驶过程中，发动机气缸因吸入水而使汽车熄火，或在强行涉水未果、发动机熄火后被水淹没。

汽车在动态条件下，由于发动机仍在运转，气缸内因吸入了水会迫使发动机熄火。在这种情况下，除了静态条件下可能造成的全部损失外，还有可能导致发动机的直接损坏。

如果汽车进了水，水就有可能通过进气门进入气缸，这会导致在发动机的压缩行程中，活塞在上行压缩时，所遇到的不再只是混合气，还有水，而由于水是不可压缩的，那么曲轴和连杆所承受的负荷就要极大地增加，有可能造成弯曲，在随后的持续运转过程中就有可能出现进一步的弯曲、断裂，甚至捣坏气缸。

需要说明的是，同样是动态条件下的损坏，由于发动机转速高低不同、车速快慢不等、发动机进气管口安装位置不一、吸入水量不一样等，所造成的损坏程度自然也就有所不同。

图 8-4 所示为一组进水后拆解的捷达轿车连杆组，其中，四缸活塞折断，三缸活塞弯曲，一缸、二缸活塞目测似乎没有受到影响。

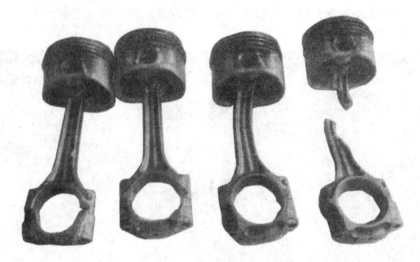

图 8-4　进水后拆解的捷达轿车连杆组

如果发动机在较高转速条件下直接吸入水，则完全有可能导致连杆折断、活塞破碎、气门弯曲、缸体被严重捣坏等故障。有时候，发动机因进水导致自然熄火，机件经清洗后可以继续使用，但有个别的汽车经一段时间的使用后，造成连杆折断捣坏缸体，这是因为当时的进水导致连杆轻微弯曲，为日后的故障留下了隐患。发动机捣缸的修理费用，往往是十分昂贵的。

三、汽车水灾的损失评估

对汽车水灾进行损失评估时，先确定水淹高度等级，以判定汽车零部件水淹情况，再根据水淹时间的等级来决定整车的损失率。

1. 水淹高度 1 级时

水淹高度在制动盘和制动轮毂下沿以上，车身地板以下，客舱未进水，即为 1 级水淹高度。水淹高度为 1 级时，会造成汽车的受伤零部件（主要是制动盘和制动轮毂）锈蚀，锈蚀的程度主要取决于水淹的时间和水质。通常无论锈蚀程度如何，水淹造成的损失主要就是四个车轮的保养费用。所以在 1 级水淹高度，水淹时间为 1 级，通常不计损失，损失率通常为 0.1% 左右。汽车损失率与水淹时间级别和水淹高度级别的关系见表 8-2。

表 8-2　汽车损失率与水淹时间级别和水淹高度级别的关系

水淹高度级别	损失率（%）					
	水淹时间 1 级	水淹时间 2 级	水淹时间 3 级	水淹时间 4 级	水淹时间 5 级	水淹时间 6 级
1 级	0	0.1				
2 级	0.5~2.5					
3 级	1.0~5.0					

(续)

水淹高度级别	损失率（%）					
	水淹时间 1级	水淹时间 2级	水淹时间 3级	水淹时间 4级	水淹时间 5级	水淹时间 6级
4级	3.0~15.0					
5级	10.0~50.0					
6级	15.0~60.0					

2. 水淹高度2级时

水淹高度在车身地板以上，客舱进水，而水面在驾驶人座椅坐垫以下，即为2级水淹高度。水淹高度为2级时，除造成1级水淹高度所造成的损失以外，还会造成四轮轴承进水，全车悬架下部连接处进水锈蚀，配有ABS的汽车的轮速传感器的磁通量传感失准，地板进水后，如果防腐层和油漆层本身有损伤，就会造成锈蚀；对于少数将一些电子控制模块置于地板上凹槽内的汽车（如上海大众帕萨特B5），还会造成电子模块损坏。

3. 水淹高度3级时

水淹高度在驾驶人座椅坐垫面以上，仪表工作台以下，即为3级水淹高度。水淹高度为3级时，除造成2级水淹高度所造成的损失以外，还会造成座椅潮湿和污染，部分内饰潮湿和污染，真皮座椅和真皮内饰损伤严重（通常时间超过24h桃木内饰板会分层开裂），车门电动机被水淹，变速器、主减速器及差速器可能进水，部分控制模块被水淹，起动机被水淹，中、高档车行李舱中CD换片机、音响功放被水淹。

4. 水淹高度4级时

水淹高度在仪表工作台中部，即为4级水淹高度。水淹高度为4级时，除造成3级水淹高度所造成的损失以外，可能造成发动机进水，仪表台中部分声像系统控制设备、CD换片机、空调控制面板受损，蓄电池放电、进水，大部分门、座椅及内饰被水淹，声像系统的扬声器全部损坏，各种继电器、熔断器可能进水，高档轿车所有控制模块被水淹。

5. 水淹高度5级时

客舱进水，水淹高度在仪表工作台面以上，顶篷以下，即为5级水淹高度。当汽车的水淹高度为5级时，除造成4级水淹高度所造成的损失以外，还可能造成仪表台中全部的声像系统控制设备、CD机、空调控制面板受损，除顶篷外，全部门、座椅及内饰被水淹。

6. 水淹高度6级时

水淹高度超过车顶，即为6级水淹高度。当汽车的水淹高度为6级时，增加了顶篷被水淹的损失，如果是电动天窗，还可能造成天窗电动机受损、轨道锈蚀损失。

复习思考题

1. 简述电气故障引发汽车火灾的原因。
2. 如何对汽车火灾现场进行勘查？
3. 如何对汽车火灾中的物证进行鉴定？

4. 汽车放火火灾有几种形式？各有何特征？
5. 油品泄漏引起汽车火灾有哪些原因？如何鉴别？
6. 排气系统如何引发汽车火灾？
7. 汽车碰撞引起的火灾有何特征？如何鉴定？
8. 汽车停驶水灾与行驶水灾有何不同？
9. 汽车停驶水灾的水淹高度通常分为6级，各级水淹高度对汽车损失有何影响？
10. 现场观察汽车停驶水灾或行驶水灾，进行损失鉴定，撰写水灾现状勘查报告。

附 录 / Appendix

GA/T 643—2006《典型交通事故形态车辆行驶速度技术鉴定》

1 范围

本标准规定了典型交通事故形态车辆行驶速度技术鉴定的要求，给出了典型交通事故形态车辆行驶速度的鉴定方法。

本标准适用于公安机关交通管理部门指派或委托的专业技术人员、鉴定机构对车辆行驶速度的技术鉴定。

2 规范性引用文件

下列文件中的条款通过本标准的引用而成为本标准的条款。凡是注明日期的引用文件，其随后所有的修改单（不包括勘误的内容）或修订版均不适用于本标准；然而，鼓励根据本标准达成协议的各方研究是否可使用这些文件的最新版本。凡是不注日期的引用文件，其最新版本适用于本标准。

3 术语和定义

下列术语和定义适用于本标准。

3.1 纵滑附着系数

车辆行驶过程中，轮胎在路面上纵向滑移时的附着系数。

3.2 横滑附着系数

车辆行驶过程中，轮胎在路面上横向滑移时的附着系数。

3.3 有效碰撞速度

从交通事故车辆发生碰撞至各车达到相同速度时各车辆所产生的速度变化。

3.4 制动协调时间

在急踩制动时，从脚接触制动踏板（或手触动制动手柄）时起至车辆减速度（或制动力）达到充分发出的平均减速度（或制动力）的75%时所需的时间。

4 车辆行驶速度技术鉴定的要求

4.1 鉴定应当依法进行。

4.2 鉴定机构（鉴定人）应具备相应的资质，并在省级人民政府公安机关交通管理部门备案。

4.3 鉴定委托单位应向鉴定机构（鉴定人）出具车辆行驶速度鉴定委托书，鉴定委托书应符合 GA 40—2008《道路交通事故案卷文书》的要求，并提供交通事故现场图、勘查笔录等现场勘查相关材料。

4.4 鉴定机构（鉴定人）认为有必要勘验交通事故现场和事故车辆的，鉴定委托单位应予以协助。

4.5 鉴定机构（鉴定人）应出具车辆行驶速度鉴定书，鉴定书应符合 GA 40—2008 的要求。

5 典型交通事故形态车辆行驶速度技术鉴定方法

交通事故车辆行驶速度技术鉴定常用基础公式见附录A。

5.1 汽车与汽车正面碰撞类型车辆行驶速度计算

5.1.1 正面碰撞是汽车与相向行驶中的汽车迎面发生的碰撞，如图1所示。

5.1.2 根据汽车碰撞地点至停止地点的滑移距离，依据能量守恒定律，可以计算出两车碰撞后的瞬时速度。

5.1.3 根据任一车辆塑性变形量与有效碰撞速度的关系式和动量守恒定理关系式，计

附录 GA/T 643—2006《典型交通事故形态车辆行驶速度技术鉴定》

算出两车碰撞前的瞬时速度。

5.1.4 如果汽车碰撞前无滑移痕迹，则碰撞前的瞬时速度可视为等于车辆行驶速度；如果汽车碰撞前有滑移痕迹，则进一步根据滑移距离计算出车辆行驶速度。

5.1.5 轿车与轿车正面碰撞类型车辆碰撞前的瞬时速度计算可以参见附录B表2中1的推荐计算方法。

5.2 汽车与汽车追尾碰撞类型车辆行驶速度计算

5.2.1 追尾碰撞是汽车前部与前方汽车尾部的碰撞，如图2所示。

5.2.2 根据碰撞车和被碰撞车从碰撞地点至停止地点的滑移距离或滚动距离，依据能量守恒定律，可以计算出两车碰撞后的共同速度。

5.2.3 根据被碰撞车变形量与有效碰撞速度的关系式和动量守恒定理关系式，计算出两车碰撞前的瞬时速度。

5.2.4 如果汽车碰撞前无滑移痕迹，则碰撞前的瞬时速度可视为等于车辆行驶速度；如果汽车碰撞前有滑移痕迹，则进一步根据滑移距离计算出车辆行驶速度。

5.2.5 轿车与轿车追尾碰撞类型车辆碰撞前的瞬时速度计算可以参见附录B表2中2的推荐计算方法。

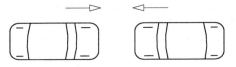

图1 汽车与汽车正面碰撞示意图

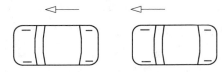

图2 汽车与汽车追尾碰撞示意图

5.3 汽车与汽车直角侧面碰撞类型车辆行驶速度计算

5.3.1 直角侧面碰撞，是指碰撞车垂直于被撞汽车的车身侧面发生碰撞，如图3所示。

5.3.2 根据两车从碰撞地点至停止地点的滑移距离，依据能量守恒定律，可以计算出两车碰撞后的瞬时速度。

5.3.3 根据两车行驶方向上的动量守恒定理关系式，计算出两车碰撞前的瞬时速度。

5.3.4 如果汽车碰撞前无滑移痕迹，则碰撞前的瞬时速度可视为等于车辆行驶速度；如果汽车碰撞前有滑移痕迹，则进一步根据滑移距离计算出车辆行驶速度。

5.3.5 汽车与汽车直角侧面碰撞类型车辆碰撞前的瞬时速度计算可以参见附录B表2中3的推荐计算方法。

5.4 摩托车与汽车车身侧面碰撞类型车辆行驶速度计算

5.4.1 摩托车与汽车车身侧面碰撞示意图如图4所示。

5.4.2 根据汽车从碰撞地点至停止地点的滑移距离，依据能量守恒定律，可以计算出汽车碰撞后的瞬时速度。

5.4.3 汽车碰撞后侧向运动状态有改变时，可以根据摩托车与汽车行驶方向上的动量守恒定理方程式，计算出两车碰撞前的瞬时速度。

5.4.4 如果汽车或摩托车碰撞前无滑移痕迹，则碰撞前的瞬时速度可视为等于车辆行

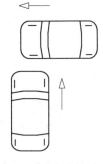

图3 汽车与汽车直角侧面碰撞示意图

驶速度；如果汽车或摩托车碰撞前有滑移痕迹，则进一步根据滑移距离计算出车辆行驶速度。

5.4.5 汽车碰撞后侧向运动状态有改变时，摩托车撞击汽车侧面类型车辆碰撞前的瞬时速度计算可以参见附录 B 表 2 中 4 的推荐计算方法；根据摩托车轴距减少量计算摩托车碰撞轿车侧面时碰撞前的瞬时速度可以参见附录 B 表 2 中 5 的推荐计算方法。

5.5 汽车与二轮摩托车或自行车侧面碰撞类型车辆行驶速度计算

5.5.1 汽车与二轮摩托车或自行车侧面碰撞示意图如图 5 所示。

5.5.2 根据二轮摩托车或自行车、汽车、驾驶人或乘坐人碰撞后的移动距离，依据能量守恒定律，可以计算出各自碰撞后的瞬时速度。

5.5.3 根据二轮摩托车或自行车与汽车行驶方向上的动量守恒定理方程式，计算出两车碰撞前的瞬时速度。

5.5.4 如果汽车或二轮摩托车碰撞前无滑移痕迹，则碰撞前的瞬时速度可视为等于车辆行驶速度；如果汽车或二轮摩托车碰撞前有滑移痕迹，则进一步根据滑移距离计算出车辆行驶速度。

5.5.5 汽车与二轮摩托车或自行车质心侧面碰撞类型车辆碰撞前的瞬时速度计算可以参见附录 B 表 2 中 6 的推荐计算方法；汽车与二轮摩托车或自行车质心的前侧侧面碰撞类型车辆碰撞前的瞬时速度计算可以参见附录 B 表 2 中 7 的推荐计算方法。

5.6 汽车与自行车追尾碰撞类型车辆行驶速度计算

5.6.1 汽车与自行车追尾碰撞示意图如图 6 所示。

图 4 摩托车与汽车车身侧面碰撞示意图　　图 5 汽车与二轮摩托车或自行车侧面碰撞示意图　　图 6 汽车与自行车追尾碰撞示意图

5.6.2 根据自行车、汽车、骑车人碰撞后的移动距离，依据能量守恒定律，可以计算出各自碰撞后的瞬时速度。

5.6.3 依据汽车行驶方向上的动量守恒定理关系式，计算出汽车碰撞前的瞬时速度。

5.6.4 如果汽车碰撞前无滑移痕迹，则碰撞前的瞬时速度可视为等于车辆行驶速度；如果汽车碰撞前有滑移痕迹，则进一步根据滑移距离计算出车辆行驶速度。

5.6.5 汽车与自行车追尾碰撞类型车辆碰撞前的瞬时速度计算可以参见附录 B 表 2 中 8 的推荐计算方法。

附录 GA/T 643—2006《典型交通事故形态车辆行驶速度技术鉴定》

5.7 汽车与行人碰撞类型车辆行驶速度计算

5.7.1 汽车与行人碰撞示意图如图7所示。

5.7.2 汽车撞行人时，行人对汽车的影响较小，可根据汽车碰撞后的滑移距离或滚动距离，依据能量守恒定律，计算出汽车碰撞前的瞬时速度。

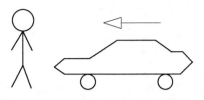

图7 汽车与行人碰撞示意图

5.7.3 如果碰撞后行人被抛出，可近似认为汽车行驶速度等于人体被抛出速度。可根据碰撞后人体被抛出的距离，依据能量守恒定律，计算出人体被抛出的速度，即汽车碰撞前的瞬时速度。

5.7.4 如果汽车碰撞前无滑移痕迹，则碰撞前的瞬时速度可视为等于车辆行驶速度；如果汽车碰撞前有滑移痕迹，则进一步根据滑移距离计算出车辆行驶速度。

5.7.5 碰撞后行人被抛出时，汽车与行人碰撞类型车辆碰撞前的瞬时速度计算可以参见附录B表2中9的推荐计算方法。

5.8 路外坠车类型车辆行驶速度计算

5.8.1 汽车路外坠车示意图如图8所示。

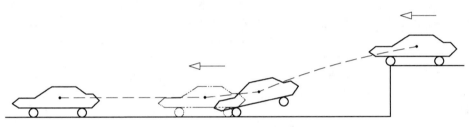

图8 汽车路外坠车示意图

5.8.2 汽车从悬崖上或陡坡上坠落时，以一定的初速度冲出路外，并沿抛物线轨迹在空中飞行一段距离后落地。

5.8.3 根据汽车坠落后的移动距离和悬崖或陡坡高度，依据能量守恒定律，计算出汽车坠落前的瞬时速度。

5.8.4 如果汽车坠落前无滑移痕迹，则坠落前的瞬时速度可视为等于车辆行驶速度；如果汽车坠落前有滑移痕迹，则进一步根据滑移距离计算出车辆行驶速度。

5.8.5 汽车第一落地点为坡底时，路外坠车类型汽车坠落前的瞬时速度计算可以参见附录B表2中10的推荐计算方法。

5.9 汽车碰撞固定物类型车辆行驶速度计算

5.9.1 汽车碰撞固定物示意图如图9所示。

5.9.2 依据能量守恒定律，计算出汽车碰撞前的瞬时速度。

5.9.3 如果汽车碰撞前无滑移痕迹，则碰撞前的瞬时速度可视为等于车辆行驶速度；如果汽车碰撞前有滑移痕迹，则进一步根据滑移距离计算出车辆行驶速度。

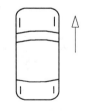

图9 汽车碰撞固定物示意图

5.9.4 轿车碰撞固定物类型碰撞前的瞬时速度计算可以参见附录B表2中11的推荐计算方法。

5.9.5 汽车碰撞障碍物后翻车,可根据翻车车身在地面上的滑移距离计算翻车前的瞬时车速,参见附录 B 表 2 中 12 的推荐计算方法;汽车翻滚或跳跃前的瞬时车速计算可以参见附录 B 表 2 中 13 的推荐计算方法。

附录 A 交通事故车辆行驶速度技术鉴定常用基础公式速查表

交通事故车辆行驶速度技术鉴定常用基础公式见表 1。

表 1 交通事故车辆行驶速度技术鉴定常用基础公式

求 解	已 知 条 件	公 式
给定时间内车辆在一段距离内行驶的平均速度	t——时间 s——距离	$v = \dfrac{s}{t}$
车辆制动状态减速度	φ——车辆纵滑附着系数 k——车辆附着系数修正值 g——重力加速度	$a = \varphi g k$
根据车辆碰撞地点至停止地点的距离,依据能量守恒定律,计算车辆碰撞后的瞬时速度	a——车辆制动减速度 s——距离	$v = \sqrt{2as}$
根据一个已知速度,求车辆在加速之后的终速度	v——已知速度 a——车辆加速度	$v' = \sqrt{v^2 + 2as}$
在有利于车辆转弯的倾斜道路上转弯时车辆的侧翻临界速度	r——转弯半径 φ'——横滑附着系数 θ——道路横向倾斜角 g——重力加速度	$v = \sqrt{\dfrac{rg(\varphi' + \tan\theta)}{(1 - \varphi'\tan\theta)}}$
车辆在水平道路上侧翻的临界速度	r——转弯半径 d——轮距 h——车辆质心高度 g——重力加速度	$v = \sqrt{\dfrac{grd}{2h}}$
有效碰撞速度	m_1——车辆 1 的质量 m_2——车辆 2 的质量 v_1——车辆 1 在碰撞前的瞬时速度 v_2——车辆 2 在碰撞前的瞬时速度	$v_{e1} = \dfrac{m_2(v_1 - v_2)}{m_1 + m_2}$ $v_{e2} = \dfrac{m_1(v_2 - v_1)}{m_1 + m_2}$ 注:该式为矢量关系式
轿车正面碰撞有效碰撞速度	x——轿车的塑性变形量	$v = \dfrac{105.3x}{3.6}$ 注:该式为实验得到的经验公式,实际工作中可对其进行修正

附录　GA/T 643—2006《典型交通事故形态车辆行驶速度技术鉴定》

(续)

求　解	已知条件	公　式
轿车追尾碰撞有效碰撞速度	x——轿车的塑性变形量 m_1、m_2——碰撞车、被碰撞车的质量	$v=\dfrac{1}{3.6}\left(\dfrac{35.8m_1 x}{m_1+m_2}+4.6\right)$ 注：该式为实验得到的经验公式，实际工作中可对其进行修正
动量守恒定理关系式	m_1、m_2——车辆1、2的质量 v_1、v_2——车辆1、2碰撞前的瞬时速度 v'_1、v'_2——车辆1、2碰撞后的瞬时速度	$m_1 v_1+m_2 v_2=m_1 v'_1+m_2 v'_2$ 注：此公式为矢量关系式
碰撞前有滑移痕迹时，由车辆碰撞前的瞬时速度计算车辆行驶速度	v——车辆碰撞前的瞬时速度 t——制动协调时间 φ——车辆纵滑附着系数 k——附着系数修正值 a——车辆制动减速度 s——碰撞前车辆滑移距离 g——重力加速度	$v'=\dfrac{1}{2}\varphi gkt+\sqrt{v^2+2as}$

注：表中，v的单位为 m/s；t的单位为 s；s的单位为 m；a的单位为 m/s²；r的单位为 m；d的单位为 m；h的单位为 m；m的单位为 kg；x的单位为 m；g取 9.8m/s²。

附录 B　典型交通事故形态车辆事故前瞬时速度计算方法

B.1　典型交通事故形态车辆事故前瞬时速度计算推荐使用公式见表2。

表2　典型交通事故形态车辆事故前瞬时速度计算推荐使用公式表

序号	典型事故形态	车辆事故前瞬时速度推荐计算方法
1	轿车与轿车正面碰撞	$v_1=105.3x_1+\dfrac{m_1\sqrt{2\varphi_1 gs_1 k_1}\pm m_2\sqrt{2\varphi_2 gs_2 k_2}}{m_1+m_2}\times 3.6$ $v_2=105.3\dfrac{x_1 m_1}{m_2}-\dfrac{m_1\sqrt{2\varphi_1 gs_1 k_1}\pm m_2\sqrt{2\varphi_2 gs_2 k_2}}{m_1+m_2}\times 3.6$ 式中　v_1、v_2——汽车碰撞前的瞬时速度，单位为 km/h 　　　m_1、m_2——汽车质量，单位为 kg 　　　φ_1、φ_2——汽车纵滑附着系数 　　　k_1、k_2——汽车附着系数修正值 　　　s_1、s_2——汽车碰撞后的滑移距离，单位为 m 　　　x_1——汽车塑性变形量，单位为 m 　　　g——重力加速度，取 9.8m/s² 注：上式中用到了轿车正面碰撞有效碰撞速度和塑性变形量的经验公式，实际工作中可以对其进行修正。碰撞后 2 车沿原有方向运动时，取"−"号；碰撞后 2 车随 1 车沿 1 车方向运动时，取"+"号

（续）

序号	典型事故形态	车辆事故前瞬时速度推荐计算方法
2	轿车与轿车追尾碰撞	$v_1=\sqrt{\dfrac{2g(\varphi_1 m_1 s_1 k_1+f_2 m_2 s_2)}{m_1+m_2}}\times 3.6+m_2\left(2\times\dfrac{17.9x_2}{m_1+m_2}+\dfrac{4.6}{m_1}\right)$ $v_2=\sqrt{\dfrac{2g(\varphi_1 m_1 s_1 k_1+f_2 m_2 s_2)}{m_1+m_2}}\times 3.6-2\times\dfrac{17.9 m_1 x_2}{m_1+m_2}-4.6$ 式中　v_1、v_2——碰撞车、被碰撞车碰撞前的瞬时速度，单位为 km/h 　　　　m_1、m_2——碰撞车、被碰撞车质量，单位为 kg 　　　　φ_1——碰撞车纵滑附着系数 　　　　k_1——碰撞车附着系数修正值 　　　　s_1、s_2——碰撞车、被碰撞车碰撞后的滑移距离，单位为 m 　　　　f_2——被碰撞车的滚动阻力系数 　　　　x_2——被碰撞车塑性变形量，单位为 m 　　　　g——重力加速度，取 9.8m/s^2 注：上式中用到了轿车追尾碰撞有效碰撞速度和塑性变形量的经验公式，实际工作中可以对其进行修正
3	汽车与汽车直角侧面碰撞	$v_1=\left(\sqrt{2g\varphi_1 k_1 s_1}\cos\alpha+\dfrac{m_2}{m_1}\sqrt{2g\varphi_2 k_2 s_2}\sin\beta\right)\times 3.6$ $v_2=\left(\dfrac{m_1}{m_2}\sqrt{2\varphi_1 gk_1 s_1}\sin\alpha+\sqrt{2\varphi_2 gk_2 s_2}\cos\beta\right)\times 3.6$ 式中　v_1、v_2——碰撞车、被碰撞车碰撞前的瞬时速度，单位为 km/h 　　　　φ_1、φ_2——碰撞车、被碰撞车纵滑附着系数 　　　　k_1、k_2——碰撞车、被碰撞车附着系数修正值 　　　　s_1、s_2——碰撞车、被碰撞车碰撞后的滑移距离，单位为 m 　　　　m_1、m_2——碰撞车、被碰撞车质量，单位为 kg 　　　　α、β——碰撞车、被碰撞车滑移偏向角 　　　　3.6——单位换算产生的系数 　　　　g——重力加速度，取 9.8m/s^2
4	摩托车碰撞汽车侧面且汽车碰撞后侧向运动状态改变	骑车人落在被碰撞车前时的计算方法 $v_1=\sqrt{2g\varphi ks}\cos\theta\times 3.6$ $v_2=\left(1+\dfrac{m_1}{m_2+m_p}\right)\sqrt{2g\varphi ks}\sin\theta\times 3.6$ 骑车人越过被碰撞车顶时的计算方法 $v_1=\sqrt{2g\varphi ks}\cos\theta\times 3.6$ $v_2=\left(1+\dfrac{m_1}{m_2}\right)\sqrt{2g\varphi ks}\sin\theta\times 3.6$ 式中　v_1、v_2——汽车、摩托车碰撞前的瞬时速度，单位为 km/h 　　　　m_1、m_2、m_p——汽车、摩托车、骑车人质量，单位为 kg 　　　　k——附着系数修正值 　　　　s——汽车碰撞后的滑移距离，单位为 m 　　　　φ——汽车的纵滑附着系数 　　　　θ——被碰撞车滑移偏向角 　　　　3.6——单位换算产生的系数 　　　　g——重力加速度，取 9.8m/s^2

附录 GA/T 643—2006《典型交通事故形态车辆行驶速度技术鉴定》

(续)

序号	典型事故形态	车辆事故前瞬时速度推荐计算方法
5	摩托车碰撞轿车侧面且轴距减少	$$v=\left(\frac{1+m_1/m_2}{1+m_1/1950}\right)\times(150D+12)$$ 式中 v——摩托车碰撞前的瞬时速度,单位为 km/h m_1、m_2——摩托车、轿车质量,单位为 kg D——摩托车轴距减少量,单位为 m
6	汽车与二轮摩托车或自行车质心侧面碰撞	$$v_1=\frac{m_1\cos\theta_1\sqrt{2g\mu_1 s_1}+\sqrt{2g}\,m_p\mu_p\cos\theta_p(\sqrt{h+s_p/\mu_p}-\sqrt{h})}{m_1+m_p}\times 3.6$$ $$v_2=\frac{m_1\sin\theta_1\sqrt{2g\mu_1 s_1}+\sqrt{2g}\,m_p\mu_p\sin\theta_p(\sqrt{h+s_p/\mu_p}-\sqrt{h})+m_2\sqrt{2g\varphi_2 k_2 s_2}}{m_2}\times 3.6$$ 式中 v_1、v_2——二轮摩托车或自行车、汽车碰撞前的瞬时速度,单位为 km/h m_1、m_2、m_p——二轮摩托车或自行车、汽车、骑车人质量,单位为 kg k_2——汽车附着系数修正值 s_1、s_2、s_p——二轮摩托车或自行车、汽车、骑车人碰撞后的滑移距离,单位为 m μ_1、φ_2、μ_p——二轮摩托车或自行车车体与路面摩擦系数、汽车的纵滑附着系数、骑车人与地面的摩擦系数 θ_1、θ_p——二轮摩托车或自行车、骑车人被抛出的角度 g——重力加速度,取 9.8m/s² h——碰撞时骑车人的质心高度,单位为 m 3.6——单位换算产生的系数
7	汽车与二轮摩托车或自行车质心的前侧侧面碰撞	$$v_1=\sqrt{2g\varphi ks}\times\sin\theta\times 3.6$$ $$v_2=\sqrt{2g\varphi ks}\times\cos\theta\times 3.6$$ 式中 v_1、v_2——二轮摩托车或自行车、汽车碰撞前的瞬时速度,单位为 km/h k——汽车附着系数修正值 s——碰撞后汽车的滑移距离,单位为 m φ——汽车的纵滑附着系数 θ——汽车滑移偏向角 3.6——单位换算产生的系数 g——重力加速度,取 9.8m/s²
8	汽车与自行车追尾碰撞 汽车与自行车追尾碰撞	$$v_1=\frac{m_2+m_1+m_p}{m_1}\sqrt{2g\varphi k s_1}\times 3.6$$ 式中 v_1——汽车碰撞前的瞬时速度,单位为 km/h m_1、m_2、m_p——汽车、自行车、骑车人质量,单位为 kg k——汽车附着系数修正值 s_1——碰撞后汽车的滑移距离,单位为 m φ——汽车纵滑附着系数 3.6——单位换算产生的系数 g——重力加速度,取 9.8m/s²

(续)

序号	典型事故形态	车辆事故前瞬时速度推荐计算方法
9	汽车与行人碰撞且行人碰撞后被抛出	$v=\sqrt{2g}\times\mu_p\times\left(\sqrt{h+\dfrac{x}{\mu_p}}-\sqrt{h}\right)\times 3.6$ 式中　v——汽车碰撞前的瞬时速度，单位为 km/h 　　　μ_p——人体与地面的摩擦系数 　　　x——碰撞点与人体最后停止位置之间的距离，单位为 m 　　　h——碰撞时行人质心高度，单位为 m 　　　3.6——单位换算产生的系数 　　　g——重力加速度，取 9.8m/s²
10	路外坠车且汽车第一落地点为坡底	$v=\sqrt{2gf}\left(\sqrt{h+\dfrac{x}{f}}-\sqrt{h}\right)\times 3.6$ 式中　v——汽车坠车前的瞬时速度，单位为 km/h 　　　x——汽车坠落地点至停止地点的距离，单位为 m 　　　h——落下高度，单位为 m 　　　f——汽车坠落后与地面的滚动阻力系数 　　　3.6——单位换算产生的系数 　　　g——重力加速度，取 9.8m/s²
11	轿车撞固定物	$v=67l$ 式中　v——汽车撞固定物前的瞬时速度，单位为 km/h 　　　l——汽车塑性变形量，单位为 m 注：该式为国外实验得到的经验公式，实际工作中可对其进行修正
12	汽车翻车后车体在路面滑行	$v=\sqrt{2g(\mu\pm i)\times s}\times 3.6$ 式中　v——汽车翻车前的瞬时速度，单位为 km/h 　　　i——坡度，上坡取"+"号，下坡取"-"号 　　　μ——车体与路面的摩擦系数 　　　s——车体在路面上的滑移距离，单位为 m 　　　g——重力加速度，取 9.8m/s²
13	汽车撞障碍物后翻滚或跳跃	$v=11.27s/\sqrt{s\pm h}$ 式中　v——汽车翻滚或跳跃前的瞬时速度，单位为 km/h 　　　s——发生碰撞时车辆的质心位置与翻滚或跳跃后首次接触地面的质心位置之间的水平距离，单位为 m 　　　h——汽车跌落或上升的垂直距离，跌落时取"+"号，上升时取"-"号，单位为 m 注：该式为实验得到的经验公式，实际工作中可对其进行修正

B.2　常用基础数据采集方法

交通事故车辆行驶速度技术鉴定常用基础数据采集方法见 B.2.1～B.2.8。

B.2.1　纵滑附着系数 φ，可在交通事故现场或者类似路面上实验测定；在不具备实验条件的情况下，也可以参照 B.3 选取，然后用 k 值修正。横滑附着系数 φ' 可以利用其与纵滑附着系数 φ 的关系式 $\varphi'=0.97\varphi+0.08$，通过计算获得。

B.2.2　附着系数修正值 k，全轮制动时 $k=1$，一前轮和一后轮制动时 $k=0.5$，只有前

附录 GA/T 643—2006《典型交通事故形态车辆行驶速度技术鉴定》

轮或后轮制动时 k 的取值视汽车形式而定；对于发动机前置前驱动的轿车，在良好路面只有前轮制动时 $k=0.6\sim0.7$，而只有后轮制动时 $k=0.2\sim0.3$。

B.2.3 车辆碰撞后的滑移距离 s 为车辆的制动痕迹长度，可用卷尺、激光测距仪或近景摄影等方法测量，本标准中，s 的单位为 m。

B.2.4 车辆的滚动阻力系数 f，可以在交通事故现场或者类似路面实验测得，在不具备实验条件的情况下，也可以参照 B.3 选取。

B.2.5 车体与地面的摩擦系数 μ，取值可以参照 B.3 选取。

B.2.6 路面坡度 i，可以用便携式制动性能测试仪或水平尺在交通事故现场测定。

B.2.7 滑移偏向角为车辆行驶方向与碰撞时车辆质心在路面上的投影点和停止时车辆质心在路面上的投影点连线的夹角，可利用勾股定理计算得出。

B.2.8 车辆塑性变形量的近似计算方法如下。

图 10 所示为车辆各处变形在地面上的垂直投影示意图。根据该图可知，车辆塑性变形量的近似计算公式为

$$x = \frac{y_1}{y_0} \cdot \frac{x_1 + x_2}{2}$$

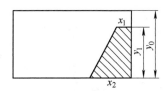

图 10 车辆各处变形在地面上的垂直投影示意图

式中 x——车辆塑性变形量；
x_1——车辆塑性变形量最小值；
x_2——车辆塑性变形量最大值；
y_1——车辆塑性变形量最小值处距最大值处长度；
y_0——车辆被撞变形一侧的宽度。

B.3 路面附着系数参考值表

路面附着系数参考值见表 3~表 7。

表 3 汽车纵滑附着系数参考值表

路面类型		干燥		潮湿	
		48km/h 以下	48km/h 以上	48km/h 以下	48km/h 以上
混凝土路面	新铺装	0.80~1.00	0.70~0.85	0.50~0.80	0.40~0.75
	路面磨耗较小	0.60~0.80	0.60~0.75	0.45~0.70	0.45~0.65
	路面磨耗较大	0.55~0.75	0.50~0.65	0.45~0.65	0.45~0.60
沥青路面	新路	0.80~1.00	0.60~0.70	0.50~0.80	0.45~0.75
	路面磨耗较小	0.60~0.80	0.55~0.70	0.45~0.70	0.40~0.65
	路面磨耗较大	0.55~0.75	0.45~0.65	0.45~0.65	0.40~0.60
	焦油过多	0.50~0.60	0.35~0.60	0.30~0.60	0.25~0.55
砂石路面		0.40~0.70	0.40~0.70	0.45~0.75	0.45~0.75
灰渣路面		0.50~0.70	0.50~0.70	0.65~0.75	0.65~0.75
冰路面		0.10~0.25	0.07~0.20	0.05~0.10	0.05~0.10
雪路面		0.30~0.55	0.35~0.55	0.30~0.60	0.30~0.60

表 4　翻车时车身滑动摩擦系数参考值表

滑行条件	摩擦系数
货车的侧面车身在混凝土路面上滑行	0.3~0.4
翻车的轿车在混凝土路面上滑行	0.3
翻车的轿车在粗沥青路面上滑行	0.4
翻车的轿车在石子路面上滑行	0.5~0.7
翻车的轿车在干燥的草丛上滑行	0.5
车身外板对沥青路面	0.4
车身外板对泥土路面	0.2
车身外板对车身外板	0.6
翻倒摩托车的滑行	0.55~0.7

表 5　摩托车的纵滑附着系数参考值表

摩托车名	只后轮制动	前后轮都制动
本田 SL 125	0.31~0.40	0.53~0.67
丰田 3.50	0.36~0.43	0.62~0.72
丰田 XBS00R	0.35~0.42	0.65~0.76
BMW R900	0.31~0.42	0.72~0.87
Harley-Davidson FLH	0.36~0.51	0.63~0.88

表 6　着装人体与地面摩擦系数参考值表

路面	男（体重71kg）	女（体重44kg）
沥青路面	约 0.52	约 0.44
混凝土路面	约 0.42	约 0.44
水泥路面	约 0.32	约 0.26
铺石路	约 0.57	约 0.5
粘土路面	约 0.52	约 0.48
海岸干燥沙地	约 0.44	约 0.5
海岸湿润沙地	约 0.52	约 0.56
碎石路面	约 0.46	约 0.5
修整过的草坪	约 0.35	约 0.36
未修整过的草坪	约 0.46	约 0.52
较高的草丛	约 0.54	约 0.56
较低的草丛	约 0.56	约 0.65
旱田	约 0.58	约 0.59

表 7　汽车滚动阻力系数参考值表

路面状况	滚动阻力系数 f
良好的平滑沥青铺装路	约 0.01
良好的平滑混凝土铺装路	约 0.011
良好的粗石混凝土铺装路	约 0.014
良好的石块铺装路	约 0.02
修正好的平坦无铺装路	约 0.04
修正不良的石块铺装路	约 0.08
新的砂路	约 0.12
砂或石质路	约 0.16
松散的砂石或粘土道路	约 0.2~0.3

参 考 文 献

[1] 陈永亮. 道路交通事故再现的仿真与研究［D］. 济南：山东大学，2009.
[2] 陈振奎. 道路交通事故车速计算方法分析与应用研究［D］. 呼和浩特：内蒙古工业大学，2015.
[3] 丁俊. 论交通事故中车辆碰撞物证的勘验分析［D］. 重庆：西南政法大学，2011.
[4] 冯晟. 车人碰撞事故再现与数值仿真分析［D］. 上海：上海交通大学，2008.
[5] 宫斌. 事故现场查勘与理赔［M］. 上海：同济大学出版社，2014.
[6] 廖玮. 基于激光点云的碰撞冲量法反求事故车速研究［D］. 镇江：江苏大学，2016.
[7] 刘占峰，张永青，孙莎莎. 两车直角碰撞车速计算方法及应用［J］. 警察技术，2015（6）：86-88.
[8] 明光星，李文才. 事故车查勘定损实用教程［M］. 北京：机械工业出版社，2017.
[9] 王宏雁，董文灏. 客车侧翻的运动学分析［J］. 交通科学与工程，2012，28（3）：60-66.
[10] 王永盛. 车险理赔查勘与定损［M］. 3版. 北京：机械工业出版社，2014.
[11] 许洪国. 汽车事故工程［M］. 3版. 北京：人民交通出版社，2014.
[12] 张道文，廖文俊. 交通事故车辆案例技术鉴定教程［M］. 北京：北京大学出版社，2012.
[13] 张红伟，朱兴隆. 汽车事故查勘与定损［M］. 3版. 北京：机械工业出版社，2015.
[14] 张健，康长华. 基于碰撞力学的汽车二维碰撞交通事故计算方法［J］. 北华大学学报（自然科学版），2004，5（6）：561-564.
[15] 张勇刚. 汽车与摩托车的碰撞事故车速仿真分析［J］. 中国人民公安大学学报（自然科学版），2015（2）：54-57.